YORICK SPIEGEL
**Hinwegzunehmen die Lasten
der Beladenen**
Einführung in die Sozialethik 1

CHR. KAISER

CIP-Kurztitelaufnahme der Deutschen Bibliothek

Spiegel, Yorick:
Einführung in die Sozialethik / Yorick Spiegel. – München: Kaiser.
1. Hinwegzunehmen die Lasten der Beladenen. – 1979.
ISBN 3-459-01211-0

© 1979 Chr. Kaiser Verlag München.
Alle Rechte vorbehalten, auch die des auszugsweisen Nachdrucks,
der fotomechanischen Wiedergabe und der Übersetzung;
Fotokopieren nicht gestattet. – Umschlag: Reinhart Braun, Berlin.
Gesamtherstellung: Georg Wagner, Nördlingen.
Printed in Germany.

*Hinwegzunehmen die Lasten der Beladenen
und in Freiheit
zu entlassen die Unterdrückten*
Jes 61,1

*In Erinnerung an Wolf-Dieter Marsch
1928–1972*

Inhalt

Vorwort 9

I   GRUNDFRAGEN 15

1   Sozialethik – Abgrenzung und Definition 17
Glaubenslehre und Sozialethik · Individualethik und Sozialethik · Praktische Theologie und Sozialethik · Soziologie und Sozialethik · Nicht-theologische und theologische Sozialethik · Zusammenfassung · Lesehinweise

2   »Die Welt verändern« 36
Die Veränderbarkeit der Welt · Veränderungswille und gesellschaftliche Ohnmacht · Frühchristliche Gemeinden und die Frage nach gesellschaftlicher Veränderung · Heinz-Dietrich Wendland: »Die Welt verändern« · Zur Gesellschaftsform der BRD · Lesehinweise

3   Die Träger gesellschaftlicher Veränderung 54
Dietrich Bonhoeffer: Erbe und Verfall · Gott · Mensch · Gesellschaft · Führungsgruppen · Soziale Bewegungen · Lesehinweise

4   Endzeitvorstellungen und Werte 71
Fortschritt · Funktion und Begründung von Endzeitvorstellungen · Vorstellungen von der Endzeit · Werte · Ideologische und progressive Werte · Jürgen Moltmann: Die Revolution der Freiheit · Problematik des Freiheitsbegriffes · Lesehinweise

5   Der subjektive Faktor 108
Der subjektive Faktor I: Werte und Lebensgeschichte · Der subjektive Faktor II: Begründung und Legitimation, eine Sozialethik zu schreiben · Lesehinweise

6   Progressive Grundwerte 117
Gleichheit · Erfüllung von Bedürfnissen · Solidarität · Lesehinweise

II   MODELLE SOZIALETHISCHER URTEILSBILDUNG . 143

7   Ernst Wolf 145

8	Heinz-Dietrich Wendland	152
9	Gustav Gundlach S. J.	164

III GRUNDSTRUKTUREN DER GESELLSCHAFT 187

10 Gesellschaftliche Sektoren 189

Ordnungen – Institutionen – funktionale Bereiche · Paul Althaus: Theologie der Ordnungen · Gesellschaftliche Sektoren und Wertkonflikt · »*Eigengesetzlichkeit*« *der Sektoren? · Zusammenfassung · Lesehinweise*

11 Soziale Klassen und Schichten 218

Theologisches Defizit · Einkommen, Bildung, Prestige · Klassen und Schichten · Ende des gesellschaftlichen Antagonismus? · Entwicklungstendenzen · Sozialethik und Klassengesellschaft · Verantwortung · Zusammenfassung · Lesehinweise

IV GESAMTGESELLSCHAFTLICHE ENTWICKLUNGS-TENDENZEN 245

12 Technologische Entwicklung 247

Definitionen · Beispiele theologischer und philosophischer Interpretation · Technik und Natur · Technologie, Wissenschaft und Kapital · Lebensqualität · Alternative Technologie · Lesehinweise

13 Demokratisierung 282

Problemstellung · Wolf-Dieter Marsch: Demokratie als christlich-ethisches Prinzip · Ökonomische Autokratie und Bürokratisierung · Beauftragung durch Wahl · Gewaltenteilung · Einwände gegen Demokratisierung · Zwei theologische Stellungnahmen zur Demokratisierung · Demokratisierung der Kirche · Lesehinweise

14 Verinnerlichung 315

Zum Begriff · Der geschichtliche Prozeß · Innerlichkeit und Subjektivismus · Die Vorherrschaft der Vernunft · Zur Geschichte des Gewissensbegriffes · G. Ebeling: Theologische Erwägungen über das Gewissen · Vaterbild und Gewissensformung · Fragwürdigkeit und Verlust des Vaterbildes · Ich-Erweiterung · Lesehinweise

Namenregister 353

Vorwort

Diese Einführung in die evangelische Sozialethik ist aus Überblicksveranstaltungen entstanden, die in jedem zweiten Semester Studierenden der evangelischen Theologie an der Universität Frankfurt eine erste Orientierung über die heute die Bundesrepublik Deutschland bestimmenden Problemfelder und eine Anleitung zur sozialethischen Urteilsbildung vermitteln sollen. Dies zeigt die besondere Zielrichtung dieser Veröffentlichung an.

Ich habe versucht, verschiedenen Anliegen gerecht zu werden, die in den bisher vorgelegten evangelischen Ethiken und Sozialethiken zu geringe Berücksichtigung gefunden haben:

1. Ich gehe davon aus, daß trotz Sozialkundeunterricht und anderen Möglichkeiten politischer Information die Mehrzahl der Studierenden über die gesellschaftlichen Verhältnisse entweder nur geringe oder bestenfalls konfuse, wenig zusammenhängende Vorstellungen hat. Daher erschien es mir zwingend gegeben, solche Zusammenhänge und Entwicklungen zu klären, was zu einer zwar auf das Wesentliche beschränkten, aber doch immer noch umfangreichen Aufnahme von sozialwissenschaftlichen Erkenntnissen führte. Ohne sie bleibt freilich eine sozialethische Diskussion im Himmel hängen und bekommt niemals Grund unter die Füße. Aber es zwingt auch notwendig zum Dilettieren und zu einer bestreitbaren Auswahl von Materialien. Ich halte es aber nicht für möglich, mich auf die etwas schlichte Feststellung E. Wolfs zurückzuziehen, die er hinsichtlich der Darstellung der Wirtschaft in seiner Sozialethik vertrat, nämlich daß die sozialethische Durchgestaltung »die immense Aufgabe auch einer wirklichen Beherrschung des faktisch Vorfindlichen im Bereich der Wirtschaft voraussetzt«, und er sich deshalb »nur wirklich streng auf die theologischen Grundfragen beziehen« wolle[1].

2. Die Gesellschaft der Bundesrepublik Deutschland ist keine Gesellschaft, in der das kirchliche Christentum eine politisch beherrschende Rolle spielt. Eine rein innertheologische Diskussion

---

1. E. Wolf, Sozialethik, 1975, 196.

von christlichen Wertvorstellungen wird unmöglich, sobald an einem Fachbereich die Hälfte der Studierenden Religionspädagogen sind und dank ihres zweiten Faches Anfragen und Anforderungen an eine Sozialethik herantragen, die auf eine verallgemeinerungsfähige gesellschaftliche Zielvorstellung ausgerichtet sind. Die Wertvorstellungen der christlichen Tradition, durch die Kirchen und religiösen Gruppen übermittelt und in ihrem Bestand nicht ohne Widerspruch, sind mit den Werten der bürgerlichen und ihrer Kritik und Neuformulierung durch die sozialistische Bewegung die verschiedensten Verbindungen eingegangen. Es ist wichtig, die spezifischen Wertvorstellungen der christlichen Überlieferungsgeschichte zu bestimmen, aber dies sollte nicht allein dazu dienen, Abgrenzungen von anderen Gruppen zu vollziehen, sondern sollte ebenso zur Kooperation mit ihnen verhelfen, sofern verwandte Wertvorstellungen vorliegen.

3. Weitgehend gibt es ein Gefälle von der Glaubenslehre hin zur Ethik. Es ist auch ein Anliegen dieser Sozialethik, der theologisch allgemein akzeptierten Abfolge »erst glauben, dann handeln« entgegenzuwirken. Diese wird der Bedeutung nicht gerecht, die gesellschaftliches Handeln für die Neuzeit gewonnen hat. Wer die Abfolge unreflektiert verwendet, ist sich vermutlich des historischen Faktums nicht zureichend bewußt, daß vielfach eine Theologiebildung eine Reaktionsform auf spezifische Konzeptionen gesellschaftlichen Handelns darstellt; darauf zu verweisen, ist an manchen Stellen unvermeidlich.

4. Beabsichtigt war es, ein Gegengewicht gegen solche, wohl auch vorherrschende Ansätze in der evangelischen Sozialethik zu bilden, die sich sehr stark an den Werthaltungen und gesellschaftlichen Interpretationen der *aktiven* Mitglieder in der evangelischen Kirche orientieren. Diese kommen in ihrem Kern aus der Beamtenschaft, den mittleren und höheren Angestellten, den (noch) Selbständigen sowie den, wie P. Bachrach sie genannt hat, »demokratischen Eliten«[2]. Sie alle wollen in ihrer Überzeugung sicher das Beste für diese Republik, gehen aber doch von der gemeinsamen Überzeugung aus, ein Rückfall der derzeitigen Ordnung der Bundesrepublik Deutschland in autoritäre Strukturen lasse sich durch moralische Appelle und begrenzte Gesetzesregelungen verhindern. Dagegen vertritt diese Sozialethik die Auffassung, daß nur durchgreifende

---

2. P. Bachrach, Die Theorie demokratischer Elitenherrschaft, 1967.

strukturelle Veränderungen innerhalb des vom Grundgesetz als möglich gesetzten Rahmens es möglich machen, grundlegend der individuellen und kollektiven Aggressivität, der Apathie und der Flucht in somatische und psychische Erkrankung entgegenzuwirken, die zu einer Zerstörung des Menschlichen führen. Die hier vorgelegte Sozialethik ist daher parteilich, indem sie auf der Seite der Lohnabhängigen steht, die in besonderer Weise an dem Immobilismus dieser Republik leiden und die Krisen ausbaden müssen, die die Unvernunft der Eliten nicht zu bewältigen vermag. Ich habe jedoch in den einzelnen Kapiteln durch die ausführliche Referierung und Kommentierung anderer sozialethischer Ansätze versucht, den Leser zugleich über andere Stellungnahmen wie über ihre Argumentationsweise zu informieren, um damit zu einer eigenständigen Urteilsbildung anzuleiten.

5. In den bisherigen Einführungen ist – aus Gründen, die hier nicht zu diskutieren sind – es nicht für sinnvoll oder notwendig erachtet worden, die gesellschaftlichen Verhältnisse genau zu bestimmen und zu beschreiben, an die sich das sozialethische Anliegen richtet. Ich halte dies aber für unabdingbar, sofern die Absicht besteht, auf die anstehende Problematik unter realistischen Gesichtspunkten einzugehen. Welche gesellschaftliche Gesamtkonzeption man dabei übernimmt, ergibt sich aus der jeweiligen religiösen und politischen Sozialisation des Verfassers, aus den Gruppen, mit denen er zusammenarbeitet, durch die Leute, mit denen er das Gespräch sucht und die ihn zu Stellungnahmen zwingen. Letztlich ist dies eine Wertentscheidung, die sich aus vielen Quellen, aufgeklärten und unabgeklärten, speist. Ich selbst stütze mich auf eine fortentwickelte marxistische Soziologie, nicht aus ideologischer Befangenheit, sondern weil ich sie für die umgreifendste Theorie zur Bestimmung gesellschaftlicher Strukturen und Zusammenhänge halte, deren Analysen und politische Überlegungen zur Weiterentwicklung der Gesellschaft auf humane Ziele mir aus unmittelbaren Erfahrungen und solchen aus zweiter Hand einsichtig sind. Die nicht ganz seltene Zitierung aus den Schriften von K. Marx und F. Engels beruhen auf der unbestreitbaren Tatsache, daß sie in der Lage waren, präzise gesellschaftliche Zusammenhänge auf den Begriff zu bringen und damit Einsichten zu formulieren, deren Wahrheitsgehalt sich trotz vieler entstellender und diffamierender Interpretationen bis heute durchgehalten hat. Es handelt sich um Einsichten, die sie sicher nicht so exklusiv gehabt haben, wie zuweilen vorgegeben wird, die sich aber auf ihre Person aus gutem Anlaß symbolisch

zusammengezogen haben und unter ihrem Namen tradiert werden, ein Vorgang, der neutestamentlichen Exegeten nicht ganz unbekannt sein dürfte.

Soweit diese kurzgefaßte Begründung, welche bisher vernachlässigten Aspekte ich gerne in die sozialethische Diskussion und Ausbildung einbringen möchte; meine persönliche Motivation habe ich versucht, im Kap. 5 darzustellen.
Der erste Halbband erörtert im ersten Abschnitt (Kap. 1–6) Grundfragen einer evangelischen Sozialethik, wobei besonders die Abgrenzung zu anderen theologischen und nichttheologischen Disziplinen und die Analyse der gesellschaftlichen Zielvorstellungen und Werte und ihrer Prägung durch die christlichen Traditionen herausgearbeitet werden. In dem folgenden Abschnitt (Kap. 7–9) werden zwei für die kirchliche Zeitgeschichte nach 1945 wichtige evangelische Sozialethiker und der zumindest bis zum II. Vatikanischen Konzil führende Vertreter der katholischen Soziallehre in ihrer oder in einer für sie bezeichnenden Darstellung zur Sozialethik referiert und kommentiert, um auch auf die Weise für den Leser die oben genannte Möglichkeit zu verstärken, einen Zugang zum sozialethischen Argumentationsstil und zur Form der wissenschaftlichen Auseinandersetzung zu finden, die ihm ermöglicht, diese genauer einzuschätzen. Die zwei folgenden Abschnitte behandeln grundlegende gesellschaftliche Strukturen und Entwicklungen. Im dritten Abschnitt (Kap. 10 und 11) wird die sozialethische Relevanz der vertikalen Ausdifferenzierung von gesellschaftlichen Sektoren und der horizontalen Differenzierung in Klassen und ihnen zugeordnete Schichten diskutiert. Im vierten Abschnitt (12–14) sollen anhand einer Beschreibung wesentlicher gesellschaftlicher Tendenzen, des Standes der Naturbeherrschung, der formalen Demokratie und der Kontrolle über die innere Natur, die Grenzen aufgezeigt werden, an die die derzeitige gesellschaftliche Entwicklung gestoßen ist, und Ansätze für den Übergang zu einem kooperativen Verhalten zur Natur, zur Demokratisierung und zum Abbau unnötig gewordener Kontrollen über die innere Welt vorgestellt werden.
In einem für das Jahr 1981 vorgesehenen zweiten Halbband sollen wesentliche Problemfelder aus den gesellschaftlichen Sektoren Wirtschaft, Staat, Familie und Freizeit behandelt und der mögliche sozialethische Beitrag der Kirchen für die Entwicklung einer menschenwürdigen Gesellschaft diskutiert werden.
Ich danke für vielfältige Anregungen und Kritik meinen Frankfurter Kollegen, insbesondere H. Schmidt und E. Weber, den Freunden

Klaus Ahlheim, Christian Gremmels, Ulrich Kabitz, Karin Roth, Klaus Winger, meiner Frau Ina Spiegel-Rösing und all den anderen, die als Teilnehmer der ÜV Sozialethik mitdiskutiert und/oder sich um die Erstellung eines sorgfältigen Manuskriptes nicht bezahlbare Verdienste erworben haben, insbesondere Jutta Grevel, die mit mathematischer Präzision Fehlerquellen aufgespürt und beseitigt hat, Lieselotte Stahl, Ursula Herres, Irene Herrmann, Heidrun Grübling und Bernd Ackermann.

Gewidmet sei diese Arbeit Wolf-Dieter Marsch († 1972), dessen jäher Tod die evangelische Sozialethik eines Mannes beraubte, der durch sein persönliches Wirken und durch seine Veröffentlichungen ihr auf einer sehr breiten Ebene vielfältige Anregungen gegeben hatte und sicher auch zukünftig Wesentliches für eine Sozialethik der gesamtgesellschaftlichen Veränderung hätte beitragen können.

Frankfurt, im Oktober 1978 *Yorick Spiegel*

Hervorhebung in Zitaten stammt, sofern nicht anders vermerkt, von den jeweiligen Autoren.

I GRUNDFRAGEN

Im ersten Abschnitt der »Grundfragen« geht es zunächst um eine Definition der Disziplin Sozialethik und um die Abgrenzung dieses Faches von anderen theologischen und nichttheologischen Fachgebieten. Der darauf folgende Abschnitt erläutert die für jede Sozialethik grundlegende, aber höchst ambivalente gesellschaftliche Erfahrung, daß in den letzten zwei Jahrhunderten eine durchgreifende Veränderung der natürlichen, gesellschaftlichen und psychischen Welt eingetreten ist, daß diese Veränderung aber begleitet wird von der bestürzenden Einsicht in die starken selbstzerstörerischen Tendenzen insbesondere der sog. westlichen Gesellschaften, eine Einsicht, die begleitet ist von einem Gefühl der Machtlosigkeit, diesen destruktiven Tendenzen erfolgreich entgegentreten zu können. Es ergibt sich daraus die Notwendigkeit, die Gesellschaftsform genauer zu bestimmen, um dann, nun in Kapitel 3, auf die möglichen Träger gesellschaftlicher Veränderungen einzugehen.
Wurde zuvor undifferenziert von gesellschaftlicher Veränderung gesprochen, so geht es in Kapitel 4 zunächst darum, mögliche Zielvorstellungen zu erörtern, an denen sich Veränderungen orientieren können. Diese Zielvorstellungen, die ich aus theologischen Gründen als Endzeitvorstellungen bezeichne, tragen utopischen Charakter; sie sind als solche nicht zu realisieren und bedürfen progressiver Wertvorstellungen, die diese Endzeitvorstellungen für die gegenwärtige Gesellschaft interpretieren und damit lebbar und erhoffbar machen. Dies setzt eine Entscheidung darüber voraus, welche Werte und in welcher Interpretation am geeignetsten sind, auf Endzeitvorstellungen hinzuführen. In Kapitel 5 versuche ich zunächst anhand autobiographischer Daten zu begründen, warum für mich bestimmte Wertvorstellungen wichtiger und lebensbestimmender sind als andere, um dann in Kapitel 6 auch theoretisch zu begründen, warum diese am klarsten mit einer spezifischen Endzeitvorstellung in Übereinstimmung stehen, in der sich die auf Veränderung gerichtete Überlieferung der jüdisch-christlichen Ursprungsgeschichte mit der bürgerlichen und sozialistischen Emanzipationsbewegung zusammenfindet.

1 Sozialethik – Abgrenzung und Definition

Sozialethik ist innerhalb der theologischen Disziplinen ein relativ junges Fach, obgleich es der Sache nach so alt ist wie die sozialphilosophische Untersuchung von sozialen Ständen und Institutionen; schon das Neue Testament beschäftigt sich mit dem Beruf, in dem jedermann, einmal darin geboren, bleiben soll (1 Kor 7,20), und spricht von der Obrigkeit, der jedermann untertan sein müsse (Röm 13,1), auch wenn erst die Übersetzung Luthers für die Begrifflichkeit gesorgt hat, die den deutschen Protestantismus bis heute zu Auseinandersetzungen zwingt. Fünf Abgrenzungen sind konstitutiv für diese theologische Disziplin: von der Glaubenslehre, von der Individualethik, von der Praktischen Theologie, von der Soziologie und von einer nichttheologischen Sozialethik.

Glaubenslehre und Sozialethik

Als erstes ist auf die neuzeitliche Ausgrenzung eines eigenen Faches Sozialethik innerhalb der Systematischen Theologie zu verweisen, jene nicht selten beklagte Verselbständigung der Ethik gegenüber der Glaubenslehre, die bis zu der Befürchtung geht, die Sozialethik könne die Glaubenslehre überhaupt verdrängen[1]. Daß die Einführung des Faches Sozialethik in den theologischen Fächerkanon bis heute nicht ohne Spannungen verlaufen ist, deutet auf tiefer anzusetzende Schwierigkeiten. Die Hauptursache liegt vermutlich in dem Übergang von einem vorherrschend ontologischen Gottes- und Weltverständnis zu einer Auffassung, in der Gott und Welt dadurch charakterisiert sind, daß und wie sie handeln, nicht wie sie in ihrem inneren Wesen sind. Handeln (in seiner doppelten Bedeutung!) und Arbeit werden konstitutiv für Welt und Gott, nicht eine hierarchische Ordnung mit einer nach oben hin zunehmenden Seinsmächtigkeit[2]. Solange das ontologische Weltbild vorherrscht, leben Men-

---

1. W.-D. Marsch, Glauben und Handeln, Monatsschrift für Pastoraltheologie, 52, 1963, 269-283. H.-J. Birkner, Das Verhältnis von Dogmatik und Ethik, in: Handbuch der Christlichen Ethik, Bd. 1, 281-296.
2. Vgl. über die Begründung der Glaubenslehre Schleiermachers auf einer Ethik des Handelns: Y. Spiegel, Theologie der bürgerlichen Gesellschaft, 1968, 32-39.

schen in einer Welt, die von Gott geschaffen und ihnen vorgegeben ist. Diese Welt enthält eine Ordnung, in der gesellschaftliche, von Gott geheiligte Strukturen bestehen, die an seiner Seinsmächtigkeit teilnehmen. Handeln vollzieht sich in vorgegebenen festen Normen, von denen es durchaus und immer wieder Abweichungen gibt, aber auch die stete Möglichkeit, sich in Buße und Übernahme von Strafe mit dieser Ordnung wieder zu versöhnen. Dabei ist Christus Urbild sowohl tiefster menschlicher Entfremdung wie gelungener Versöhnung. Ethos heißt griechisch demgemäß Gewohnheit, Brauch und entspringt der gleichen Wurzel wie das Wort Sitte.»Brauch, Gesinnung, Sittlichkeit, Verhaltensweise bezeichnet ein Elementardatum von Seins- oder Daseinserfahrung, die ihrerseits bezogen ist auf das Verhältnis zwischen objektiv gegebenem Sein in seiner Allgemeinheit und Leben, praktischem Können und Handeln.«[3]
Im Verlauf der Bildung und des Aufstiegs der bürgerlichen Klasse in Westeuropa hat der Begriff des Handelns eine wachsende Vorrangstellung gegenüber dem des Glaubens gewonnen. Seit dieser Zeit wird innerhalb der protestantischen Theologie mit wechselnder Intensität der Streit ausgetragen, was Vorrang habe, der Glaube oder die Liebe. Handeln drückt zunächst eine besondere Form des Arbeitens aus, nämlich die Tätigkeit der Kaufleute, die ihren Handel in fremde Länder ausweiten und darauf angewiesen sind, in Verträgen und gemeinsamen ethischen Grundlagen eine Basis des allgemeinen Warenaustausches zu etablieren. Schrittweise entdeckt die bürgerliche Gesellschaft, in welchem Ausmaß die Welt durch die Arbeit des Menschen gestaltbar ist und demzufolge auch verändert werden kann. Damit wird Handeln (wie Arbeit überhaupt) zu einem Schlüsselbegriff. Er formuliert die Einsicht, daß Handeln nicht bezogen ist auf ein objektiv gegebenes Sein, sondern aktive Weltgestaltung und Weltveränderung bedeutet.
Handeln als Aufforderung zur Weltgestaltung verband sich mit wachsenden technologischen und historischen Kenntnissen. Die Benutzung der Naturkräfte führt zu technologischen Neuentwicklungen, die eine Gestaltung der Welt entsprechend dem Willen Gottes und vernünftigen Überlegungen versprachen. Das Geschichtsbewußtsein intensivierte sich; es wurde entdeckt, daß Gesellschaft nicht etwas Statisches sei, sondern sich ständig verändert hatte, ohne daß dies früheren Generationen deutlich bewußt geworden war. Man entdeckte politische Verfassungen, insbesondere des klassischen Altertums, die sehr viel anders gestaltet waren als die gegen-

---

3. Wolf, Sozialethik, 1975, 1.

1 Sozialethik – Abgrenzung und Definition

wärtigen. Die Entdeckung der Welt durch Reisen führte zur Kenntnis von Formen gesellschaftlichen Verhaltens, die stark von den vertrauten verschieden waren. Auf diesem Hintergrund der bürgerlichen Philosophie formuliert K. Marx die 11. These über Feuerbach: »Die Philosophen haben die Welt nur verschieden *interpretiert*, es kömmt darauf an, sie zu *verändern*.«[4] Handeln bedeutet Weltgestaltung und Weltveränderung und wendet sich gegen eine Philosophie und eine Theologie, die die Welt nur aus dem Seienden, Auffindbaren und Vorgegebenen erklären will.

Die starke Betonung des Handelns, die Verselbständigung des »An-ihren-Früchten-sollt-ihr-sie-erkennen« mußte zwangsläufig Rückwirkung auf die christlichen Glaubensauffassungen haben, soweit sie von einem ontologischen Welt- und Gottesverständnis bestimmt waren und in der Aufstellung unverbrüchlicher Regeln der gott-menschlichen Kommunikation ihr Hauptgewicht hatten. Die sich dabei stellenden Probleme sind bis heute nicht gelöst. Drei wesentliche Lösungsmöglichkeiten zeichnen sich ab, keine von ihnen gilt ausschließlich:

1. wurden die *Glaubensauffassungen selbst ethisiert*, an die Stelle von Gott als tragendem Grund des Seins trat der geschichtsmächtige, handelnde Gott, anstelle der den Himmel repräsentierenden Sakramente das aktive, schöpferische Wort. In diesem Fall ist es möglich, auf der Basis einer platonisierenden Urbildlehre die Ethik wieder in die Glaubenslehre zu integrieren, wie die »Kirchliche Dogmatik« K. Barths zeigt[5]. Diese ethische Dynamisierung der Gottesvorstellung findet jedoch ihre Grenzen an der Frage des mit sich identisch bleibenden Gottes und der nur durch ihn garantierten Kontinuität und Zuverlässigkeit[6].

2. wurde der Versuch gemacht, die christliche Glaubensauffassung in *Wertvorstellungen* zusammenzuziehen. Das bekannteste Beispiel eines solchen Versuches ist die theologische Aussage »Gott ist die Liebe«, in moderner Gestalt »Gott ist Mitmenschlichkeit«[7], wobei die Frage, welche der beiden Größen hier Subjekt und welche Prädikat sei, zu anhaltenden theologischen Kontroversen geführt hat. Schwieriger als diese Probleme war die Frage, ob Gott allein

---

4. K. Marx, Thesen über Feuerbach, MEW Bd. 3, 5–7, hier 7.
5. Vgl. T. Rendtorff, Der ethische Sinn der Dogmatik, in: Ders. (Hg.), Die Realisierung der Freiheit, 1975, 119–134, VI: Dogmatik als religiöse Ethik.
6. J. Moltmann, Prädestination und Perseveranz, 1961.
7. H. Braun, Jesus. Der Mann aus Nazareth und seine Zeit, 1969, 159–170.

durch den Wert »Liebe« zu repräsentieren sei und wie andere gesellschaftliche Werte wie Freiheit und Solidarität sich dem Liebesbegriff unterordnen lassen; P. Tillich fand es z. B. notwendig, »Liebe« durch »Macht« und »Gerechtigkeit« zu erweitern[8]. Tillichs Versuch verweist zudem auf eine andere Gefahr, nämlich der Ontologisierung von Werten, als seien solche Werte dem Prozeß gesellschaftlicher Veränderung entzogen.

Der 3. Weg ist die *Verinnerlichung von Glaubensauffassungen* als Motivation des Handelns. Dabei wird zwar das Handeln der öffentlichen Diskussion ausgesetzt, nicht aber die innere Motivierung als Antrieb und Steuerung des Verhaltens[9]. Christen und Marxisten können dann zu einem gemeinsamen Handeln kommen, obgleich sie in der Auffassung über die Motive ihres Handelns (innere) Welten trennen. Das Problem ergibt sich aus der Beobachtung, daß innere Motivation und politische Zielsetzung des Handelns nicht so einfach auseinandergehalten werden können, wie das vielfach vorgegeben wird.

Das Verhältnis von Glaubenslehre und Sozialethik kann hier nicht im einzelnen diskutiert werden; es gilt jedoch sichtbar zu machen, wie stark die Glaubenslehre ihrerseits eine Reaktion darstellt auf Weltgestaltung und Weltveränderung, wie sie durch die bürgerliche Klasse und den Sozialismus in Gang gesetzt worden sind. Das Verhältnis zwischen Glaubenslehre und Sozialethik ist nicht so einfach, als daß es durch das Wort Wicherns auf dem Wittenberger Kirchentag 1848: »Es tut eines not, daß die evangelische Kirche in ihrer Gesamtheit anerkenne:... die Liebe gehört mir wie der Glaube« additiv zu lösen gewesen wäre. Anspruch und Möglichkeit weltgestaltenden Handelns führen zu Rückfragen an die Gestaltung der Glaubenslehre; sie sind ein zu stark gesellschaftsbestimmendes Moment, als daß es nicht zwangsläufig zu einem Konflikt mit einer Glaubenslehre kommen muß, die nach ontologischen Mustern gestrickt ist, so wenig die weltverändernden Momente in der israelitisch-christlichen Geschichte selbst übersehen werden dürfen.

Individualethik und Sozialethik

Die Sozialethik grenzt sich ab von einer Individualethik. Die aufsteigende bürgerliche Klasse traf auf gesellschaftliche Verhältnisse, in

---

8. P. Tillich, Liebe, Macht, Gerechtigkeit, 1955.
9. Als Beispiel: M. Honecker, Konzept einer sozialethischen Theorie, 1971, 41–66.

1 Sozialethik – Abgrenzung und Definition

denen es durch die aktive Leistung von einzelnen möglich war, in Handel, Finanzgeschäften und Industrie eine gesicherte und anerkannte soziale Position zu erreichen. Ohne Zweifel bedeutete die Leistung des bürgerlichen Individuums und seine Erhebung zur Persönlichkeit gegenüber der alten, hierarchisch verfaßten Sozialordnung der Kirche, des Staates und der Stände eine ganz neue ethische Fragestellung. Auch die lutherische Sozialethik war noch lange eine Standesethik mit unterschiedlichen ethischen Vorschriften für Adlige, Geistliche, Bürger und Bauern. »Diese machtvolle Erhebung der Einzelpersönlichkeit und ihr neuer Anspruch auf geistige und sittliche *Autonomie* oder Selbstmächtigkeit sind es gewesen, welche die neuen Forderungen nach Freiheit des Einzelnen *gegen* den Staat, die Kirche und die einengenden Formen der Stände und Zünfte ermöglichten und mit geradezu revolutionärer Kraft erfüllten.«[10] Je stärker sich die bürgerliche Klasse im 19. Jahrhundert durchsetzen konnte, desto stärker galten Autonomie und Freiheit der Person als allgemeines Menschenrecht und wurden auch im Protestantismus als »protestantische Urforderungen«[11] vertreten. Zwangsläufig ergab sich dadurch die Entwicklung einer Individualethik, deren Normierungen an den Möglichkeiten ansetzten, die dem einzelnen Mitglied der bürgerlichen Klasse in Wirtschaft, Staat und Bildung zur Realisierung von Weltgestaltung zur Verfügung standen, etwa durch die Beschränkung des individuellen Erwerbstriebes und die innere Kultivierung der Person.

Je stärker jedoch der Kapitalismus des Einzelunternehmers durch den organisierten Kapitalismus eingeschränkt wurde, was eine Erweiterung der Bürokratisierung in den übrigen gesellschaftlichen Bereichen nach sich zog, je stärker Massenbewegungen und »Volksparteien« das gesellschaftliche Bild bestimmten, desto schwieriger wurde es selbst für »starke« Persönlichkeiten, gesellschaftliche Entwicklungen zu beeinflussen. Um so notwendiger wurde es, gerade zum Schutze und für die Entwicklungsmöglichkeit des einzelnen, nach den gesamtgesellschaftlichen Zielsetzungen und den Handlungsmaximen von Großorganisationen zu fragen. So ist das Fach Sozialethik an deutschen Universitäten auch eine Folge des Dritten Reiches und der Erfahrung der Kirchen, modernen Massenbewegungen wie dem Nationalsozialismus und dem von ihm durchdrungenen Staat ohne ausreichende sozialethische Urteilsbildung gegenüberzustehen. Dieser Mangel wurde um so mehr spürbar, als den

---

10. H.-D. Wendland, Person und Gesellschaft in evangelischer Sicht, 1965, 20.
11. AaO. 22.

Großkirchen als Organisationen, die gegenüber dem Nationalsozialismus relativ »intakt« geblieben waren, große Möglichkeiten eingeräumt wurden, sich an der Neugestaltung der BRD durch Stellungnahmen und durch Mitwirken in einer christlichen Partei zu beteiligen.

Die Abgrenzung zwischen Individualethik und Sozialethik ist bisher jedoch längst noch nicht eindeutig geklärt; eine klare Differenzierung ist in der theologischen Diskussion bisher nicht vollzogen worden. Gerade die evangelische Theologie sieht, dies wird noch zu belegen sein, in der Vertretung der Einzelperson und der persönlichen Freiheit ein besonderes Anliegen der Sozialethik, vielfach unter Vernachlässigung einer sorgfältigen Analyse und Bewertung von Massenbewegungen und organisierten Interessen. Dies ist in jeder Hinsicht ein berechtigtes, auch von ihrer Ursprungsgeschichte her legitimes Vorgehen und hängt sicher auch mit dem gesellschaftlichen Faktum zusammen, daß sie stark getragen wird von den Fragmentierungen der bürgerlichen Klasse, die entweder davon bedroht sind, ihre berufliche Selbständigkeit durch Großorganisationen zu verlieren, oder innerhalb von solchen Organisationen die Schwierigkeit haben, ihre persönliche Identität zu bewahren.

Daher vier Bemerkungen zur Bedeutung der Person in bezug auf den gesellschaftlichen Kontext:

1. Es ist einer der bedeutendsten Fortschritte in der Neuzeit, daß sie die Würde und Bedeutung des *einzelnen* Menschen herausstellt und auch vielfach rechtlich fixiert hat. Man sollte aber nicht vergessen, daß sich dies vollzogen hat und immer noch vollzieht gegenüber einer gesellschaftlichen Situation, in der Menschen gerade ihrer Menschenwürde beraubt und ausgebeutet sind. Darin mag das Recht bestehen, von der Personenhaftigkeit Gottes zu reden und es als Zeichen zu verstehen, daß die Menschheit nicht zu ihrer Individualität gefunden hat. Die Individualität und Personenhaftigkeit sind als Ziel gesellschaftlich-gemeinsamer Bemühung durch die bürgerlichen und sozialistischen Bewegungen erkannt und teilweise realisiert worden, aber dies war ein Ergebnis historischer Verwirklichung und kann, wie manches in der Geschichte, auch wieder verlorengehen. Das Symbol der Menschwerdung, das für die Christen Bedeutung hat, kann sich nicht allein auf ein historisches Individuum beziehen, sondern bezeichnet einen Prozeß, der alle Menschen einschließt.

2. Es ist nicht heraus, was der wahre Mensch ist. Wir kennen nur historische Verwirklichungen, aber auch die Menschlichkeit Jesu ist

1 Sozialethik – Abgrenzung und Definition

nur erkennbar von dem historischen Stand menschlicher Entfaltung aus, Personenhaftigkeit vorzustellen und zu realisieren; was in einer bestimmten historischen Situation als Menschsein erreichbar ist, wird durch gesellschaftliche Möglichkeiten und Definitionen bestimmt. Insofern ist das, was »Individuum«, »Person«, »der einzelne Mensch« meinen, von gesellschaftlichen Bestimmungen abhängig. Es gibt sozusagen den Sozialcharakter »Individuum« als eine ganz spezifische gesellschaftliche Verhaltens- und Lebensweise. Insofern ist auch an diesem Punkt eine Entgegensetzung von Individuum und Gesellschaft *nicht zutreffend*, weil es der allgemeine Konsens in einer Gesellschaft bestimmt, was ein Individuum sein darf und *was an Hoffnungen für es besteht*. Dies kann aber erst formuliert werden, wenn innerhalb einer historischen Situation eine neue vertiefte Realisierung menschlicher Würde und Humanisierung vorstellbar geworden ist.

3. Volle Personhaftigkeit ist in dieser Gesellschaft nicht möglich. Es hilft daher auch nicht, sich von den anderen in der Hoffnung zurückzuziehen, ein individuelles vollkommenes Selbst ausbilden zu können. Vielen dient die Religion zu einem solchen Weg. Man versucht, die dunkle Welt hinter sich zu lassen und nur seiner eigenen Selbstentfaltung zu leben. In der christlichen Symbolik bedeutet das Kreuz eine Kritik an einem solchen Lebensversuch. Es ist unmöglich, sich von den Konflikten in dieser Gesellschaft abzuschirmen; sie durchdringen jede Mauer der persönlichen Abwehr. Nur wer das Kreuz und das Zerbrechen auf sich nimmt, die in dieser Gesellschaft herrschen, kann die Hoffnung haben, in aller Zerbrochenheit und Gebrochenheit etwas von der vollen Individualität zu erfahren. Mit Schleiermacher gesprochen: Kein gläubiger Mensch kann wirklich eine individuelle Glückseligkeit erfahren, solange sein Bewußtsein begleitet ist von dem Wissen, daß andere zur ewigen Verdammnis verurteilt sind[12]. Personenhaftigkeit, Individualität bleiben eine eschatologische, endzeitliche Hoffnung.

4. Die fragmentarischen Ansätze zur Personhaftigkeit haben innere und äußere Aspekte. Um soziale Veränderungen herbeizuführen, bedarf es eines starken, aus dem Zentrum des Selbst heraus getragenen Ichs, das die Erfahrung der Vertrauenswürdigkeit seiner inne-

---

12. F. Schleiermacher, Der christliche Glaube, hg. von M. Redeker, Bd. 2, 1960, § 163, so 438: »Mitgefühl mit den Verdammten muß notwendig die Seligkeit trüben.«

ren Welt gemacht haben muß, jene Erfahrung, die im Gefolge von E. H. Erikson gern als Urvertrauen bezeichnet wird, wobei der englische Ausdruck genauer ist: »Grundsätzliches Vertrauen«. Darauf kann ein Ich aufbauen, das in der Lage ist, von den Einwirkungen der Außenwelt sich abzugrenzen, ohne die Möglichkeit einer flexiblen und selbstbestimmten Anpassung zu behindern. Es scheint mir theologisch legitim, Aspekte des Gottsymbols mit diesem Grundvertrauen und Aspekte des Symbols Jesus mit dieser Ich-Stärke zu verbinden. Aber es darf auch kein Zweifel darin bestehen, daß Grundvertrauen und Ich-Stärke äußerer Bedingungen bedürfen, um Grundmuster für die Entwicklung eines Kindes zu werden. Da diese Grundmuster durch die Erziehung vermittelt werden, kann sowohl der Fall eintreten, daß Grundvertrauen und Ich-Stärke der gesamtgesellschaftlichen Entwicklung hinterher hinken und sie behindern, als auch ihr vorausschreiten und individuelle Träger von Innovation freisetzen[13].

Sicher ist also eine christliche Sozialethik nicht denkbar, die nicht mitreflektiert, wie das Recht des einzelnen auf persönliche Verwirklichung in Organisationen und in der Freizeit zu sichern ist. Dennoch ist es ihre vorrangige Aufgabe, über die Zielvorstellungen und Werte der Gesellschaft als Ganzes und ihrer Sektoren zu einer ethischen Urteilsbildung zu führen. Von einer so bestimmten Sozialethik ist eine Individualethik abzugrenzen, die sich mit Eigenschaften und Verhaltensweisen desjenigen beschäftigt, der sich entschlossen hat, sich einer bestimmten gesellschaftlichen Zielsetzung anzuschließen und gegenüber dem Druck der Organisationen und der Verführung des Konsums befähigt werden muß, diese Zielsetzung ohne Zerstörung seiner Persönlichkeit durchzustehen. Aus ähnlichen Gründen geht es in der Sozialethik auch nicht um eine Gruppenethik, so sehr heute Gruppen sowohl zur Stabilisierung des einzelnen, als auch zur Durchsetzung sozialethischer Forderungen notwendig sind.

Praktische Theologie und Sozialethik

Solange die *Praktische Theologie* sich auf die mehr traditionellen Gebiete von Predigt, Seelsorge und kirchlichem Unterricht beschränkte, und die Sozialethik zwar zur ethischen Urteilsbildung

13. Vgl. dazu H. Müller-Pozzi, Psychologie des Glaubens, 1975.

1 Sozialethik – Abgrenzung und Definition

anleitete, aber nicht dazu, wie die daraus gewonnene Entscheidung in die öffentliche Diskussion eingebracht werden kann, war die Abgrenzung zwischen diesen beiden theologischen Disziplinen relativ einfach. Heute stellt sich das Verhältnis dieser beiden Disziplinen anders dar: Indem Sozialethik von vornherein mitbedenken muß, wie und auf welchem Wege sozialethische Erkenntnisse die verschiedenen Ebenen der Kirche (von den Kirchenleitungen bis zu den Gemeinden) erreichen und durch sie der Öffentlichkeit vermittelt werden können (durch Denkschriften nicht weniger als durch kirchliche Initiativ-Gruppen), trifft sie auf eine fortentwickelte Praktische Theologie, die solche Strategien zur gesellschaftlichen Veränderung entwickelt[14]. Ein ernsthafter Konflikt wird hier kaum bestehen; derzeit gibt es noch zu wenige Sozialethiker wie Praktische Theologen, die einer solchen Aufgabe fachlich sich verpflichtet fühlen, als daß hier Abgrenzungsschwierigkeiten zu befürchten wären. Ich werde in dem Kapitel über die Bedeutung der Kirche für das sozialethische Denken und Handeln auf diese Frage zurückkommen.

Soziologie und Sozialethik

Die Abgrenzung einer christlichen Sozialethik von der *Soziologie* scheint zunächst relativ einfach, solange sich die Soziologie unter der Behauptung, keine ethischen Intentionen zu vertreten, auf die Bestandsaufnahme der gesellschaftlichen Verhältnisse und ihrer Entwicklungstrends beschränkt. Diese Behauptung, die auch von Theologen als Selbstbeschränkung des soziologischen Anspruches häufig mit Emphase begrüßt wird, hat zu dem langanhaltenden Streit über die Werturteilsfreiheit und den Positivismus in der Soziologie geführt, mit Th. W. Adorno und J. Habermas einerseits und K. Popper und H. Albert andererseits als wesentlichen Exponenten dieser Auseinandersetzung[15]. Wie immer dieser Streit zu beurteilen ist, so ist doch unverkennbar und unbestreitbar, daß vielfach Werturteile in die Untersuchungen gesellschaftlicher Sachverhalte einfließen, ohne daß es zu einer Offenlegung der Basis kommt, von der her Werturteile gefällt werden; das kann die

---

14. Z. B. H. E. Bahr (Hg.), Politisierung des Alltags, 1972; ders. / R. Gronemeyer (Hg.), Konfliktorientierte Gemeinwesenarbeit, 1977; R. Gronemeyer/H. E. Bahr (Hg.), Nachbarschaft im Neubaublock, 1977.
15. H. Albert/E. Topitsch (Hg.), Werturteilsstreit, 1971; Th. Adorno u. a. (Hg.), Der Positivismusstreit in der deutschen Soziologie, 1969.

Auswahl des Untersuchungsgegenstandes betreffen, den Rahmen der Untersuchung, bei der bestimmte Faktoren nicht fraglich werden, wie die Ergebnisse der Untersuchung selbst.
Warum eine solche Differenzierung zwischen Erhebung eines Tatbestandes und Werturteil in der Soziologie so wenig berücksichtigt wurde, hat viele Gründe. Der wesentliche Grund scheint mir die Schärfe des ideologischen Kampfes zu sein, in die die Soziologie voll einbezogen wurde; wo der Klassenkampf bereits seit mehr als einem Jahrhundert so verfestigt und polarisiert ist wie in diesem Lande, fallen die Parteien in diesem Kampf mit gut und böse zusammen. Insofern enthält z. B. jede soziale Theorie nicht nur eine Gesellschaftsanalyse, sondern zugleich eine Ethik, die entweder zur Stabilisierung dieser Gesellschaft anleitet oder eine Gesellschaftsveränderung im Namen der Menschlichkeit und der Gerechtigkeit fordert[16]. Da es in diesem Lande immer nur in kurzen Zeiträumen von wenigen Jahren möglich war, über gesellschaftliche Zielsetzungen offen zu diskutieren, bevor Einschüchterungen, politisch motivierte Strafmaßnahmen und offene Gewalttätigkeiten einsetzten, ist es in der Tat schwer, nüchterne Urteile darüber zu fällen, wieweit bestimmte gesellschaftliche Entwicklungen wünschenswert sind und welche positiven und negativen Auswirkungen sie haben. Sofern für die eine Seite das Wirkliche das Wahre ist oder technokratische oder funktionale Erfordernisse eine Ethik überflüssig machen und auf der anderen Seite sich der Sozialismus unter dem Druck der politökonomischen Widersprüche hinter dem Rücken der Unterdrückten durchsetzt, sind Formen der Selbstversicherung erreicht, bei der eine Diskussion über den wünschenswerten Zustand einer Gesellschaft und damit die sozialethische Erörterung sich erübrigen. Sofern jedoch die Voraussetzung deutlich ist, daß die Soziologie die m. E. notwendige Differenzierung zwischen gesellschaftlichen Tatbeständen und Werturteil vollzieht (wobei selbstverständlich Werturteil und Klassenlage weiterhin in einem engen Zusammenhang stehen werden), ergibt sich die Möglichkeit der Kooperation zwischen Sozialethik und einer Soziologie, die auf Weltgestaltung und Weltveränderung drängt. Eine christliche Sozialethik ist auf eine Gesellschaftsanalyse angewiesen, in der wesentliche soziologische Merkmale in einen einsichtigen Zusammenhang gebracht sind. Dies gilt vor allem hinsichtlich der Bestimmung und dem Zusammenwirken der verschiedenen gesellschaftlichen Sektoren, der Klassen-

---

16. H.-D. Wendland, »Die Welt verändern«, in: Ders., Botschaft an die soziale Welt, 1959, 202–212, hier 203.

1 Sozialethik – Abgrenzung und Definition

und Schichtenanalyse und der Bestimmung der wesentlichen gesellschaftlichen Entwicklungstrends. Freilich ist gerade die Auswahl einer Gesellschaftskonzeption mit erheblicher Problematik belastet, weil in jede Gesellschaftskonzeption stets auch Annahmen eingehen, die empirisch nur schwer zu überprüfen sind und sich damit dem Bereich des Werturteils stark annähern. Auch darüber wird noch zu sprechen sein[17].

Nicht-theologische und theologische Sozialethik

Bei allen theologischen Disziplinen ist durch ihre Bezeichnung bereits erkennbar, daß es sich um Fächer handelt, die sich auf den Wirkungsbereich der israelitisch-christlichen Geschichte beziehen. Die Sozialethik stellt hier an theologischen Fachbereichen eine Ausnahme dar; es wird von ihr vielfach ohne das Beiwort »christlich« gesprochen, als verstünde es sich von selbst, daß damit eine *christliche* oder *theologische* Sozialethik gemeint sei[18]. Dieses Phänomen verweist auf spezifische Schwierigkeiten des Faches in seiner Abgrenzung zu einer nichtchristlichen Ethik.
Zum einen ist wohl unterschwellig damit angedeutet, daß in diesem Lande Ethik wohl nur eine christliche Ethik sein könne; dies geschieht auf dem Hintergrund der vorher beschriebenen Ethisierung des neuzeitlichen Christentums. In Deutschland ist es nicht wie in den angelsächsischen und romanischen Ländern zu solcher Herausbildung einer selbständigen philosophischen Ethik gekommen, daß sie sich in der Einrichtung von Lehrstühlen niedergeschlagen hätte; vielfach hat die Soziologie seit den zwanziger Jahren dieses Jahrhunderts diese Aufgabe mitübernommen, und insofern handelt es sich hier auch um ein Stück sehr deutscher Sozialgeschichte.
Zum anderen hat sich in der evangelischen Theologie stark die Auffassung durchgesetzt, der Glaube befreie die Vernunft von Eigensüchtigkeit und Vorurteilen und ermögliche eine rationale Ethik, die keiner besonderen theologischen Legitimierung mehr bedürfe. Ethisches Handeln ist dann vernünftiges Handeln und bedarf außer den genannten Dispositionen von Nächstenliebe und Vorurteilsfreiheit keiner weiteren spezifisch theologischen Bindungen. Weder wurde also auf dem Boden des bürgerlichen Deutsch-

---

17. Vgl. Chr. Frey, Die Bedeutung der säkularen Wissenschaften für die Ethik, in: Handbuch Ethik (vgl. dieses Kap., Anm. 1), 297–316.
18. Z. B. Wolf, Sozialethik (vgl. Vorwort, Anm. 1).

lands eine selbständige säkulare Ethik ausgebildet noch wurde es für notwendig angesehen, angesichts der vorherrschenden Wertvorstellungen eine spezifische christliche Ethik zu entwickeln. Obgleich das Theorem von der Befreiung des Menschen durch den Glauben zu einer vernünftigen Ethik und Weltgestaltung heute die vorherrschende Form darstellt, christliches Handeln zu begründen, kann es nicht befriedigen. Es setzt einen Konsens über das voraus, was als vernünftig zu betrachten ist, der so nicht vorhanden ist. Die hier vertretene Vernunft ist nur eine begrenzte und verängstigte Vernünftigkeit, die den Rahmen der derzeitigen Staatsordnung, ihrer Wirtschaftsverfassung und der partnerschaftlichen Rolle der Kirchen innerhalb des Systems der bürgerlichen Gesellschaft nicht überschreiten darf; die Realität des Klassenkampfes und die Zielvorstellung einer sozialistischen Gesellschaft liegen bereits jenseits der Grenzen dieser Vernünftigkeit; diese beinhaltet für sie offenkundige »Schwärmerei« und »Utopismus«, jenes »Agitation«. So verweist der evangelische Sozialethiker M. Honecker auf die Grenzen der Vernunft; die nüchterne Vernunft steht zwischen einem Panrationalismus, der glaubt, ein vollkommenes Reich der Freiheit, Gerechtigkeit und des Friedens schaffen zu können, und einer immer wieder aufbrechenden Irrationalität von »Antisemitismus, Rassenhaß, Klassenhaß, hysterischer Antikommunismus«[19]. Dagegen verweist J. Habermas auf den Unterschied von »instrumenteller« und »kritischer« Vernunft und damit auf eine Überwindung der begrenzten, durch bürgerliche Wissenschaft und Technik bestimmten Vernunft durch eine Vernunft, die in der Lage ist, auch die emotionalen Antriebe des Menschen auf das Ziel des »guten Lebens« hin zu integrieren[20].

Deshalb kann ich mich nicht der Meinung Honeckers anschließen, das Proprium, das Eigentliche einer evangelischen Sozialethik sei »nicht in den Gehalten sozialen Handelns und gesellschaftlicher Entwürfe zu suchen ..., da diese vernünftig begründet und ausgewiesen werden müssen«[21]. Ich bin der Auffassung, daß es sowohl Gehalte sozialen Handelns als auch gesellschaftliche Entwürfe gibt, die stärker im Kontext der Ursprungsgeschichte des Christentums stehen als andere. Bei gesellschaftlichen Zielvorstellungen wie bei

---

19. Honecker (vgl. Kap. 1, Anm. 9), 52; vgl. dagegen Chr. Gremmels, Zur Hegung der Vernunft, Zeitschrift für ev. Ethik, 1969, 363–373.
20. J. Habermas, Wissenschaft und Technik als »Ideologie«, 1969; vgl. auch M. Horkheimer, Zur Kritik der instrumentellen Vernunft, 1967.
21. Honecker, Konzept (vgl. Kap. 1, Anm. 9), 53.

1 Sozialethik – Abgrenzung und Definition

einzelnen Wertvorstellungen gibt es durchaus eine Reihe von Aspekten, die diese als christlich qualifizieren lassen. Dies Eigentliche bezieht sich noch nicht einmal so sehr auf die Gottesvorstellung und die Vorstellung von der Herrschaft Christi, sondern vielmehr auf das, was sie an spezifischen Handlungsformen freisetzen und verpflichtend machen.

Die Schwierigkeit in der Spezifizierung christlicher Handlungselemente liegt jedoch darin, daß sowohl die Vorstellung von einem gesellschaftlichen Fortschritt wie die unsere Gesellschaft bestimmenden Grundwerte ihre Herkunft aus der jüdisch-christlichen Überlieferung nicht verleugnen können, auch wenn sie ihre entscheidende und für heute gültige Prägung und Interpretation durch das liberale Bürgertum und, insbesondere hinsichtlich der Sozialrechte, durch die sozialistische Bewegung erhalten haben[22]. »Freiheit« als Freiheit der Kinder Gottes und der Befreiung aus dem Ägypterlande, »Gleichheit« der Menschen als Gleichheit vor Gott, »Frieden« als alttestamentliches Schalom und als Radikalisierung des Tötungsverbotes, »Sicherheit« als ein Sich-Verlassen auf Gott, »Gerechtigkeit« als die überlegene Gerechtigkeit Gottes, »Gesundheit« als Heilungswunder, die »Befriedigung aller Bedürfnisse« als Vision jenes Landes, in dem Milch und Honig fließt, alle die die heutige Gesellschaft bestimmenden Werte finden sich bereits in der jüdisch-christlichen Tradition. Dies gilt ebenso für die gesamtgesellschaftlichen Zielvorstellungen, die ohne christliches Bemühen um die Verbesserung der Welt nicht zu denken sind, wobei vom Christentum bestimmte Gesellschaften diese Veränderung in den verschiedensten Formen bewirken wollten, von der gewaltsamen Ausrottung aller Ketzer an bis zur auf Gewalt verzichtenden Liebe.

Alle diese jüdisch-christlichen Grundwerte haben, jeweils auf eine sehr differenzierte Weise, die Wert- und Zielvorstellungen der neuzeitlichen Emanzipationsgeschichte bestimmt, sich aber auch unter dem Einfluß des liberalen Bürgertums und der sozialistischen Bewegung modifiziert. Daher ist es immer wieder sehr schwierig zu entscheiden, ob etwa die Vorstellungen, die ein christlicher Sozialethiker z. B. vom Wert »Gleichheit« hat, durch eine Ausarbeitung der Gleichheitsvorstellung in den biblischen Schriften oder durch eine neuzeitliche Sozialphilosophie bestimmt sind. Wem die Gleichheitsforderung der Neuzeit zu einem existentiellen Erlebnis geworden ist, wird vielfach erst entdecken, wieviel in den biblischen

---

22. Wichtig für diese Betrachtungsweise: E. Troeltsch, Die Bedeutung des Protestantismus für die Entstehung der modernen Welt, 1906.

Schriften von Gleichheit gesprochen wird. Und worin könnte das Interesse an einer solchen Unterscheidung liegen? Für einen christlichen Sozialethiker bedeutet die Bindung an die jüdisch-christliche Überlieferung das Bestehen auf bestimmten ethischen Gesichtspunkten:

1. F. Nietzsche hat von der »Sklavenmoral der Christen« gesprochen. Er kritisierte damit ihre demütige Unterwürfigkeit, ihre Apathie gegenüber ihrer eigenen Verelendung und das Sich-Abfinden mit den gegebenen Umständen. Er hat insoweit recht, als in der Tat die christliche Ethik in ihren Ursprüngen die Ethik einer unterdrückten Unterschicht ist, die von der Erfahrung von Ausbeutung und Fremdherrschaft gekennzeichnet ist, eine Ethik, die immer wieder zu Gehorsam und Anpassung anleitet. Die christliche Ethik, so sehr sie auch lehren kann, mit gesellschaftlicher Ohnmacht umzugehen, betont aber auch gerade die *aktiven Züge einer Unterschichtsethik*: die gewaltfreie Subversion (»Seid klug wie die Schlangen«), die Solidarität (»Was ihr einem meiner geringsten Brüder getan habt, habt ihr mir getan«), das gerechtfertigte Selbstbewußtsein (»So soll es unter euch nicht sein«), die Abschaffung des Leides, die Phantasien über eine bessere Welt, die Gelassenheit und der Humor, die sich distanzierend mit dem Unvermeidlichen abfinden und doch die eigene Selbstidentität vor Zerstörung bewahren.

2. Die Herkunft des Christentums aus der Schicht der Deklassierten und das Leben unter Verfolgungen und Fremdherrschaft bringt ein hohes Maß an *Sensibilität für soziales Leiden, Krankheit und Tod* mit sich. Dies hat vielfach in der Geschichte des Christentums zu einer Idealisierung des Leidens geführt, zu einem christlichen Masochismus, in dem Leiden zu einem Selbstwert wurde. Grundsätzlich weist aber diese Tradition einen intensiven Spürsinn für alle Formen von Unterdrückung und Entfremdung auf, wie sie auch ein hohes Tröstungspotential entwickelt hat.

3. Zu verweisen ist weiterhin auf die *Durchbrechung des Äquivalenz-Prinzips*, d. h. einer Grundregel gesellschaftlichen Verhaltens, nach der eine gerechte Gesellschaft auf dem gleichmäßigen, gegenseitigen Austausch von Gütern und Leistungen beruht. Die Aufhebung des Äquivalenten-Austauschs kann dazu führen, daß der, der Macht hat, berechtigt ist, mehr zu fordern, als er gibt; es kann also Ausbeutung rechtfertigen, insbesondere wenn es zum Prinzip göttlicher und kirchlicher Herrschaft benutzt wird, daß Geben seliger sei

als Nehmen. Grundsätzlich führt es jedoch dazu, an die Stelle einer Verrechnung von Leistungen eine allgemeine, gleichmäßige Befriedigung von Bedürfnissen treten zu lassen. In dieser Hinsicht erweist sich das reformatorische Prinzip von der Rechtfertigung allein durch den Glauben als eine zutiefst antikapitalistische Anweisung zur Gestaltung des gesellschaftlichen Lebens.

4. Insbesondere die christliche Überlieferung steht in dem durch die Entwicklung zu einer Welt verschärften Konflikt zwischen *Subjektivität und Totalität*, in der Spannung zwischen dem einen, dem kein Haar gekrümmt werden darf, und der Verallgemeinerung dieser Forderung für alle Menschen. Es ist die Aussage, daß sich die Neunundneunzig nicht sicher und befriedigt fühlen können, wenn einer in die Dunkelheit abirrt. Aber diese Aussage wird ausgeweitet auf die gesamte Weltbevölkerung, auch wenn hier wie anderswo christliche Traditionen keine generellen Lösungen anbieten, wie der einzelne unter so vielen einzelnen noch seine eigene Identität, die Rechtfertigung seiner Existenz und das Gefühl der Besonderheit erfahren kann und dies in einem Bewußtsein, daß z. B. auch der Vietnamese sein Nächster ist.

5. Die christliche Überlieferung geht davon aus, daß Menschen sich nicht von ihrem ethischen Verhalten her definieren lassen, sondern *zutiefst transmoralische* Wesen sind. Dies kann ausgebeutet werden im Vorwurf, wir alle seien unserer Natur nach Wesen, die nicht in der Lage sind, uns an Gebote und moralische Regeln zu halten. Das ist hier nicht gemeint. Gemeint ist, daß das Verhalten von einzelnen und Bewegungen sich im letzten moralischen Kategorien entzieht. In diesem Sinne behält »Liebe« als höchster Wert christlichen Verhaltens einen Faktor von Unbestimmtheit. Es ist, wie gesagt, noch nicht heraus, wer wir Menschen sind; gerade wenn eine Gesellschaft sich verändert, lassen sich die Ergebnisse dieser Veränderung nicht mehr unter die alten Werte und die durch sie bestimmten Regulierungen bringen.

6. Sofern von ihren Ursprüngen her die jüdische und christliche Überlieferung eine Ethik enthält, nach der die Unterworfenen ihre soziale Situation nicht als Schicksal annehmen, sondern einen sozialen Wandel anstreben, ist christliche Ethik eine *Ethik der Veränderung*. Sie steht daher in einer größeren Affinität zur neuzeitlichen Emphase auf Veränderung als zu der Gegenseite, die die Schöpfung einer Herrschaftsordnung gegenüber den unruhigen Bewegungen

des Chaos-Drachen preist und in der ständigen Angst um diese Ordnung und vor dem Ungeheuer aus der Tiefe lebt. Darüber wird im nächsten Abschnitt noch Genaueres zu sagen sein.

Es muß ausdrücklich betont werden, daß diese Kriterien ethischen Handelns nicht als exklusiv christlich zu verstehen sind. Auch Menschen, die sich christlicher Glaubensüberzeugung nicht verpflichtet fühlen, können und werden nach ihnen handeln. Es kann nicht Sinn einer christlichen Sozialethik sein, sich von anderen abzugrenzen. Diese Kriterien sollen Hinweise geben, wie Christen Salz in der Speise, Hefe im Teig, die weithin sichtbare Stadt auf dem Berg sein können, wenn sie die Überlieferung, in der sie stehen, ernstnehmen; sie können nicht als Ausweis ihrer besonderen Exklusivität dienen. Dies ist wichtig zu betonen, weil viele Menschen mit Kirche und Christentum Erfahrungen gemacht haben, die diesen Kriterien völlig entgegengesetzt sind. Für sie wurde durch den Erziehungsprozeß, den sie durchlaufen haben, durch Äußerungen der Kirche und ihrer Vertreter vor Ort oft ein sehr gegenteiliges Bild von der christlichen Überlieferung vermittelt. Es wird auch Aufgabe einer Sozialethik sein, die Gründe zu analysieren, die Kirche und Christentum dazu bringen konnten, sich einer Ethik zu verschreiben, die dem neuzeitlichen Prozeß der Weltgestaltung und Weltveränderung eher zurückhaltend denn kritisch-fördernd gegenübersteht.

Zusammenfassung

Fassen wir nun die wesentlichen Momente zusammen, die eine Bestimmung von christlicher Sozialethik ausmachen. Es geht um ein weltveränderndes Handeln, das nicht nur durch eine Glaubensauffassung bestimmt wird, sondern seinerseits auf diese zurückwirkt. Sozialethik richtet sich auf die Veränderung der Gesamtgesellschaft und ihrer Teilbereiche und beschäftigt sich vorrangig mit gesellschaftlichem Handeln; eine individuelle Ethik ergibt sich aus der Bereitschaft und dem Engagement, sich als einzelner an einer gesamtgesellschaftlichen Zielsetzung zu beteiligen. Von der Soziologie wie von den Handlungswissenschaften überhaupt übernimmt die Sozialethik die Analyse von Tatbeständen und Funktionszusammenhängen der Gesellschaft und ihrer Teilbereiche. Ihr besonderes Interesse richtet sich auf den Platz, den Wertvorstellungen in der Gesellschaft für ihren Zusammenhalt und ihre Veränderung einneh-

1 Sozialethik – Abgrenzung und Definition

men. Sie überprüft, inwieweit gesellschaftliche Werte eine Affinität zu den ihr aus ihrer Überlieferungsgeschichte überkommenen Werten aufweisen und wo sie ihnen widersprechen. Anhand einer Einschätzung der sozialen Tatbestände, der Wertvorstellungen und des Veränderungspotentials wird sie zu einer Entwicklung ethischer Leitlinien kommen. Sie wird schließlich Überlegungen anstellen, wie die kirchlichen Organisationen und christlichen Gruppen auf die öffentliche Meinung und auf die gesellschaftlichen Teilbereiche Einfluß nehmen können, um diese in die Richtung auf eine wünschenswerte Zielsetzung in Bewegung zu bringen.

Dies sind relativ abstrakte Formulierungen. Zunächst gilt es, genauer zu bestimmen, worin die grundlegende, neuzeitliche Erfahrung besteht, nämlich die Erfahrung einer umfassenden Gestaltbarkeit dieser Erde durch die Beherrschung der Natur, durch die Möglichkeit, gesellschaftliche Herrschaftsverhältnisse grundlegend zu verändern, und durch eine immer größere Einsicht in die Gestalt der inneren Welt.

Lesehinweise

Wichtige *Nachschlagewerke* sind: Neues Evangelisches Soziallexikon, im Auftrage des Deutschen Evangelischen Kirchentages hg. von F. Karrenberg, 6. Aufl. 1969; leider ist in dieser Auflage der Grundbestand der Erstausgabe von 1954 weder in den Artikeln noch in den Literaturangaben durchgreifend überarbeitet worden. Dies ist anders bei der Neuausgabe von: Evangelisches Staatslexikon, 2. vollständig neu bearbeitete und erweiterte Aufl., hg. H. Kunst/R. Herzog/W. Schneemelcher, 1975. Eine Vermittlung zwischen der katholischen und der evangelischen Ethik versucht zu schaffen: Handbuch der christlichen Ethik, 2 Bde., 1978, das gut die verschiedenen Ansätze darstellt, aber etwas knapp bleibt in den bibliographischen Angaben und vor allem in der sozialwissenschaftlichen Literatur. Wichtig vor allem in historischer Hinsicht: Geschichtliche Grundbegriffe. Historisches Lexikon zur politisch-sozialen Sprache in Deutschland, hg. von O. Brunner/W. Conze/R. Koselleck, 1972 ff; aus DDR-marxistischer Perspektive: Philosophisches Wörterbuch, hg. von G. Klaus/M. Buhr, 2 Bde., neubearbeitete 10. Aufl. 1974.

Ein kurzgefaßter *Überblick* über die verschiedenen Ansätze in der gegenwärtigen Sozialethik findet sich in: W. Schmidt (Hg.), Gesellschaftliche Herausforderung des Christentums. Vom Kulturprotestantismus zur Theologie der Revolution (TB), 1970. H.-H. Schrey, Einführung in die evangelische Sozialethik, 1973, steht meiner Einführung am nächsten und bringt wichtige Ergänzungen; sie enthält auch eine gut bedachte Bibliographie zum Thema. Die radikale Gegenposition zu dem hier vorgelegten Versuch findet sich bei J. Baur / L. Goppelt / G. Kretschmar (Hg.), Die Verantwortung der Kirche in der Gesellschaft, 1973; nahezu alles, was ich gut finde, finden diese Autoren schlecht, und umgekehrt.

Weiter: H.-D. Wendland, Grundzüge der evangelischen Sozialethik, 1968. Wendland ist in seinen Stärken und Schwächen, in seinen Einsichten und blinden Flecken der entscheidende Sozialethiker der Rekonstruktionsphase nach 1945; seine meistzitierte Veröffentlichung ist: Die Kirche in der modernen Gesellschaft, 1956; leicht greifbar von ihm: Einführung in die Sozialethik (TB), 2. erweiterte Auflage, 1971. Stark in der Tradition der dialektischen Theologie und insbesondere K. Barths, dessen ethische Ansätze sich vor allem in den Bänden I/2 § 22, 3; II/2 § 36–39 und III/4 seiner »Kirchlichen Dogmatik« finden, stehen E. Wolf, Sozialethik. Theologische Grundfragen, 1975, und W. Kreck, Grundfragen christlicher Ethik, 1975. Wolf bringt verstärkt Elemente der lutherischen, Kreck der reformierten Theologie ein. Der pragmatischen Rationalität der SPD-Führungsschicht evangelisch korrespondierend: M. Honecker, Konzept einer sozialethischen Theorie, 1971. Trotz vieler Modernismen ist das umfangreiche Werk von H. Thielicke, Theologische Ethik, 3 Bde., 1951–1964, von Alterung erheblich bedroht, da es den Fragen, die mit der Studentenbewegung aufgekommen sind, kaum noch standhalten kann.

Für die Diskussion in den letzten Jahren sind wichtig: W. Pannenberg, Ethik und Ekklesiologie. Gesammelte Aufsätze, 1977, und: T. Rendtorff, Theorie des Christentums. Historisch-theologische Studien zu seiner neuzeitlichen Verfassung, 1972. Beide versuchen, die Anschauungen der bürgerlichen Bewegung und ihrer liberalen Theologie, die dem Verdikt der dialektischen Theologie verfallen waren, wieder aufzugreifen; hier stehe ich ihnen nahe. Freilich wird die marxistische Weiterentwicklung des Liberalismus von ihnen weitgehend abgelehnt, und es werden die Auswirkungen zu wenig berücksichtigt, die der fortgeschrittene Kapitalismus auf die Wertstruktur der BRD besitzt.

Für die *historische Perspektive* der Sozialethik: Zu nennen ist das monumentale Werk von E. Troeltsch, Die Soziallehren der christlichen Kirchen und Gruppen (1912), 1961. Für die Sozialethik M. Luthers vgl. E. Wolf, Peregrinatio, Bd. 1, 1954; Bd. 2, 1965; zum Luthertum: W. Elert, Morphologie des Luthertums, 2 Bde., (1931), 1965³; zu Calvin: J. Bohatec, Calvins Lehre von Staat und Kirche, 1937; für die Wirkungsgeschichte des Calvinismus: M. Weber, Die protestantische Ethik und der Geist des Kapitalismus (1904 f), wiederabgedruckt, in: Die protestantische Ethik I (TB), 1968; vgl. dazu auch die beiden Diskussionsbände: J. Winckelmann (Hg.), Max Weber, Die protestantische Ethik II. Kritiken und Antikritiken (TB), 1968, der überwiegend Diskussionsbeiträge unmittelbar nach der Veröffentlichung der »Protestantischen Ethik« enthält, und: C. Seyfarth/W. M. Sprondel (Hg.), Seminar: Religion und gesellschaftliche Entwicklung (TB), 1973, die auf die neuere Diskussionslage eingehen. Zum Pietismus: G. Kaiser, Pietismus und Patriotismus im literarischen Deutschland, 1961. Für das 19. Jahrhundert: Y. Spiegel, Theologie der bürgerlichen Gesellschaft. Sozialphilosophie und Glaubenslehre bei Friedrich Schleiermacher, 1968; hier wird auf den Versuch aufmerksam gemacht, eine demokratische Theologie im Zusammenhang des preußischen Reformbeamtentums nach der Niederlage gegenüber Napoleon zu erarbeiten; R. Strunk, Politische Ekklesiologie im Zeitalter der Revolution, 1971, weist an protestantischen Theologen des 19. Jahrhunderts auf, wie evangelische Theologie zur Revolutionsabwehr entwickelt wurde; H. Maier, Revolution und Kirche. Studien zur Frühgeschichte der christlichen Demokratie 1789–1901, 2. erw. Auflage 1965 (auch TB), tut dies für die katholische. Mit der Haltung der ev. Kirche gegenüber der sozialen Frage und dem Sozialismus beschäftigt sich eine Reihe von Arbeiten G. Brakelmanns, vgl. vor allem: Die soziale Frage des 19. Jahrhunderts, 1962, aber auch sein kommentierter Dokumentenband über das Verhalten der Oberkirchenräte und Konsistorien zu dieser Zeit vermittelt einen teils amüsierenden, teils bedrückenden Eindruck: Kirche, soziale Frage und Sozialismus. Bd. 1: Kirchenleitungen und Synoden über die soziale Frage und Sozialismus 1871–1914, 1977.

Über die sozialen Bewegungen des Konservatismus, des Liberalismus und des

1 Sozialethik – Abgrenzung und Definition

Sozialismus in ihrer sozialethischen Bedeutung: P. Tillich, Die sozialistische Entscheidung (1933), in: GW II, 219–365, 1962, eine theologische Analyse der politisch-weltanschaulich wirksamen Prinzipien der 20er Jahre, die bis heute Gültigkeit hat.

Zusammenfassend finden sich die *Ideologien* der bürgerlichen, der konservativen und der sozialistischen Bewegungen dargestellt bei B. Groethuysen, Philosophie der Französischen Revolution (1956), 1971 (auch TB) (hier allein der Liberalismus); R. Kühnl, Formen bürgerlicher Herrschaft. Liberalismus – Faschismus, (TB) 1971, und seine Ergänzung von demselben Autor: (Hg.), Der bürgerliche Staat der Gegenwart (TB), 1972; umfassend: F. Neumann (Hg.), Politische Theorien und Ideologien, 1974/1975. Zur Ideologie der sozialistischen Bewegung: W. Hofmann, Ideengeschichte der sozialen Bewegung, 1974[5].

Schließlich möchte ich dazu anregen, einige *Originalbeiträge sozialphilosophischen Inhalts* aus den letzten Jahrhunderten zur Lektüre zu machen: W. v. Humboldt, Ideen zu einem Versuch, die Grenzen der Wirksamkeit des Staates zu bestimmen (1792, erst 1851 vollständig ediert), Athenäum Ausgabe Bd. 1, 1903; I. Kant, Zum ewigen Frieden (1795), Werke in sechs Bänden, hg. von W. Weischedel, Bd. 6, 1964, 191–251; G. W. F. Hegel, (Beurteilung der) Verhandlungen in der Versammlung der Landstände des Königreichs Württemberg im Jahre 1815 und 1816 (1817), Werke in 20 Bänden (Theorie Werkausgabe), 1970, Bd. 4, 462–597; K. Marx/F. Engels, Manifest der Kommunistischen Partei (1848) (MEW Bd. 4), 459–493.

Zum Verhältnis von *Individuum und Gesellschaft*, das genauer im Kap. X angesprochen werden soll, sei zunächst verwiesen auf O. Kirchheimer, Privatmensch und Gesellschaft, in: Politische Herrschaft, 1967, 92–121, der die sozialgeschichtliche Entwicklung behandelt. Aus der Sicht der gegenwärtig vorherrschenden Sozialethik: H.-D. Wendland, Person und Gesellschaft in evangelischer Sicht, 1965; eine sehr sorgfältige Analyse des Wertes, der der Person in der marxistischen Theorie zukommt, enthält: L. Sève, Marxismus und die Theorie der Persönlichkeit, 1972; Analysen über die Bedrohung des Sozialcharakters »Individuum« jenseits aller konservativen Kulturkritik findet sich bei: K. Horn (Hg.), Gruppendynamik und der »subjektive Faktor« (TB), 1972.

Das *besondere Buch*: Th. Ziegler, Die geistigen und sozialen Strömungen Deutschlands im 19. und 20. Jahrhundert bis zum Beginn des Weltkrieges, 1916, eine faszinierend geschriebene und abwägende Darstellung des letzten Jahrhunderts, gerade auch der Theologie und der Kirche.

2 »Die Welt verändern«

Jede christliche Sozialethik muß sich mit der grundlegenden Erfahrung auseinandersetzen, daß es der Gesellschaft des Westens gelungen ist, zunehmend über die Natur, über ihre eigene Ordnung und über ihre innere psychische Welt Macht zu gewinnen und auf sie gestaltend und verändernd einzuwirken. Zugleich aber verstärkt sich die Einsicht, daß die Entfaltung gesellschaftlicher Kräfte an vielen Punkten in eine Sackgasse geraten ist, und es verfestigt sich das Gefühl der Ohnmacht, daß keine für alle Beteiligten akzeptable Lösung bereitsteht, um die Gesellschaft von ihren selbstdestruktiven Tendenzen zu befreien und zu einer sinnvollen, aktiven Weltgestaltung durchzudringen.

In einem ersten Durchgang möchte ich den Hinweis auf tatsächlich vollzogene Weltveränderung dem Mißlingen moderner Weltgestaltung gegenüberstellen, um wenigstens ansatzweise auch die Gründe zu nennen, die sich einer weiteren gleichmäßigen Entwicklung entgegenstellen. Dabei wird auch von dem Beitrag zu reden sein, den jüdisch-christliche Überlieferungen für die Vorstellung der Veränderbarkeit von Welt geleistet haben; hier ist auch auf die Argumente einzugehen, die zur Begründung angeführt werden, die christlichen Ursprungsgemeinden hätten keine gesellschaftliche Veränderung angestrebt. Als zweites möchte ich einen Aufsatz H.-D. Wendlands kritisch referieren, in dem die These von K. Marx über die Veränderung der Welt behandelt wird. Schließlich wird es als Ergebnis des Vorangegangenen und aus dem Bedürfnis einer weiteren Klärung notwendig sein, genauer zu bestimmen, wie eigentlich jene Gesellschaft zu beschreiben ist, von der Veränderbarkeit wie Selbstdestruktion ausgesagt wird. Dies führt dann hinüber zum Kap. 3, in dem nach dem Träger gesellschaftlicher Veränderung gefragt werden wird.

Die Veränderbarkeit der Welt

Immer stärker gelingt der menschlichen Gesellschaft, die *äußere Natur* zu beherrschen; der Mensch ist zum »Herrn und Meister der Natur« (Descartes) geworden. Er ist in der Lage, *traditionale Gesell-*

2 »Die Welt verändern« 37

schaften grundlegend zu verändern und neue Formen gesellschaftlicher Herrschaft zu entwickeln. Er gewinnt zunehmend Einsicht in die *innere Welt* und damit die Fähigkeit, sie zu beeinflussen.
Die *Beherrschung der Natur* hat die Naturkräfte nutzbar gemacht, indem Wasser, Winde, Wärme und die Bindungskraft des Atoms zu Quellen von maschinellen Antriebskräften verwandelt wurden. Wo früher Bittprozessionen die Felder zur Zeit der Saat und der Dürre durchzogen, haben neue Anbautechniken, Düngung und neue Pflanzen die Fruchtbarkeit vielfältig gesteigert. Der Hunger, einer der drei die Menschheit von alters her verfolgenden apokalyptischen Reiter, ist potentiell besiegt. Die Fähigkeit, biologische Organismen zu beeinflussen und zu verändern, erreicht gerade gegenwärtig Dimensionen, die einen qualitativen Sprung in diesem Bereich erwarten lassen. Neue, künstlich erzeugte Stoffe sind entwickelt worden, die die Natürlichen an Festigkeit und Dehnbarkeit weit übertreffen. Die Bewegungsfreiheit des Menschen hat sich in allen Dimensionen der Fortbewegung erheblich erweitert.
Auch die *soziale Welt* hat der Mensch in bisher ungeahnter Weise verändert, seit soziale Phantasien schrittweise Wirklichkeit werden, Gesellschaften, die hierarchisch aufgebaut und von oben gelenkt wurden, in solche umzuwandeln, die über ihr eigenes Schicksal bestimmen können. Es ist vorstellbar geworden, die Güter dieser Erde und ihre Produkte an alle Menschen gleichmäßig zu verteilen und wesentliche Grundbedürfnisse zu erfüllen. Die Rechte des Menschen, vor willkürlichen Eingriffen anderer geschützt zu werden, haben zugenommen, ebenso wie die Möglichkeiten der individuellen Selbstentfaltung. Organisationstechniken und Bildung machen es möglich, daß sich Menschen immer stärker an den Entscheidungen beteiligen können, die sie angehen. Das historische Wissen ist gestiegen und ebenso die Kenntnis fremder Kulturen, so daß einer einzelnen Gesellschaft eine Vielfalt von kulturellen Mustern zur Verfügung steht.
Schließlich ist es gelungen, immer neue Bereiche der *inneren Welt* zu erschließen und in den Zustand von Bewußtsein zu bringen. Gleichzeitig sind die Bemühungen fortgeschritten, diese inneren Erfahrungen und Phantasien in sprachliche Formen zu fassen, so daß diese innere Natur nicht mehr so zerstörerisch in eine sachlich-vernünftige Gestaltung und Veränderung der Gesellschaft einbrechen kann wie in früheren Zeiten. Innere Bilder und Utopien einer neuen gesellschaftlichen Gestaltung und die fortwährende Entdeckung neuer und doch uralter menschlicher Wünsche und Bedürfnisse haben ein hohes Potential menschlicher Kreativität und Schaf-

fenskraft freigesetzt. So könnte es gelingen, die angsterregenden Dämonen der inneren Welt zu bannen und den Reichtum menschlicher Phantasie in die Realität umzusetzen.

Jüdisch-christliche Überlieferungen haben entscheidend die Entwicklung der neuzeitlichen Überzeugung beeinflußt, die Welt als veränderbar zu verstehen. Es kann hier nicht der Ort sein, den Anteil genauer zu bestimmen; dies ist die Aufgabe einer sozialorientierten Theologiegeschichte. Die *Beherrschung der Natur* ist nicht denkbar ohne einen Schöpfungsglauben, der die Natur als geschaffene erkannte und sie damit entzauberte. Daß diese Schöpfung gut ist, hat dazu ermutigt, sich auf ihre Fruchtbarkeit, ihre Kräfte und ihre Materie einzulassen und auch unter ihrer destruktiven Gestalt die Gabe eines Weltschöpfers zu sehen, der diese für den Menschen bereitstellt. Die Aufforderung, sich diese Welt untertan zu machen, hat Anstoß gegeben, in die Geheimnisse dieser Natur und ihrer Komposition immer tiefer einzudringen. Die Vision des wiedergewonnenen Paradieses als eines Gartens hat dazu beigetragen, die Natur durch gestaltete Landschaft und gezähmte Tiere zu befriedigen.

Auch die *gesellschaftliche Vorstellung von einer Erde, die gefüllt ist mit Frieden* und von einem Ende aller gegenseitigen Diskriminierung und Beherrschung ist mitgetragen von den Impulsen der jüdisch-christlichen Überlieferung. Es ist die Geschichte des Auszuges, das vielgelobte Land zu finden, in dem Milch und Honig im Übermaße vorhanden sind; die Geschichte einer Gesetzgebung, die die gesellschaftliche Ordnung einer naturgesetzlichen und naturwüchsigen Betrachtungsweise entzieht und sie durch Regeln und Gesetze gestaltbar erscheinen läßt; die Lehre der Jesus-Bewegung von der Bezogenheit aller gesellschaftlichen Ordnung auf den Menschen; die Kritik aller menschlichen Herrschaft durch die Verkündigung einer neuen Herrschaft, die das Unterste nach oben bringt und die nur eine Gemeinschaft kennt, in der keiner größer ist als der andere und durch den Geist Christi, nicht eines Menschen, regiert wird; das Mahl, bei dem alle satt werden und das hochzeitliche Züge trägt; die Bilder vom Frieden, wo der Löwe neben dem Lamm liegt, und vom kommenden Reich Gottes, in dem Gott alle Tränen abwischen und der Tod nicht mehr sein wird.

Schließlich hat die jüdisch-christliche Überlieferung Wesentliches beigetragen zur *Entdeckung und Entfaltung der inneren Welt des Menschen*, so die Mystiker beider Religionen, die anleiteten, das psychische Chaos zu ordnen und in immer tiefere Schichten der Seele vorzudringen. Es kam zur klaren Trennung der inneren und äußeren Welt, stabilisiert in den zwei Reichen der glaubensmäßigen Innerlichkeit und der noch vorläufigen rohen Gewalt der politischen Herrschaft, zur Etablierung des Gewissens, das ein radikales Mittel war, den einzelnen von aller bloß äußerlichen Autorität freizumachen. Der Geist, der alle Gegensätze in sich verträgt und vereint, und der Glaube, der vor allen äußeren Verletzungen schützt, der auf dem Wasser gehen läßt, der Berge versetzt und Gelähmte heilt – dies alles hat zur Ausbildung eines festen Überzeugungskerns geführt, der keinen Untergang kennt. Jüdisch-christliche Überlieferungen haben auch teil an einer Koordination psychischer Energie durch ein gefestigtes Ich, das zu einer auf Sachlichkeit aufbauenden Weltgestaltung gelangen kann.

Dabei ist festzuhalten, daß der Einfluß der jüdisch-christlichen Überlieferung auf die neuzeitliche Auffassung von der Gestaltbarkeit der Welt diese Überlieferung selbst nicht unverändert gelassen hat, sondern wesentliche Aspekte von dem, was Beherrschung der Natur, Veränderung der Gesellschaft und Erweiterung der inneren Welt bedeutet, haben *ihrerseits auf diese Überlieferung eingewirkt* und bilden damit wesentliche Voraussetzungen für das, was in dieser Gesellschaft als wichtig und einsichtig gilt[1]. Viele theologische Sätze, die gegenwärtig in Lehre und Predigt vermittelt werden, sind bereits in wesentlicher Weise von der Auffassung der Machbarkeit der Welt geprägt, ob sie nun eine solche Einsicht in das übernommene Glaubens- und Lehrgebäude einfügen und positiv, aber kritisch dieser neuzeitlichen Erfahrung gegenüberstehen, oder biblische oder reformatorische Lehren anführen, die diesen Einsichten eindeutig widersprechen[2].

Veränderungswille und gesellschaftliche Ohnmacht

Sich diese gesellschaftliche Ausgangslage deutlich zu machen, ist wichtig. Gerade auch von theologischer Seite werden unter Berufung auf das Neue Testament solche Zielsetzungen wie die menschliche Beherrschung der Natur, die gesellschaftliche Gestaltung und die Erweiterung der inneren Welt als mögliche oder berechtigte bestritten. Jede Form des Scheiterns gilt als Beweis eines notwendigen Scheiterns. Damit gilt allgemein das Mißlingen selbst schon als

---

1. Vgl. dazu Tr. Rendtorff, Politische Ethik oder »politische Theologie«, in: H. Peukert (Hg.), Diskussion zur »politischen Theologie«, 1969, 217–230.
2. Wolf, Sozialethik (vgl. Vorwort, Anm. 1), 345–350.

Nachweis, daß menschliche Weltgestaltung grundsätzlich nicht möglich ist. Das erspart, über die möglichen Ursachen genauer nachzuforschen und nachzudenken, die zu diesen Mißerfolgen geführt haben, und wieweit nicht gerade bestimmte theologische Vorstellungen zu diesem Mißlingen beigetragen haben, etwa eine bestimmte Auffassung von der Notwendigkeit einer starken Autorität und ein mißverständlicher Wunderglaube, der den Christen von der Notwendigkeit gesellschaftlicher Veränderung angeblich befreit. Gerade diese pauschale Freude am Mißlingen von Weltgestaltung verhindert eine wirkliche Einsicht in die menschlichen und politischen Unzulänglichkeiten, die solche Mißerfolge bedingen, und führt dazu, sich von der mühseligen Arbeit einer gesellschaftlichen Fortentwicklung mit dem scheinbar guten Gewissen des reinen Herzens und der sauberen Hände zu entziehen.

Ungebrochener Fortschrittsoptimismus ist ohnehin nicht bei jenen vorhanden, denen die Veränderbarkeit gesellschaftlicher Verhältnisse und die Notwendigkeit zu handeln, wenn die Menschheit überleben will, einsichtig ist. Unbestreitbar hat die ungeheure Entwicklung der menschlichen Produktivkraft nur zu einem Teil in eine Richtung geführt, die eine intensivere Befriedigung allgemeiner menschlicher Grundbedürfnisse, eine demokratischere Herrschaftsordnung und Erleichterung von der Härte der Arbeit gebracht hat. Es ist zugleich zu einer ungehemmten Ausbeutung von Rohstoffen und biologischen Ressourcen gekommen, die die zukünftigen Generationen mit erheblichen Hypotheken belastet. Es sind technologische Entwicklungen gefördert worden, die für die Allgemeinheit nur begrenzt einen Nutzen bringen, wie die Raumfahrt oder die Atomindustrie, wobei letztere aber außer dem höchst fragwürdigen Geschenk von Atomkraftwerken das höchste Zerstörungspotential erbrachte, das der Mensch je in der Lage war bereitzustellen. Es ist zu einer ungeheuren Verschwendung menschlicher Produktivkraft durch die militärische Rüstung gekommen, in der in einem solchen Ausmaß Produktivität nutzlos vernichtet wird, demgegenüber die Fehlinvestitionen, Kapitalvernichtung und unausgenutzte Kapazitäten eines privatwirtschaftlichen Systems geradezu unbedeutend erscheinen, wäre es nicht selbst wesentliche Ursache eben dieser Verschwendung. Wir müssen die Manipulierbarkeit der inneren Welt und eine Verarmung gestalterischer Phantasie und Motivation durch eine Herrschaftsstruktur beobachten, die, wie H. Marcuse am Phänomen des »eindimensionalen Menschen«[3] beschrieben hat, es

---

3. H. Marcuse, Der eindimensionale Mensch (1964), 1970.

2 »Die Welt verändern«

dem Menschen gar nicht mehr möglich macht, sich eine Veränderbarkeit der Welt überhaupt noch vorzustellen. Insbesondere hat die zunehmende Konzentration politischer und wirtschaftlicher Macht in den Händen weniger und die damit verbundene Bürokratisierung zu einer verstärkten Erfahrung der Ohnmacht geführt. Der Spielraum für emanzipative Veränderungen scheint geringer zu werden, die Möglichkeiten für politische Beteiligung stagnieren oder verringern sich. Gerade die Reformbereitschaft der Jahre 1970–1974 hat sichtbar gemacht, daß gesellschaftliche Veränderungen schwerer durchzuführen sind als angenommen. Für die Erfahrung der gesellschaftlichen Ohnmacht lassen sich einige wesentliche Gründe nennen.

1. erweist es sich offensichtlich als sehr schwierig, die Verschwendung gesellschaftlichen Reichtums durch Rüstung, unproduktive technologische Vorhaben, durch Überproduktion und unausgenützte Kapazitäten im Wirtschaftssystem sowie die allgemeine Bürokratisierung zu vermindern. Es fehlt an Strategien, langfristige privatwirtschaftliche Investitionen einer gesellschaftlichen Steuerung zu unterwerfen, um ein Umschwenken auf gesamtgesellschaftliche, produktive Leistungen zu erreichen.

2. stellt sich das Problem der Veränderung von Bewußtseinsstrukturen. Frühkindlich erworbene Charakterstrukturen lassen sich nur unter Schwierigkeiten umgreifenden gesellschaftlichen Veränderungen anpassen, zumal dann, wenn bestimmte Interessengruppen eine solche Kontrolle über Bewußtseinsstrukturen ausüben, die jedem Neubedenken entgegenwirkt und alte Autoritätsmuster bestärkt. Gerade wenn Veränderungsvorstellungen unter dem Gesichtspunkt einer verstärkten Planung und damit mit der Forderung nach »mehr Staat« auftreten, verstärken sie nur das ohnehin immense Ohnmachtsgefühl gegenüber den Bürokratien. Zudem bedrohen zu weitreichende Änderungen die Identität des einzelnen, sofern keine Möglichkeit einer neuen Identitätsbildung zur Verfügung steht, und fixieren ihn in der bisherigen Haltung.

3. Schließlich gibt es, selbst wenn man eine Umstellung der Produktionsziele einschließt, auch in hochentwickelten Staaten und trotz der immensen Steigerung der Produktivkraft weiterhin eine echte Knappheit an Kapital, Boden und Arbeitskräften. Es ist keineswegs so, daß wir in einer »Überflußgesellschaft« leben; nicht in dieser Republik, geschweige denn weltweit ist eine weitgehende

Befriedigung wesentlicher menschlicher Bedürfnisse bei dem jetzigen Stand der Produktivkräfte gewährleistet.

Aber auch die Erfahrung gesellschaftlicher Ohnmacht hat nichts daran geändert, daß die Welt unbestreitbar und unausweichlich als eine Welt vorstellbar wurde, die sich grundsätzlich und sehr umgreifend verändern läßt. Für alle Bereiche der Gesellschaft, in der unsinnige Verschwendung, Armut, Unterdrückung oder alles zusammen herrscht, haben sich Vorstellungen entwickeln lassen, wie diese gesellschaftlichen Mißstände aufzuheben sind: es lassen sich Formen der Herrschaft über die Natur aufweisen, die mit ihren Ressourcen schonend umgehen; für alle Störungen der inneren Welt, die Menschen lebensunwillig machen, gibt es Konzepte für Therapien und Resozialisierung. Auch wenn es sich vielfach um ideale Vorstellungen handelt, deren Wert erst noch durch die Praxis zu belegen ist, so übt doch bereits die Vorstellbarkeit von Veränderungen einen starken Sog auf die Veränderung selbst aus. Hinzu kommt ja auch, daß es in den letzten zwei Jahrhunderten tatsächlich Veränderungen mit weltweiter Wirkung gegeben hat, wie die Nutzbarmachung natürlicher Energien, gesellschaftliche Veränderungen wie neue Wirtschafts- und Gesellschaftssysteme, die durch die verschiedenen Revolutionen entstanden sind; auch die Erschließung der inneren Welt hat beträchtliche Ausmaße angenommen. Trotz aller Erfahrungen gesellschaftlicher Ohnmacht ist die Gestaltbarkeit der Welt in einem sehr breiten Umfang sowohl vorstellbar geworden, als auch durch durchgeführte Veränderungen erwiesen.

Wie auch immer, jede sozialphilosophische und sozialethische Überlegung muß diese doppelte Erfahrung bewältigen, sie mag dabei so radikal sozialistisch oder reaktionär sein wie sie will, sie muß mit diesem Widerspruch des Wissens um Machbarkeit und der Erfahrung gesellschaftlicher Ohnmächtigkeit fertig werden und ihn in einen für sie produktiven Zusammenhang bringen.

Frühchristliche Gemeinden und die Frage nach gesellschaftlicher Veränderung

Wie verhält sich nun diese theologische Zurückhaltung gegen eine umfassende Veränderung der Gesellschaft zu den oben ausgeführten Impulsen zur gesellschaftlichen Veränderung in den neutestamentlichen Schriften? Generell lautet hier die Antwort, daß Jesus und die neutestamentlichen Gemeinden zwar eine hohe soziale

Aktivität kennen, aber keine Zielsetzung, die politischen Verhältnisse grundsätzlich zu verändern. Das Reich Gottes werde allein durch das endgeschichtliche Eingreifen Gottes verwirklicht.
Man wird grundsätzlich fragen müssen, wieweit die Fragestellung, ob der Mensch oder Gott allein das eschatologische Reich realisiere, nicht bereits die Reaktion einer Theologie darstellt, die sich mit sozialen Bewegungen wie dem Liberalismus und Sozialismus konfrontiert sieht, die zwar kein Paradies (dies ist eine permanente theologische Unterstellung), aber doch eine fortschreitende Vervollkommnung der Gesellschaft für möglich halten. Eine solche Fragestellung kann überhaupt erst ihr Gewicht gewinnen in dem Augenblick, wo eine durchgreifende Veränderung der Gesellschaft als möglich erscheint, also erst mit der Neuzeit, und zuerst Gegensatzpaare wie Diesseits-Jenseits, Immanenz-Transzendenz auftauchen, die es so vorher nicht gegeben hat.
Für das frühe Christentum hat sich das Problem der Weltveränderung so nicht gestellt. Dies läßt sich an folgenden Punkten verdeutlichen:

1. Viele der ersten Gemeinden haben in *apokalyptischen Erwartungen* gelebt und den Anbruch des Reiches Gottes als unmittelbar bevorstehend erwartet. Sie hatten daher auch keinen Anlaß, sich intensiv mit der Frage der Weltgestaltung auseinanderzusetzen; die eigene Gemeinschaft stellte Probleme genug, für den anbrechenden Tag des Herrn wach und bereit zu sein. Erst die zweite Generation mußte sich Gedanken darüber machen, wie ihr ethisches Verhalten für eine Gesellschaft wirksam werden könne.

2. Die christlichen Gemeinden teilen mit der antiken Umwelt die Vorstellung einer hierarchischen Herrschaftsstruktur. Eine *grundlegende Gesellschaftsveränderung* kann nur durch einen neuen Herrscher herbeigeführt werden. Das Reich Gottes wird dann gesellschaftliche Wirklichkeit, wenn anstelle eines grausamen Herrschers wie Herodes die gerechte Herrschaft Gottes tritt. Es wird kaum reflektiert, daß es nicht nur um einen gerechten Herrscher geht, sondern daß die gesellschaftliche Form menschlichen Zusammenlebens so geordnet werden könne, daß eine Herrschaft von Menschen über Menschen tendenziell überhaupt verschwindet, daß es z. B. nur der Geist sein könne, der Menschen miteinander verbindet. Gewiß sind solche Aspekte herrschaftsfreien Zusammenlebens in den biblischen Schriften als Möglichkeit angedeutet, aber doch nur im Hinblick auf das Gemeindeleben. Dies zu bedenken ist stets wichtig,

wenn von der Notwendigkeit einer hierarchischen Ordnung der Gesellschaft gesprochen wird, die durch mit Autorität begabten Figuren geführt wird. Gerade dies ist aber dem neuzeitlichen Christentum zur Frage geworden.

3. Als gesellschaftlich Ausgeschlossene konnten christliche Gruppen nicht annehmen, daß sie gesellschaftliche Strukturen verändern könnten; statt dessen vertrauten sie auf die soziale Ausstrahlung der gemeindlichen Liebestätigkeit. Eine *Veränderung gesellschaftlicher Verhältnisse* war für sie *nur vorstellbar als Wunder*. Es ist das wunderbare Eingreifen Gottes, das sein Reich herausführt. Der Gläubige selbst erscheint als ein passiver, wenn auch voll drängender Hoffnung erfüllter Zuschauer. Wir dagegen sind, gerade unter dem Aspekt der oben genannten jüdisch-christlichen Verheißung, Gott werde alles neu machen, davon bestimmt, durch persönliche wie durch die Veränderung sozialer Strukturen die Welt zu verändern und erfahren ständige Weltveränderung.

4. Um so beeindruckender sind die *Hoffnungsbilder,* die jene Gemeinden entwickeln. Sie zeichnen sich dadurch aus, daß hier keine üppig ausgeschmückten Erzählungen über das kommende Reich ausgearbeitet werden, sondern die endzeitlichen Erwartungen in relativ nüchternen, ja kargen Symbolen zusammengefaßt werden; die hochzeitliche Feier, das gemeinsame Mahl. Gerade diese Realitätsbezogenheit, die auch die Gleichnisse Jesu auszeichnet, belegt, wie sehr hier an realisierbare Gesellschaftsgestaltung gedacht wird. Die Hoffnungsbilder haben nicht kompensatorische, sie haben eine motivierende Kraft.

5. Wäre es die christliche Intention gewesen, nur »ein ruhiges und stilles Leben« unter der Obrigkeit zu führen (1 Tim 2,2), wäre es kaum historisch vorstellbar, daß innerhalb dreier Jahrhunderte das Christentum in Staaten der antiken Welt *zur Staatsreligion avancierte,* man mag diese Entwicklung bedauern oder nicht. Dies ist nur erklärbar unter der Annahme, daß die christliche Bewegung die Tendenz hatte, sich für eine Veränderung der Gesellschaft einzusetzen, im Rahmen der ökonomischen, politischen und kulturellen Möglichkeiten, die einer späthellenistischen Gesellschaft zur Verfügung standen.

Bezeichnend scheint jedenfalls zu sein, daß der fortschrittlich gesinnte Kulturprotestantismus, man denke an den Namen von A.

Ritschl[4], eine solche Fragestellung nicht als problematisch empfand. Erst die generelle Krise, in die das protestantische Bürgertum am Ende des 1. Weltkrieges geriet, machte für die Erkenntnisse von Joh. Weiß[5] sensibel, Jesus habe das Hereinbrechen des Reiches Gottes zu unmittelbar erwartet, als daß es für ihn noch Platz für liberales oder gar sozialistisches Fortschrittsdenken geben konnte.

Heinz-Dietrich Wendland: »Die Welt verändern«

Wie innerhalb der *evangelischen Sozialethik* jene zwiespältige Erfahrung der modernen Gesellschaften des Westens von der Veränderbarkeit und der gesellschaftlichen Ohnmacht aufgenommen und verarbeitet wird, möchte ich an einem Beitrag H.-D. Wendlands, »Die Welt verändern«, exemplarisch referieren. Wendland, über den in Kap. 8 noch ausführlich zu sprechen sein wird, beschäftigt sich in diesem Beitrag mit der christlichen Deutung und Kritik der 11. These über Feuerbach von K. Marx, die bereits im vorangegangenen Abschnitt erwähnt wurde[6].

Wendland verweist auf die faktischen, großen Veränderungen der gesellschaftlich-politischen Welt, die dieser Satz seit hundert Jahren hervorgebracht hat, und möchte eine Beurteilung dieser These aus der Sicht der christlichen Verkündigung und Theologie vornehmen. Marx ging es »um die Geburt einer alle umfassenden, neuen Gesellschaftsordnung, die den Menschen wieder in vollen Einklang mit sich selbst und der Natur versetzt«[7]. Diese humanistische Forderung führte jedoch zu »einer neuen, furchtbaren Form der Ausbeutung und der vollständigen Fremdbestimmung des Menschen im System des Kollektivismus..., der die Abhängigkeit des Menschen durch seine ideologische Beherrschung ›total‹ macht und damit alle früheren Formen von Sklaverei, Leibeigenschaft und politischer Abhängigkeit weit in den Schatten stellt«[8]. Das Subjekt der »revolutionären Weltveränderung wird zum Träger neuer Herrschaftsformen von umfassender Machtfülle«[9].

4. A. Ritschl, Die christliche Lehre von der Rechtfertigung und Versöhnung, Bd. I–III, 1870–1874, bes. Bd. III.
5. J. Weiß, Die Predigt Jesu vom Reiche Gottes, 1892. Vgl. zu Ritschl und Weiß, Chr. Walter, Typen des Reich-Gottes-Verständnisses, 1961, 137–155.
6. Wendland, Welt (vgl. Kap. 1, Anm. 16).
7. AaO. 204.
8. Ebd.
9. AaO. 205.

Kommentar: Wir finden hier ein wesentliches Element einer weitverbreiteten theologischen Kritik an dem neuzeitlichen Veränderungswillen formuliert: Wo immer eine Ideologie den Anspruch auf eine umfassende Veränderung der Gesellschaft stellt, führt dies zwangsläufig in eine totalitäre Herrschaft; die neue Führungsschicht ist zudem noch sehr viel stärker auf Unterdrückung ausgerichtet wie die bisherige. Auf eine historische Analyse der Entstehung des Stalinismus (wie des Nationalsozialismus) wird verzichtet.

Wendland: Christliches Denken darf jedoch nicht in eine antirevolutionäre Denkweise zurückfallen; »den dynamisch-revolutionären Charakter der Gesellschafts-Geschichte der modernen Welt hat Karl Marx richtig erkannt«[10]. Das Ziel der Veränderung kann jedoch nicht mehr die absolute Revolution sein. Es ist die Frage, ob nicht eine der Welt dienende Kirche willentlich, bewußt und aktiv helfen muß, die »bevorstehende(n) Revolutionen zu ›überholen‹ und überflüssig zu machen dadurch, daß die sozialrevolutionären Zündstoffe beseitigt und durch umfassende Gesellschaftskritik die Mängel der bestehenden Ordnungen aufgedeckt werden«[11].

Kommentar: Es wird nicht gefragt, wodurch die moderne Gesellschaft eine solche dynamisch-revolutionäre Wendung genommen hat. Ebenso wird auf eine nähere Bestimmung der »Zündstoffe« verzichtet und die »Mängel« nicht genannt.

Wendland: Das christliche Handeln ist an zwei Bezugspunkte gebunden: Gemäß dem ersten müssen die fundamentalen Institutionen der politischen Exousia (Macht), der Ehe und der Verwaltung der Güter dieser Erde erhalten bleiben, denn diese sind Anordnungen (Mandate) Gottes. Sie zu erhalten heißt allerdings, sie fortwährend zu verändern; sie sind zu verteidigen gegenüber dem Trug sozialer Rückwärts-Utopien wie vor der furchtbaren Illusion der absoluten Revolution, denn Sozialstrukturen können »dämonisiert« werden. Der zweite Bezugspunkt ist der Mensch, der freilich nicht Schöpfer seiner selbst ist. Seine Personalität, Freiheit und Mitmenschlichkeit sind durch die Institutionen zu fördern.

Kommentar: Deutlich wird hier die These von einer Auflösung des Staates, der Ehe und der Wirtschaft in die Gesellschaft hinein abgelehnt; dies wird biblisch begründet, geht aber letztlich davon aus, daß bestimmte Institutionen wichtig für das gesellschaftliche

10. Ebd.
11. AaO. 207.

2 »Die Welt verändern«

Überleben sind. Es besteht die Befürchtung eines Chaos, wenn diese göttlichen Stiftungen aufgehoben werden. Die Aufgabe der Institutionen, die Personenrechte des einzelnen zu schützen, wird klar herausgestellt.

Wendland: Die sozialethischen Grundkategorien von Freiheit, Gerechtigkeit, Ordnung und Mitmenschlichkeit werden auch im Raum der »weltlichen« Gesellschaft unter der verborgenen Herrschaft des so erhaltend wie kritisch umbildend wirkenden Gesetzes Gottes erkannt. Was die Gesellschaft nicht erkennt, ist die göttliche Liebe, die die Welt bessert. Diese fordert, um des Nächsten Willen, die Institutionen der Gesellschaft zu reformieren. Die Liebe läßt den Menschen nicht nur als ein gesellschaftliches Wesen begreifen, sondern zeichnet den Menschen aus als jemand, der in keiner gesellschaftlichen Institution aufgeht. »Gerade *weil* die Liebe, die aus dem Geiste Christi kommt, den Menschen in seiner Berufung zur *eschatologischen* Existenz sieht, richtet sie sich aber auf die relative Veränderung dieser geschichtlichen Welt«[12].

Kommentar: Auffällig ist, wie die Liebe als sozialer Wert, abgeleitet von der göttlichen Liebe, hier zu einem exklusiv christlichen Wert wird. Im übrigen verbleibt Wendland innerhalb des vorherrschenden theologischen Ansatzes aus dem 19. Jahrhundert, daß, damals geprägt durch die Erfahrung mit der Französischen Revolution, »alle Revolution gegen das Reich Gottes steht«. Die Notwendigkeit permanenter Veränderung wird allerdings anerkannt. Statt der absoluten Revolution des Marxismus wird die »absolute Revolution Gottes«[13] erwartet, mit der die geschichtliche Welt verlassen wird. Ob der Sozialismus wirklich den Anspruch auf totale Revolution erhebt, wird einfach vorausgesetzt, bleibt aber ohne Beweis. Unbeantwortet bleibt die Frage, wann legitime Veränderung in totale Revolution übergeht; dies zu bestimmen wird wohl den jeweiligen Tagesereignissen überlassen.

Zur Gesellschaftsform der BRD

Wenn es H.-D. Wendland in dem vorgestellten Text zwar um eine Mithilfe der Christen bei gesellschaftlichen Veränderungen, nicht jedoch um die totale Revolution geht, so ist zu fragen, ob hier nicht

---

12. AaO. 211.
13. AaO. 212.

begriffliche Gegensätze aufgebaut werden, die überhaupt nicht die realen Gegensätze zwischen seiner sozialethischen Konzeption und dem Sozialismus erfassen, und man muß dann weiter fragen, welches Interesse an einer solchen Verzeichnung besteht. Wie man seinen Äußerungen entnehmen kann, betrachtet er von seiner Mandaten-Lehre her eine Gesellschaft kritisch, in der die Wirtschaft keine selbständige Insitution mehr ist und in der die Staatsfunktionen überhandnehmen. Beide Merkmale treffen gegenwärtig am ehesten für eine sozialistische Staatswirtschaft zu. Man wird also mit gewissem Recht annehmen müssen, daß die Hypostasierung einer »totalen Revolution« dazu dient, rationale Überlegungen über eine solche Wirtschaftsordnung von vornherein durch theologische Argumentation unmöglich zu machen.

Will man nicht auf eine solche Bauernfängerei hereinfallen, ist es notwendig, vom Anfang aller sozialethischen Überlegungen an sich Übereinkunft darüber zu verschaffen, von welcher Gesellschaft wir überhaupt sprechen. Es ist ja wenig sinnvoll, über Veränderungen zu reden, wenn nicht gesagt wird, wie die Gesellschaft zu charakterisieren ist, in der ein Veränderungsdruck besteht. Gestaltbarkeit dieser Gesellschaft und die Erfahrung gesellschaftlicher Ohnmacht sind Leerformeln, wenn nicht weiter präzisiert werden kann, worin der »dynamisch-revolutionäre Charakter der Gesellschafts-Geschichte der modernen Welt«[14] besteht. Zwar ist es in der evangelischen Sozialethik vielfach üblich, hier von »Gesellschaft« ohne nähere Bestimmung, wenn nicht gar nur von »Welt« zu reden, aber wenn man für die Gegenwart etwas über die Form der Naturbeherrschung, über Gesellschaftsveränderung und über den Stand der Verinnerlichung aussagen will, reichen diese Angaben nicht aus.

Zur Charakterisierung der Gesellschaftsordnung der BRD sind verschiedene Bezeichnungen in Gebrauch.

Für Theologen, aber nicht nur für sie, wird die Gesellschaft der Neuzeit häufig als *»säkulare Gesellschaft«* bezeichnet, weil damit ein für sie wesentliches Kriterium genannt wird. Ohne auf die Auseinandersetzung um den Säkularisierungsbegriff eingehen zu wollen, sind es zwei wesentliche Merkmale, die diese Gesellschaft kennzeichnen:

1. sind die Werthaltungen dieser Gesellschaft nicht mehr durch religiöse Werte bestimmt, sondern stehen unter der Vorherrschaft der Vernunft; nicht nur die Kirche, sondern auch Staat, Recht und Medizin verlieren ihre sakrale Würde;

14. Wendland, Welt (vgl. Kap. 1, Anm. 18), 205.

2. kommt es zu einem Niedergang bei den Formen der kirchlichen Beteiligung und zu einem Schwinden des gesellschaftlichen Einflusses der Kirchen.

Hinter dieser Säkularisierungsthese steht eine Geschichtsphilosophie, die von einer Abfolge von Epochen ausgeht; diese sind durch unterschiedliches Weltverständnis bestimmt. Ob damit der Religion als einer Stufe in diesem Schema nicht zu viel Ehre angetan wird, bleibt die Frage; ebenso ist offen, ob die auch nur partiell nachweisbare Entkirchlichung automatisch auch eine Entchristlichung bedeutet.

Vielfach wird die Gesellschaft auch als eine »*pluralistische*« bezeichnet. Was damit gemeint ist, ist nicht eindeutig. Diese Gesellschaft, so ist die Aussage, zeichnet sich aus entweder durch eine Vielzahl von Parteien, von verschiedenen Weltanschauungen und von unterschiedlichen Interessenverbänden oder durch eine klare Differenzierung gesellschaftlicher Teilbereiche in selbständige Systeme von Wirtschaft, Staat, Erziehung, Kirche usw. »Pluralistische Gesellschaft« beschreibt jedenfalls gut, was die BRD gerne sein möchte, eine offene und demokratische Gesellschaft, unterschlägt aber auch, daß manche Parteien, Weltanschauungen, Interessenverbände und gesellschaftliche Teilbereiche mehr Macht besitzen als andere und dadurch den im Pluralismus-Begriff vorausgesetzten Markt der Anbieter dominieren.

Bei »*Industriegesellschaft*« und »*postindustrieller Gesellschaft*« wird der technische Entwicklungsstand der Produktivkräfte als Merkmal zur Abgrenzung von anderen Gesellschaften hervorgehoben. Bei »Industriegesellschaft« sind die großen Industrie-Anlagen das Kriterium zur Abgrenzung von einer Manufaktur-Produktion oder von einer vorherrschend durch landwirtschaftliche Produktionsweise gekennzeichneten Gesellschaft. Sie wird zu einer »postindustriellen«, wenn die Automation als wesentliches Merkmal hervorgehoben wird; zuweilen ist damit die Integrierung des Proletariats in die Gesellschaft zugleich mitgemeint; Wendland spricht daher deutlicher von einer »›nachproletarischen‹ Gesellschaft«[15].

Auch »*Leistungsgesellschaft*« bezieht sich vor allem auf den Wirtschaftssektor und beschreibt die dort vorherrschende Wertvorstellung; diese Bezeichnung ist insofern ideologisch, als sie vorgibt, in einer solchen Gesellschaft werde die Höhe des gesellschaftlichen Status durch die eigene Leistung und nicht durch Verfügen über Vermögen und Bildung bestimmt.

15. AaO. 206.

Zwar verweisen die drei letztgenannten Bezeichnungen auf die Dominanz des wirtschaftlichen Sektors; das wesentliche Kriterium ist jedoch jeweils auf einen Teilaspekt – Stand der Produktionsmittel – oder auf eine spezifische Werthaltung – Leistung – bezogen. Gemeinsam ist ihnen, daß damit die Prävalenz des wirtschaftlichen Handelns anerkannt wird. Umfassender ist jedoch eine Begrifflichkeit, die auf die Verwertungsinteressen des Kapitals und damit auf die vorherrschenden Produktions*verhältnisse* Bezug nimmt. Ich würde deshalb von der BRD als einer *»kapitalistischen Gesellschaft«* sprechen. Ich schließe mich damit dem Sprachgebrauch der Jahrhundertwende an, als dieser Begriff noch verwendet werden durfte, ohne einem Autor den Vorwurf der Unwissenschaftlichkeit einzubringen[16], auch in einer Sozialethik[17]. Zur näheren Bestimmung verwende ich für die (west)deutschen Verhältnisse die Bezeichnung Frühkapitalismus (bis 1870), Hochkapitalismus (bis in die zwanziger Jahre dieses Jahrhunderts) und organisierter Kapitalismus[18] für die daran anschließende Phase bis zur Gegenwart; für diese letzte Phase den Ausdruck »Spätkapitalismus« zu verwenden, erscheint mir als allzu prophetisch.

Der »dynamisch-revolutionäre Charakter« dieser Gesellschaft bezieht sich also auf eine Gesellschaftsform, die in wenigen Jahrhunderten die Welt durchgreifender verändert hat als alle Gesellschaftsformen zuvor, nur vergleichbar mit der Einführung des Akkerbaues und der Gründung von Städten. Begünstigt durch die von ihr begrüßten Erfindungen und Entdeckungen in Wissenschaft und Technik, gefördert durch die wirtschaftlichen Prinzipien von Arbeitsethos, Rentabilitätsprinzip, Gewinn-Maximierung und ständiger Kapitalverwertung und gestützt durch die militärische Macht der europäischen und nordamerikanischen Staaten hat die bürgerliche Klasse mit dieser Wirtschaftsform ihre eigenen und die fremden Gesellschaften unter einen anhaltenden Veränderungsdruck gesetzt. K. Marx und F. Engels haben im »Kommunistischen Manifest« ihr durchgreifende Anerkennung gezollt, aber auch auf ihre Auswirkungen auf Gesellschaft und Religion verwiesen. »Die Bourgeoisie«, so heißt es dort, »kann nicht existieren, ohne die Produktionsinstrumente, also die Produktionsverhältnisse, also sämtliche gesellschaftlichen Verhältnisse fortwährend zu revolutionieren...

---

16. Z. B. W. Sombart, Der moderne Kapitalismus, 2 Bde., 1902; Sombart war ein führender Sozialökonom seiner Zeit.
17. G. Traub, Ethik und Kapitalismus, 2. Aufl. von: Grundzüge einer Sozialethik, 1909.
18. So. z. B. M. Dobb, Organisierter Kapitalismus, 1973.

2 »Die Welt verändern« 51

alle festen eingerosteten Verhältnisse mit ihrem Gefolge von altehrwürdigen Vorstellungen und Anschauungen werden aufgelöst, alle neugebildeten veralten, ehe sie verknöchern können. Alles Ständische und Stehende verdampft, *alles Heilige wird entweiht.*«[19] Ich habe gerade die vier letzten Worte hervorgehoben, um darauf hinzuweisen, wie stark auch Religion, Theologie und Kirche unter kapitalistischen Produktionsverhältnissen einem Veränderungsdruck ausgesetzt sind. Dieser ist so groß, daß die allgemeine Klage, Kirche und Theologie blieben immer hinter den letzten Entwicklungen zurück, eigentlich eher verwunderlich ist; sie teilen dies Schicksal mit anderen Institutionen, die sich mit Bewußtseinsformen beschäftigen. Sie stehen unter der ständigen internen wie externen Aufforderung, sich an die Veränderungen anzupassen und sie mitzugestalten, insbesondere dort, wo es um Veränderungen von Motivationen geht, auf die sie einen relativ großen Einfluß haben.

Die Gestaltbarkeit der Welt durch den Menschen und die Ohnmacht, die er bei Veränderungen erfährt, muß also auf der Basis der kapitalistischen Gesellschaftsverfassung der BRD diskutiert werden[20]. Sicher gibt es Probleme, die Länder mit einer kapitalistischen Wirtschaftsverfassung mit solchen einer staatssozialistischen Wirtschaftsverfassung gemeinsam haben, insbesondere im Bereich der Beherrschung der Natur und der Faszination durch fortgeschrittene Technologien. Aber Machbarkeit der Welt und Ohnmacht des Menschen müssen unter den Bedingungen diskutiert werden, die hier die vorherrschenden sind; Erfahrungen, die staatssozialistische Länder bei der Veränderung ihrer Gesellschaft gemacht haben, sind weder einfach eine Alternative noch einfach ein Gegenargument zu den Lösungen der Konflikte und Probleme, die *dieser Republik* ins Haus stehen.

Die kapitalistischen Gesellschaftsformen üben Veränderungsdruck auf alle drei Bereiche aus, von denen ich bisher ausgegangen bin. Sie bestimmten die Form der fortschreitenden Beherrschung der Natur, konstituierten die Form gesellschaftlicher Herrschaftsausübung und wirkten auf den Bereich der inneren Welt ein. Der eigentliche Anstoß zur Veränderung geht jedoch von dem Bereich der Produktionsverhältnisse aus, obgleich alle drei Bereiche in einem Wechselverhältnis stehen. Neue Technologien können die Produktionsverhältnisse ebenso verändern wie das Aufkommen neuer Werthaltun-

---

19. K. Marx/F. Engels, Manifest der Kommunistischen Partei (1848), MEW Bd. 4, 459–493, hier 465; Hervorh. Y. S.
20. Der Versuch eines sozialethischen Vergleichs findet sich bei W. Kreck, Grundfragen christlicher Ethik, 1975: Kapitalismus und Sozialismus, 225–275.

gen. Dominierend bleibt jedoch stets der Bereich der Produktionsverhältnisse. Dies ist der Grund, weshalb die hier vorgelegte Einführung in die Sozialethik sich auf die Behandlung dieses Bereiches konzentriert. Jedoch wird in je einem Abschnitt auf die Beherrschung der äußeren Natur und auf die Erweiterung der inneren Natur eingegangen (vgl. Kap. 12 und 14).

Lesehinweise

Zur *Sozialstruktur der BRD* möchte ich gerne fünf Titel nennen, auf einer Skala von konservativ bis links. Ein Festband zum 25jährigen Bestehen der BRD ist: R. Löwenthal/H.-P. Schwarz (Hg.), Die zweite Republik, 1974, ein repräsentativer Rückblick auf das Erreichte, aber gediegen und mit vielfältigen Informationen. Von gemäßigter Liberalität: F. Fürstenberg, Die Sozialstruktur der Bundesrepublik Deutschland, (TB), 1976, 5. verbesserte Auflage. Diese beiden enthalten auch Kapitel über die Kirchen, die in den mehr von der marxistischen Theorie bestimmten Untersuchungen fehlen – ein Wunschbild? D. Claessens / A. Klönne / A. Tschoepe, Sozialkunde der Bundesrepublik Deutschland, 1965; U. Jaeggi, Kapital und Arbeit in der Bundesrepublik (Neue Ausgabe von »Macht und Herrschaft in der Bundesrepublik), (TB), 1973; am meisten Vertrauen habe ich selbst zu: G. Schäfer/C. Nedelmann (Hg.), Der CDU-Staat, 2 Bde. (TB), 1967. Wen es interessiert, wie es vor hundert Jahren in Deutschland aussah und wie man lebte und dachte, schmökere in dem einen oder anderen der vier Bände von W. H. Riehl, Die Naturgeschichte des Volkes als Grundlage einer deutschen Sozialpolitik, 4 Bde.: Land und Leute; Die bürgerliche Gesellschaft; Die Familie; Wanderbuch, 1853–1869.

Zur deutschen *Sozialgeschichte des 19. Jahrhunderts*: H. Plessner, Die verspätete Nation. Über die politische Verführbarkeit bürgerlichen Geistes (1936), mit neuem Vorwort 1959 (auch TB), bringt eine geniale Zusammenschau der religiösen, philosophischen und politischen Strömungen dieses Jahrhunderts, es ist die Untersuchung, die die deutsche Entwicklung zusammenfassend überhaupt erst verstehen lehrt. Zum Kaiserreich: M. Stürmer (Hg.), Das kaiserliche Deutschland. Politik und Gesellschaft 1870–1918, 1970 (TB 1977), mit wichtigen Beiträgen zu den Säulen des deutschen Machtgefüges, den Beamten und dem Militär; spannend zu lesen: Barbara W. Tuchman, Der stolze Turm. Ein Portrait der Welt vor dem Ersten Weltkrieg 1890–1914 (1966), 1969, über den Höhepunkt der bürgerlichen Gesellschaft und Kultur; zur proletarischen Bewegung: D. Fricke, Die deutsche Arbeiterbewegung 1869–1914, 1976; W. Abendroth, Sozialgeschichte der europäischen Arbeiterbewegung (TB), erweiterte 8. Aufl. 1972, J. Kuczynski, Klassen und Klassenkämpfe im imperialistischen Deutschland und der Bundesrepublik Deutschland, 1972.

Zur *Sozialgeschichte der bürgerlichen Gesellschaft* ist trotz vieler seit Erscheinen bereits umstrittener Einzelheiten auf die Darstellung von einem der bedeutendsten Nationalökonomen am Ende des 19. Jahrhunderts zu verweisen: W. Sombart, Der Bourgeois. Zur Geistesgeschichte des modernen Wirtschaftsmenschen, 1913, eine Untersuchung, die nach den Worten des Verfassers versucht, »zwischen den Extremen der Stoffhuberei und der Sinnhuberei ... glücklich« hindurchzuführen; eine moderne Version, brauchbar und lesbar: D. und K. Claessens, Kapitalismus als Kultur. Entstehung und Grundlagen der bürgerlichen Gesellschaft, 1973.

2 »Die Welt verändern« 53

Zur Frage der *sozialen Veränderung* seien zwei soziologische Sammelbände genannt: H. P. Dreitzel (Hg.), Sozialer Wandel. Zivilisation und Fortschritt als Kategorien der soziologischen Theorie, 1967; W. Zapf (Hg.), Theorien des sozialen Wandels, 1969; für eine Einführung halte ich Dreitzel für besser geeignet, er ist breiter im Ansatz und bezieht auch Texte aus dem 19. Jahrhundert in seine Auswahl mit ein; der Band von Zapf bringt eine Zusammenstellung von Beiträgen, die den gegenwärtigen, freilich soziologisch sehr eingeengten Forschungsstand charakterisieren.

Zur *Theologie der Veränderung* sind zu nennen die beiden Matadore: J. Moltmann, Theologie der Hoffnung, 1964, und sein katholisches Pendant: J. B. Metz, Zur Theologie der Welt, 1968. In die dadurch ausgelöste Diskussion führen ein die drei Diskussions-Bände: W.-D. Marsch (Hg), Diskussion über die »Theologie der Hoffnung«, 1967; H. Peukert (Hg.), Diskussion zur »politischen Theologie«, 1969; E. Feil/R. Weth (Hg.), Diskussion zur »Theologie der Revolution«, 1970. Die bedeutendste Weiterentwicklung zeigt sich bei G. Gutiérrez, Theologie der Befreiung (1972), 1973; J. M. Bonino, Theologie im Kontext der Befreiung (1975), 1977; und: F. Castillo (Hg.), Theologie aus der Praxis des Volkes, 1978.

Zur *Kirchengeschichte*: Die Darstellung eines fast noch Zeitgenossen aus dem Gesichtspunkt einer noch ungebrochenen liberalen Theologie: R. Seeberg, Die Kirche Deutschlands im neunzehnten Jahrhundert. Eine Einführung in die religiösen, theologischen und kirchlichen Fragen der Gegenwart, 1903; politisch und sozial engagiert: K. Kupisch, Die deutschen Landeskirchen im 19. und 20. Jahrhundert (Die Kirche in ihrer Geschichte, Bd. 4, R., 2. Teil), 1966.

Das *besondere Buch:* M. Horkheimer/Th. W. Adorno, Dialektik der Aufklärung, 1947.

3 Die Träger gesellschaftlicher Veränderung

In einem weiteren Durchgang ist nun zu fragen, wer der Träger gesellschaftlicher Veränderung ist. Wenn Gott der Herr der Geschichte genannt wird, wo greift er in historische Ereignisse ein; wenn es einen Plan gibt, mit dem er die Menschen zur Vollendung führen will, wo schlägt sich dies in geschichtlichen Entwicklungen nieder? Wer führt konkret gesellschaftliche Veränderung durch? Ist es der Mensch, der als Individuum oder als Gesamtheit von sich behauptet, die Welt sei machbar geworden, oder sind es Weltanschauungen, die die Geschichte machen? Im Versuch, diese Fragen zu beantworten, muß schließlich auf die Rolle der herrschenden Klasse und der sozialen Bewegungen hingewiesen werden.

Dietrich Bonhoeffer: Erbe und Verfall

Die Frage nach den Trägern gesellschaftlicher Veränderung soll hier nicht soziologisch-abstrakt verhandelt werden, sondern anhand der deutschen Entwicklung seit 1800. Ich wähle dazu einen Text aus der posthum zusammengestellten »Ethik«[1] von Dietrich Bonhoeffer (geb. 1906, hingerichtet im KZ Flossenbürg 1945), und zwar einen Abschnitt aus »Erbe und Verfall«, der 1940 geschrieben wurde. *Bonhoeffer* beschreibt hier das christlich-abendländische Erbe und seinen Verfall. (Ich beginne mit dem Referat bei der Reformation.) Die Reformation zerbricht die Einheit des Glaubens. Nach ihr setzt sehr schnell der Säkularisierungsprozeß ein. Die radikale Entgötterung der Welt durch den reformatorischen Gottesglauben bereitet den Wissenschaften den Weg. Der Mensch fühlt sich durch die Reformation befreit in seinem Gewissen, in seiner Vernunft und in seiner Kultur. Die Französische Revolution wird zum Signal des modernen Abendlandes. Sie ist Enthüllung des befreiten Menschen, das heißt hier: »Die befreite ratio, die befreite Klasse, das befreite Volk.«[2] Die befreite ratio gehört seitdem zu den unaufgebbaren sittlichen Forderungen des abendländischen Menschen. Sie führt

1. D. Bonhoeffer, Ethik (1949), 1975[8].
2. AaO. 103.

3 Die Träger gesellschaftlicher Veränderung

zum Aufstieg der Technik. Diese »wird Selbstzweck, sie hat ihre eigene Seele, ihr Symbol ist die Maschine, die gestaltgewordene Vergewaltigung und Ausbeutung der Natur«[3]. Die naive Gläubigkeit »spürt hier den menschlichen Übermut, der eine Gegenwelt gegen die von Gott geschaffene Welt aufrichten will«[4]. Freilich ist die Technik selbst »eine Sache starker, geistig überlegener Persönlichkeiten. Der Ingenieur und der Unternehmer gehören nicht zur Masse, und es fragt sich, ob die zunehmende Vermassung auf die Dauer nicht die geistigen Leistungen so nivelliert, daß die Technik daran zum Stillstand und das heißt zum Zusammenbruch kommt«[5].

Kommentar: Die nachreformatorische Entwicklung wird von Bonhoeffer unterschiedlich beurteilt. Die neuzeitliche Befreiungsbewegung hat eine gute Seite: die befreite Ratio; negativ ist die Technik, die in der Lage ist, Gegenwelten aufzurichten. Die Angabe der Träger der Veränderung liegt auf verschiedenen Ebenen: es werden 1. Werte (Vernunft) genannt, die als solche geschichtswirksame Wirkung entfalten; 2. neuzeitliche Entwicklungstendenzen, so die Technik, die zum Untergang der starken Persönlichkeiten führt (hier reagiert Bonhoeffer vermutlich auf die Erfahrung mit dem organisierten Kapitalismus). Daß es die Technik ist, die die landwirtschaftlich bestimmte Gesellschaft (die dann unmittelbar als von Gott geschaffene angesehen wird) in »sekundäre Systeme« (H. Freyer) verwandelt, nicht das Kapital, das doch in Wirklichkeit die technologische Entwicklung vorantreibt, ist eine weitverbreitete Fehlinterpretation, der sich auch der Sammelbegriff »Industriegesellschaft« verdankt. 3. werden soziale Gruppen genannt: die befreite Klasse, gemeint ist das Bürgertum, der die Ratio zugeordnet wird.

Bonhoeffer: Auch die Entdeckung der Menschenrechte entspringt der befreiten ratio. Unter ihrem Anspruch brechen zentralistische und absolutistische Gewaltherrschaft, ständische Privilegien und kirchliche Machtansprüche zusammen. Das Bürgertum verschafft sich neben dem Geburtsadel seine gleichberechtigte Position als Leistungsadel. »Hinter dem Bürgertum aber erhebt sich drohend und dunkel die Masse, der vierte Stand, in keinem anderen Namen als in eben dem der Masse und ihres Elends.«[6] Daneben entwickelt

---

3. AaO. 104.
4. Ebd.
5. AaO. 108.
6. AaO. 106.

sich der Nationalismus. Die Nation ist ein revolutionärer Begriff, der Partei nimmt für das Volk und gegen die Obrigkeit: »es ist ein Denken von unten her gegen das Denken von oben her.«[7] Staat bedeutet Obrigkeit, Nation aber bedeutet Revolution. Doch hat sich die Revolution durchgesetzt und damit Technik, Massenbewegung und Nationalismus. Die Revolution hat die Befreiung des Menschen als Ratio, als Masse, als Volk gebracht, aber als absolutes Ideal führt sie in die Selbstzerstörung des Menschen. Der Herr der Maschine wird ihr Sklave – »seltsame Wiederholung des Sündenfalls!«[8] –, die Befreiung der Masse endet in der Schreckensherrschaft der Guillotine, der Nationalismus führt in den Krieg.

Kommentar: Bonhoeffer schildert, historisch durchaus korrekt, den Aufstieg der bürgerlichen Klasse mit der Legitimation durch Leistung und ihre Angst vor der drohenden dunklen Masse des Proletariats. Er verweist mit Recht darauf, daß das Volk zumindest in der Fassung der französischen Revolution einen demokratischen Charakter besitzt (er hat sich z. B. in »Volksdemokratie« erhalten; für Deutschland ist aber eher ein romantisch-konservativer Volksbegriff mit stark unpolitischen Zügen bestimmend geworden, so im Begriff der Volkskirche). Während dem Bürgertum immerhin noch die Ratio zu ihrer Selbstverteidigung erhalten bleibt, zerstört alles andere, was von unten kommt, sich selbst, es bedeutet Terror und Krieg.

Bonhoeffer: Das Ergebnis dieser Entwicklungen ist die Religion der abendländischen Gottlosigkeit aus Feindschaft gegen Gott. Von der Religion des Bolschewismus bis mitten hinein in die christlichen Kirchen wird ein neuer Gott angebetet: der neue Mensch. Dies ist die Proklamation des Nihilismus. »Es entsteht ein hemmungsloser Vitalismus, der die Auflösung aller Werte in sich schließt und erst in der schließlichen Selbstzerstörung, im Nichts, Ruhe findet.«[9] Freilich besteht neben der hoffnungslosen eine verheißungsvolle Gottlosigkeit, die sich gegen die fromme Gottlosigkeit wendet, die tief in die Kirchen eingedrungen ist. Doch vorherrschend ist »ein aufrührerisches, gewalttätiges, gott- und menschenfeindliches Nichts... Es ist das Nichts als Gott«[10]. Es gibt keine Zukunft und keine Vergangenheit mehr. Es fehlt »das langsame, mühevolle Ringen zwischen

7. AaO. 107.
8. AaO. 108.
9. AaO. 109.
10. AaO. 112.

3 Die Träger gesellschaftlicher Veränderung 57

der Erkenntnis des Rechten und den Notwendigkeiten der Stunde, also jene echte abendländische Politik, die voll von Verzichten und von wirklicher, freier Verantwortung ist«[11].

Kommentar: Alle Bewegungen von unten führen in die Gottesfeindschaft und können keine anderen Werte schaffen als den Kult des (neuen) Menschen, womit aber das Nichts zum Gott erhoben wird. Die Geschichtsmächtigkeit wird Bewegungen von unten nicht bestreiten, wohl aber irgendwelche Zukunftsaussichten. Rettung kann nur von einer nicht von neuzeitlichem Geist infizierten Gruppierung kommen. Wer die soziale Trägergruppe sein soll, wenn nicht Mitglieder der bürgerlichen Klasse, diese Frage wird nicht beantwortet.

Bonhoeffer: Vor dem letzten Sturz in den Abgrund bewahren derzeit nur noch die Kirche und der Staat. Nur jene Reste der Ordnungsmacht, die sich noch wirksam dem Verfall widersetzen können, eine mit starker physischer Kraft ausgerüstete Macht kann sich den in den Abgrund Stürzenden noch erfolgreich in den Weg stellen. Daneben stehen die christlichen Kirchen als Hüter des Erbes des Mittelalters und der Reformation, vor allem als die Zeugen des Wunders Gottes in Jesus Christus. »Als Trägerin geschichtlichen Erbes ist sie mitten im Warten auf den jüngsten Tag der geschichtlichen Zukunft verpflichtet.«[12] Angesichts des drohenden Chaos suchen die Ordnungsmacht und alles, was an Elementen der Ordnung noch vorhanden ist, die Nähe der Kirche.

Kommentar: Wenn Bonhoeffer als Träger der gesellschaftlichen Ordnung diejenigen nennt, die in Staat und Kirche in Verzicht und Verantwortung das geschichtliche Erbe verteidigen, so bezieht er sich auf den Lebenskreis, in dem er seine soziale Erfahrungen gemacht hat: die höheren Berliner Beamten und Offiziere; mit ihnen war er auch verwandtschaftlich verbunden. Diese Führungsgruppen standen seit dem 19. Jahrhundert, obgleich oder weil sie die bürgerliche Emanzipationsbewegung gefördert haben, in einer starken Abwehrhaltung gegen Massenbewegungen, von denen hier nur der Bolschewismus ausdrücklich erwähnt wird (den Nationalsozialismus konnte Bonhoeffer aus politischen Gründen nicht nennen)[13]. Insbesondere in den Jahren der Haft ab 1943 hat er sich

---

11. AaO. 114.
12. AaO. 108.
13. Vgl. meinen Aufsatz: Dietrich Bonhoeffer und die ›protestantisch-preußische Welt‹, in: E. Feil (Hg.), Verspieltes Erbe, 1979, 58–93.

zunehmend aus diesem Traditionszusammenhang gelöst, wovon seine Aufzeichnungen in »Widerstand und Ergebung«[14] ein Zeugnis ablegen. Ob dieser Ablösungsprozeß mit einer grundsätzlichen Kritik dieser »protestantisch-preußischen Welt«, wie er sie selbst einmal bezeichnet hat[15], verbunden war oder ob die Aufzeichnungen und Briefe nur den privaten Bonhoeffer repräsentieren, dem der mit dem kirchlichen Lehramt betraute Bonhoeffer gegenübersteht, muß offen bleiben. Der hier referierte Text ist aber gerade deswegen interessant, weil genau das nach 1945 in Westdeutschland geschehen ist, was Bonhoeffer prognostiziert hatte: Es kam eine christliche Partei an die Macht, die eine enge Verbindung von Staat und Kirche schuf, um dem Chaos der Nachkriegszeit unter der Forderung auf Konsumverzicht und Verantwortung und unter Ausschluß sozialistischer Gruppen zu Leibe zu rücken, wobei, und gerade dieses Merkmal fehlt in dem hier referierten Text, ein Wiederaufbau nur möglich war durch das Vorhandensein der Führungsschicht der privaten Wirtschaft. Wahrscheinlich ist eine solche Entwicklung nicht im Sinne Bonhoeffers gewesen, aber das Erbe, auf das er sich hier beruft, ist das gleiche, worauf sich auch evangelische Christen in der CDU wie G. Heinemann und H. Ehlers berufen.

Gott

Wie steht es zunächst um die theologische Aussage, Gott sei die Ursache geschichtlicher Ereignisse; genauer, Gott offenbare sich in historischen Veränderungen und weise sie als von ihm gewollt aus? Für die evangelische Theologie ist es angesichts der vielfältigen historischen Umbrüche sehr schwierig geworden, historische Ereignisse und Gesellschaftsformen als Ausdruck göttlichen Willens zu verstehen. Der Gott, der Eisen wachsen ließ, hatte nicht nur die Befreiungskriege gegen Napoleon zu befürworten, sondern auch die liberale Freiheitsbewegung in Deutschland. Im Bündnis von Thron und Altar wurde er als der angesehen, der das preußische Königtum gegen die Revolution verteidigt, mit »Mit Gott für Kaiser und Reich« wurde er von 1871 an für das deutsche Kaiserreich in Anspruch genommen. War »Gott mit uns« in den Kämpfen des Ersten Weltkrieges, so hatte er sich mit dem verlorenen Krieg für die Gegenseite entschieden. Schließlich mußte er für die deutschen

---

14. Bonhoeffer, Widerstand und Ergebung, Neuausgabe 1977.
15. Die Wendung findet sich in Bonhoeffer, Ethik (vgl. dieses Kap., Anm. 1), 216.

3 Die Träger gesellschaftlicher Veränderung

Christen ein völkischer Gott sein, der dem Führer die Vorsehung ersetzen sollte. So konnte sich nach dem Zweiten Weltkrieg eine Theologie durchsetzen, die aus der Krise des Ersten Weltkrieges und dem Scheitern des mit der deutschen Sendung verbundenen Nationalprotestantismus ihre entschiedenen Anstöße erhalten hatte. Ihre zentrale Aussage war die, daß Gott sich *nicht in geschichtlichen Ereignissen und politischen Ordnungen erkennen lasse*, und diese damit auch nicht als der Ausdruck des Willens Gottes ausgelegt werden können.

Diese theologische Einsicht wurde im Bekenntnis von Barmen (1934) in seiner I. These herausgestellt:

»Wir verwerfen die falsche Lehre, als könne und müsse die Kirche als Quelle ihrer Verkündigung außer und neben diesem einen Wort Gottes auch noch andere Ereignisse und Mächte, Gestalten und Wahrheiten als Gottes Offenbarung anerkennen.«

Diese Formulierung ließ die Möglichkeit jedoch offen, wenn nicht in geschichtlichen Ereignissen, so doch in spezifischen sozialen Phänomenen das Gebot Gottes zu erkennen, soweit sie biblisch begründbar waren. In der Sozialethik wurden Staat, Wirtschaft, Familie weiterhin als Ordnungen Gottes bezeichnet, die in ihrer Selbständigkeit erhalten, aber auch vor Absolutsetzung bewahrt werden müssen; wie bereits ausgeführt, war damit allerdings bereits ein Votum für eine marktwirtschaftliche Gesellschaft gegeben, in der die Wirtschaft nicht staatsgelenkt ist und die Staatstätigkeit deshalb nicht stark erweitert werden muß. Je länger sich die parlamentarische Demokratie als funktionsfähig erwies, desto mehr entdeckte man die Nähe des christlichen Glaubens zu dieser Regierungsform. Der Sozialismus konnte wegen seines Atheismus und den damit geschichtsphilosophisch abgeleiteten Folgen disqualifiziert werden. Und schließlich war der Schutz der Person und das Eintreten für seine Freiheit ein wesentlicher Gesichtspunkt, bei der die Personhaftigkeit Gottes mit gesellschaftlichen Vorgängen verbunden werden konnte. Wer die Inhalte überprüft, wird rasch feststellen, daß hier Theologie eher die bestehende kapitalistische Ordnung legitimiert und verteidigt als zu gesellschaftlicher Veränderung aufzufordern.

Vorsichtige Versuche, den Vorgang der Veränderung in die Gotteslehre selbst hineinzuverlegen, sind erst mit dem Aufkommen einer Theologie der Hoffnung und einer Theologie der Revolution geschehen. Moltmann etwa spricht, im Anschluß an Metz, daß Gott nicht über oder in uns sei, sondern uns voran sei als »Gott vor uns«, wie es das Bild des Exodus ausdrückt[16]. Infolgedessen muß Gottes Gottheit als Macht der Zukunft verstanden werden. Diese kritische, befreiende und mobilisierende Kraft seiner Zukunft wird dabei gegenwartsbestimmend. Gott als Macht der Zukunft bestimmt den Erwartungshorizont der Gemeinde und drängt sie zur »Verwirklichung eschatologischer *Rechtshoffnung, Humanisierung* des Menschen, *Sozialisierung* der Menschheit, *Frieden* der ganzen Schöpfung«[17]. Darauf, daß bestimmte geschichtliche Ereignisse oder soziale Bewegungen dem Willen Gottes entsprechen, will sich Moltmann jedoch nicht einlassen.

Wird Gott, wie dies theologisch vielfach geschieht, dem neuzeitlichen Menschen gegenübergestellt, ohne daß eine nähere Bestimmung Gottes erfolgt, und wird nicht zugleich ausgesagt, durch wen Gott in die Gesellschaft einwirkt, so hat dies fatale Folgen. Wem der Name Gottes heilig ist, kann es nur als Herabwürdigung empfinden, wenn das göttliche Handeln auf eine Ebene gesetzt wird mit dem menschlichen Handeln. Hier geschieht, gewollt oder ungewollt, eine Gleichsetzung Gottes mit den bestehenden Herrschaftsvorstellungen, gerade wenn die Menschen als Ganze dann in ihrer Sündhaftigkeit als aufrührerisch, unbotmäßig und ungehorsam bezeichnet werden, eine Begrifflichkeit, die sich bei Bonhoeffer in Gestalt eines auch sonst häufig verwendeten Klischees zur Charakterisierung der Massen wiederfindet. Hier, so Chr. Gremmels und W. Herrmann, »erscheint das eschatologische Subjekt ›Gott‹ zugleich auch als das einzige Subjekt der geschichtlichen Welt«[18]. Wird Gott gegen das Gattungswesen Mensch gesetzt, ohne daß etwas über das Ziel der gesellschaftlichen Veränderung ausgesagt wird, dann kann man Gott dem Sozialismus gegenübersetzen, ohne sich darüber Rechenschaft geben zu müssen, wie man selbst zur Frage der politischen und sozialen Konflikte in dieser Republik steht und was man dagegen zu tun gedenkt. Gott wird auf diese Weise zu einem Abwehrzauber gegen jede Gesellschaftveränderung. Diese Bemerkung gilt für den alltäglichen kirchlichen Grabenkampf; ich weiß von systematischen Theologien, die durch eine spezifische Gestaltung der Christologie einem solchen politischen Mißbrauch entgegenwirken. Nur dann, wenn Gott als Ausdruck eines umfassenden

16. Vgl. J. B. Metz, Gott vor uns, in: Ernst Bloch zu ehren, 1965, 227–241; J. Moltmann, Antwort auf die Kritik der Theologie der Hoffnung, in: W.-D. Marsch (Hg.), Diskussion über die »Theologie der Hoffnung«, 1967, 201–238, hier 215–222.
17. J. Moltmann, Theologie der Hoffnung, 1966, 303.
18. Chr. Gremmels/W. Herrmann, Vorurteil und Utopie, 1971, 89.

3 Die Träger gesellschaftlicher Veränderung

Prozesses der Veränderung begriffen wird, der Natur, Gesellschaft und innere Welt einschließt, ist er, und dies gemäß der von mir herangezogenen christlichen Traditionsmomente, mehr als ein Potentat, der mißgünstig oder ängstlich auf die Erfolge gesellschaftlicher Veränderung schaut und dahinter nichts Gutes und schlimmstenfalls seine Absetzung wittert.

»Für eine Ethik der Veränderung« – so W. Pannenberg – »ist der Geschichtslauf und das Handeln Gottes in der Geschichte nicht mehr als ein nur widerfahrendes, vom Menschen passiv hinzunehmendes Geschehen qualifiziert, sondern als das Feld menschlichen Handelns, und nicht in Konkurrenz zum Menschen, sondern durch das menschliche Handeln, und zwar in seinem Gelingen wie in seinem Versagen, handelt Gott in der Geschichte – als die Macht gehaltvoller Zukunft, von der menschliches Handeln, so es sich seiner humanen Bestimmung eröffnet, inspiriert wird, und an der es scheitert, wo es sich seiner Bestimmung verschließt.«[19] W. Pannenberg sagt jedoch nicht – und das ist meine Kritik an ihm –, wer unter den Menschen den Willen Gottes in dieser Gesellschaft vertritt. Bonhoeffer verweist in dem Text aus der »Ethik« auf Obrigkeit und Kirche. Wenn sich aber Gott weder in politischen Ordnungen noch geschichtlichen Ereignissen offenbart, bleibt nur die Kirche, die als Träger etwaiger Veränderungen in Frage kommt. Für diese kann hinsichtlich ihrer Zielsetzung durchaus entscheidend sein, ob ein mehr ordnungstheologischer oder mehr ein auf Veränderung dringender Gottesbegriff vorherrscht. Jedoch ist die Zahl derer, die innerhalb der Kirche die Frage einer tiefergreifenden gesellschaftlichen Änderung vertreten, noch so gering, daß sie zwar einen gewichtigen Beitrag intellektueller und praktischer Art leisten können, jedoch kaum als Träger gesellschaftlicher Veränderung angesprochen werden können. Ich werde im Kapitel über die Kirche (Bd. II.) ausführlich auf diese Frage eingehen.

Mensch

Wenn dagegen wie bei Bonhoeffer von dem neuzeitlichen, neuen, befreiten Menschen oder überhaupt nur von *dem* Menschen gesprochen wird, der die Weltveränderung durchführt, ist zu fragen, wer mit diesem Menschen gemeint ist. Ist es eigentlich der gleiche

---

19. W. Pannenberg, Geschichtstatsachen und christliche Ethik, in: H. Peukert (Hg.), Diskussion zur »politischen Theologie«, 1969, 231–246, hier 242.

Mensch, der bedeutsame Veränderungen durchgeführt hat, so daß die Welt als machbar erscheint, der aber zugleich seine eigene Umwelt zugrunde richtet; der selbstmörderische Waffensysteme entwickelt und zugleich gegenüber der Gesellschaft sich zu äußerster Ohnmacht verurteilt sieht?

Noch deutlicher: Ist es eigentlich der gleiche Mensch, jener, der umweltzerstörende Fabriken baut, Konzentrationslager errichtet und Arbeiter zur Arbeitsfreude und Konsumenten mit psychologischen Mitteln, wie man so freundlich-verharmlosend sagt, motiviert: auf der einen Seite, und der andere, der in einer Stadt voll chemischer Dunstwolken und nahe an einem Atommeiler zu leben gezwungen ist, der sich anpassen muß, wenn er seine Arbeit nicht verlieren will, der gelernt hat, zu gehorchen: auf der anderen Seite? Doch wohl nur sehr zumTeil.

Es ist durchaus sinnvoll, biologisch und anthropologisch vom Gattungswesen Mensch zu sprechen, aber Mensch ist hier ein höchst abstraktes Begriffsgespenst und hat aber kaum etwas zu tun mit seinem gesellschaftlichen Wesen. Schon Aristoteles bemerkte in seiner »Politik«, es gehe nicht an, vom Menschen als solchem zu sprechen, schließlich gäbe es zwei Arten von Menschen, nämlich Freie und Sklaven[20]. *Der Mensch* ist nur als Gattung und als innere, stumme, die vielen Individuen verbindende Allgemeinheit vorhanden. Wenn wir daher nach dem Subjekt der Veränderung fragen, kann es nicht der neuzeitliche Mensch sein, der als solcher überhaupt nicht existiert; real löst sich dieser in verschiedene soziale Gruppen auf, die sich in zwei Klassen polarisieren: in Adel und bürgerliche Klasse, die heute in die Vertreter des Kapitals und der Staatsmacht eingegangen sind, und in die Lohnabhängigen. Nur diejenigen, die über Herrschaftsmittel verfügen, verfügen die Entwicklung neuer Waffensysteme und die Verwendung der Atomenergie als Bombe und Kraftwerk, nicht jedoch der neuzeitliche Mensch als solcher.

Was ist das ideologische Interesse, den Mensch als Abstraktum zum Träger gesellschaftlicher Veränderung zu machen? Drei Gründe erscheinen mir als besonders wesentlich:

1.   dient diese Redeweise dazu, soziale Unterschiede, insbesondere den der Klassen, zu verdecken. »Waren nicht« – so J. Moltmann – »solche Fixierungen des ›wahren Wesens‹ des Menschen, sei es im ›universalen Sittengesetz‹, sei es im ›wahren Gattungswesen‹, immer

---

20. Aristoteles, Politik, hg. von E. Rolfes, 1948, Buch 1, Kap. 5, 1254a–1255a.

3 Die Träger gesellschaftlicher Veränderung 63

nur verschleierte Herrschaftsansprüche gewisser Gruppen auf die formierte Gesellschaft?«[21] Es war zwar eine der wesentlichsten Forderungen der bürgerlichen Klasse, daß alle Menschen gleich seien. Für sie war dies eine Kampfparole, mit der sie die bisherige Aufteilung in Adlige, Kleriker, Bürger und Bauern und damit absolutistische Herrschaft und Ständeordnung in Frage stellen konnten. Auf der Basis des gemeinsamen Menschseins konnten sich Bürger und Adlige als Gleiche in den bürgerlichen Salons treffen. Hatte damals »Mensch« eine progressive Funktion, Klassengegensätze in bestimmten gesellschaftlichen Umgangsformen aufzuheben, so ist diese Begrifflichkeit heute vielfach ins Negative umgeschlagen und hat einen ideologischen Charakter bekommen. Sie dient dazu, die Frage nach der sozialen Gleichheit auszublenden; ob wir reich oder unterprivilegiert sind, spielt angesichts unseres gemeinsamen Schicksals als Menschen keine Rolle; sitzen wir doch alle in einem Boot.

2. In der kirchlich-theologischen Kritik des neuzeitlichen Menschen stellt sich die Frage: wer verbirgt sich eigentlich hinter demjenigen, der, wie Bonhoeffer, einerseits die Leistungen des modernen Menschen herausstreicht, aber zugleich darauf verweist, wie sehr dieser moderne Mensch die Welt an den Abgrund geführt hat. Dieser Sprecher, der zur Umkehr aufruft, ist offenbar selbst kein neuzeitlicher Mensch, nicht jemand, der sich diesem modernen Menschen inkorperiert, sondern der ein Außenseiterdasein führt. Drückt sich, so muß man provozierend fragen, in der Formulierung vom neuzeitlichen Menschen nicht verräterisch das theologische Unbehagen aus, zu denen zu gehören, die sich an dem modernen Veränderungsprozeß nicht mehr beteiligen können, dürfen oder wollen?

3. führt die Frage nach dem Menschen unmittelbar in die theologische Problematik hinein, ob der Mensch als abstraktes Wesen nun grundsätzlich böse sei, so daß von ihm als Agenten gesellschaftlicher Veränderung nur das Schlimmste zu befürchten ist, oder ob er nur durch die politischen Verhältnisse schlecht gemacht werde, aber von Herrschaft befreit, überwiegend doch gut sei. Die Fragestellung spiegelt bereits die neuzeitliche Entwicklung mit ihrer Erfahrung der Machbarkeit der Gesellschaft.

---

21. J. Moltmann, Die Revolution der Freiheit, in: ders., Perspektiven der Theologie, 1968, 189–211, hier 203.

Der Liberalismus in seiner aufstrebenden Phase vertritt die Auffassung, der Mensch sei, wenn durchaus auch fehlerhaft, doch nicht von Natur aus böse. Bei sorgfältiger moralischer Erziehung und befreit von den korrupten und gewalttätigen Einflüssen des Staates und der Heuchelei der anleitenden Kirche werde er sich selbständig entfalten und eine allgemeine Verbesserung der Verhältnisse hervorbringen. Je mehr herrschaftsfreier Raum, je mehr Freiheit zu individueller Selbstentfaltung in Wirtschaft und Bildung, desto besser lassen sich die schöpferischen Kräfte des einzelnen entfalten und für eine bessere Gesellschaft verwenden. Rousseau hat in seinem »Emile« (1762) die positiven Folgen einer freien Erziehung herausgestellt.

Wenn auch von einem starken Sündenbewußtsein bestimmt, hat der deutsche Pietismus, bevor er sich im Verlauf des 19. Jahrhunderts der politischen Romantik und dem Konservatismus auslieferte, viel von dem Vertrauen auf Weltgestaltung in der deutschen religiösen Tradition eingebracht. Die pietistische Religiosität wandte sich gegen jede Form einer staatlich abgesicherten Orthodoxie, die eine freie Glaubensentfaltung behindert. Die Bedeutung des einzelnen, seine religiöse und soziale Selbständigkeit wurden hervorgehoben. Die Arbeit und eine gewisse Vernünftigkeit der Lebensgestalt wurden betont. Nicht zufällig fanden sich in den pietistischen Kreisen auch die besten Kaufleute und Fabrikanten; die religiöse Hervorhebung des schöpferischen Individuums kam ihren beruflichen Interessen entgegen. Gerade das individualisierte Sündenbewußtsein machte es ihnen möglich, es in ihren Zusammenkünften zu bearbeiten, ist doch jede gesellschaftliche Veränderung mit einem erhöhten Sündenbewußtseins verbunden, weil sie gegen die traditionell festgelegte Moral verstößt.

Der religiöse Liberalismus in Deutschland, der sich zusammen mit der bürgerlichen Klasse entwickelte, betonte ebenfalls den unendlichen Wert der Persönlichkeit, wie es angesichts eines gebildeten und vorwärtsstrebenden Bürgers angemessen war, und hielt wenig von der Leidensfreudigkeit und dem Sündenpessimismus des Pietismus, den dieser sich in Zeiten obrigkeitlicher Verfolgung und Unterdrückung angeeignet hatte. Es entspricht dieser Entwicklung, daß sich bei F. Schleiermacher als dem religiösen Vertreter des preußischen Reformbeamtentums wenig von einem ausgeprägten Sündenbewußtsein findet[22].

22. Spiegel, Theologie (vgl. Kap. 1, Anm. 1), 181–198, wo nachgewiesen wird, wie die Kritik an Schleiermachers liberalen Sündenlehre in dem Maße wächst, als die bürgerliche Theologie sich durch die »Massen« bedroht sah.

3 Die Träger gesellschaftlicher Veränderung

Daneben gab es aber auch seit dem Aufstieg der bürgerlichen Klasse die Vorstellung, der einzelne Mensch sei zu böse, als daß man ihm das Wohl und den Fortschritt eines Staates überlassen könnte. Der politische Philosoph Th. Hobbes (1588–1679) hat beschrieben, wie die Besitzbürger miteinander umgehen: es ist ein Kampf aller gegen alle, »homo homini lupus«, der Mensch wird gegenüber seinem Mitmenschen zum Wolf[23]. Wie später Hegel in Deutschland, war Hobbes der Meinung, es bedürfe eines starken Staates, um den miteinander konkurrierenden Individuen Grenzen zu setzen und den Zusammenhalt der Gesellschaft zu sichern[24]. Wir finden dieses negative Menschenbild bei Bonhoeffer wieder: nur ein starker Staat und die Kirche sind in der Lage, der Pervertierung des neuzeitlichen Menschen zu wehren; das Festhalten an dem Erbe der christlich-abendländischen Kultur ermöglicht ihnen, auf sittliche Wurzeln zurückzugreifen, die die Neuzeit verloren hat, aber dennoch sie allein vor dem Sturz in den Abgrund bewahren kann. Besser als eine allgemeine Sündenlehre läßt sich anhand dieses Bonhoeffer-Textes aufweisen, welche geschichtlichen Erfahrungen einen Sozialethiker dahin führen können, die grundsätzliche Sündenhaftigkeit aller Menschen zu vertreten. Sicher kann man von Entfremdungserscheinungen in dieser Gesellschaft sprechen, vielleicht auch von einer totalen Entfremdung, aber die Generalisierung der menschlichen Sündhaftigkeit läßt die gesellschaftlichen Erfahrungen vergessen, die zu einer Aktualisierung der Lehre von der Radikalität der menschlichen Sünde im 19. Jahrhundert (Luther-Renaissance) geführt haben.

Gesellschaft

Gegenüber der Behauptung, der neuzeitliche Mensch sei Träger des Modernisierungsprozesses, steht eine andere, nach der Veränderungen nur durch die Gesellschaft zu realisieren seien. Erst eine durchgreifende, gesellschaftliche Veränderung, und darunter wird vielfach die Verstaatlichung oder Vergesellschaftung der Produktionsmittel verstanden, schafft die Möglichkeiten, insbesondere die Gleichheit unter den Menschen herzustellen und eine gleichmäßige

---

23. Vgl. dazu C. B. Macpherson, Die politische Theorie des Besitzindividualismus. Von Hobbes bis Locke (1962), 1967.
24. E. Jüngel hat diese geschichtliche Kritik des Besitzbürgers vollends anthropologisiert und spricht von der »Wolfsnatur« des Menschen; vgl. ders., Der Wahrheit zum Recht verhelfen, 1977, 74.

Förderung und verbesserte Lebenschancen für den Menschen zu erbringen.
Hiergegen ist zu sagen: Gesellschaft ist ebenso ein Idealbegriff wie der Mensch. »›Die Gesellschaft‹ ist ... nur noch ein metaphorischer Begriff, darstellerisch, unentbehrlich, aber kein Gegenstand der exakten Theorie« (H. Schelsky)[25]. Beide sind, und das haben sie mit Gott gemeinsam, Allgemeinbegriffe, die selbst nicht greifbar sind, sondern sich nur in gesellschaftlichen Phänomenen zeigen. Gesellschaft ist ein Totalitätsbegriff. In der allgemeinen Vorstellung wird ihr Handlungsfähigkeit zuerkannt, aber davon kann nur in einem sehr übertragenen Sinne gesprochen werden. Es ist ohne weiteres festzustellen, daß eine Gesellschaft sich verändert hat, sich verändern kann und in der Vergangenheit andere Gesellschaften bestanden haben, die von der unseren höchst unterschiedlich waren. Aber der Ausdruck »eine Gesellschaft verändert sich« verweist schon darauf, daß damit ein Träger gesellschaftlicher Veränderung noch nicht genannt ist. Dies gilt übrigens, nur als Seitenbemerkung, auch für einen Begriff wie »gesellschaftliches System«. Er bedeutet nur, daß hier von der Veränderung einer Einheit gesprochen wird, die für alle ihre Mitglieder greifbare Veränderungen mit sich bringt. Von daher ist die beliebte Diskussionsfrage, ob Veränderungen durch einzelne oder durch die Gesellschaft geschehen, eine unsinnige Frage.
»Gesellschaft« war und ist als solche auch nicht überall ein Totalitätsbegriff. In der bürgerlichen Philosophie galt und gilt vielfach bis heute »Gesellschaft« als ein Teilbereich. Nach dieser Konzeption gibt es ein Gegenüber von Staat und Gesellschaft. Der Staat ist der Bereich politischer Macht. Die Gesellschaft ist der herrschaftsfreie Bereich, in den der Staat nicht eingreifen sollte, der Bereich der ökonomischen Produktion und des Handels, der Arbeitsmarkt, die Sphäre von Wissenschaft, Bildung und Religion, aber auch die Person, über deren Gewissen der Staat nicht zu befinden hat. Diese Unterscheidung findet sich bis heute, etwa in Formulierungen wie »Staat und Gesellschaft der BRD«. Gesellschaft wird dann vielfach als eine Anhäufung von einzelnen verstanden.
Für viele Menschen hat Gesellschaft den Charakter einer umfassenden Einheit angenommen, die totalitär auf den einzelnen einwirkt. Gerade um die Unabhängigkeit des kirchlichen Auftrages gegenüber jeder kirchenfremden Gesellschaftsbewegung zu bestimmen,

---

25. H. Schelsky, Zur soziologischen Theorie der Institution, in: ders. (Hg.), Zur Theorie der Institution, 1970, 9–26, hier 11.

3 Die Träger gesellschaftlicher Veränderung 67

spricht man in der Theologie gerne von »Kirche und Gesellschaft« statt von der »Kirche in der Gesellschaft«, obgleich die Kirche in vielfältiger Weise mit der Gesellschaft verflochten ist und als ein gesellschaftlicher Teilbereich bezeichnet werden kann. Wichtig ist nur, sich klarzumachen, daß »Gesellschaft« für den einzelnen je nach persönlicher Einstellung und Lebenserfahrung entweder überwiegend befreiende oder überwiegend bedrückende Aspekte hat. »Vergesellschaftung« löst in dem einen höchste Ängste aus und bedeutet für den anderen eine sehr umfassende politische Aufgabe. Entsprechend erwartet der eine von gesellschaftlichen Veränderungen nicht viel Gutes, während für andere gesellschaftliche Veränderungen befreienden Charakter tragen.

Führungsgruppen

Auf einen zweiten wichtigen Aspekt sei hingewiesen: man spricht, entsprechend dem Sprachgebrauch des 19. Jahrhunderts, immer noch von der *»besseren Gesellschaft«*, deren Vorzüge gegenüber der »schlechteren Gesellschaft« offensichtlich darauf beruhen, daß sie über mehr Vermögen, Wirtschaftspotential, Macht und Wissen verfügt als die andere. Es ist daher auch nicht verwunderlich, daß gerade von dieser besseren Gesellschaft die entscheidenden Anstöße zu gesellschaftlichen Veränderungen erwartet werden. Es sind demnach die *Führungsgruppen,* die die Veränderungsprozesse in Gang setzen und tragen. Hier vereinigt sich dann friedlich ein bestimmter Persönlichkeitsbegriff mit dem Gesamtbegriff der gesellschaftlichen Veränderung: es sind die Persönlichkeiten, die diese bestimmen. Ich erinnere hier an die Unternehmer und Techniker aus dem bonhoefferschen Text, die der Masse gegenüberstehen. Sie wissen, was das Ziel gesellschaftlicher Veränderungen ist, und verfügen über die nötigen Machtapparate, um sie in den verschiedenen gesellschaftlichen Teilbereichen durchzusetzen. Ob vom Volke gewählt, wie in Parlament oder in der Kirche, oder nicht gewählt, wie in der Wirtschaft, in der staatlichen Bürokratie und den Bildungseinrichtungen einschließlich Universität, sie wissen, was fürs Volk gut ist und veranlassen gesellschaftliche Veränderungen.
Aber auch die Eliten[26], ob selbst ernannt oder gewählt, sind in der Zielsetzung gesellschaftlicher Veränderungen nicht einer Meinung. Auch wenn sie sich meist in ihrer Mehrheit gegen bedrohliche

---

26. Bachrach, Elitenherrschaft (vgl. Vorwort, Anm. 2).

soziale Bewegungen zusammenschließen zu einer einheitlichen Front, sofern diese weiterreichende gesellschaftliche Veränderungen oder gar eine Veränderung des gesellschaftlichen Systems erstreben, so gibt es interne Konflikte, wenn etwa in einem gesellschaftlichen Teilbereich Veränderungen durchgeführt werden, die die Machtverteilung in anderen Teilbereichen bedrohen oder den Einfluß traditioneller Führungsgruppen mindern. Freisetzung von Arbeitskräften und hohe Arbeitslosigkeit, die durch Wirtschaftsführer im Interesse einer besseren Kapitalverwertung betrieben werden, mögen zu Protesten der Führungsgruppe führen, die an der Spitze der Interessenvertretung der Lohnabhängigen steht; sicher nicht zu sehr weitreichenden, sondern nur soweit, wie die Gesamtstellung der herrschenden Klasse nicht gefährdet wird, denn daran können weder die einen noch die anderen ein Interesse haben.

Soziale Bewegungen

Umgreifende gesamtgesellschaftliche Veränderungen können jedoch in unserer kapitalistisch bestimmten Erwerbsgesellschaft nur durch starke *soziale Bewegungen* herbeigeführt werden. Gewiß entspringen Vorstellungen über eine umgreifende Veränderung den Köpfen von einzelnen und den Diskussionen von Kleingruppen. Gewiß sind es kleine Gruppen, die Vorstellungen in die verschiedenen gesellschaftlichen Teilbereiche hineintragen, denn ohne eine stetige und gemeinsame Veränderung von Teilbereichen ist keine gesamtgesellschaftliche Veränderung möglich. Aber erst eine starke soziale Bewegung, die über eine handlungsbefähigende Organisationsstruktur verfügt, kann weiterreichende gesellschaftliche Veränderungen erzielen.
Der Begriff der sozialen Bewegung taucht als sozialphilosophischer verstärkt nach der französischen Revolution auf und kennzeichnet das Bemühen, das Auftreten großer politisch bestimmter Massen unter einen theoretischen Begriff zu bringen, um damit auch die Möglichkeit zu gewinnen, auf soziale Bewegung einwirken zu können. Saint-Simon und Ch. Fourier, die sich intensiv mit diesem Vorstellungskreis befaßt haben, ging es darum, hinter der Sinnlosigkeit und Willkür das Gesetzmäßige einer sozialen Bewegung zu erfassen. Ihnen war bewußt, daß soziale Bewegungen nicht theoretischen Bestrebungen entspringen, sondern daß allein der Einfluß auf die Einsichtigen in den Bewegungen und in den beharrenden Kräften gewisse Möglichkeiten einer Einwirkung bieten kann. In

3 Die Träger gesellschaftlicher Veränderung

Deutschland wurde der Begriff »soziale Bewegung« insbesondere durch L. v. Steins (1815–1890) Untersuchung über »Der Sozialismus und Kommunismus des heutigen Frankreich« (1842) bekanntgemacht, deren letzte Bearbeitung 1850 den Titel »Geschichte der sozialen Bewegung in Frankreich von 1789 bis auf unsere Tage« trägt. Ab 1844 kann der Begriff »soziale Bewegung« in den deutschen sozialkritischen Schriften vorausgesetzt werden. K. Marx und F. Engels verweisen im »Kommunistischen Manifest« darauf, daß es zunächst die Bourgeoisie ist, »die zur Erreichung ihrer eigenen politischen Zwecke das ganze Proletariat in Bewegung setzen muß und es einstweilen noch kann ... Die ganze geschichtliche Bewegung ist so in den Händen der Bourgeoisie konzentriert; jeder Sieg, der so errungen wird, ist ein Sieg der Bourgeoisie«, die Proletarier bekämpfen hier nur die Feinde ihrer Feinde, nicht das Bürgertum selber. Doch es ist die Masse des Proletariats, die der wirkliche Träger der sozialen Bewegung ist. Aber um zukunftweisende Veränderungen herauszuführen, muß die Masse erst zur Klasse werden können, d. h. ihr eigenes Selbstbewußtsein und ihre eigene Organisationsform finden.

Die Vorstellung der sozialen Bewegung ist unmittelbar verbunden mit der neuzeitlichen Emanzipationsforderung. Sie erfaßt zunächst die bürgerliche Klasse, die jedoch als gesellschaftliche Minorität auf die Unterstützung der Arbeiterschaft zur Verwirklichung ihrer Emanzipationsforderung angewiesen ist. Seit diese Forderung zusammen mit der nach sozialer Gleichheit allgemein-gesellschaftlich wirksam geworden ist, sind stets neue soziale Bewegungen entstanden, die immer weitere Kreise der deutschen und westlichen Gesellschaft ergriffen haben und bis heute unauslöschlich die politische und gesellschaftliche Entwicklung aller Nationen dieser Erde bestimmen. Die Emanzipationsbewegungen, wie die Studenten- und die Frauenbewegung, die heute in der BRD neben den Resten der bürgerlichen Bewegung und der sozialistischen Bewegung existieren, sind der Emanzipationsforderung und der Forderung nach sozialer Gleichstellung verpflichtet. Ob sie im einzelnen stärker der bürgerlichen oder der sozialistischen Bewegung zuzurechnen sind, ist im Zweifelsfall an Teilgruppierungen zu entscheiden.

Wir gehen also davon aus, daß die Träger gesellschaftlicher Veränderung einmal der *herrschenden gesellschaftlichen Führungsgruppe* zugehören, zum anderen *soziale Bewegungen* sind. Die geschichtliche Erfahrung lehrt, daß sogenannte Eliten nur so lange gesellschaftliche Reformen anstreben, solange sie unter dem Druck entweder eigener oder potentieller Mitglieder stehen, die bis dahin noch nicht ausreichend integriert sind (z. B. Studenten), oder sozialer pressure groups, wie dies für die Gewerkschaften gilt. Erfahrungsgemäß bewegen sich solche gesellschaftlichen Veränderungen in einem Rahmen, die die grundsätzliche Herrschaft dieser Führungskräfte nicht bedroht und nicht die etablierte Herrschaftsordnung sprengt. Nur soziale Bewegungen, die von einer breiten Masse der Bevölkerung getragen werden, können zu einem wirklichen Austausch von sogenannten Eliten und zu einer grundsätzlichen Veränderung des gesellschaftlichen Systems führen.

Lesehinweise

Zu *D. Bonhoeffer:* E. Bethge, Dietrich Bonhoeffer. Theologe, Christ, Zeitgenosse, 1967, es handelt sich hier um *die* repräsentative Bonhoeffer-Biographie, die zugleich jene »protestantisch-preußische Welt« schildert, die so dominierend war mit ihren sozialethischen Selbstverständlichkeiten, eine Welt, die den 2. Weltkrieg nur fragmentarisch überlebte; s. dazu meinen Aufsatz: Dietrich Bonhoeffer und die »protestantisch-preußische Welt«, in: E. Feil (Hg.), Verspieltes Erbe, 1979, 58–93.

Zu *Führungsgruppen und sozialer Bewegung:* P. Bachrach, Die Theorie demokratischer Elitenherrschaft (1967), 1970. Einen Reader über soziale Bewegung mit dem Schwerpunkt auf sozialen Unruhen haben zusammengestellt: W. R. Heinz/P. Schöber (Hg.), Theorien kollektiven Verhaltens. Beiträge zur Analyse sozialer Protestaktionen und Bewegungen, 2 Bde., 1973; eine ausgezeichnete Diskussion und Zusammenfassung findet sich, wenn auch nicht ganz leicht lesbar, bei: O. Rammstedt, Soziale Bewegung (TB), 1978. Anschaulich: G. Rudé, Die Volksmassen in der Geschichte, 1978.

Das besondere Buch: L. Goldmann, Der verborgene Gott. Studien über die tragische Weltanschauung in den Penseés Pascal und im Theater Racines (1955), 1973, eine faszinierende Analyse über die religiösen, kulturellen und ökonomischen Konflikte in Frankreich zwischen dem absolutistischen Hof und der aufstrebenden bürgerlichen Klasse.

4 Endzeitvorstellungen und Werte

Ich habe bisher ziemlich generell von »gesellschaftlicher Veränderung« gesprochen, ohne genauer zu bestimmen, unter welcher Zielvorstellung und unter Heranziehung welcher Grundwerte diese Veränderung sich vollziehen soll. Gesellschaftliche Veränderung ist offensichtlich eine so positive Ziel- und Wertvorstellung, daß darüber grundsätzliche Übereinstimmung zu bestehen scheint. Man mag, wie die CDU, beklagen, Reformen seien vielfach überzogen und würden zu schnell vorgenommen. Dadurch würden Wirtschaft und die Staatsfinanzen überfordert. Die CDU mag an gesellschaftlichen Veränderungen kritisieren, daß sie zu einer totalitären Gesellschaft führen, die sie dann als Sozialismus deklariert, aber grundsätzlich wird ihre Notwendigkeit nicht angezweifelt. Man mag die »versponnenen Utopisten« herunterputzen, aber der Zwang zu Reformen wird nicht bestritten.

Fortschritt

Auf diese Einstellung hinzuweisen, ist von großer Wichtigkeit. Es ist offenbar immer noch der Glaube an eine schrittweise Verbesserung der Gesellschaft vorhanden, von dem das 19. Jahrhundert in hohem Maße bestimmt war[1]. »Für den neuzeitlichen Menschen ist der Fortschritt die Wirklichkeit« (F. Gogarten)[2]. Trotz der vielfältigen Mißerfolge gesellschaftlicher Steuerung, wie Weltkriegen, Wirtschaftskrisen, Faschismus und Stalinismus, trotz der vielfachen Denunziation des Fortschrittsglaubens als einer Vorstellung, die Welt immanent in einen besseren Zustand versetzen zu können, bleibt das gesellschaftliche Selbstverständnis erhalten, daß es einen Fortschritt und nicht nur ein Fortschreiten gibt, daß Veränderungen dem Fortschritt dienen und nicht der Reaktion. Auch die herrschende Klasse und ihre Ideologen bestreiten dies nicht, mag für sie auch die Forderung nach Veränderung nur ein Lippenbekenntnis sein.

---

1. Vgl. R. Koselleck, Art. Fortschritt, Geschichtliche Grundbegriffe, Bd. 2, 351–423.
2. F. Gogarten, Die Wirklichkeit des Glaubens, 1957, 21.

Gehen wir von dem hier angenommenen gesellschaftlichen Konsens aus und definieren die gesamtgesellschaftliche Zielvorstellung zunächst als die Verwirklichung einer menschenwürdigen Gesellschaft, so stellt sich zunächst die Frage, auf welche gesellschaftlichen Bereiche und Sektoren sich der Fortschritt erstreckt. So sehr die Ansicht, ein gesellschaftlicher Fortschritt sei ebenso wünschenswert wie sichtbar, seit Ende des 18. Jahrhunderts sich allgemein als philosophische Überzeugung durchgesetzt hat, so sehr ist immer wieder die Ungleichzeitigkeit der Entwicklung ausgesprochen worden, die bereits Wieland formuliert hatte: es sei »bei dem schnellsten Fortschritte der Kultur in einzelnen Künsten und Wissenschaften, die von der Erfindsamkeit, der Betriebsamkeit, dem hartnäckigen Fleiß und dem Wetteifer, den die Mitbewerbung hervorbringt, abhängen – die höchste Kunst aller Künste, die königliche Kunst, Völker durch Gesetzgebung und Staatsverwaltung in einen glücklichen Zustand zu setzen und darin zu erhalten, verhältnismäßig am weitesten zurückgeblieben«[3].

Sichtbar ist bis heute der Fortschritt in der Naturbeherrschung, den bereits Marx als Voraussetzung jedes Fortschrittes ansah: »In der heutigen Gesellschaft, in der auf den individuellen Austausch basierten Industrie, ist die Produktionsanarchie, die Quelle so vieles Elends, gleichzeitig die Ursache alles Fortschritts«[4], jene Entfesselung der Produktivkräfte, die für E. Bloch bezeichnend ist »für das ganze aufsteigende kapitalistische Wesen: zwar progressiv, doch allemal auch düster-progressiv zu sein«[5].

Es taucht jedoch zunehmend die Frage auf, ob der technische Fortschritt, den die gegenwärtigen Regierungen in West und Ost in der Nachfolge von Marx als Voraussetzung aller Reform ansehen, nicht zu einem Wachstumsfetischismus wird, dem Worte M. Horkheimers eingedenk: »Das Fortschreiten der technischen Mittel ist von einem Prozeß der Entmenschlichung begleitet. Der Fortschritt droht das Ziel zunichte zu machen, das er verwirklichen soll – die Idee des Menschen.«[6] Doch bleibt mit Bloch der Fortschrittsbegriff »uns einer der teuersten und wichtigsten«, auch wenn er jedesmal »auf seinen gesellschaftlichen Auftrag, also auf sein Wozu zu beobachten und zu untersuchen« ist, denn auch er kann mißbraucht

---

3. Chr. M. Wieland, Das Geheimnis des Kosmopoliten-Ordens (1788), Akademie-Ausgabe 1, Bd. 15, 1930, 223; zit. nach Koselleck, Fortschritt (vgl. dieses Kap., Anm. 1).
4. K. Marx, Das Elend der Philosophie, MEW Bd. 4, 63–182, hier 97.
5. E. Bloch, Tübinger Einleitung in die Philosophie, Bd. 1, 1963, 161.
6. Horkheimer, Kritik (vgl. Kap. 1, Anm. 20), 13.

4 Endzeitvorstellungen und Werte

werden[7]. Er ist ein klarer und einfacher Begriff, »heute von denen mißachtet, für die er nicht läuft, von denen, die weniger Nichts vor sich haben, geehrt«[8]. Auch die *liberale Theologie* des 19. Jahrhunderts teilt die Überzeugung eines innerweltlichen Fortschritts. R. Rothe z. B. ist überzeugt von dem Fortschritt der Menschheit, die er als Entwicklung des Reiches Gottes versteht. Pointiert sagt er: »Ich lebe ... der festen Überzeugung, daß dem Reiche Christi die Erfindung der Dampfwagen und der Schienenbahnen eine weit bedeutendere positive Förderung geleistet hat, als die Ausklügelung der Dogmen von Nicäa und Chalcedon.«[9] Doch hat sich angesichts der nationalen Krise 1918 und dem Zusammenbruch des Kulturprotestantismus die Überzeugung herausgebildet, einen innerweltlichen Fortschritt könne es nicht geben. Wenn auch, als eine bemerkenswerte Ausnahme, P. Tillich Bereiche anerkennt, wo Fortschritt möglich ist, so im Bereich der Technik, der Wissenschaft, der Erziehung und Bildung sowie der Überwindung von Räumen und daher ihm Fortschritt als religiöses Symbol geeignet erscheint[10], formulierte E. Jüngel die allgemeine Tendenz der gegenwärtigen evangelischen Theologie, es gäbe wohl Fortschritte zum Besseren, aber keinen Fortschritt zum Guten: »Was in der Geschichte der Welt an Fortschritten geschieht, bleibt im Blick auf den einen Fortschritt, der Fortschritt zum Heil ist, sozusagen unter Verschluß: unter dem Verschluß des Gesetzes, des Todes und der Sünde (Röm 8,2), die in Gott allein ihren Meister finden«[11].

Die Schwierigkeit der evangelischen Theologie, sich auf den Fortschrittsgedanken einzulassen, liegt offenbar in der bereits vorher kritisierten Auffassung, das Handeln des Menschen und das Handeln Gottes auf der gleichen logischen Ebene anzusetzen. Nur so kann es zum Streit kommen, wer denn den Schlußstrich unter die Geschichte setzen darf, der Mensch oder Gott. Dies verkennt jedoch, um mit Tillich zu sprechen, den symbolischen Charakter der Vorstellung des Reiches Gottes, das sich ja gerade dadurch auszeichnet, daß die theologische Differenzierung von Innerweltlich und Außerweltlich aufgehoben ist. Ich möchte zunächst auf eine genauere Bestimmung der gesellschaftlichen Zielvorstellung eingehen, bevor ich auf diese Frage zurückkomme.

---

7. Bloch, Einleitung (vgl. Kap. 4, Anm. 5), 201.
8. AaO. 160.
9. R. Rothe, Stille Stunden, 1872, 340.
10. P. Tillich, Systematische Theologie, Bd. 3 (1963), 1966, 386 ff.
11. E. Jüngel, Der Schritt des Glaubens im Rhythmus der Welt, in: ders., Unterwegs zur Sache, 1972, 257–273, hier 273.

Funktion und Begründung von Endzeitvorstellungen

Mit Endzeitvorstellung, als Begriff nicht sonderlich gebräuchlich, wird der terminologische Versuch gemacht, eine Vermittlung zwischen drei Vorstellungskreisen zu schaffen, die »Endzeit« beschreiben wollen. Diese sind: *gesellschaftliche Zielvorstellung, Eschatologie* und *Utopie.* Mit Endzeit ist gemeint, daß an einem zukünftigen Zeitpunkt eine gesellschaftliche Ordnung in Raum und Zeit umschlägt in eine solche, die jenseits von Raum und Zeit liegt und eine zuvor nicht realisierte, absolute Qualität hervorbringt.

Gegenüber der Vorstellung von Endzeit sind die obengenannten Vorstellungskreise blasser, weniger dynamisch und auch mißverständlich. *Gesellschaftliche Zielvorstellung* hat in sich etwas ziemlich Abstraktes; ein Ziel ist wie ein Stern und wie ein Sonnenstand, nach dem man sich richtet, aber enthält wenig von einer Kraft, die in die Zukunft sieht, auf Erfüllung drängt. Allzu sehr klingt es so, daß ich es bin, der mir ein Ziel setzt, und darauf hinarbeite; es ist keine Bewegung, die nach vorne trägt. Dem Begriff Ziel fehlt der Umschlag in eine andere Qualität; wenn ich mein Ziel erreicht habe, hat sich nicht alles verändert, sondern ich finde mich in der Lage, mir ein neues zu setzen: nichts hat mich überwältigt.

Eschatologie ist die Lehre von den letzten Dingen und wird oft mehr als ein Übergang in eine andere Welt verstanden als eine Verwandlung. Eschatologie ist stark mit dem Problem beladen, das hier plötzlich im Eschaton ein Gott zugreift, der lange Zeit in seiner Wirksamkeit wenig sichtbar war; wir haben darüber schon gesprochen. Theologisch gesehen werden von Gott Dinge geschenkt, die Menschen nicht selbst erringen können, durchaus Wünschenswertes, etwas, was als Geschenk existentiell wichtig ist. Es kommt dann aber oft zu einer merkwürdigen Zweiteilung: manches können Menschen erreichen, wie die Beendigung der leiblichen Not, anderes aber nicht, wie die Trennung von Gott und die Überwindung des Todes. Das, was von Menschen erreicht werden kann, verliert oft an Glanz und Attraktion gegenüber dem, was Gott geben kann; aber gerade diese Gaben Gottes sind keine Vorstellungen, die ein Ziel darstellen, auf die eine Gesellschaft hinarbeitet, in Gang kommen kann. Es bleibt der eschatologische Vorbehalt Gottes, und dieser bedeutet nicht nur eine Fremdbeschränkung menschlicher Entfaltungsmöglichkeiten, sondern auch die Möglichkeit, daß man vielleicht das Geschenk nicht bekommt.

Utopie ist leider inzwischen zu einem höchst verwirrenden Begriff geworden. Für den einen provoziert sie die Vorstellung von Gewalt-

4 Endzeitvorstellungen und Werte

samkeit und Gewalttätigkeiten in den gesellschaftlichen Veränderungen, für den anderen ist Utopie etwas völlig Jenseitiges, Unerreichbares; es anstreben zu wollen ist »Utopismus« und verrät geistige Irrealität. Ein gewisser Neutestamentler in Kiel hat sich deshalb bemüßigt gefühlt, ein ganzes Büchlein zu füllen über den Unterschied von »Utopie« und »Reich Gottes«, und dabei tief in die antimarxistische Gruselkiste gegriffen[12]. Utopien stellen vielfach schriftstellerische Produkte von einzelnen Autoren dar, wie Thomas Morus oder Saint-Simon, sie können nach vorwärts, aber auch nach rückwärts gewandt sein.

Demgegenüber enthält die Vorstellung von Endzeit als erfüllter Zeit das zukünftige Moment der Endgültigkeit, des Umschwungs und des radikal Neuen. In ihr sind alle Zweideutigkeiten aufgehoben, die menschliche Geschichte überschatten, jene wechselnde Erfahrung der Realisierung des Vorstellbaren und die der allgemeinen Ohnmacht, die wirksame Hoffnung einer Vollendung, die zugleich auch totale Umkehr der derzeit negativen Zustände ist. Insofern ist es zutreffend, wenn P. Tillich über das Symbol »Reich Gottes«, das ich unter die Endzeitvorstellungen rechnen würde, vermerkt, daß dies Symbol innergeschichtliche wie übergeschichtliche Aspekte habe: »Soweit es innergeschichtlich ist, nimmt es an der Dynamik der Geschichte teil; soweit es übergeschichtlich ist, enthält es die Antwort auf die Fragen, die mit der Zweideutigkeit der geschichtlichen Dynamik gegeben sind.«[13]

Die Funktion endzeitlicher Vorstellungen läßt sich an folgenden Momenten verdeutlichen:

1. Endzeitliche Vorstellungen besitzen eine *motivierende Kraft*, die Menschen veranlassen kann, Hoffnungen zu entwickeln und damit Kräfte freizusetzen, die bisher gebunden und nur privat abreagiert wurden. Als allgemeine Bilder einer neuen gesellschaftlichen Gestaltung sind sie um so wirksamer, als in ihnen die Bedürfnisse des einzelnen Menschen zu einem Ausgleich mit dem umfassenden gesellschaftlichen Inhalt gebracht sind.

2. Endzeitliche Vorstellungen malen meist ein negatives, für manche ein allzu negatives Bild von den gegenwärtig herrschenden Verhältnissen. In der Tat entspringen sie der Rebellion gegen die bestehende Wirklichkeit und verleihen der »göttlichen Unzufrie-

---

12. G. Friedrich, Utopie und Reich Gottes, o. J.
13. Tillich, Systematische Theologie (vgl. dieses Kap., Anm. 10), 407.

denheit« ihren Ausdruck. *Insofern sind sie kritisch.* Sie sind jedoch nicht weltflüchtig. Die neue Gesellschaft wird auf dem Hintergrund der alten gemalt; es geht um Umwandlung, nicht um ein dualistisches Gegeneinander. Die Endzeitvorstellungen zeigen sowohl die Trümmer der Gegenwart als auch das neue Leben, das aus ihnen entspringt. F. L. Polak, der hier von Utopie spricht, bemerkt: »Die wahre Utopie wird kenntlich an der sensibel ausgewogenen Balance zwischen den beiden kontrastierenden Bildern und an deren feingezeichneter Synthese auf neuer und höherer Ebene, die der Menschheit eine neue These stellt.«[14]

3. Endzeitvorstellungen sind im *Jenseits der bestehenden Gesellschaft* angesiedelt. Sie übersteigen die Alltagswirklichkeit. Man kann auch sagen, sie seien mythologisch. Sie erzählen eine Geschichte, die sich auf Zustände bezieht, die in der gegenwärtigen Gesellschaft so nicht aufzufinden sind. Aber so wunderbar sie sind, so müssen sie doch die kommende Welt beschreiben mit Materialien, die aus der gegenwärtigen Welt genommen sind, um verständlich zu bleiben, um Hoffnungen zu erregen, zu motivieren. Das löst auch die Frage, ob die Endzeitvorstellung »Reich Gottes« eine transzendente oder eine innerweltliche ist. Es liegt im Jenseits der bestehenden Gesellschaft, aber bezieht sich auf diese Gesellschaft, die es fortentwickeln will.

Damit müssen Endzeitvorstellungen sich zwangsläufig dem Wandel der Zeiten anpassen und sind in ständiger Erneuerung ihres Zukunftbildes begriffen. Endzeitvorstellungen, die die Verbindung mit der jeweiligen Gegenwart verlieren, erstarren. Sie versuchen, die gewandelte Gegenwart in der Vergangenheit festzuhalten, und dies geht nicht ohne Idealisierung dieser Vergangenheit, demgegenüber dann die gewandelte Gegenwart stets schlechter sein muß.

4. Endzeitvorstellungen sind gesellschaftliche Zielvorstellungen, aber sie sind noch *keine konkreten Handlungsweisungen.* Sie dürfen nicht als Handlungsmuster verstanden werden, die die bisherigen Handlungsmuster in Frage stellen. Eine Ethik muß die oft undankbare Vermittlung leisten zwischen einer Gesellschaft der Knappheit und des Leidens einerseits und den endzeitlichen Gesellschaftsvorstellungen andererseits, die als Hoffnungen lebbar sein müssen. Eine Ethik muß endzeitliche Erfahrungen, wie sie zu einem be-

---

14. F. L. Polak, Wandel und bleibende Aufgabe der Utopie, in: A. Neusüß (Hg.), Utopie, 1972[2], 361–386, hier 367.

4 Endzeitvorstellungen und Werte

stimmten Zeitpunkt von kleinen Gruppen gemacht werden, so beschreiben, daß die Endzeitvorstellung nicht verraten wird, sondern als Zielpunkt erhalten bleibt, aber die Beschreibung muß so sein, daß Menschen daran nicht zerbrechen, überfordert werden oder resignieren, wenn diese Erfahrungen in solcher Intensität unter den bestehenden Bedingungen nicht wiederholbar sind. Es gilt, die kleinen Veränderungen und Wandlungen wahrzunehmen, und es braucht Vertrauen auf die selbstwachsende Saat, von der das Jesus-Gleichnis spricht. Das sage ich nicht zufällig mir und anderen angesichts der bestehenden Situation.

Endzeitliche Vorstellungen entstehen in Zeiten sozialer Krisen und Umwälzungen, die von den Herrschenden dann meist als Zeiten des Aufruhrs und der Rebellion bezeichnet werden. Hier werden, wie aus der Nacht geboren, Fähigkeiten, die berufs- und klassenmäßig streng verteilt waren, jetzt von vielen Individuen besessen, die Phantasie ist groß, immer neue Formen des Zusammenarbeitens, Zusammenkämpfens, Zusammenlebens zu entdecken, und Lernprozesse, die sonst Jahrhunderte dauern, ziehen sich auf wenige Jahre zusammen.

Dies sind Zeiten des erfüllten Augenblicks oder des geschichtlichen Kairos, wie Tillich solche Aufbrüche bezeichnet. Der Ausdruck des erfüllten Augenblicks leitete sich vom goetheschen Faust her, aus jenem Höhepunkt unmittelbarer Erfüllung, der sich ihm herstellt angesichts der Gewinnung eines »paradiesisch Land« durch den Kanal, der den verpesteten Sumpf austrocknet, und durch den Damm, der die äußere Flut zurückdrängt, und ihm jenes Gefühl vermittelt, unter dem umtriebigen Gewimmel »auf freiem Grund mit freiem Volk« zu stehen. Hier ist, in den Worten von E. Bloch, die Hoffnung nun selbst, die Gleichstellung, »die Adäquation des zutiefst Intendierenden, Intensivierenden, Realisierenden in das Jetzt und Da (den erfüllten Augenblick) seines Inhalts«[15], sicher eine Jesu-Analogie mit seiner Versöhnung des einen mit den vielen.

Sicherlich ist auch die Jesus-Bewegung in einer Zeit eines solchen tiefgreifenden Umbruches entstanden und ist bestimmt von dem Enthusiasmus der Erfüllung: »Das Reich Gottes ist nahe gekommen.« Die ersten Gemeinden, die, wie L. Kofler meint, ziemlich anarchische Gruppen darstellen[16], treten heraus mit einer Fülle

---
15. E. Bloch, Prinzip Hoffnung, Bd. 3, 1973, 1194.
16. L. Kofler, Jesus und die Ohnmacht, in: I. Fetscher/M. Machovec (Hg.), Marxisten und die Sache Jesu, 1974, 46–61, hier 47.

neuer Beziehungs- und Lebensformen; strenge Gesetzesgläubige stehen neben Libertinisten, vom Geist Überschwemmte neben asketischen Wanderpredigern; soziale Schranken werden durchbrochen, Frauen wandern mit Jesus; es geschehen Erscheinungen, überraschende Heilungen, unerwartete Nahrungsvermehrung; der Anbruch des Reiches Gottes wird mit Begeisterung geschildert: »Blinde sehen, Lahme gehen, Aussätzige werden rein und Taube hören, Tote stehen auf, und den Armen wird die gute Botschaft gebracht« (Mt 11,5). Die ersten christlichen Gemeinden sind voll endzeitlicher Phantasien; das, was einst der Prophet Joel verkündet hat, wird von Lukas herangezogen, um die Begeisterung am Pfingsttag zu beschreiben, in dem aller Anarchismus und Enthusiasmus der ersten Christenheit symbolisch sich zusammenfindet: »Ich werde meinen Geist ausgießen über alle Menschen und eure Söhne und Töchter werden weissagen, eure Greise werden Träume träumen, eure Jünglinge werden Gesichte sehen. Auch über die Knechte und über die Mägde will ich in jenen Tagen meinen Geist ausgießen« (Joel 3,1f; Act 2,17ff), wobei Lukas auch nicht unterschlägt, daß die Ausgießung des Geistes bei Joel nicht ohne Wunderzeichen am Himmel und auf Erden und mit Blut, Feuer und Rauchsäulen sich vollziehen wird, so daß »die Sonne sich in Finsternis wandelt und der Mond in Blut« (Joel 3,3f).

Das Aufbrechen des erfüllten Augenblicks bleibt nicht folgenlos, aber auch nicht straflos. Der Traum vom Gottesreich durfte immer nur über kurze Zeiträume ausgelebt werden, dann führte der durch die Ordnungsmächte herbeigeführte Druck zum Rückzug und zur Sektenbildung. Der Enthusiasmus wird erlöschendes Licht und Herdflamme, es gibt die törichten Jungfrauen, deren Schlaf es verhindert, sich ausreichend auf das Kommen des Herrn vorzubereiten, und der Schlummer des Lazarus ist bereits so intensiv, daß sein Aufwecken einer Totenauferstehung gleichkommt. Aber die Erinnerung bleibt, und so die Hoffnung.

Deshalb gilt es, auf Endzeitvorstellungen zu bestehen. »Utopie«, heißt es bei F. L. Polak, »ist der Polarstern in der Konstellation der menschlichen Werte«[17], und Chr. Gremmels und W. Herrmann schreiben: »Eine Theologie, die dem Problem der Utopie sich entschlägt, beläßt, solange das ›Neue Jerusalem‹ aussteht, dem Menschen ausschließlich die topoi des Bestehenden. Sie verkennt die utopische Intention im Menschen selbst. Jene Kategorie des

---

17. Polak, Wandel (vgl. dieses Kap., Anm. 14), 369.

Möglichen, mit der im Schatten dessen, was ist, erst denkbar wird, was sein soll und sein kann.«[18]

Vorstellungen von der Endzeit

Ich möchte zunächst das Bedeutungsfeld von Endzeitvorstellungen kurz umreißen und dabei 1. auf solche eingehen, die stärker einer statischen Gesellschaft zugeordnet werden, wie »Gerechtigkeit« und »Gemeinwohl«, wie auf solche, die 2. auf eine humanistische Tradition zurückgehen und die stärker auf Weltveränderung ausgerichtet sind, wie »klassenlose Gesellschaft«, »herrschaftsfreie Kommunikation« und »Humanisierung«. Es wird 3. zu diskutieren sein, wie sich die christliche Aussage vom »Reich Gottes« oder »Herrschaft Gottes« zu diesen gesellschaftlichen Zielvorstellungen verhält, bevor ich 4. meinen eigenen Ansatz diskutiere. Auf die insbesondere durch Hegel formulierte Zielvorstellung »Reich der Freiheit« werde ich erst am Ende dieses Kapitels zu sprechen kommen.

1. Ich möchte zunächst auf eine gesellschaftliche Zielvorstellung eingehen, die für die abendländisch-christliche Tradition eine wichtige Rolle gespielt hat, aber unter dem Druck der Veränderungsforderung sich in der Wandlung befindet.
»Gerechtigkeit« als gesellschaftliches Ziel bedeutet für eine Gesellschaft, die von einer Seinsordnung bestimmt wird, daß jedem das gegeben wird, was ihm auf Grund seiner sozialen Stellung zukommt. In einer solchen Ordnung hat jeder seinen spezifischen Stand, auf den er ein Anrecht hat, aber auch darauf verwiesen wird. Der in den Ständen gebundene Mensch hat Anspruch auf Gerechtigkeit, wenn er in den Rechten verletzt wird, er verdient Strafe als ausgleichende Gerechtigkeit, wenn er über die Rechte hinausgreift oder sich an die Pflichten des Standes nicht hält. Eine solche Bestimmung von Gerechtigkeit widerspricht der Gleichheitsforderung. In Platos »Republik«, dessen Hauptanliegen die Idee der Gerechtigkeit ist, bleiben die Sklaven von der vollen Humanität und der entsprechenden Gerechtigkeit ausgeschlossen. Die Ursprungsgeschichte des Christentums verkündet eine Gleichsetzung von Gerechtigkeit und Gleichheit vor Gott, da kein Mensch gerecht ist. Doch für die gesellschaftliche Ordnung galt, trotz mancher positiven Veränderungen weiterhin die nach Ständen verteilende (distributive) Ge-

18. Gremmels/Herrmann, Vorurteil (vgl. Kap. 3, Anm. 18), 89.

rechtigkeit. Erst die bürgerliche Gleichheitsforderung hat Gerechtigkeit mit Gleichheit gleichgesetzt. Zwar kannte bereits die frühbürgerliche Theologie M. Luthers den Unterschied zwischen einer distributiven und einer umformenden Gerechtigkeit, die als göttliche Gerechtigkeit gerade die in dem statischen Gerechtigkeitsbegriff feststehenden proportionalen Relationen aufhebt und den neuen Menschen und eine neue Welt schafft. Angesichts der sozialen Konsequenzen eines solchen Gerechtigkeitsbegriffes war die Gerechtigkeit, die Gott schafft und fordert, in der Folgezeit ständig davon bedroht, einseitig allein als Rechtfertigung des Menschen vor Gott verstanden zu werden. Versuche, neue gerechte Gesellschaftsordnungen zu schaffen (Bauernaufstände, Wiedertäufer in Münster), verfielen blutiger Unterdrückung. Es blieb für die politische Ethik bei der distributiven Gerechtigkeit. Für die bürgerliche Klasse wurde Gleichheit vor dem Gesetz daher wichtiger als Gerechtigkeit; erst die durch die Eigentumsordnung hergestellte Ungleichheit ließ und läßt bei den Ausgebeuteten die Gerechtigkeitsforderung wieder laut werden, wie z. B. in der Forderung nach einer gerechten Weltordnung. Die Zweideutigkeit zwischen einem Gerechtigkeitsbegriff, der an Unterschieden in einer Gesellschaft festhält, und einem schöpferisch-umwandelnden, auf Gleichheit ausgerichteten Gerechtigkeitsbegriff läßt es weder politisch noch theologisch (was heißt es, daß Gottes Gerechtigkeit sich am Ende der Tage durchsetzen wird?) als sinnvoll erscheinen, »Gerechtigkeit« in einer gesamtgesellschaftlichen Zielsetzung eine Priorität einzuräumen. Dies gilt um so weniger, als sich in unserer Gesellschaft Recht eher als eine juristische Festlegung bestehender, aber konfliktreicher sozialer Beziehung darstellt, aber kaum in der Lage ist, soziale Strukturen vorauslaufend in eine so veränderte rechtliche Gestalt zu bringen, die als schöpferische Neuordnung zu bezeichnen wäre.

Auch »*Gemeinwohl*« ist eine gesellschaftliche Zielvorstellung, die stärker auf eine statische Gesellschaft ausgerichtet ist. Hier geht es um einen »Idealentwurf« (M. Stolleis)[19] für das materielle und immaterielle Wohlergehen überindividueller Einheiten (Familie, Stamm, Volk, Staat, Menschheit). Die Vorstellung des Gemeinwohls hat in der katholischen Gesellschaftslehre eine lange Tradition und ist in der deutschen idealistischen Philosophie insbesondere durch I. Kant aufgenommen worden. »Gemeinwohl« fordert dazu auf, individuelle Interessen zurückzustellen und in Konfliktfällen

---

19. M. Stolleis, Art. Gemeinwohl, in: Ev. Staatslexikon, 1975², Sp. 802–804, hier 802.

4 Endzeitvorstellungen und Werte

das allgemeine Interesse aller zu beachten; insofern enthält diese Vorstellung auch Verhaltensanweisungen. Allerdings ist sie auch immer wieder als Herrschaftsideologie benutzt worden. »In der Tat läßt sich historisch eine bes(ondere) Affinität zwischen emphatischer Berufung auf das G(emeinwohl) (Staatsräson, Wohl des Volkes) und tatsächl(icher) Unterdrückung und Entrechtung beobachten, so etwa bei der Aufhebung altständischer Rechtpositionen durch den Absolutismus, ebenso aber auch in der Praxis moderner Diktaturen, in der die Überwältigung des Individuums durch das Kollektiv unter dem Titel des G(emeinwohls) seinen bisherigen Höhepunkt erreicht hat«[20], so im Nationalismus mit der Formel: »Gemeinnutz geht vor Eigennutz.« Aus dieser historischen Erfahrung heraus hat das Grundgesetz der BRD darauf verzichtet, eine ausdrückliche Gemeinwohlforderung aufzustellen, und hat die persönlichen Rechte betont; nur der Schutz des Eigentums wird durch eine Gemeinwohlformel (»Eigentum verpflichtet«) (Art. 14, 2 GG) eingeschränkt. Dennoch hat »Gemeinwohl« unter dem Begriff des »öffentlichen Interesses« Eingang in Gesetzgebung und Rechtsprechung gefunden.

Insbesondere in der katholischen Soziallehre wurde der Begriff des Gemeinwohls als gesamtgesellschaftliche Zielvorstellung aufgenommen; ich verweise hier auf die Behandlung von G. Gundlach S. J. in Kap. 9. Dabei ist versucht worden, von einer Zustandsbeschreibung, wie sie für statische Gesellschaften typisch ist, fortzukommen hin zur Bestimmung von Gemeinwohl als Zielvorstellung. Wie schwierig dies ist, zeigt sich an der Formulierung in der »Pastoralkonstitution« des II. Vatikanischen Konzils. Hier wird das Gemeinwohl definiert als »Summe aller jener Bedingungen des gesellschaftlichen Lebens, die den einzelnen, den Familien und gesellschaftlichen Gruppen ihre eigene Vervollkommnung voller und ungehinderter zu erreichen gestattet« (Nr. 34)[21]. Das Gemeinwohlprinzip wird hier zwar dynamisiert, unklar bleibt jedoch, wer hier mit gesellschaftlichen Gruppen gemeint ist. Sollte hierunter auch die Unternehmerschaft fallen, läge Etiketten-Schwindel vor, denn Gemeinwohl wäre dann mit Freiheit als privater Unabhängigkeit der Wirtschaft identisch.

Da m. E. es kaum möglich ist, der Gemeinwohlvorstellung eine dynamische Perspektive zu geben, andererseits die Gefahr sehr groß ist, daß sie als Herrschaftsideologie mißbraucht wird, wozu ihr

20. Ebd.
21. Pastoralkonstitution, Nr. 34.

statischer Charakter sich geradezu anbietet, halte ich »Gemeinwohl« nicht geeignet als Zielvorstellung für eine Gesellschaft, der man eine Veränderung auf mehr Offenheit nach vorne wünscht.

2. Von den aus der humanistischen Tradition kommenden Zielvorstellungen beziehen sich »*klassenlose Gesellschaft*« und »*herrschaftsfreie Kommunikation*« auf die Aufhebung von Herrschaftsstrukturen überhaupt. Sie gehen auf jene zuvor geschilderte liberale Tradition zurück, nach der Herrschaft den ursprünglich guten Menschen korrumpiert, weil die Herrschenden »Vermögen« zur Befriedigung ihrer eigenen Bedürfnisse an sich ziehen, von den Eltern bis zu den kleinen und großen Herren dieser Gesellschaft. Diese Vorstellungen sprechen damit die Allgegenwart der Ausbeutung an, die sich ja nicht nur auf den Ertrag der Arbeit bezieht, sondern auch auf die psychische Ausbeutung. Ihre Bedeutung liegt also in dieser Artikulierung einer Zielvorstellung, nach der Ausbeutung und Unterdrückung aufgehoben werden sollen. Negativ ist zu vermerken, daß vielfach bei der Zielvorstellung »*Klassenlose Gesellschaft*« das entscheidende Ereignis, das die Klassen beseitigt, in der Aufhebung des Privateigentums und der Vergesellschaftung der Produktionsmittel geschehen wird. Mir geht es nicht um den oft gemachten Vorwurf, dies führe doch nur zur Etablierung einer neuen herrschenden Klasse der Funktionäre; auch halte ich aus Gründen, die später zu erörtern sind, die Vergesellschaftung von Produktionsmitteln für einen entscheidenden Schritt in der Weiterentwicklung der menschlichen Gesellschaft. Aber wenn damit bereits Klassen beseitigt wären, dann wäre dies in den sozialistischen Staaten bereits realisiert und damit keine Endzeitvorstellung mehr (freilich wird dies von den sozialistischen Ländern auch gar nicht behauptet; nur der Antagonismus von Kapital und Arbeit gilt als aufgehoben). »Klassenlose Gesellschaft« gibt dann nur eine wichtige und notwendige Veränderung zur Entfaltung der Produktivkräfte an, die sicher auch zum Abbau von undemokratischen Herrschaftsformen beitragen kann, aber bedeutet nicht die generelle Aufhebung aller Herrschaft.

»*Herrschaftsfreie Kommunikation*« entspringt der liberalen Tradition und stellt die Objektivierung einer historischen Erfahrung dar, die man als »bürgerliche Öffentlichkeit« bezeichnen kann, jene bereits geschilderte Sozialform der Salons, in dem Bürger und Adlige sich treffen und sich gegenseitig bestätigen, daß sie gleich sind. In diesem Raum, in dem die sozialen Unterschiede aufgehoben sind und der frei ist von aller staatlichen und kirchlichen Kontrolle,

4 Endzeitvorstellungen und Werte

finden sich Menschen zusammen, die als freie Menschen gelernt haben, sich ihrer Vernunft ungehindert zu bedienen und die im Gespräch miteinander ihre Erkenntnisse austauschen[22]. Im Wettbewerb und Wettstreit der besten Meinungen stellt sich im Konsens die gültige Wahrheit heraus, wie der wirtschaftliche Konkurrenzkampf zu einer steten Verbesserung der Produkte führt. Nun mag man an dem blechernen Begriff der Kommunikation Anstoß nehmen, – dann kann man ihn durch Dialog oder Gespräch ersetzen und wird dann als Theologe an das Gespräch erinnert, das zwischen der Trinität ewig besteht –, was stört, ist im Grunde die übergroße Vergeistigung dieser Zielvorstellung. Hier haben nicht die opulenten Gastmähler der französischen Bourgeoisie, sondern die Kargheit und wirtschaftliche Eingeschränktheit des in der idealistischen Philosophie und im Klassizismus beheimateten Handelsmann oder Beamten Pate gestanden. Essen und Trinken wie spielerische Arbeit bleiben von dieser Zielvorstellung ausgeschlossen; der Erfahrung alltäglicher Diskussionen müde, sehnt man sich jedoch nach handgreiflicheren Genüssen. Dennoch verweist die Zielvorstellung auf den gesamten Bereich behinderter Sprach- und Artikulationsfähigkeit und die Überwindung der Barriere, nach der »die da oben« sich doch immer durchsetzen, weil sie besser reden können.

Man hat denn auch in der »Kritischen Theorie« es für notwendig erachtet, die »Kommunikation« durch die Zielvorstellung »gutes Leben« zu ergänzen, was mancherlei heißen mag, zumindest eine Gegenvorstellung gegen »ewiges Leben« darstellt, aber man könnte auch vermuten, ob hier Linke der Kritik genug sein lassen und endlich einmal leben wollen.

»*Humanisierung*« drückt bereits durch die Endung den Wunsch nach Veränderung aus. Hier wird dafür plädiert, endlich einmal Lohnabhängige so zu behandeln, wie man normale Sterbliche behandelt. Die Vorstellung verweist darauf, daß es unter den gegebenen Verhältnissen nicht möglich ist, »menschlich« zu leben, und die Verwirklichung des wirklich freien Menschen noch aussteht. Es wird das gefordert, worauf sich Bürger und Adlige als gemeinsames berufen: Gleichheit und Herrschaftsfreiheit. Die offene Zukunft des Menschen, die von Theologie vielerorts gefordert wird, erhält von dieser Zielvorstellung einen Inhalt, nämlich »*alle Verhältnisse* umzuwerfen, in denen der Mensch ein erniedrigtes, ein geknechtetes, ein verlassenes, ein verächtliches Wesen ist«[23].

22. J. Habermas, Struktur der Öffentlichkeit, 1962.
23. K. Marx, Zur Kritik der Hegelschen Rechtsphilosophie, MEW Bd. 1, 378–391, hier 384.

»Humanisierung« verweist darauf, daß sich Menschlichkeit und Menschsein keineswegs von selbst verstehen, ganz im Gegenteil zu dem, was auf und ab im Lande sichere Meinung von Christen auf der Suche nach dem Eigentlichen ist. Das mit »Humanisierung« angesprochene Problem der »Menschwerdung des Menschen« läßt fragen, ob es nicht möglich ist, die theologische Vorstellung der »Menschwerdung« aus ihrem exklusiven Bezug auf die Person Jesus Christus herauszubringen und so zu erweitern, daß dies als Prozeß verstanden werden kann, der der Realisierung und dem endgültigen Offenbarwerden des Menschen dient. Gelingt es, »Menschwerdung« aus der räumlichen Vorstellung von oben nach unten zu lösen und sie als eine endzeitliche Verheißung zu verstehen, dann wäre sicher Entscheidendes für das Verständnis der Menschlichkeit des Menschen und der Menschlichkeit der Christen gewonnen.

3. Sofern nicht das »Tier aus dem Abgrund«, also eine Katastrophenstimmung, die *derzeitigen christlichen Vorstellungen* über die Endzeit bestimmen, so sind als Aussagen über die Erfüllung der Zeit zwei Vorstellungen in der Diskussion, *»Herrschaft Gottes«* und *»Reich Gottes«*. Zu denken gibt, daß stärker konservative Theologen der »Herrschaft Gottes«, eher progressiv gestimmte Theologen dem »Reich Gottes« den Vorzug geben.

Die Aussage von der vollendeten *Gottesherrschaft* zielt auf die Vereinigung aller Menschen dieser Erde und auf die Aufhebung aller Begrenzungen und verkündigt die eine Welt Gottes, in der alle Konflikte aufgehoben sind. Es wird eine gute und ruhige Herrschaft sein; daher vermittelt diese Vorstellung die Verheißung von Ruhe und Sicherheit. Aber wenn Konservative von der Herrschaft Gottes reden, so soll Herrschaft auch in der endzeitlichen Vollendung erhalten bleiben. Von daher kann diese Vorstellung leicht auch autoritäre und totalitäre Züge bekommen, denn es wird nicht ausgesagt, daß die Herrschaft Gottes andere Züge trägt als eine gute staatliche Herrschaft und worin diese bestehen könnten. Die 4. These des Barmer Bekenntnisses z. B. deutet wenigstens an, daß zumindest in der Kirche die verschiedenen Ämter »keine Herrschaft der einen über die anderen« begründen, und zwar unter Berufung auf Mt 20, 26 (»so will jemand unter euch gewaltig sein, der sei euer Diener«), und spricht von der Unterscheidung von Herrschaft und Dienst. Wenn freilich dieses Dienen einen versteckten oder uneingestandenen Herrschaftsanspruch mit sich bringt, wird diese Unterscheidung fragwürdig. Anlaß zu solchen Zweifeln ergibt sich aus der Herkunft des Wortes »Dienst« aus dem Beamtendienstrecht des

4 Endzeitvorstellungen und Werte

preußischen Staates. Wenn Jesus als Herr neben anderen Herren genannt wird (so in These II., was wiederum an den Dienstherrn im Beamtenrecht erinnert), so steht die Antwort fest, daß die Herrschaft Christi und die Herrschaft Gottes in der Endzeit nicht aufgehoben sein soll und sich, um eine bekannte Formel zu verwenden, keine Identität von Herrschenden und Beherrschten einstellen wird. Theologisch wäre hier anzufragen, warum eigentlich »Einander dienen« nicht als endzeitliche Vorstellung dem christlichen Anliegen volles Genüge tut.

Als positive Intention läßt sich bei der Hervorhebung des Herrseins vermuten, daß Herrschaft durch eine Person grundsätzlich höher bewertet wird als die durch eine anonyme Macht. Welche politischen Hoffnungen sich sonst noch hinter solchen Aussagen verbergen, gerade wenn auch noch von »Königsherrschaft Christi« gesprochen wird, läßt sich schwer ausloten[24]. Jedenfalls sollen diese Erörterungen zum Thema »Herrschaft Gottes« als Zielvorstellung deutlich machen, daß hier der Intention der humanistischen Tradition auf Aufhebung von Herrschaft überhaupt kräftig entgegengewirkt wird. Es gibt keine Aufhebung von oben nach unten, sondern eine endzeitliche Klarstellung: nicht der Mensch, sondern Gott ist Herr im Hause der Welt.

»Das *Reich Gottes* steht jenseits der Ethik«, zitiert M. Honecker aus dem Theologischen Wörterbuch zum Neuen Testament[25] und stellt als Konsens der Exegeten fest: »Das Gottesreich ist eine eschatologische Größe insofern, als es nicht durch menschliche Tätigkeit herbeigeführt werden kann, sondern ohne menschliches Zutun kommt.«[26] Er weiß auch, daß es einst auch andere Aussagen gab. F. Schlegel hatte 1798 in den Athenäum-Fragmenten bemerkt: »Der revoluzionäre Wunsch, das Reich Gottes zu realisiren, ist der elastische Punkt der progressiven Bildung, und der Anfang der modernen Geschichte.«[27] Was sich in den Evangelien »Königtum Gottes« oder »Königtum der Himmel« nennt, ist als »Reich Gottes« der Gegenwart überliefert worden. Soweit mir bekannt ist, hat bisher an der Bezeichnung »Reich« niemand Anstoß genommen, obgleich es angesichts unserer vielfältigen Reichstraditionen dazu genug Anlaß gegeben hätte. Ganz sinnlos ist die Frage nicht, denn würde man

---

24. Spiegel, Theologie (vgl. Kap. 1, Anm. 1), 104ff.
25. ThW Bd. 1, 587 (K. L. Schmidt); Hervorh. Y. S.
26. Honecker, Konzept (vgl. Kap. 1, Anm. 9), 106 f.
27. F. Schlegel, Fragmente, Äthenäum, 1. Band, 2. Stück, 1798, 236. Bei Honecker ist das Zitat bemerkenswert entstellt.

»Reich« übersetzen, was könnte an seine Stelle treten, das den gleichen romantischen Glanz des altdeutschen Kaiserreiches besäße; wie öde klingen dagegen »Staat Gottes« oder »Gesellschaft Gottes« (wo schon »Gesellschaft Jesu« okkupiert ist). Das würde schwierige Diskussionen auslösen, die man sich erspart, wenn man sich der Modernisierungsbemühungen entschlägt. Trösten wir uns damit, daß P. Tillich die zentrale christliche Endzeitvorstellung trotz immensem Gespür für den Symbolwert von Begriffen auch nicht anders fassen konnte[28].

»Reich Gottes« enthält, angereichert durch die Bildworte und die Gleichnisse Jesu, ein weites Potential von Hoffnungsbildern. Es schildert in den Seligpreisungen die Aufhebung von Leid, Schmerz und Ungerechtigkeit; einer seiner zentralen Momente kreist um das gemeinsame Essen, in dem alle sozialen Unterschiede und Diskriminierungen aufgehoben sind; im Bild vom Hochzeitsmahl ist die Bejahung der Leiblichkeit und der Sexualität integriert; es werden neue Verhaltensweisen unter Menschen demonstriert. Nimmt man das hinzu, was in der Geschichte Jesu ausgedrückt wird, insbesondere die Überwindung des Todes, so enthält es das Bild einer Zielsetzung gesellschaftlicher Veränderung, das vom *Reichtum* seiner verheißenen Inhalte her mit keinem der hier genannten Zielvorstellungen vergleichbar ist.

Das Trostlose an der ganzen Geschichte ist, daß kaum jemand in den Kirchen etwas mit dem Reichtum dieser Endzeitvorstellung anfangen kann; die Kirchenmitglieder haben sich auf die Verbesserung ihres privaten Lebensstandards und ihre privaten Entfaltungsmöglichkeiten eingestellt und hoffen höchstens noch auf ein abstraktes Weiterleben als Einzelseele, erweitert durch den Wunsch nach Wiedervereinigung mit den Menschen, die man liebt; die Theologie erschöpft sich in der Diskussion, ob die endgültige Vollendung von oben oder von unten, durch Gott oder durch die Menschen kommt, eines jeden historischen Kontextes entzogener ferner Widerhall der konservativen und nationalliberalen Theologie gegen Massenbewegungen.

Es mag sinnvoll oder nicht sinnvoll sein, für theologischen und innerkirchlichen Sprachgebrauch die Endzeitvorstellungen »Reich Gottes« zu erhalten; das ist eine sekundäre Frage. Um gesellschaftlich zu vermitteln, was mit »Reich Gottes« gemeint ist, muß der Begriff aufgegeben werden, gerade um die Inhalte zu erhalten. Der Reichtum dessen, was mit »Reich Gottes« für die ersten Gemeinden

---

28. Tillich, Systematische Theologie, Bd. 3 (vgl. dieses Kap., Anm. 10), 407.

4 Endzeitvorstellungen und Werte

erfahrbar und damit wünschbar und vorstellbar wurde, kann heute nur in einer humanistischen Zielsetzung aufgehoben werden. Dem Begriff der Herrschaft eingeordnet, schwindet er dahin und enthält die Abstraktheit von Geld, das nur solche Wünsche gestattet, die für ein Gehalt käuflich erwerbbar sind. Und wie Gott hier zu einem Objekt gemacht wird, den man erfolgreich in der Konkurrenz der Weltanschauungen einsetzen kann, darüber habe ich bereits gesprochen. Würde der Name Gottes weniger mißbraucht, ich wäre frömmer. Fort von der Predigt und hin zur Sachlichkeit! In der Tat bin ich als Sozialethiker der Meinung, daß für diejenigen, die der christlichen Überlieferung distanziert oder fremd gegenüberstehen, die Endzeitvorstellung »Reich Gottes« falsche Erwartungen erweckt. Eine Sozialethik, die Veränderungen anstrebt, kann dann nur auf eine Zielvorstellung der humanistischen Tradition zurückgreifen und damit auf eine Vorstellung, die auf Abbau von Herrschaft ausgerichtet ist.

4. Ich selbst möchte als grundlegende Endzeitvorstellung formulieren: »*Aufhebung der Beherrschung und Ausbeutung von Menschen durch Menschen.*« Diese Formulierung geht auf die bekannte Wendung »Aufhebung von Herrschaft von Menschen über Menschen« aus der Schule Saint-Simons (1760–1825) zurück. Sie spricht als negativen Ausgangspunkt die neuzeitliche Erfahrung physischer und psychischer Ausbeutung an, möchte aber bereichert sein durch die Hoffnungsbilder der Jesus-Geschichte und der jüdisch-christlichen Überlieferung überhaupt.
Die Kritik von Herrschaftstrukturen entstammt der bürgerlichen Bewegung (vgl. Kap. 3: Mensch), und trotz des etwas unglücklichen Ausdruckes von der »Diktatur des Proletariat«, womit ja nichts anderes gemeint war, als daß die Mehrheit des Volkes zur Mehrheit im Parlament wird, hat auch die sozialistische Bewegung immer betont, daß es um die Befreiung aller Klassen und Schichten gehe. Noch anstößiger als »Aufhebung von Beherrschung« klingt vermutlich für theologische Ohren, und nicht nur für sie, der Begriff der Ausbeutung, obgleich er eng mit dem der Herrschaft zusammenhängt. Ausbeutung bedeutet zunächst ökonomisch, daß ein Teil des erarbeiteten Wertes vom Eigentümer des Kapitals angeeignet wird und damit seine beherrschende Stellung laufend verstärkt, während ein anderer Teil an den Staat geht, der diesen jedoch nicht an das Wirtschaftssubjekt in Form von öffentlichen Leistungen zurückgibt, sondern einen Machtapparat entfaltet, der gegen die Interessen der Lohnabhängigen eingesetzt werden kann. Der Begriff der Ausbeu-

tung spricht aber auch die physische und psychische Ausbeutung an; vielfach stellen Arbeitsverhältnisse solche Anforderungen an den Lohnabhängigen, daß er wegen Gesundheitsverschleiß vorzeitig den Sozialversicherungen anheimfällt. »Ausbeutung« hat schließlich eine Bedeutung, auf die vor allem die Psychoanalyse aufmerksam gemacht hat[29]: Jedes Herrschaftsverhältnis, und sei es das dominierende Verhalten eines Mannes gegenüber seiner Frau, zieht psychische Energien von den Schwächeren ab und verlagert sie auf die Mächtigeren; »sich an jemanden gesundstoßen« bezeichnet vortrefflich diese Form psychischer Ausbeutung, die allen Herrschaftsverhältnisse zugrunde liegt.

Wenn auch diese Formulierung in der Tradition der humanistischen Herrschaftskritik steht, verweist sie doch auch darauf, der Herrschenden zu gedenken, was Herrschaft ihnen antut. Wer Hegels Dialektik von Herr und Knecht[30] und ihre christologische Interpretation bei K. Barth[31] wenigstens in Umrissen verstanden hat, kann an dieser Problematik nicht vorbeigehen.

K. Marx und F. Engels haben sie so formuliert:

»Die besitzende Klasse und die Klasse des Proletariats stellen dieselbe menschliche Selbstentfremdung dar. Aber die erste Klasse fühlt sich in dieser Selbstentfremdung wohl und bestätigt, weiß die Entfremdung als *ihre eigene Macht* und besitzt in ihr den *Schein* einer menschlichen Existenz; die zweite fühlt sich in der Entfremdung vernichtet, erblickt in ihr ihre Ohnmacht und die Wirklichkeit einer unmenschlichen Existenz. Sie ist, um einen Ausdruck von Hegel zu gebrauchen, in der Verworfenheit die *Empörung* über diese Verworfenheit, eine Empörung, zu der sie notwendig durch den Widerspruch ihrer menschlichen *Natur* mit ihrer Lebenssituation, welche die offenherzige, entschiedene, umfassende Verneinung dieser Natur ist, getrieben wird.«[32]

Werte

Neben Endzeitvorstellungen in der Gesellschaft und in sozialen Bewegungen, die mehr statisch oder mehr verändernder Natur sein können, wird gesellschaftliches Handeln bestimmt durch soziale Werte, die die Endzeitvorstellung interpretieren, veranschaulichen und zu konkretem Verhalten anleiten. Wird die Endzeitvorstellung »Befreiung des Menschen« durch den durch die christliche Tradition bestimmten Wert »Liebe« interpretiert, so bedeutet dies, daß

---

29. B. Nitzschke, Die reale Innenwelt, 1978, 126f.
30. Vgl. A. Kojève, Hegel, 1958.
31. K. Barth, Kirchliche Dogmatik IV/1, 140–150.
32. Engels/Marx, Die Heilige Familie, MEW 2, 3–223, hier 37.

diese Befreiung nicht mit gewalttätigen Mitteln erreicht werden soll. Dabei wird der Wert »Liebe« in besonderer Weise interpretiert, und zwar entsprechend des im 19. Jahrhundert vorherrschenden Verständnisses, wonach Liebe eher im Gegensatz zu Gerechtigkeit steht als in einer engen Verbindung mit ihr, wie dies etwa bei P. Tillich der Fall ist[33].

Soziale Werte sind gesellschaftliche Verobjektivierungen von Hoffnungen, Forderungen und Rechtfertigung, die eine soziale Bewegung im Laufe ihrer Entfaltung gemacht hat und über die weitgehende Übereinstimmung in einer Gesellschaft besteht. Zwar wurden in der christlichen Tradition Werte vorrangig in der Form der Heilsdramatik überliefert, aber auch die paulinische Trias von dem Glauben, der der Bewegung die innere Sicherheit gibt, der Liebe als gemeinsame, niemand ausschließende Solidarität und der Hoffnung auf Weltverwandlung hat eine bestimmende Bedeutung gehabt und wurde vielfach den drei Personen der Trinität zugeordnet. Diese Werte wurden ergänzt durch den Wert der Gerechtigkeit, der sich aus den israelitischen, christlichen und antiken Wertvorstellungen ergab.

Erst die bürgerliche Bewegung hat auf eine religiös-symbolische Darstellung verzichtet, da über sie kein Konsens mehr zu erreichen war, und ihre Gesellschaftsprogrammatik unter den Werten »Freiheit, Gleichheit, Brüderlichkeit« entwickelt. So betonte die Bourgeoisie die persönliche Leistung und grenzte sich damit von einer im wesentlichen adligen Wertvorstellung der »Ehre« ab. »Leistung« bedeutet dann eine Vorrangstellung in der Gesellschaft, die auf harter Arbeit in Produktion und Handelsgeschäft beruht, während »Ehre« dem Adligen von Geburt zukommt und keiner Leistung bedarf.

In Abwehr der auf Emanzipation drängenden proletarischen Massen hat die bürgerliche Bewegung, zum Teil der herrschenden Klasse geworden, »Gleichheit« entweder formalisiert als »Gleichheit vor dem Gesetz« oder zum Schutz des diese Klassenexistenz sichernden Eigentums den Wert »Gerechtigkeit« (»Jedem das Seine«) und »Sicherheit« (gegen innere und äußere Feinde) hervorgehoben. Die sozialistische Bewegung hat angesichts der fortdauernden christlichen und bürgerlich-liberalen Werte diese Werte eher neuinterpretiert als neue Werte geschaffen. Die wesentliche Neuinterpretation bezieht sich auf den Wert »Brüderlichkeit«, der auf Grund der Erfahrungen, wie schwer Menschen dazu gebracht

---

33. Tillich, Liebe (vgl. Kap. 1, Anm. 8).

werden können, ihre eigenen Interessen organisiert zu vertreten, und angesichts von Unterdrückung und Spaltungsversuchen in den Wert »Solidarität« umgewandelt wurde. Angesichts des durch fehlende Arbeitsmöglichkeiten bedingten Hungers, der schlechten Wohnverhältnisse und der lebenskürzende Arbeitsbedingungen gewann zudem der Wert »Befriedigung von Bedürfnissen«, der insbesondere die bürgerliche Ökonomie bestimmt hatte, eine umfassendere, in alle menschlichen Bereiche hineinreichende Bedeutung (vgl. Kap. 6).

In der gegenwärtigen politischen Diskussion über gesellschaftliche Werte zeichnet sich das Gegeneinander von bürgerlichen und sozialistischen Werten insbesondere an der Frage ab: Sind diese Werte im Grundsätzlichen in dieser Republik bereits *verwirklicht* (ohne daß weitere Verbesserungen und Reformen damit ausgeschlossen wären) oder gilt es, diese Werte überhaupt erst *zu verwirklichen*, und ist es daher Aufgabe von Staat und Gesellschaft, diese Werte in eine institutionelle Gestalt umzusetzen? In ähnlicher Weise scheiden sich die Gemüter an der Frage, ob es in einem Sozialstaat primär darum gehe, soziale Werte zu schützen, die bereits aus einer Forderung zu einer gesellschaftlichen Realität geworden sind, oder ob die Forderung fortdauert, den in der Verfassung niedergelegten sozialstaatlichen Auftrag durch die Realisation sozialer Werte zu erfüllen. Dies gilt insbesondere in bezug auf »Gleichheit« und »Erfüllung von Bedürfnissen«: Reicht es aus, wenn es eine Gleichheit vor dem Gesetz gibt, oder bezieht sich Gleichheit auch auf gleiche Bildungsmöglichkeiten und gar auf den gleichen Anteil am gesellschaftlichen Reichtum? Besonders die Frage, ob die Aussage des Grundgesetzes, die BRD sei demokratischer und sozialer Rechtsstaat (Art. 20 GG), einen Verfassungsauftrag enthält oder einen bereits verwirklichten Tatbestand beschreibt, ist je nach der politischen Großwetterlage sehr unterschiedlich beurteilt worden.

Es ist bereits in Kap. 1 darauf verwiesen worden, daß ohne Zweifel man bei allen die BRD bestimmenden sozialen Werten auf ihre Herkunft aus der jüdisch-christlichen Überlieferung verweisen kann, teilweise aber auch aus der antiken Philosophie, doch sind sie von den bürgerlichen und sozialistischen Bewegungen durchdrungen und verändert worden. In vielen Fällen unterscheiden christliche sich heute von säkularen Werten nicht im Inhalt, sondern durch ihre Begründung im Willen Gottes. Doch kann diese Bezugnahme auf Gott, nicht notwendigerweise, aber doch sehr häufig, eine bestimmte Interpretation dieser Werte beinhalten. Da die Kirchen wesentlichen Anteil an der Ausprägung sozialer Werte dadurch gewonnen haben, daß sie wesentliche Träger des Prozesses der Verinnerlichung (vgl. Kap. 14) wurden, bringt der Bezug christlicher Werte auf Gott es allzu leicht mit sich, daß Werte allein als »innere Werte« interpretiert werden. Das bürgerliche Christentum hat vielfach darauf verzichtet, Werte nach außen hin durch Rechtsetzung und Staatsordnung abzusichern, sondern hat sich begnügt, die »innere Freiheit«, den »inneren Frieden«, die »innere Gleichheit vor Gott« zu vertreten. Der Prozeß der Verinnerlichung hat widersprüchliche Aspekte: er hat dem aufstrebenden deutschen Bürgertum ermöglicht, eine innere Autonomie gegenüber Staat und Staatskirche zu gewinnen, aber er ist auch Ausdruck ihrer politischen Schwäche, die Freiheitsrechte nach außen hin zu realisieren. Dieser Widerspruch resultierte in der Ausbildung jener Zwei-Reiche-Lehre, nach der staatliche Ordnung mit Ausbildung und Pflege der Innerlichkeit nebeneinander koexistiert. Dies hat dazu geführt, daß die Frage gesellschaftlicher Veränderung, anders als in den angelsächsischen Ländern, nicht-christlichen Kräften überlassen wurde, ein Erbe, an dem insbesondere der deutsche Protestantismus bis heute leidet und das ihn in seiner politischen Wirkungsmöglichkeit behindert. Erst in der jüngsten Zeit entwickelt sich eine »Politische Theologie«, die den Versuch macht, den neutralisierenden Effekten einer Religion der Innerlichkeit und des »cultus privatus« (J. Moltmann)[34] entgegenzuwirken.

Neben den gesellschaftlich bestimmenden Werten gibt es solche, die nur *für bestimmte Teilbereiche* gelten (vgl. Kap. 10 und 11). Dabei können diese Werte eine relative Autonomie besitzen (wie in der Wirtschaft, dem Staat, der Schule, der Kirche) oder gesellschaftliche Klassen und Schichten betreffen. Der Wert Leistung bezieht sich vorwiegend auf den wirtschaftlichen und schulischen Bereich, während der Wert Liebe – mit unterschiedlichem Verständnis – in den Bereichen der Ehe, den intimen Beziehungen und in den Kirchen angesiedelt ist. Wissen, Macht und Reichtum anzuhäufen, wird als Wert innerhalb der gesellschaftlichen Führungsschichten betont; wer dies zu tun keine Möglichkeit sieht, kann davon nur träumen. »Dienst« ist ein Wert, der seine spezifische Prägung vor allem innerhalb der herrschenden Beamten- und Militärkaste Preußens erhielt, dem sich selbst ihr König Friedrich II. unterstellte: »Der König ist der höchste Diener des Staates.« Ähnliches gilt für den Begriff der »Verantwortung«, der eher in Mittelschichten vertreten wird, wo man eine selbständige Tätigkeit ausübt, die aber auch vor

---

34. Moltmann, Theologie der Hoffnung (vgl. Kap. 3, Anm. 17), 286.

den Führungsgruppen verantwortet werden muß. »Selbstverwirklichung« – abgeleitet von »Person« und »Personhaftigkeit« – ist ein Wert, der eine veränderte Bedeutung erhält, wenn lohnabhängige Vertreter der Mittelschichten angesichts einer immer formalisierteren Arbeit innerhalb von bürokratischen Organisationen nun im Freizeitbereich einen Sinn in Kreativität und Verinnerlichung suchen. »Recht auf Arbeit« ist nur für den ein Wert, der als Lohnabhängiger von nichts anderem als dem Ertrag seiner Arbeit leben kann; »Pflichterfüllung«, »Gehorsam« und »Bereitschaft auf Unterordnung« setzen die innerliche Bereitschaft voraus, eine Gesellschaft zu akzeptieren, in der es ein Oben und Unten gibt.
Werte, sofern sie sich auf gesellschaftliche Teilbereiche beziehen, wie »Leistung« oder »Pflichtbewußtsein«, sind im allgemeinen Werte, die einer religiösen Legitimation entbehren und daher auch relativ weit von der sozialethischen Diskussion entfernt liegen. Soweit sich christliche Theologie als herrschaftsstabilisierend verstanden hat, hat sie jedoch mit der generellen Legitimation von Herrschaft zugleich auch Wertvorstellungen wie Gehorsam, Pflicht, Macht in einer Weise vermittelt, der gegenüber Herrschaftskritik meist eine recht bescheidene Rolle gespielt hat. Manche dieser Werte, insbesondere der des Dienstes, zeigen eine enge Verbindung zwischen kirchlicher Administration und öffentlicher Verwaltung; der Kirchendiener entspricht dem Staatsdiener.
Ziemlich schlimm ist es, daß der zentrale Wert der Jesus-Überlieferung, die Liebe, zu einem nur innerkirchlich gültigen Wert herabgesunken ist, der die Pastoren dazu zwingt, sich als Brüder und Schwestern anzureden, auch wenn sie einander spinnefeind sind. Liebe gibt es sozusagen nur noch für den innerkirchlichen Sprachgebrauch. In dem einzigen Bereich, in dem ebenfalls von Liebe gesprochen wird, der Familie, der Ehe und der intimen persönlichen Beziehungen, hat dieser Wert fast eine konträre Bedeutung angenommen, wenn man an die theologische Gegenüberstellung von Eros und Agape denkt, wie dies A. Nygren getan hat und damit aufrichtiger war als diejenigen, die von der Einheit von Geist, Seele und Leib im christlichen Glauben fabulierten.
Schließlich kann man noch von *ethischen Verhaltensformen* sprechen, die faktisch auf der Ebene der Individualethik liegen; sie sind praktisch nur in besonderen Situationen gültig und werden zu bestimmten Anlässen bedeutsam; zum Teil handelt es sich hier um Werte, die ihre gesellschaftliche Relevanz verloren haben, wie z. B. Mut und Ehre, früher zentrale Werte der Kriegerkaste. Die meisten dieser Werte sind sozial nützliche Werte, die den Umgang zwischen

4 Endzeitvorstellungen und Werte 93

Menschen erleichtern, aber nicht als Grundwerte angesehen werden können, wie etwa die Ehrlichkeit und die Aufrichtigkeit, die, als Grundwerte absurd, in bestimmten Situationen eine Basis von Vertrauen schaffen können, die sich im Umgang mit Menschen positiv auswirkt – vielleicht sind sie auch deshalb ein höchst beliebtes Thema morgendlicher Rundfunkandachten. Sie sind relativ leicht änderbar und damit auch eine nicht zu verachtende Aufgabe von gruppendynamischen Verfahren, in denen soziales Verhalten eingeübt und verändert werden kann.

Ideologische und progressive Werte

Ordnung, Freiheit, Gerechtigkeit, Gleichheit, Sicherheit, Solidarität, Schutz der individuellen Lebenssphäre, Befriedigung von Bedürfnissen und Lebensqualität, – dies sind die gesamtgesellschaftlichen Werte, die in der BRD in besonderem Ausmaße soziale Anerkennung finden. Die von mir verwendete wenig geläufige Fassung des Wertes »Schutz der individuellen Lebenssphäre« umfaßt das Recht auf körperliche Unversehrtheit, Förderung der Gesundheit und Sicherung einer privaten Sphäre. »Befriedigung von Bedürfnissen« faßt das zusammen, was andernorts als Werte »Glück«, »Wohlstand« und »Lebensstandard« meint, wobei neben den materiellen auch die geistigen Bedürfnisse angesprochen sind. »Lebensqualität«, die einen »Wert im Kommen« darstellt und sich vor die älteren Werte »Heimat« und »Vaterland« schiebt, meint die Wiederherstellung, Erhaltung und aktive Gestaltung einer menschenwürdigen Umwelt (vgl. Kap. 12). Mancher wird hier »Eigentum« vermissen; als Mittel persönlicher Sicherung ist »Eigentum« der »Sicherheit« zuzuordnen; als Rechtstitel, Macht im wirtschaftlichen Sektor auszuüben, gehört »Eigentum« jedoch zu Werten, die für den gesellschaftlichen Sektor Wirtschaft bestimmend sind (vgl. Kap. 11).
Für die weitere Erörterung möchte ich – um Mißverständnisse zu vermeiden – noch einmal ausdrücklich darauf verweisen: Im folgenden wird von Werten in einer abstrakten und scheinbar objektiven Weise gesprochen. Werte sind gesellschaftliche Abstrakta, die als quasi objektiv erscheinen; sie stellen eine Verobjektivierung gesellschaftlicher Prozesse dar, die sich aber auf höchst konkrete Interessenlagen und Zielvorstellungen beziehen. Sie wirken auf diese zurück; andernfalls würde kein Konsens in einer Gesellschaft zustandekommen. Nur wenn Gruppen am objektiven Charakter von Wer-

ten festhalten, sind gesellschaftliche Integration wie Veränderungen möglich. Aber Werte sind stets auch Kampfmittel, sei es zur Sicherung einer bestehenden Ordnung, sei es um ihrer Veränderung willen. Bleibt dies undurchschaut, verstärkt sich die Entfremdung und Verobjektivierung der gesamten Gesellschaft.
Werte können *herrschaftsstabilisierende* wie *verändernde* Aussagen enthalten. Daß die herrschenden Werte einer Gesellschaft die Werte der Herrschenden sind, ist nicht erst seit Marx bekannt. Dies ergibt sich aus der Gebundenheit von Werten an soziale Gruppen. Im allgemeinen haben soziale Gruppen, die an der Macht sind, auch das Interesse, an der Macht zu bleiben und kontinuierlich über die Verteilung von gesellschaftlichem Reichtum und gesellschaftlicher Macht zu bestimmen, damit diese auch weiterhin zu ihren Gunsten entschieden wird. Dies kann dadurch geschehen, daß die Herrschaftsgruppe in der Lage ist, eine Teilung von Herrschenden und Beherrschten zur allgemein erwünschten Ordnung zu erklären und zu rechtfertigen, sei es auf Grund von religiösen Gründen (so das »Gottesgnadentum«), sei es durch sozialphilosophische Theorien (nach denen es funktional für eine Gesellschaft ist, wenn die einen herrschen und die anderen arbeiten und gehorchen, die einen die Arbeit geben und die anderen sie nehmen).
Zwar ist in der Bundesrepublik generell eine Herrschaftsordnung mit einem Oben und Unten anerkannt. Dennoch hat der Gedanke der Gleichheit immerhin ein solch gesellschaftliches Gewicht, daß zwar nicht grundsätzlich, aber doch eben an wesentlichen Punkten und angesichts bestimmter Situationen eine organisierte oder unorganisierte Mißbilligung an den sogenannten Eliten artikuliert wird. Es ist daher auch für eine ungestörte Herrschaftsausübung stets notwendig zu versuchen, bestimmte Werte für die gesamte Gesellschaft oder für gesellschaftliche Sektoren verbindlich zu machen, um derart die Gleichheitsforderung abwehren zu können. So kann auf die freiheitlich-demokratische Grundordnung mit dem Hinweis verwiesen werden, daß es noch nie in Deutschland so viel Freiheit der individuellen Selbstbestimmung und der Mitbeteiligung an der gesellschaftlichen Macht gegeben hat wie in der Bundesrepublik – was heißt das schon angesichts der mühseligen Freiheitsbewegungen in Deutschland –, aber damit kann die Einsicht verstellt werden, daß diese Freiheit höchst unterschiedlich verteilt ist.
Wir sprechen von *ideologischen Werten* oder einer ideologischen Interpretation allgemein anerkannter Werte, wenn sie – wie der Ordnungsgedanke selbst mit seiner unterschiedlichen Machtverteilung von oben und unten – eine bestehende Ordnung und Herr-

schaftsgruppen vor Veränderung schützen. Ideologische Werte liegen auch dann vor, wenn sich Wert und soziale Lage voneinander gelöst haben: Bestimmte Akademiker- und Handwerkergruppen sind sozial in den Status der Lohnabhängigen abgestiegen, betonen aber weiterhin den Wert persönlicher Freiheit, obgleich sie längst ihre wirtschaftliche oder administrative Selbständigkeit verloren haben; auch Pfarrer und Lehrer gehören vielfach dazu.
Auf der anderen Seite gibt es *progressive Werte* oder progressive Interpretationen allgemein anerkannter Werte. Progressive und ideologische Werte unterscheiden sich darin, ob sie eine Forderung darstellen, die noch weitgehend verwirklicht werden muß, oder ob diese als weitgehend realisiert gelten kann. Unternehmer wenden sich z. B. gegen die Forderung »Humanisierung der Arbeitswelt« mit der Begründung, so unmenschlich sei die Arbeitswelt denn doch nicht, daß sie grundlegend einer Humanisierung bedürfe. Demokratisierung ist eine progressive Wendung des Demokratiebegriffs, Emanzipation eine in die Zukunft weisende Fassung von Freiheit. Zu den stärker progressiven Werten in unserer Gesellschaft sind vor allem von den oben genannten sicherlich Gleichheit, Schutz der individuellen Lebenssphäre und Lebensqualität zu rechnen, während die anderen einer genaueren Interpretation bedürfen, was besonders deutlich wird an dem Wert Sicherheit, der als soziale Sicherheit ein progressiver, als innere und äußere Sicherheit ein ideologischer Wert ist.
Wie verhalten sich nun, wenn wir von einem solchen gesellschaftlichen Kontext wie dem zuvor beschriebenen ausgehen, gesellschaftliche Werte zur Veränderung?

1. Sofern Werte herrschaftsstabilisierend sind und im wesentlichen dazu dienen, gesellschaftliche Gruppen zusammenzuhalten und sozial zu integrieren, kann gesellschaftliche Veränderung durch eine Neuinterpretation oder Umformulierung eines allgemein anerkannten Wertes geschehen.

2. Können sich Veränderungen dadurch entwickeln, daß gefordert wird, Werte inhaltlich zu erweitern oder zu generalisieren, d. h. auf alle Menschen einer Gesellschaft oder der Weltbevölkerung auszudehnen. »Gleichheit« als eine wesentliche Forderung der bürgerlichen Klasse beschränkt sich, zumindest in seiner gemäßigten Form, auf Gleichheit vor dem Gesetz. Sie läßt sich erweitern auf Gleichheit der Bildungschancen und gar der Einkommen. Ähnliches gilt vom Wahlrecht. In der Französischen Verfassung von

1791 heißt es zwar: »Die Nationalversammlung . . . schafft . . . unwiderruflich die Einrichtungen ab, welche die Freiheit und die Gleichheit der Rechte verletzen«, wenig später wird jedoch über die Wahlberechtigung gesagt: »Um aktiver Bürger zu sein, ist es notwendig: . . . eine direkte Steuer zu zahlen, die wenigstens dem Wert von drei Arbeitstagen gleichkommt, . . . (Wahlberechtigte) haben nicht dem Bedientenstand anzugehören«, d. h. Lohnempfänger zu sein[35]. Eine andere Form der Ungleichheit war das Drei-Klassen-Wahlrecht in Preußen. Unter Berufung auf »Gleichheit« konnte die Ausdehnung des gleichen Wahlrechtes auf alle Männer, später auch auf alle Frauen gefordert werden.

3. Obgleich es schwierig zu ermitteln ist, bestehen unter den gesellschaftlichen Werten bestimmte Prioritäten. Während die CDU den Wahlkampf unter der Formel: »sicher, sozial, frei« geführt hat, spricht die SPD von »Freiheit, Gerechtigkeit, Solidarität«. Beide Parteien setzen nicht nur unter Wahlkampf-Aspekten solche Prioritäten, sondern diese Hervorhebung – wobei vermutlich noch ein Gefälle zwischen diesen drei Werten besteht – spiegelt auch das Selbstverständnis der politischen Ziele wider. Der Wunsch nach gesellschaftlicher Veränderung kann dadurch bewirkt werden, indem andere Prioritäten gefordert oder in der Trinität der vorrangigen Werte Austausch und Ergänzung vorgenommen werden.

Jürgen Moltmann: Die Revolution der Freiheit

In den beiden folgenden Abschnitten möchte ich ausführlicher auf den Wert »Freiheit« eingehen, der als Endzeitvorstellung Verwendung findet (Hegels »Reich der Freiheit«), aber mutmaßlich auch an der Spitze unserer Wertordnung steht. »Freiheit« wurde im 19. Jahrhundert der Zentralwert der bürgerlichen Bewegung und gab als Liberalismus ihrer Weltanschauung den Namen. Ich möchte zunächst einen Text von J. Moltmann über diesen Wert darstellen und analysieren, um dann in einem weiteren Abschnitt auf die sozialgeschichtliche Bedeutung von »Freiheit« einzugehen.
J. Moltmann, Systematiker in Tübingen, wurde bekannt durch seine »Theologie der Hoffnung« (1964), in der er versucht zu zeigen, wie das aus der Zukunft auf uns zukommende Reich Gottes unsere

---

35. Eigentum und Freiheit, dtv Dokumente, 1972, 84.

4 Endzeitvorstellungen und Werte

politische Welt zu gestalten vermag. Der Aufsatz »Die Revolution der Freiheit« erschien 1967[36].

Moltmann: Für Moltmann versteht sich der christliche Glaube als Anfang einer Freiheit, wie sie die Welt bisher noch nicht gesehen hat; man kann das Christentum geradezu die »Religion der Freiheit« nennen. Symbole der Freiheit sind der Exodus, der in ein freies Land führt, Jesus, der »Messias der Freiheit«, der die Freiheit den Gottlosen und Unfreien bringt, und die durch Gott herbeigeführte neue Schöpfung, denn Gott ist nicht der »Ganz-Andere«, wie der frühe Barth meinte, sondern der »Ganz-Ändernde«[37], der den Menschen Anteil an seiner schöpferischen Freiheit geben will. In der frühen Kirche vertraten Orthodoxie und Großkirche eher einen stoischen als den biblischen Freiheitsbegriff. Für die Stoa verhilft die innere Freiheit zur Gleichgültigkeit gegenüber der politischen Welt; durch leidenschaftsloses Leben entspricht man dem Weltgesetz. Aber auch das akosmische Freiheitsbewußtsein der Gnosis wurde aufgenommen: Die Kreatur leidet unter der Fremde und hofft auf die kommende Freiheit. Wenn Paulus die Glaubenden »Kinder der Freiheit« nennt, sind diese, so Moltmann, »nicht in einen Stand der Freiheit hineinprivilegiert, sondern in die Richtung auf die zukünftige Stadt der Freiheit, das ›himmlische Jerusalem‹, in Bewegung versetzt«[38].

Diese kommende Freiheit des christlichen Glaubens wird in einem Heil gesehen, das Leib und Seele, Individuum und Gesellschaft, Mensch und Natur umfaßt. Sie unterscheidet sich von der Freiheit des Liberalismus, bei dem jeder die Freiheit hat, nach seiner Façon selig zu werden und damit die Freiheit privatisiert wird, aber auch von der der sozialpolitischen Revolutionen, denn hier geht es um den Kampf um die Macht. Christen können sich nicht »durch die sozialistische Verwirklichung der Freiheit um ihre eigene schöpferische Arbeit am Zukommen des eschatologischen Reiches der Freiheit beerben lassen, denn keine politische und soziale Lebensform in der Geschichte realisiert hier schon jene schöpferische Zukunft Gottes, die diese Geschichte von Macht und Elend beenden wird, wie sie der Glaube tätig erwartet«[39].

Kommentar: Moltmann gibt nicht an, weshalb er gerade der »Freiheit« ein solches Gewicht zuschreibt, und warum er die biblischen

36. Moltmann, Perspektiven (vgl. Kap. 3, Anm. 24).
37. AaO. 193.
38. AaO. 194.
39. AaO. 197.

Überlieferungen gerade auf diese Vorstellung hin interpretiert; ersichtlicher Anlaß sind Gespräche mit Vertretern des Marxismus, wahrscheinlich auch die beginnende Studentenbewegung. Auffällig ist die pauschale Kritik an Liberalismus und Marxismus; als Beleg werden nur die Frühschriften von Marx herangezogen. Die zuvor schon kritisierte theologische Unsitte, daß nämlich Gott und Mensch als auf der gleichen Handlungsebene stehend gedacht werden, läßt sich hier gut belegen: Die Menschen schaffen eine Menge Freiheiten, Gott steht hinter diesen Freiheitsbewegungen und motiviert sie, aber den großen Umschwung bringt erst er. Endzeitvorstellungen, wie hier das vollendete Reich der Freiheit, werden nicht in ihrem symbolisch-utopischen Charakter verstanden. Moltmann verbleibt – bewußt oder unbewußt – in dem liberalen Modell, nach dem die Bürger auf ihre persönliche Freiheit dringen, aber zum Schutz vor der eigenen Klasse und den Massen entscheidend auf den Staat zurückgreifen müssen; nur daß hier Gott an die Stelle des Staates tritt.

Moltmann schildert im Weiteren die Revolutionsgeschichte, wobei er betont, es ginge ihm nicht »um einen Streit zwischen verschiedenen *Ideologien*, sondern zwischen verschiedenen *geschichtlichen Revolutionsbewegungen* der Freiheit«[40]. Drei dieser Bewegungen sind christliche; die Christen der ersten drei Jahrhunderte betonten ihre Freiheit von der Welt; die mittelalterliche Kirche betreibt ihre Freiheit vom Staat; die Reformation verkündigt die Freiheit des einzelnen Christen. Die bürgerliche Bewegung betont die freie Entfaltung des Menschlichen in jedem einzelnen, schließlich kommt die sozialistische »Revolution« mit der Forderung nach der Emanzipation des Menschen überhaupt. Alle Freiheitsbewegungen haben auch ihre Schattenseiten, keine war schon »das letzte Gefecht«, von dem die »Internationale« singt, »obwohl jede in diesem Zeichen antrat, sei es im Kampf gegen den Antichrist oder das Tier aus dem Abgrund, die Tyrannis oder den Klassenfeind«[41].

Kommentar: Positiv ist zu würdigen, daß Moltmann den Wert »Freiheit« auf *soziale Bewegungen* bezieht, wobei nicht diskutiert wird, ob die Reformation primär als religiöse Bewegung oder als frühbürgerliche Revolution zu verstehen sei. Aber kann man in der BRD von einem gegenwärtigen christlichen Glauben an die Revolution der Freiheit sprechen? Doch wohl kaum! Was die Gruppen des

---

40. AaO. 198; Hervorh. Y. S.
41. AaO. 204f.

4 Endzeitvorstellungen und Werte

deutschen Linksprotestantismus, die von Freiheit als politischer Forderung sprechen, einbringen können, ist ihre dreifache historische Erfahrung mit Freiheitsbewegungen, nicht aber Vorstellungen, wie heutige Freiheitsbewegungen sein sollten. Was bringt Moltmann in dem hier vorgestellten Text letztlich mehr ein als den Satz, daß die wirkliche Schöpfung der Freiheit Sache Gottes sei? Und selbst dieser Beitrag hat den Preis, allen Freiheitsbewegungen unterstellen zu müssen, sie hätten wirklich den Anspruch, ein Paradies schaffen zu können.

Moltmann: In dem dritten Abschnitt geht es Moltmann um eine Bestimmung von Gemeinsamkeit und Abgrenzung zwischen Christen und Marxisten in bezug auf die Wahrheit. Was Marxisten an realisierbaren Möglichkeiten der Überwindung von Elend ergreifen, können auch Chancen für eine christliche Freiheitspraxis sein. Christen sehen jedoch das Elend des Menschen tiefer in seinen realen Unmöglichkeiten: »in seiner Versklavung unter die Macht der Sünde, in der Verfehlung seines Daseins durch Eigensucht und Angst, in seiner Auslieferung an den Tod und die Vergänglichkeit und endlich in seiner Ausbeutung durch das Gesetz, das ... Freiheit von ihm fordert, aber ihn nicht frei macht.«[42] Politische und soziale Befreiung ist erreichbar, nicht jedoch Erlösung. Emanzipation und Erlösung bestimmen sich jedoch gegenseitig: »Die Emanzipation ist die Immanenz der Erlösung. Die Erlösung ist die Transzendenz der Emanzipation.«[43] Die Überholung der Theismus-Atheismus-Alternative wird möglich, »wenn wir Gott als den kommenden Gott der Neuschöpfung und der Freiheit verstehen und im gegenwärtigen Geist seiner schöpferischen Freiheit handeln«[44]. Geist der Freiheit muß so verstanden werden, daß er auch die sozialen Aufgaben einschließt. Die schöpferische Freiheit im Rahmen der Materie wird eine Freiheit gegenüber der Materie, die sie der Transzendenz Gottes, des Schöpfers der Materie verdankt. So kann die Bewegung von oben und die Bewegung von unten zu einer größeren Freiheit zusammenfinden und miteinander kooperieren. Verbindungsglied ist der Mensch, für die eine Seite Krone der Schöpfung und Ebenbild Gottes, für die andere auf dem Weg zur Verwirklichung menschlicher Geschichte.

Kommentar: Daß Moltmann auf die Symbolik von oben und unten auch in der Endzeitvorstellung nicht verzichten mag, zeigt, wie tief

---
42. AaO. 206.
43. AaO. 207.
44. AaO. 209.

bei ihm die Herrschaftsvorstellung verwurzelt bleibt. Entwicklung von Freiheit vollzieht sich »unten« auf Grund des schöpferischen Wirken Gottes, »oben« verändert sich nichts. Zwar geht es nicht mehr um die »Revolution von oben«, wie von Hardenberg die Reformen nannte, die seinen Namen zusammen mit dem des Freiherrn vom Stein tragen[45], sondern um eine Kooperation. Gesellschaftlich gesehen entspricht dies dem Modell, es sei Aufgabe der Führungsgruppen, dem Druck von unten nachzukommen und auf verschiedene Weise soziale Veränderung in Gang zu setzen.

Welche konkreten Freiheitsforderungen anstehen und worin die Problematik ihrer Realisierung liegen könnte, wird nicht genannt, auch nicht die Begrenzung des Wertes »Freiheit« durch andere Werte. Damit gewinnt die Freiheitsbewegung in der Interpretation Moltmanns den Charakter einer permanenten Kulturrevolution. Dennoch ist Moltmann gezwungen – freilich in sehr allgemeinen Begriffen –, Inhalte der Freiheit anzugeben; sie bestehen in der Aufhebung von Armut, Mühsal, Erniedrigung und Beleidigung[46], aber auch von Tod und Todesangst. Hier bringt Moltmann christliches Sondergut ein, ohne sich der Anstrengungen zu unterziehen, Vermittlungsvorschläge zu machen: Sünde, Tod, Gesetz, die paulinische Negativ-Trias aus Rm 5, figurieren als Negativ-Symbolik von Transzendenz. Aus dem, was positive Beiträge christlicher Erfahrungen sein könnten, werden Abgrenzungen.

Problematik des Freiheitsbegriffes

»Freiheit«, der zentrale Wert der bürgerlichen Bewegung, richtet sich historisch zunächst gegen die »Freiheiten«, mit denen der Adel, die Geistlichen, das Patriziat der Freien Reichsstädte und ihre Zünfte ihre besondere Rechtsstellung begründeten. Es geht hier um kooperative Freiheiten, denen die liberalen Bürger die Freiheit des Rechts entgegenstellten. J. G. Seume meinte: »Wo man von Gerechtigkeiten und Freiheiten redet, soll man durchaus nicht von Gerechtigkeit und Freiheit reden«[47], und L. Börne sekundiert ihm: »Der Unterschied zwischen Freiheit und Freiheiten ist so groß als zwischen Gott und Göttern. Wie die wahre kirchliche Religion besteht in der Erkennung eines einigen Gottes, so besteht die wahre

---

45. Spiegel, Theologie (vgl. Kap. 1, Anm. 1), 241.
46. Moltmann, Perspektiven (vgl. Kap. 3, Anm. 24), 211.
47. J. G. Seume, Apokryphen, hg. von W. Kraft, 1962, 1283.

4 Endzeitvorstellungen und Werte

politische Religion in der Erkennung einer einigen Freiheit.«[48] »Freiheit« richtet sich zugleich gegen den absolutistischen Staat; der umfassende Freiheitsbegriff entwickelt sich zunächst als Religionsfreiheit und Freiheit des Gewissens als eine Persönlichkeitssphäre, in die der Monarch und die Staatsverwaltung kein Recht haben einzugreifen.
Gegen Ende des 18. Jahrhunderts wird der Freiheitsbegriff verstärkt in politische Formen gefaßt. Er wird verbunden mit der Trennung der Staatsgewalt in zwei oder drei Gewalten, wobei vor allem die wie immer geartete Teilhabe des Volkes an der politischen Herrschaft und eine Absicherung durch die Gerichte gegen eine willkürliche Staatsverwaltung gefordert werden. Wesentlich ist die Ausgrenzung der Gesellschaft gegenüber dem Staate, wobei bestimmte Tätigkeitsfelder des Bürgers als frei von staatlichen Eingriffen begriffen werden. Freiheit als Ausgrenzung eines herrschaftsfreien Raumes bezieht sich seither vor allem auf die zwei Zirkulationsebenen des Bürgertums, auf die Freiheit zur Warenproduktion und Warenverkehr und auf den freien Austausch von Meinungen; beides wird zusammengefaßt als die freie Entfaltung der Persönlichkeit. Freiheit im Umgang mit Produkten erfordert die Freiheit von wirtschaftlichen Behinderungen durch den Staat, die Kirchen und die Städte mit ihren Zünften (Handels- und Gewerbefreiheit) sowie die Freiheit, Eigentum ungehindert zu erwerben und zu verkaufen. Der freie Austausch von Meinungen erfordert die Pressefreiheit, die Freiheit, sich öffentlich und privat zu versammeln (Schutz des Hauses, als Ausdruck der persönlichen Sphäre) sowie die Institutionalisierung von politischer Vertretung, wie z. B. die Parlamente, in denen der Meinungsaustausch in aller Öffentlichkeit stattfindet. Die Endzeitvorstellung vom »herrschaftsfreien Diskurs« ist, wie ausgeführt, ein später Abglanz dieser Forderung des Liberalismus. Zwischen den beiden Sphären des gesellschaftlichen Verkehrs bildet das Eigentum die bestimmende Klammer. Nach Schleiermacher erfordert der gesellige Verkehr vom Einzelnen sowohl Eigentum wie Eigentümlichkeit[49].
Sehr früh ist in der politischen Philosophie (Thomas Hobbes, Hegel, A. de Tocqueville) erkannt worden, daß der freie Waren- und Gedankenaustausch staatliche und moralische Instanzen benötigt, um sich überhaupt entfalten zu können. Dem Staat fiel von Anfang an die Aufgabe zu, diesen staatsfreien Bereich zu fördern und zu

---

48. L. Börne, Fragmente und Aphorismen, Ges. Schriften Bd. 7, 1862, 38.
49. Vgl. Spiegel, Theologie (vgl. Kap. 1, Anm. 1), 43–46.

beschützen. Die Förderung bestand in Einrichtung von Schulen für Arbeiter, in Errichtung von Verkehrswegen, in einer mehr oder weniger gewaltsamen Schaffung von Märkten und Sicherung der Rohstoffbasen (Kolonien), der Schutz wurde vor den Eigentumslosen und vor fremden Mächten gewährt, die Märkte und Rohstoffe streitig machten. Die moralischen Instanzen, die Kirchen und die Bildungsinstitutionen, mußten moralische Eigenschaften fördern, die dazu dienten, den Warenaustausch durch die Verbreitung von Werten wie Ehrlichkeit, Zuverlässigkeit, Anständigkeit und Angemessenheit zu ermöglichen. Der bürgerliche Freiheitsraum erforderte staatliche und religiöse Instanzen, um die zerstörerischen Kräfte des Warenaustausches in Grenzen zu halten, und zwar lange, bevor die Sozialdemokratie und die Gewerkschaften eine staatliche Wirtschaftslenkung forderten; nur durfte die private (= freie) Verfügungsgewalt über Kapital nie grundsätzlich beschränkt werden.
Nachdem das Trauma der Französischen Revolution in Deutschland, zumindest oberflächlich, überwunden war, wird der Wert »Freiheit« auch von den Konservativen aufgenommen; »›Freiheit‹ wurde in einem solchen Maße zum Legitimationsbegriff jeder Herrschaft, daß fortan kein Regime mehr darauf verzichten mochte und konnte, sich als freiheitlich zu bezeichnen.«[50] Es ging jetzt nur noch um den Gegensatz zweier Parteien, um die Gruppierung derer, »welche aus der größten Freiheit der einzelnen den besten Staat zu schaffen gemeint waren, und derer, welche in der gesicherten Festigkeit und Ordnung des Ganzen auch die Freiheit des einzelnen bedingt sahen«, so der Historiker J. G. Droysen in der Paulskirchenversammlung von 1848[51]. In sich zu schwach, dem Königtum und dem Adel wirksamen Widerstand zu leisten, und bedroht durch das Proletariat, sah sich das Bürgertum gezwungen, Frieden mit den konservativen Mächten zu schließen. Fortan ist »Freiheit« als Wert dem der »Ordnung« zugeordnet und wird von ihm begrenzt: »Ohne Ordnung gibt es keinen Boden für die Freiheit, und gerade der entschiedenst Freiheitliche wird sich der Ordnung, auf welcher seine geliebte Freiheit erblühe, am bedürftigsten fühlen«, so der Jurist F. Chr. Dahlmann in der gleichen Versammlung[52].
Der marxistische Freiheitsbegriff setzt sich im wesentlichen an drei Punkten von dem bürgerlichen ab: 1. zielt der Marxismus darauf hin, eine Aufspaltung der Freiheit in eine neue Form von Freiheiten

---

50. Chr. Dipper, Art. VII: Der Freiheitsbegriff im 19. Jahrhundert, Geschichtliche Grundbegriffe Bd. 2, 1975, 488–538, hier 489.
51. Zit. nach aaO. 528.
52. Zit. nach aaO. 529.

4 Endzeitvorstellungen und Werte

zu verhindern. Bei Marx heißt es: »Der Mensch wurde ... nicht von der Religion befreit, er erhielt die Religionsfreiheit. Er wurde nicht vom Eigentum befreit. Er erhielt die Freiheit des Eigentums. Er wurde nicht von dem Egoismus des Gewerbes befreit, er erhielt Gewerbefreiheit.«[53] Die Freiheit des egoistischen Menschen hat höchstens die politische, aber nicht die menschliche Emanzipation gebracht. Die bürgerliche Freiheit beruht »nicht auf der Verbindung ..., sondern vielmehr auf der Absonderung des Menschen von dem Menschen«. 2. Marx macht darauf aufmerksam, daß Freiheit in der Gesellschaft sehr ungleich verteilt ist, und die persönliche Freiheit nur im Verhältnis zu den Klassen besteht. 3. Es gibt keine absolute, ewige Freiheit, sondern sie ist gebunden an gesellschaftliche Verhältnisse, insbesondere an den Entwicklungsstand der Produktivkräfte und der Produktionsverhältnisse. Es gibt keine persönliche Freiheit neben der Gesellschaft. Wirkliche Freiheit entsteht nur da, wo durch die Aufhebung der Klassenverhältnisse eine wirkliche Gemeinschaft möglich ist, in der »die Individuen in und durch ihre Assoziation zugleich ihre Freiheit« erlangen[54].

Mit dem organisierten Kapitalismus haben sich drei wesentliche gesellschaftliche Momente ergeben, die den Stellenwert von »Freiheit« bedeutsam verändert haben.

1. Zum einen ist Freiheit, abgelöst vom Eigentum, zu einem allgemeinen Wert geworden, der von jedem Bürger in Anspruch genommen wird. Freiheit ist nicht mehr die Forderung einer spezifischen sozialen Gruppe, sondern ist ein Wert, den jedermann vertritt und der jedermann als Wert unmittelbar einsichtig ist. Er ist zur Beschreibung eines Lebensgefühls geworden und meint in einem sehr wesentlichen Aspekt heute das *Recht auf persönliche Selbstverwirklichung,* nämlich die *Chance der freien Wahl* hinsichtlich Waren, Bildungsmöglichkeiten und Berufschancen, also die Existenz einer breiten Angebotspalette auf allen Ebenen, der wirtschaftlichen, der politischen wie der der Freizeit. Freiheit heißt hier, Wahlmöglichkeiten zu haben.

2. Ein anderes wesentliches Element der »Freiheit« ist das *Recht auf freie Meinungsäußerung,* nämlich Pressefreiheit, Recht auf öffentliche und private Versammlungen, institutionelle öffentliche Diskussion. Hier scheint wirklich ein Ort zu sein, wo »Freiheit«

---

53. K. Marx, Zur Judenfrage, MEW Bd. 1, 347–377, hier 369.
54. Ders., Die deutsche Ideologie, MEW Bd. 3, 9–530, hier 74.

heute noch seine Bedeutung haben könnte. Leider ist gerade diese Freiheit besonders gefährdet. Die Parlamente dienen vielfach nur zum Austausch parteiamtlicher Meinungen; die Medienfreiheit wird immer mehr »zu der Freiheit einiger weniger, ihre Meinung zu sagen« (P. Sethe).

3. Eine wesentliche Veränderung schließlich, die Freiheit angeht, ist der Niedergang der bürgerlichen Klasse und ihr teilweiser Übergang in die Führungskräfte der Großorganisationen. Nur wenige sind heute noch *frei*beruflich tätig, und wenn sie nicht Rechtsanwälte, Großkaufleute oder Ärzte sind, ist meist die auf ihre Tätigkeit begründete Freiheit relativ gering. *Freiheit ist zu einem Merkmal gesellschaftlicher Sektoren* geworden, die Freiheit von staatlicher Lenkung erstreben, wobei diese staatliche Lenkung allgemein als bürokratisch, d. h. schwerfällig, ineffektiv und freiheitsfeindlich dargestellt wird, was der Alltagserfahrung des Bürgers mit seinem Staat entspricht und den Bürger mit Recht gegen ihn einnimmt. Freiheit heißt oft Freiheit der Wirtschaft, ohne staatliche Lenkung und übertriebene staatliche Aufsicht über die Sicherheit der Lohnabhängigen, des Konsumenten und der Umwelt das privatwirtschaftlich orientierte Rentabilitätsprinzip verfolgen zu können. Dies gilt auch für andere Sektoren, wie den der Bildung, aber auch den der Kirchen. Freiheit wird zu einer Forderung der Führungsgruppen von gesellschaftlichen Sektoren, was keineswegs mitbeinhaltet, daß die Freiheit, die die jeweilige Führungsgruppe gewinnt oder besitzt, auch an alle Mitglieder in diesem Sektor weitergegeben wird.

Damit komme ich zu dem Punkt, warum »Freiheit«, so paradox dies klingen mag, heute vor allem herrschaftsstabilisierend verwendet wird. Was ich oben über die Bedeutung des Staates für das liberale Bürgertum gesagt habe, gilt heute noch sehr viel stärker für die herrschende Klasse der Großbourgeoisie und die übrigen Führungskräfte. Es hat sich für sie stets als günstig erwiesen, wenn sich eine klare Trennung zwischen den »freien« Sektoren der Gesellschaft, insbesondere der freien Wirtschaft, und der ordnungsstiftenden Macht des Staates durchhalten ließ. »Freiheit« sichert die Herrschaft derer, die über diese gesellschaftlichen Sektoren Macht ausüben. Dagegen hat der Staat diese Herrschaft zu schützen und für die Schäden der wirtschaftlichen Freiheit aufzukommen. Freiheit wird hier zu einem ideologischen Wert: Die allgemeine Forderung nach einer Freiheit der Wahl dient als ideologische Verschleierung, die Freiheit der Führungsgruppen gegen Anfragen kritischer Grup-

4 Endzeitvorstellungen und Werte

pen abzuwehren; der Wunsch, allen Bürgern in *gleichem Maße* ihre Bedürfnisse nach Fortkommen, Konsum, Freizeitgestaltung, kulturellen und religiösen Bedürfnissen zu erfüllen, wird zur Legitimationsfigur für die herrschende Klasse.

Aber es gibt auch einen progressiven Begriff von Freiheit. Nicht zufällig sind Abwandlungen des Freiheitsbegriffes notwendig geworden, um seine dynamische Kraft zur gesellschaftlichen Veränderung herauszustellen, nämlich Befreiung und Emanzipation. Beide Begriffe verweisen darauf, daß Freiheit trotz mancherlei Beteuerung in dieser Republik eine bleibende Aufgabe bleibt, und dies nicht nur angesichts eines wachsenden Abbaus bürgerlich-individueller Freiheitsrechte. »Freiheit«, progressiv gewendet, fordert eine Verbreiterung der Chancen aller Bürger, in gleichem Maße die Erfüllung ihrer Bedürfnisse zu finden und die Freiheit der Wahl zu haben, die Freiheit der Berufswahl, die Freiheit einer breiten Auswahl von Waren, die wirklich unterschiedlich sind, die Wahl von kulturellen und religiösen Angeboten. Freiheit bedeutet aber auch die Freiheit von der Unsicherheit wirtschaftlicher Krisen, von Krankheit, Alter und Todesfall des Ernährers, bedeutet ein breites Netz von Angeboten, die soziale Sicherheit garantieren. Mit anderen Worten: In der heutigen Gesellschaft verbindet sich »Freiheit« mit »Selbstentfaltung« und »Sozialer Sicherheit«, wenn er einen progressiven Inhalt hat, mit der Freiheit der herrschenden Klasse, insbesondere der ökonomischen, wenn er herrschaftsstabilisierend gemeint ist.

Schließlich: Auch wenn in der Theologie und der Sozialethik der Freiheitsbegriff wie auch andere Grundwerte relativ unreflektiert und ohne Bezug auf seine gesellschaftliche Stellung benutzt werden, wie ich dies an Moltmanns Ausführungen aufgewiesen habe, ist die Ausprägung, die er erhält, von großer Bedeutung, wenn von der *Freiheit Gottes* gesprochen wird. Für K. Barth wie für T. Rendtorff bildet die Freiheit die Grundlage einer evangelischen Ethik. Aber es ist nicht der gleiche Gott, auf den diese Freiheit bezogen ist, und dementsprechend ergibt sich auch ein unterschiedlicher Freiheitsbegriff. Für Barth ist Gottes Freiheit nicht die Freiheit eines Einsamen, sondern »in Gottes eigener Freiheit ist Begegnung und Gemeinschaft, ist Ordnung und also Überordnung und Unterordnung, ist Hoheit und Demut, vollkommene Autorität und vollkommener Gehorsam, Gabe und Aufgabe«[55] enthalten. Die göttliche Freiheit ist keine »Freiheit *von*«, sondern »seine Freiheit für den *Menschen*,

---

55. K. Barth, Das Geschenk der Freiheit. Grundlegung evangelischer Ethik, 1953, 4.

zur Koexistenz mit ihm, seine Selbsterwählung und Selbstbestimmung zum Herrn des *Bundes* mit ihm, zum Herrn und so zum Teilnehmer seiner *Geschichte*«[56]. Weil Gottes Freiheit eine Freiheit für den Menschen ist, kann die menschliche Freiheit Gott hierin nur folgen und darf sich nicht als Recht zur Selbstbehauptung, Selbsterhaltung und Selbstrechtfertigung verstehen.
Sehr viel anders sieht dies bei T. Rendtorff aus[57]. Der neuzeitliche Freiheitsbegriff äußert sich für ihn als Kritik von Herrschaft und Autorität, und das heißt, als Rückfrage nach dem gebietenden Subjekt. Rendtorff verschweigt freilich, daß diese Herrschaftskritik immer auch das wahre Subjekt der Herrschaft genannt hat, nämlich das Volk, und als Zielrichtung Abbau von Herrschaft überhaupt bedeutet hat. Statt dessen konstatiert er kurz und bündig: »Am Bild und an der Instanz des Herrn muß sich orientieren, wem es um Freiheit als Voraussetzung der Wirklichkeit des Menschen zu tun ist«[58], und wahres Herrsein ist an den Gottesgedanken gebunden. Nicht Gottes Freiheit, sondern das Herrsein Gottes, der Freiheit gewährt, wird zum leitenden theologischen Gesichtspunkt, und entsprechend ist für Rendtorff die menschliche Freiheit primär zunächst einmal die Freiheit des Individuum, während Barth mit seiner Betonung der göttlichen Freiheit *für* Menschen hier ganz andere Akzente setzt. Es geht Barth eben gerade nicht darum, die Autonomie Gottes hervorzuheben, wie T. Rendtorff gerne behauptet[59] – als autonomer Gott wäre Gott ein »einsamer« Gott –, sondern um die Freiheit in Über- und Unterordnung, in Autorität und Gehorsam.
Theologie beginnt eben nicht da, wo dies oder jenes auf Gott zurückgeführt wird, sondern wo die Auseinandersetzung beginnt, wie dieser Gott handelt, und worauf so unterschiedliche Gottesbilder zurückzuführen sind. Dies gilt besonders dort, wo von der Freiheit Gottes gesprochen wird.

---

56. AaO. 5.
57. Tr. Rendtorff, Die christliche Freiheit als Orientierungsbegriff der gegenwärtigen christlichen Ethik, in: Handbuch der christlichen Ethik, Bd. 1, 1978, 378–388.
58. AaO. 383.
59. Ders., Radikale Autonomie Gottes. Zum Verständnis der Theologie Karl Barths und ihrer Folgen, in: ders., Theorie des Christentums, 1972, 161–181.

4 Endzeitvorstellungen und Werte

Lesehinweise

Zur Frage des Wandels sozialer *Werte*: J. Friedrichs, Werte und soziales Handeln, 1968, der stark in der Tradition der Systemtheorie T. Parsons steht; ferner R. Lautmann, Wert und Norm. Begriffsanalysen für die Soziologie, 1974. Wichtig auch: M. Bartelt, Bedingungen des Wandels sozialer Wert, in: Die Mitarbeit, 25. Jg., 1976, 22–38.

Die bisher umfassendste Auswertung von Befragungsdaten über die *Werthaltung* hat vorgenommen: P. Kmieciak, Wertstrukturen und Wertwandel in der Bundesrepublik Deutschland, 1976, der auch eine gründliche Untersuchung über den Wertbegriff vornimmt; über spezielle religiöse Werteinstellungen findet sich Material bei W. Harenberg (Hg.), Was glauben die Deutschen, 1968, und: H. Hild (Hg.), Wie stabil ist die Kirche?, 1974; eine wirklich auch theoretisch abgesicherte Untersuchung über die Glaubenshaltung der westdeutschen Bevölkerung fehlt leider immer noch.

Eine wichtige Arbeit zur Frage der *Menschenrechte* stellt dar: W. Huber/H. E. Tödt, Menschenrechte. Perspektiven einer menschlichen Welt, 1977; eine Sammlung von Äußerungen über die *Grundwerte* findet sich bei: G. Gorschenek, Grundwerte in Staat und Gesellschaft, 1977; eine kritische Analyse von marxistischer Sicht: K. Bayertz/H. H. Holz (Hg.), Grundwerte-Diskussion, 1978.

Die Thesen, die H. Gollwitzer 1968 über das Verhältnis des *Reiches Gottes* und der Revolutionierung der Gesellschaft aufgestellt hat, finde ich immer noch die beste Zusammenfassung des bisherigen Diskussionsstandes: Die Revolution des Reiches Gottes und die Gesellschaft, in: P. Neuenzeit (Hg.), Die Funktion der Theologie in Kirche und Gesellschaft, 1969, 129–155; einen Materialband über die verschiedenen Theorien über die Funktion endzeitlicher Vorstellungen hat zusammengestellt: A. Neusüß (Hg.), Utopie, 1968. Es lohnt sich, auch einmal einen der utopischen Entwürfe zu lesen, fasziniert hat mich immer wieder: Tommaso Campanella, Sonnenstaat, 1623; man findet diesen Entwurf abgedruckt in: K. J. Heinisch (Hg.), Der utopische Staat (TB), 1960, eine Ausgabe, die auch Th. Morus, Utopia, und Francis Bacon, Neu-Atlantis enthält. Nicht dem Vergessen anheimfallen sollte: E. Bloch, Geist der Utopie, GW 16 (1918), 1971.

Die klassische Darstellung des bürgerlichen *Freiheitsbegriffes* findet sich bei: John Stuart Mill, On Liberty, 1859; es gibt dazu verschiedene deutsche Ausgaben. Für die historische Perspektive ist zu verweisen auf: Historische Zeitschrift, 1954, hier finden sich Beiträge verschiedener Historiker und Soziologen. Wie der Wert Freiheit in der Entwicklung der bürgerlichen Bewegung verankert ist, zeigt neben dem Artikel Freiheit, Geschichtliche Grundbegriffe (s. Lesehinweise 1), 425–542, vor allem auf: J. Schlumbohm, Freiheit. Die Anfänge der bürgerlichen Emanzipationsbewegung in Deutschland im Spiegel ihres Leitworts, 1974. Eine Kritik des bürgerlichen Freiheitsbegriffes findet sich in: Freiheit und Gesellschaft. Die Freiheitsauffassung im Marxismus-Leninismus, 1973. Erinnern möchte ich schließlich an einen Aufsatz: R. Bultmann, Die Bedeutung des Gedankens der Freiheit für die abendländische Kultur, in: Glauben und Verstehen, Bd. 2, 1958, 274–293.

Das *besondere Buch*: P. Tillich, Liebe, Macht, Gerechtigkeit, 1955, eine immer noch höchst aktuelle Explikation wesentlicher Werte.

5 Der subjektive Faktor

Im vorangegangenen Abschnitt wurde der Versuch einer Begründung gemacht, warum »Aufhebung von Herrschaft des Menschen über den Menschen« im Vergleich zu anderen das Ziel einer menschenwürdigen Gesellschaft am treffendsten ausdrückt. Im nächsten Abschnitt wird eine solche Klärung auch für die gesellschaftlichen Werte vorgenommen, die am meisten zur Entwicklung einer alle Bereiche umfassenden Veränderung motivieren. Ich möchte jedoch zuvor einen Abschnitt einschieben, der sich mit dem »subjektiven Faktor« beschäftigt. Hierin soll erläutert werden, wie 1. persönliche und soziale Erfahrungen, die mir (Geburtsjahr 1935) bis heute zugänglich wurden, auf Gestalt und Inhalt der Zielvorstellung und auf die Prioritätsbestimmung von Werten eingewirkt haben, und wodurch ich 2. mich legitimiert fühle, überhaupt eine Sozialethik zu schreiben.

Der subjektive Faktor I: Werte und Lebensgeschichte

Es ist sicher einigermaßen ungewöhnlich, wenn solche Fragestellungen in eine Studie aufgenommen werden, die Anspruch auf Wissenschaftlichkeit erhebt; nach allgemeinem Konsens gehören persönliche Erfahrungen ebensowenig wie Gefühle des Wissenschaftlers in eine solche Abhandlung. Ich teile diese Auffassung nicht. Ich bin ganz im Gegenteil der Meinung, daß in einer wissenschaftlichen Arbeit vieles undeutlich und uneinsichtig bleibt, wenn nicht zumindest ansatz- und versuchsweise darüber Rechenschaft abgelegt wird, welche Interessen, Bedürfnisse, Gefühle und Lebenserfahrungen in eine Untersuchung eingehen. Dies gilt insbesondere dann, wenn man eine Ethik schreibt; wie kann sie menschenfreundlich sein, wenn der Verfasser mit seinen Schwächen und Sehnsüchten völlig draußen bleibt; wie kann sie motivieren, wenn er nicht zeigt, wie er zu seinem Engagement gekommen ist?
Von den gesamtgesellschaftlichen Werten, die oben genannt wurden, sind mir im Laufe der Zeit drei Werte besonders wichtig und bestimmend geworden. Es sind *»Gleichheit«, »Erfüllung von Bedürfnissen« und »Solidarität«.*

5 Der subjektive Faktor

Wie ich glaube, ist entscheidend für mein Lebensgefühl eigentlich bis heute die Vorstellung, ausgeschlossen zu sein. Ich hatte vier glückliche Jahre als erstgeborener Sohn nach zwei wesentlich älteren Schwestern; so waren mir gleich drei Mütter zugewandt. Meine Vertreibung aus dem Paradies ins Außenseiterdasein begann mit der Geburt meines Bruders, den ich als Kain empfand, und die mit dem Ausbruch des Krieges zusammenfiel; ich wurde, so empfand ich es, fortgeschickt in Kinderheime und zu mürrischen Großtanten in Trauer. Nach dem Kriege war ich mit einem unruhigen, jähzornigen Vater konfrontiert, der in der Familie selbst eine Art Außenseiter war, zudem aus politischen Gründen viel verloren hatte. Es gibt viele Möglichkeiten, auf solche Erfahrungen als Kind zu reagieren, ich beschloß, Autoritätskonflikte mit Schweigen und Trotz zu quittieren und unsichere Liebe mit Autonomiebestrebungen und Bedürfnislosigkeit, freilich verbunden mit der stillen Sehnsucht nach Wiedervereinigung.

Das Lebensskript, wie die Vertreter der Transaktionsanalyse es nennen, hieß: Ich bin Außenseiter, ich muß alleine durchkommen, aber voll Sehnsucht nach dem wahren Leben, das stets bei den anderen war. So war ich Außenseiter in der Schulklasse, während des Theologie-Studiums, wenn ich den Diskussionen der fähigeren Kommilitonen über die existentiale Interpretation lauschte, im SDS, als es um die Marxismus-Rezeption, um die Interpretation der Sozialstruktur der BRD und um Klassenherrschaft vehemente Auseinandersetzungen gab. Ich habe ein Fach gewählt, die Theologie, die unter den wissenschaftlichen Disziplinen eine ziemliche Abseitsstellung einnimmt und sich auf jemand zurückführt, der zu seiner Zeit nicht sonderlich erfolgreich war, die gesellschaftliche Anerkennung der politischen und religiösen Autoritäten zu finden. Diese Linie ließe sich weiterführen: ich spezialisierte mich in Fächern, die im theologischen Fächerkanon zu den geduldeten Randgebieten rechnen, Kirchensoziologie, Praktische Theologie, schließlich Sozialethik.

Ich bin ein gutes Beispiel, wie man aus der Weltinterpretation, ein Außenseiter zu sein, zu einer kritischen Gesellschaftsinterpretation kommt und zu einer Sympathie mit den »underdogs«. Ich bin nur psychologisch ein Außenseiter: meine Eltern haben mich finanziell immer gut ausgestattet, in der Fabrik habe ich gearbeitet, aber nicht aus finanzieller Notwendigkeit, sondern weil da irgendeine soziale Verpflichtung bestand. Ich stellte einen Sammelband über Randgruppen zusammen und habilitierte mich über »Der Prozeß des Trauerns«; mit dieser Arbeit wollte ich ein Plädoyer für die Nöte

der Trauernden einlegen, die von Pfarrern oft nicht oder mißverstanden werden. Während ich noch mein Bewußtsein pflegte, ein Außenseiter zu sein, wurde ich zu meiner eigenen gelinden Verwunderung auf eine H4-Stelle in Frankfurt berufen.
Mein Wunsch nach »*Gleichheit*« hat sicher viel mit den Autoritätskonflikten mit meinem Vater zu tun. Ich wollte nicht so werden wie mein Vater (obgleich es mir zunehmend schwerer fällt, gar keine Verhaltensformen von ihm zu übernehmen), denn damit war die Liebe meiner Mutter nicht zu gewinnen. In den christlichen Jugendgruppen, zu denen ich in der Pubertät stieß, fand ich eine Alternative – nicht einen Vater, sondern Jesus in der Gestalt eines jugendlichen Pfarrers und Gruppenführers. Die Verleugnung meines Vaters hat sicherlich dazu geführt, daß mir eine Gotteserfahrung weitgehend nur durch Hören und Lesen zugänglich wurde; die emotionale Blockierung ist an diesem Punkt noch immer sehr groß. Auf Autoritäten reagiere ich bis heute noch allzu oft und allzu leicht mit schweigender Miß- und Verachtung, freilich auch mit Angst, wenn ich etwas von ihnen will und mein Schweigen durchbrechen muß. Nachträglich erstaunt es mich schon ziemlich, während meines zwölfsemestrigen Studiums nur zweimal mit Hochschullehrern ein höchst einseitiges Gespräch geführt zu haben.
Wie dem wohlwollenden Leser vermutlich bereits aufgefallen ist, habe ich meine Schwierigkeiten mit Herrschaft und Ordnung. Es gab und gibt eine starke Identifizierung mit dem leidenden Jesus, dergestalt, sich von einer Niederlage nicht gleich umbringen zu lassen, sondern wieder aufzustehen. Mit der *Herrschaft* Christi verband sich für mich die Furcht vor der Aufrichtung einer neuen Fremdherrschaft; ein aufstrebender Phoenix verwandelt sich leicht in einen Adler. Inzwischen bin ich kundiger geworden in der Erkenntnis sublimer Herrschaftsmechanismen, gerade auch theologischer, wie auch der Mechanismen, die Unterwerfung und Ausbeutung auf der Seite der Unterprivilegierten möglich machen.
Ich habe keinen Haß auf die Herrschenden, ich habe zu wenig sozial gelitten und bin emotional zu gehemmt. Ich teile weder die Rachephantasien der Unterdrückten, für die die ersten die letzten sein werden und die letzten die ersten, auch nicht das Jüngste Gericht, das die neue Ordnung etabliert, ich bestehe auf der Dialektik von Herr und Knecht, mir genügt das Schreiben. Aber ich habe begriffen, daß »Gleichheit« heute der Wert ist, der eine progressive, fortentwickelnde, weitertreibende Wirkung entfalten kann, stärker, und ich sage dies mit Bedauern, als der Wert »Freiheit«, den die Herrschenden in diesem Lande den Unterdrückten und Ausgebeu-

5 Der subjektive Faktor

teten fast schon entwunden haben. Als ich am 24. September 1977 im Fernsehen F. J. Strauß auf dem CSU-Parteitag reden sah und er dort so ungefähr sagte: »Was wir brauchen, ist mehr Gerechtigkeit, mehr Sicherheit, mehr Freiheit, aber nicht mehr Gleichheit«, fand ich die Bedeutung der Gleichheitsforderung sehr deutlich bestätigt.

Ganz anders ist es mit der autobiographischen Entfaltung von *»Erfüllung von Bedürfnissen«*. Auch in der nicht mehr religiösen Tradition des asketischen Protestantismus gibt es kaum ein anderes Bedürfnis als das zu arbeiten, und wird dies blockiert, so steht es schlecht um einen, vor allem, wenn er ein habilitierter Wissenschaftler werden will. Die Erleichterung der Musik, mit der der Protestant dann seine aufbrechende Melancholie bekämpft, blieb mir leider oder erfreulicherweise dank des Versagens meiner Eltern verschlossen, mich an Geige oder Klavier zu quälen.

Ich hatte kein anderes Bedürfnis als das, von meiner Mutter geliebt zu werden, und um dies zu erreichen, mußte ich meinen Vater übertreffen und Professor werden. Ansonsten war ich ziemlich bedürfnislos: ich brachte Ina, meine Frau, zur Verzweiflung, weil ich selbst zu Weihnachten und angesichts des Weihnachtsgeldes keine Wünsche hatte – außer Büchern, was wieder mit der Wissenschaft zusammenhing, aber auch böses protestantisches Besitzstreben, nämlich nach Akkumulation wenigstens einer Bibliothek verrät.

Diese Einstellung hat sich schrittweise verändert. Das dies geschah verdanke ich der Psychoanalyse in ihren verschiedenen Ausprägungen. Ich finde es heute sehr wichtig, Wünsche zu haben, Bedürfnisse nicht zu unterdrücken, über sie mit anderen zu sprechen, sich etwas zu gönnen. Auch wenn kein Hunger in diesem Land herrscht, so verlieren die biblischen Bilder der oralen Erfüllung vom Land, wo Milch und Honig fließt, durchaus nicht ihren Reiz. Die großen Wunsch- und Hoffnungsbilder, von denen die christliche Tradition voll ist, haben mich deshalb in Anspruch genommen, selbst der Turmbau zu Babel; Ernst Bloch war hier sehr wichtig. Aber ich denke auch an die großen Hoffnungsbilder der Stadt, der befriedeten Natur, des Friedens. Ohne die Bilder der erfüllten Bedürfnisse ist keine Revolution zu machen: Begriffe, auch Interpretationen, vermögen nicht zu ernähren, selbst emotional nicht.

Schließlich ist mir im Laufe der Jahre *»Solidarität«* sehr wichtig geworden, ein Wert, der für mich die verwandten Vorstellungen von Gemeinschaft und Liebe hat zurücktreten lassen.

Als Schüler war es mir, trotz intensiven Wunsches, nicht möglich, in eine Freundschaftsgruppe oder eine Clique hineinzukommen; ich wurde nicht als Gruppenmitglied akzeptiert. Die erste Erfahrung von Gemeinschaft machte ich mit einer christlichen Gruppe, dem Schüler-Bibel-Kreis in Düsseldorf. Ich möchte fast sagen, daß es diese Gruppenerfahrung war, die mich zu einem Christen machte, was natürlich nicht unabhängig zu sehen ist von den Inhalten, die das Gruppenleben bestimmten. Später während der Studienzeit war es dann eine Verbindung, in der ich eine Fülle von Erfahrungen über Gemeinschaft gemacht habe, vor allem über die lebenslange, auch oft sehr komische und unfreie Bindung an eine solche Gemeinschaft und über die Bedeutung von Ritualen. Dann waren es die gruppendynamisch orientierten Veranstaltungen und Trainings, in denen ich mit anderen meine bisherigen Lebenserfahrungen besprechen konnte, verbunden mit der Einsicht, wie schwierig dies ist. In den letzten Jahren hat sich mit der Lehrtätigkeit die Zusammenarbeit in verschiedensten Gruppen ergeben, von Herausgebergruppen, Kommissionen, universitären Gremien. Ich kann mich inzwischen in Gruppen einigermaßen sicher bewegen, obgleich es mir immer noch Schwierigkeiten bereitet, in einer Gruppe aktiv zu bleiben, wenn ich mit anderen um die Durchsetzung von Ansichten konkurrieren muß; es ist leichter für mich, mich dann schweigend zurückzuziehen, als fair und entschieden meine Meinung zu vertreten. Und mir ist immer noch nicht die Erfahrung zuteil geworden, in einer Clique zu sein.

In den letzten Jahren ist für mich der Wert »Solidarität« immer stärker an die Stelle von »Gemeinschaft« und »Gruppenerfahrung« getreten, was zu einem großen Teil an seiner politischen Tradition liegt. »Solidarität« formuliert die Erfahrung der Arbeiterbewegung, natürlich eine uralte, daß es Taktik der Herrschenden ist, die Unterdrückten zu vereinzeln, durch Drohung und Bestechung, durch Lohnreiz und Isolierung am Arbeitsplatz, und daß Herrschaft nur überwunden werden kann, wenn die Vereinzelten sich zu einer Kraft zusammenfinden und Widerstand zu leisten in der Lage sind. Solidarität ist die Einsicht in die Notwendigkeit, auf die Erfüllung individueller Bedürfnisse zu verzichten, um eine Gegenmacht zu errichten, die allein Ausbeutung und Unterdrückung abzubauen vermag.

5 Der subjektive Faktor

Der subjektive Faktor II: Begründung und Legitimation, eine Sozialethik zu schreiben

Auch komme ich nicht um die Anfrage herum, was meine persönlichen Gründe sind, eine Sozialethik zu schreiben, und wer mich dazu legitimiert.
Ich sehe vier Gründe, die mir wesentlich erscheinen, mich in ein solches Unterfangen zu stürzen:

1. Dies ist zunächst der für mich einfachste Punkt: Indem ich eine Sozialethik schreibe, bin ich gezwungen, an einigen wesentlichen Punkten mir Klarheit darüber zu verschaffen, was ich eigentlich selbst für eine Meinung habe. Es gibt eine Reihe theologischer und politischer Fragen, die man sein ganzes Leben mit sich herumtragen kann, ohne sich zu einer bestimmten Stellungnahme zu entschließen. Dies vermittelt auf die Dauer ein unbefriedigendes Gefühl über sich selbst. Ich möchte gerne wissen, woran ich mit mir bin.

2. Außer meiner Dissertation über die Sozialethik Schleiermachers in ihrem Bezug zur Glaubenslehre, in der zugleich versucht wurde, als soziologische Bezugsgruppe das preußische Reformbeamtentum aufzuweisen, habe ich kaum etwas in Sozialethik publiziert. Ich will mich an der sozialethischen Diskussion beteiligen. Der Versuch, zu einer eigenen Position zu kommen, erfordert auch den Mut, sich von anderen Positionen abzugrenzen und es auf sich zu nehmen, daß bei einer entschiedenen Stellungnahme immer auch Einseitigkeit, Unausgewogenheit und Parteilichkeit mit dabei sind.

3. Über das Bedürfnis hinaus, meine Position zur Diskussion zu stellen, möchte ich auch gerne Anerkennung und darüber hinaus Einfluß gewinnen und damit das, was man in der Wissenschaftsforschung Reputation nennt. Dies zu haben, bedeutet einen besseren Zugang zu Forschungsmitteln und zu kirchlichen Gremien, in denen Entscheidungen zu sozialethischen Fragen erarbeitet werden, und bessere Möglichkeiten für Publizierungen zu haben, auch für die, deren Arbeiten ich betreue oder die ich kenne, und deren Arbeiten ich gut finde, die aber für sich keine Publikationsmöglichkeiten sehen.

4. Schließlich, und dies geht bereits ins Inhaltliche über, bin ich der Meinung, daß in den bisherigen sozialethischen Arbeiten zwei wesentliche Momente zu wenig berücksichtigt worden sind: Zum

einen ist das Verhältnis von christlichen und nichtchristlichen Wertvorstellungen in bezug auf soziale Bewegungen, Klassen und Schichten sowie auf gesellschaftliche Sektoren bisher kaum in die Diskussion einbezogen worden. Damit neigt diese dazu, sowohl die Gültigkeit von Werten wie ihre Veränderung allein als etwas den Wertvorstellungen Immanentes zu betrachten. Zum anderen wurde zu wenig von der Voraussetzung ausgegangen, daß wir in einer spezifischen Gesellschaftsform leben, die auch das theologische Denken und Handeln beeinflußt, nämlich in einer Wirtschaftsgesellschaft in der Entwicklungsgestalt des organisierten Kapitalismus; damit wird auch der Gegensatz von Arbeit und Kapital ein Moment, das in alle gesellschaftlichen Sektoren einschließlich der evangelischen Kirche hineinreicht. Beide Momente haben für diese Kirche eine erhebliche Bedeutung, vor allem in bezug auf ihre sozialethischen Aussagen: Ihre sozialen Trägergruppen sind vor allem Beamte, gehobene Angestellte, Freiberufliche; dies läßt die ethische Urteilsbildung nicht unbeeinflußt. Und: Es gibt auch in den Kirchen keine Identität zwischen Kirchenmitgliedern und denen, die in ihrem Dienst stehen. Das führt mich hinüber zu der Frage der Legitimation.

Die Frage nach der Legitimation bedeutet: Wer hat mich eigentlich beauftragt, eine Sozialethik zu schreiben, in wessen Namen tue ich dies? Die naheliegende Antwort ist mir zu einfach. Sie besagt: Als Hochschullehrer für Sozialethik berufen, ist es mein Recht und meine Pflicht, meine sozialethischen Entwürfe nicht nur in universitären Veranstaltungen vorzutragen, sondern auch zu publizieren. Dieser Standpunkt scheint mir zu formal; er nährt sich von Vorstellungen aus jenen Zeiten, in denen Professoren noch für die Entfaltung und Weiterentwicklung der Theologie exklusiv in protestantischen Landen zuständig waren oder zumindest, wie im 19. Jahrhundert, die Rarität einer in der Öffentlichkeit anerkannten Persönlichkeit hatten; beides ist heute nicht mehr der Fall, obgleich vielfach ähnlich wie anderswo das Bewußtsein von der eigenen sozialen Lage hinter der sozialen Lage selbst hinterherhinkt. Auch der Wunsch mir freundlich gesonnener Kollegen, die Bitten beflissener studentischer Hörer oder das Drängen meines Verlages verschaffen mir Ermutigung, aber keine solche Legitimation, die ich als zureichend empfinden könnte.
Ferner könnte ich eine rein individualistische Legitimation heranziehen: Ich bin meine eigene Rechtfertigung. Ich habe interessante Einsichten, Arbeitsfähigkeit, ein moralisches Engagement, verfüge

5 Der subjektive Faktor

über Zeit und Zugang zu Informationen, kann schreiben, die Koordinierung disparater Stoffe waren immer schon eine besondere Stärke von mir, also die Haltung: »Frisch auf in Wald und Feld, zu Wasser und zu Lande, hab ich mein' Sinn gestellt.« Sicher ist es eine Frage des Mutes und der Absicht, sich nicht den Kopf verwirren zu lassen, um nicht den Ansprüchen fremder Meinungen zu unterliegen. Aber eine ausreichende Berechtigung ist dies nicht.
Über das Genannte gibt es weder Kollegen noch Gruppen, die mich beauftragen könnten; auch eine mögliche spätere Akzeptierung, mag sie kritisch sein oder bejahend, gibt es nicht; die meisten Rezensionen sind kümmerlich, und meine Regale sind voll von Büchern, die ihre staubige Existenz dort sicherlich nicht meiner Zustimmung zum Autor verdanken. Was mir bleibt, sind imaginäre Gruppen. Die Kollegen aus den Sozialwissenschaften und aus der Systematik scheiden aus; ich spüre ihre wachsamen Augen, ich respektiere sie, wenn sie mich darauf aufmerksam machen, wo ich Fakten unberücksichtigt ließ, Materialien einseitig interpretiere und vorhandene Zusammenhänge verstelle; aber sie helfen mir nicht zu einer inneren Rechtfertigung. Dann ist da die imaginäre Gruppe der Studierenden, die eine Einführung in die Sozialethik brauchen für ihre spätere Berufsausübung im Pfarramt und als Lehrer. Ich möchte sie gerne informieren, und ihre Reaktion ist mir wichtig, und sei es mit der lapidaren Rückmeldung, die Lektüre habe »ihnen was gebracht«. Aber auch ihr Interesse liefert noch keinen zureichenden Rechtfertigungsgrund.
Eine wirkliche Beauftragung und damit innere Rechtfertigung kann nur von jener Gruppierung kommen, die in Theologie und Kirche kritische und gesellschaftsbezogene Positionen vertritt. Meine Privilegien, die hohes Einkommen, berufliche Sicherheit und Zeit (»the ultimate scarcity«) heißen, meine durch keinen Mangel behinderte Ausbildung und meine Arbeitsfähigkeit sollen ihr helfen, die theologischen und politischen Probleme, vor denen wir gemeinsam stehen, in einem breiteren Kontext zu formulieren, sie zu klären und zu Lösungen vorwärtszutreiben. Es ist mein Bedürfnis, von ihnen beauftragt zu sein, um gemeinsam an dem Ziel zu arbeiten, das ich als »Aufhebung von Beherrschung und Ausbeutung von Menschen durch Menschen« genannt habe, und das sich materialisiert in der progressiven Interpretation der Werte »Gleichheit«, »Erfüllung von Bedürfnissen«, »Solidarität«.

Lesehinweise

Ein Beispiel, persönliche »Idealbildung« und »historischen Realismus« zusammenzubringen, findet sich bei E. Troeltsch, Meine Bücher (1922), in: ders., Aufsätze zur Geistesgeschichte und Religionssoziologie, Gesammelte Schriften Bd. 4, 1925, 3–18; einen ähnlichen Eindruck kann man aus dem Werk D. Bonhoeffers gewinnen, wenn man »Widerstand und Ergebung« (Neuausgabe 1977) und die »Ethik« (1949) nebeneinander liest. Beeindruckt hat mich auch: H. Mahler, Ausbruch aus einem Mißverständnis, Kursbuch 48, 1977, 77–98.

Ein Buch, das ich sehr liebe: J. W. v. Goethe, Die »Wahlverwandtschaften« (1808/1809), dtv-Gesamtausgabe Bd. 19, 1963, zusammen mit der Interpretation von W. Benjamin, Goethes Wahlverwandtschaften, Schriften Bd. 1, 1955, 55–140.

6 Progressive Grundwerte

Seit der Französischen Revolution – genauer seit der Verfassung von 1791 – ist es üblich geworden, die bedeutsamsten Werte einer politischen Ordnung in einer Dreier-Formel auszudrücken; vielleicht, weil sie sich so bei Demonstrationen leichter skandieren lassen, vielleicht wirkt auch die Dreier-Formel Glaube, Liebe, Hoffnung mit, die ja dann in vielfacher Weise mit den drei Personen der Trinität und den drei Zeitperspektiven ineinsgesetzt wurde. Ich möchte hier nicht spekulieren, welche psychischen Mechanismen hier wirksam werden; zu denken wäre jedenfalls an die Konstellation Mutter-Vater-Kind. Der christliche Glaube kommt ganz offensichtlich mit einer Zweier-Beziehung nicht aus; das Dreieck enthält mehr Spannung und mehr Beziehung, bessere Koalitonsmöglichkeiten, mehr Aspekte, Distanzierung und Versöhnung, als die durch eine Linie verbundenen zwei Punkte, und auch mehr als jene Theologie, die die gesunde Mitte stets findet, indem sie rechts und links Extreme bekämpft.

»Liberté, égalité, fraternité« wurden auch in Deutschland aufgenommen. Kant orientierte sich an »Freiheit, Gleichheit, Selbständigkeit«[1], was dann K. Marx zu der ironischen Erweiterung dieser Triade verhalf, indem er von »Freiheit, Gleichheit, Eigentum, und Bentham«[2] sprach, während H. Dombois, ein bekannter, in einer evangelischen Forschungsstätte tätiger Jurist unter Verweis auf die Unverträglichkeit von Freiheit und Gleichheit noch 1965 davon sprach, »daß die antichristliche Trinität der ›Freiheit durch die Gleichheit in der Brüderlichkeit‹ in Wahrheit eine sehr unheilige Dreiuneinigkeit« sei[3] – man beachte die unbeabsichtigte doppelte Verneinung! Auf welche Seite die politische Symbolik der drei Grundwerte in der Formel »freiheitliche demokratische Grundordnung« gehört, mag der Leser selbst entscheiden.

1. I. Kant, Über den Gemeinspruch: Das mag in der Theorie richtig sein, taugt aber nicht für die Praxis, Werke in sechs Bänden, hg. von W. Weischedel, 1964, Bd. 6, 127–172, hier 145.
2. K. Marx, Das Kapital, MEW 23, 189. Jeremy Bentham (1748–1832) war englischer Soziologe und Theoretiker des Utilitarismus; »ein Genie in der bürgerlichen Dummheit«, nannte ihn Marx.
3. H. Dombois, Politik und christliche Existenz, in: Macht und Recht, 1956, 98–147, hier 134.

In einer Analyse der Menschenrechte sind W. Huber und H. E. Tödt auf die liberale Tradition der Triade eingegangen und haben als wesentliche Werte »Freiheit«, »Gleichheit« und »Teilhabe« (oder »Partizipation«) herausgestellt. In der Analyse von »Freiheit« habe ich als wesentliches progressives Element die Breite der Wahlmöglichkeiten herausgestellt; ich möchte daher den Wert »Freiheit« lieber durch »Erfüllung von Bedürfnissen« vertreten sehen; weshalb, wird unten noch zu erläutern sein. »Teilhabe« beschreiben Huber/Tödt sehr ähnlich dem, wie ich die Inhalte von »Solidarität« formulieren würde, nämlich als Recht, »welches dem Angewiesensein der Menschen aufeinander, ihrer gemeinsamen Betroffenheit von Schicksalen und ihrer gemeinsamen Verantwortlichkeit gerecht zu werden versucht«[4], nur ist hier vergessen, wogegen sich die Arbeiterschaft unter diesem Wert zusammenschloß.

Gleichheit

Die geschichtlich wirkungsvollste Aussage über Gleichheit in den neutestamentlichen Schriften findet sich im Galater-Brief, in dem Paulus schreibt: »Da ist nicht Jude noch Grieche, da ist nicht Sklave noch Freier, da ist nicht Mann noch Weib, denn ihr seid alle einer in Jesus Christus« (3,28). Dies bedeutet nicht eine allgemeine Gleichheit der Menschen vor Gott, aber doch die Gleichheit derer, die durch Gott gerechtfertigt und auf Christus getauft wurden; daneben gab es die anderen, die dem göttlichen Gericht verfielen. Die Forderung oder Mahnung bezieht sich auf die Glaubenden, hier in der kirchlichen Gemeinschaft so zu sein, wie sie von Gott angesehen werden. Auch bei den Sophisten und Stoikern gab es keine allgemeine Gleichheit, sondern nur eine Gleichheit aller vernünftigen und tugendhaften Menschen. In den Armen-Bewegungen des ausgehenden Mittelalters wird versucht, eine allgemeine Gleichheitsforderung einzuklagen, aber die ständische Gesellschaft kennt weithin nur eine Gleichheit in den Berufen und Ständen.
Luthers Lehre vom allgemeinen Priestertum aller Gläubigen hatte unmittelbare politische Auswirkungen: so wenn im 3. der 12 Artikel der Bauern vom März 1525 gegen die herrschende Sozialordnung eine Gesellschaft von Gleichen auf agrarisch-dörflicher Grundlage gefordert wird. Die Reaktion Luthers besteht in der Trennung von innen und außen: »Das ist ja so klar, . . . das inn dem stück daher wir Christen heissen, gar kein ungleichheit noch furzug der personen

---

4. W. Huber/H. E. Tödt, Menschenrechte, 1977, 162.

6 Progressive Grundwerte

ist, sondern einer wie der ander, man, weib, jung, alt ..., fürst und bawr, herr und knecht ... Aber darnach wenn man beginnet zu komen in das eusserlich wesen und unser thun ... Da wird es nu ungleich und gehet an die mancherley unterscheid unter den Christen, nicht als Christen noch nach dem Christlichen wesen sondern nach den fruchten desselben.«[5]

Mit seinem »Discours sur l'origine et les fondements de l'inégalité parmi les hommes« hat J.-J. Rousseau 1754 klärend und definierend in die naturrechtlichen Gleichheitsdiskussionen eingegriffen und die gesellschaftliche Ungleichheit als den wahren Grund aller zeitgenössischen Mißstände bezeichnet. Im Verlauf der Französischen Revolution war die Gleichheitsforderung besonders umstritten; die Diskussion, die in drei Phasen verläuft, faßt die bis heute wirksamen Momente in dem Zeitraum zwischen 1788 und 1795 zusammen. In der Diskussion ab 1788 geht es zunächst darum, dem dritten Stand die gleichen Rechte zu verschaffen wie dem ersten und dem zweiten. Dies schlägt sich in der Verfassung von 1791 nieder, in der es um die Gleichheit vor dem Gesetz geht. Dagegen formiert sich eine Bewegung kleinbürgerlicher Schichten, geführt von den Jakobinern, die die Gleichheit des Wahlrechtes fordern. 1792 wird diese Forderung von der Nationalversammlung anerkannt und in der Verfassung von 1793 verankert. Die Dekrete der Pariser Stadtverwaltung tragen von diesem Jahr an das Datum »L'an IVe de la liberté et L'an Ier de l'égalité«. Damit war die Gleichheitsfrage jedoch nicht gelöst. Eine radikaldemokratische Gruppe um Babeuf wies auf den Widerspruch zwischen politischer Gleichheit und ökonomischer Ungleichheit hin und forderte die »égalité réelle«; ihr Gleichheitsbegriff geht in den Partei-Namen ein (»Manifeste des Égaux« von 1795)[6].

In Deutschland verläuft, den sozialen und politischen Umständen entsprechend, die Diskussion um die Gleichheit weniger radikal. Hier ist es vor allem der junge Fichte, der die Forderung an den Staat stellt, es sei dessen Aufgabe, die Einkommensunterschiede schrittweise aufzuheben, wobei bereits das Motiv auftaucht, das sich bis zur Denkschrift der EKD »Eigentum in sozialer Verantwortung«[7] von 1962 durchhält: Der Staat solle dies tun wegen der

---

5. M. Luther, Wochenpredigten über Mt 5–7, WA 32, 536f, vgl. 18, 327, 357f.
6. O. Dann, Art. Gleichheit, in: Geschichtliche Grundbegriffe, Bd. 2, 1975, 997–1046, hier 1017f.
7. Eigentum in sozialer Verantwortung, 1962, These 10: Durch die ungerechte Verteilung des Sozialprodukts »wird die Bereitschaft des Menschen, solche gesellschaftlichen Ordnungen zu schaffen und zu erhalten, in der die Freiheit des Menschen gewahrt wird, ernstlich gefährdet«.

bestehenden Not, aber auch aus »Sorge für seine Selbsterhaltung«[8]. Die sozialistische Bewegung zeigt eine starke Skepsis gegenüber der bürgerlichen Gleichheitsforderung, weil für sie durch gleiches Wahlrecht und Angleichung im Besitz soziale Gleichheit nicht zu erreichen ist. Diese wird für sie erst dann möglich, wenn die Verfügungsgewalt über das wirtschaftliche Privateigentum der wenigen in die öffentliche Kontrolle der vielen übergegangen ist. Solange es Klassen gibt, kann es auch keine wirkliche Gleichheit geben. Je kämpferischer die Arbeiterbewegung im Verlauf des 19. Jahrhunderts wurde, desto stärker nahm das Bürgertum die konservative Kritik an dem Gleichheitspostulat auf, die sich insbesondere mit den Namen E. Burke und A. de Tocqueville verbindet. Ab 1850 tauchen vermehrt Worte wie »Gleichheitsfanatismus«, »Gleichmacherei«, »Gleichheitswahn« auf. In einem von dem nationalliberalen Historiker H. v. Treitschke 1861 veröffentlichten Essay über »Die Freiheit« finden sich die bis heute vorhandenen Argumente gegen die Gleichheitsforderung:

»Die Gleichheit ... ist ein inhaltsloser Begriff, sie kann ebensowohl bedeuten: gleiche Knechtschaft aller – als: gleiche Freiheit aller. Und sie bedeutet dann gewiß das erstere, wenn sie von einem Volke als einziges, höchstes politisches Gut erstrebt wird. Der höchste denkbare Grad der Gleichheit, der Kommunismus, ist, weil er die Unterdrückung aller natürlichen Neigungen voraussetzt, der höchste denkbare Grad der Knechtschaft... Wir Germanen pochen zu trotzig auf das unendliche Recht der Person, als daß wir die Freiheit finden könnten in dem allgemeinen Stimmrecht; wir entsinnen uns, daß auch in manchen geistlichen Orden die Oberen durch das allgemeine Stimmrecht gewählt werden, und wer in aller Welt hat je die Freiheit in einem Nonnenkloster gesucht?«[9]

Treitschke verweist darauf, daß die Franzosen, die diese Gleichheitsforderung besonders vertreten, sich immer wieder in »blinder Unterwürfigkeit um eine große Cäsarengestalt ... scharen, mag diese nun Vercingetorix, Ludwig XIV. oder Napoleon heißen«[10]. Die Geschichte hat Treitschke widerlegt; das Negativ-Beispiel ist Hitler, der sicher nicht von Gleichheitsfanatikern gewählt wurde; das positive ist die Durchsetzung eines allgemeinen Wahlrechtes nach 1918. Der Wert »Gleichheit« ist sehr sichtbarer Anlaß für gesellschaftliche Veränderungen geworden, und wenn er auch nur die Reduzierung von vier auf zwei Klassen, bei der Eisenbahn wie in der Gesellschaft, gebracht hat; eine weitere Reduzierung steht derzeit nicht in Aussicht.

8. J. G. Fichte, Grundzüge des gegenwärtigen Zeitalters (1806), 1956, 172.
9. H. v. Treitschke, Auserwählte Schriften, Bd. 1, 9.
10. Ebd.

Gegenwärtig gesellschaftlich realisiert ist die bürgerliche Forderung nach der Gleichheit vor dem Gesetz, obgleich die soziale Realität vielfach dadurch bestimmt ist, wer sich höher bezahlte Rechtsanwälte leisten kann und die größere finanzielle Durchhaltefähigkeit besitzt, so daß immerhin ein so moderater Systematiker wie E. Wolf der evangelischen Sozialethik vorwerfen kann, sie habe »in keiner Weise die Einschränkungen des Gleichheitssatzes durch die Ungleichheit in den mannigfachen Formen auch bewußter wie unbewußter Klassenjustiz... wirklich ernsthaft zu überwinden versucht«[11]. Der soziale Gleichheitsbegriff ist gegenwärtig besonders wirksam bei der Forderung nach gleichen Bildungschancen und der wirtschaftlichen und sozialen Gleichberechtigung der Frau. Auch bei der Frage nach einer gleichmäßigeren Verteilung der Einkommen und Gewinne wird »Gleichheit« herangezogen, obgleich vielfach ordnungspolitische Gesichtspunkte und Aspekte der Arbeitsmotivation vorrangig sind.

Theologisch ist auf zwei Punkte zu verweisen:

1. Innerhalb der derzeitigen evangelischen Diskussion hat der Wert »Gleichheit« als allgemeine Forderung keine besonders hervortretende Bedeutung; er ist, soweit ich sehe, vor allem in der internen Kirchenkritik und bei der Frage um die Gleichberechtigung der Frau aufgenommen worden. Vorrangig ist die Forderung nach Gleichheit vor dem Gesetz und seiner unzureichenden Realisierung in der Rechtssprechung. Es geht vor allem um »das Ringen um Rechtsgleichheit« und nicht um eine abstrakte Gleichheitsidee. Da Christus gleichermaßen für *alle* Menschen gestorben ist, so leuchtet, so E. Wolf, »in aller nicht aus der Welt zu schaffenden Ungleichheit... bei dem Bemühen um Verwirklichung der Rechtsgleichheit diese Gleichheit durch, obschon oder gerade weil *wir* sie nicht verwirklichen können«[12]. Huber/Tödt leiten aus der Gleichheitsforderung vor allem das Recht des Nächsten ab, als Gleicher und damit menschenwürdig behandelt zu werden, und interpretieren den in der »Goldenen Regel« (und zwar in der positiven, evangeliumsgemäßen Form: »Was du willst, daß dir die anderen Leute tun, das tue ihnen auch«, nicht in der negativen: »Was du *nicht* willst, was man dir tut, das füg auch keinem anderen zu«) ausgesprochenen Satz des gleichen Austausches als Basis für die individuellen Menschenrechte[13]. Dabei wird freilich nicht erwogen, ob diese Notwen-

---

11. Wolf, Sozialethik (vgl. Vorwort, Anm. 1), 338.
12. Ebd.
13. Huber/Tödt, Menschenrechte (vgl. dieses Kap., Anm. 4), 167f.

digkeit, auf der Gleichheit des Austausches zu bestehen, etwas mit der fortdauernden sozialen Ungleichheit zu tun hat, ob nicht sie die Ursache ist, die Gleichheit vor dem Gesetz immer von neuem einklagen zu müssen. Das Festhalten an der juristischen Form der Gleichheit ergibt sich vermutlich im Protestantismus aus der historischen Erfahrung, daß eine progressive Rechtssetzung geeignet war, Veränderungen gesellschaftlicher Verhältnisse herbeizuführen, so etwa in der Gestalt eines christlich bestimmten Naturrechts. Dabei besteht hier auch ein Zusammenhang mit der Rechtfertigungslehre, nach der durch den Rechtsspruch Gottes der Mensch verändert wird, und nicht umgekehrt die Veränderungen sozialer Machtverhältnisse oder Lebensformen ein neues Recht erzwingen.

2. Eine weitere Problematik ergibt sich – ich habe bereits darauf verwiesen – dadurch, daß der Satz, alle Menschen seien vor Gott gleich, eine Zweiteilung durch einen Rechtsspruch in Gerechte und Ungerechte nicht aufhebt. Solange ein göttliches Urteil gefällt wird, sei es durch einen »inneren Gerichtshof«, sei es das Jüngste Gericht, wird eine allgemeine Gleichheit nicht möglich sein; wenn auch die soziale Ungleichheit dann keine Rolle mehr spielt, so bleibt doch eine Scheidung nach Glauben und Nichtglauben erhalten und wird so die religiöse Teilung der Menschheit in zwei Klassen auf Dauer gestellt. Erst wenn der Gleichheitsgrundsatz in der Theologie radikalisiert wird, führt er dazu, nicht länger Recht und Rechtsprechung als den wesentlichen Ausdruck menschlicher und göttlicher Beziehung anzusehen. Die Problematik stellt sich dann *theologisch* mit der Frage nach einer Auferstehung *aller* Menschen, einer Lehre, die von Schleiermacher und K. Barth in vorsichtiger Form vertreten wurde[14], *rechtlich* mit dem Verzicht auf Strafe zugunsten von sozialer Hilfestellung, wie Therapie und Rehabilitation. Sicher sind dies Gedanken und Vorstellungen, die sich sehr weit vorauswagen. Aber nur so ist die Lösung des alten theologischen Konfliktes denkbar, daß Christus zwar für alle Menschen gestorben ist, aber nur ein Teil etwas davon hat, weil die Verhältnisse eben nicht so sind.
Die Endzeitvorstellung »Aufhebung der Beherrschung und Ausbeutung von Menschen durch Menschen« wird durch den Wert »Gleichheit«, insbesondere durch die progressive Interpretation einer sozialen Gleichheit, in reale politische Forderungen umgesetzt. »Gleichheit« geht von der natürlichen und gesellschaftlichen

---

14. Schleiermacher, Über die Lehre von der Erwählung (SW I/2), 1836, 395–484; K. Barth Kirchliche Domatik II/2, 1–563.

Ungleichheit aus und »beinhaltet deshalb«, wie O. Dann schreibt, »stets eine kritische Auseinandersetzung mit jener Ungleichheit, bezweckt deren Relativierung oder partielle Aufhebung«[15]. Ein Gleichheitsbegriff sei stets Ausdruck konkreter sozialpolitischer Verhältnisse: »Die wichtigste gesellschaftliche Funktion des Gleichheitsbegriffs ist der soziale und politische Statusvergleich zwischen Individuen und Gruppen, meist im Dienste der Verbesserung sozialer Positionen. Von daher erklärt sich die besondere emanzipatorische Funktion des Begriffs, von der seine größten Wirkungen in der Geschichte ausgegangen sind.«[16]

Erfüllung von Bedürfnissen

Die Vorstellung vom »Bedürfnis« und seiner Erfüllung kann seit etwa 1770 dem allgemeinen Sprachgebrauch zugerechnet werden. »Bedürfnis« gehört nicht zu den Werten, die in der Antike und im abendländischen Bereich auftauchen; hier tritt ein neuer Wert hervor. Er grenzt sich von anderen Werten ab, überschneidet sich aber auch oft mit ihnen. Ich hatte schon darauf hingewiesen, daß für die Neuzeit »Freiheit« vor allem bedeutet, ausreichende Wahlmöglichkeiten in der Gestaltung und Entfaltung des eigenen individuellen Lebens zu besitzen. Hier setzt »Bedürfniserfüllung« an. Weiter gehört in diesen Vorstellungskreis »Glück«; das Recht, es anzustreben, sichert die amerikanische Verfassung von 1776 dem einzelnen zu (»pursuit of happiness«)[17], einen Erfolg kann sie freilich nicht versprechen. Dabei wird angenommen, daß sich Glück bei Bedürfnisbefriedigung einstellt; die gesellschaftliche Zielsetzung »Größtes Glück für die größte Zahl« geht von dieser Annahme aus.

Die Sache selbst wird in der christlichen Tradition unter der vierten Bitte des Vaterunsers verhandelt. Luther hat in seinem Großen Katechismus bereits eine sehr umfassende und bis heute gültige Beschreibung von »Bedürfniserfüllung« gegeben (er verwendet den Begriff »Nothdurft«): »Nu gehöret nicht allein zum Leben, daß unser Leib sein Futter und Nahrung und Kleider und andere Nothdurft habe, sondern auch, daß wir unter den Leuten, mit welchen wir leben und ümbgehen in täglichem Handel und Wandel und allerlei Wesen, mit Ruge und Friede hinkommen, Summa, alles, was

---

15. Dann, Gleichheit (vgl. dieses Kap., Anm. 6), 998.
16. Ebd.
17. H. M. Jones, The Pursuit of Happiness, 1953.

beide häuslich und nachbarlich oder bürgerlich Wesen und Regiment belanget. Denn wo diese zwei gehindert werden, daß sie nicht gehen, wie sie gehen sollen, da ist auch des Lebens Nothdurft gehindert.«[18]
»Bedürfniserfüllung« ist in sich ein spannungsvoller Wertbegriff. Er hat niemals etwas Abgeschlossenes, da jede Bedürfniserfüllung Befriedigung nur für einen bestimmten Zeitraum gewährt. Er schließt ein, daß zur Befriedigung eines spezifischen Bedürfnisses stets Mittel in ausreichendem Maße zur Verfügung stehen müssen. Das Problem der Bedürfnisse läßt sich durch Bedürfnisbefriedigung gerade nicht ein-für-alle-mal lösen. Gelingt es nämlich, ein spezifisches Bedürfnis konstant zu erfüllen, so treten neue Bedürfnisse auf. »Bedürfniserfüllung« setzt damit die Gesellschaft einem ständigen Veränderungsdruck aus[19]. Da das, was Bedürfnis ist, nicht von vornherein festgelegt ist, sondern erst noch eine Zielbestimmung hinzutreten muß, z. B. Bedürfnis auf Sättigung, auf Erfüllung sexueller Wünsche, nach Sicherheit, hat es den Charakter der Offenheit nach vorn. Jede Proklamation, die alle wesentlichen Bedürfnisse als verwirklicht erklärt, wäre höchst anzweifelbar, und dies umsomehr, als Bedürfniserfüllung sich nicht allein auf die physiologischen Bedürfnisse erstreckt, wie Bedürfnis nach Sexualität, Selbsterhaltung oder Nahrung, sondern auch auf Bedürfnisse nach Sicherheit, nach Zugehörigkeit und Liebe, nach Achtung und nach Selbstverwirklichung. Denn je weniger Bedürfnisse unmittelbar der Lebenserhaltung dienen, desto stärker sind sie gesellschaftlich und historisch bestimmt, ebenso wie die Formen der Bedürfniserfüllung.
Daß diese neue Wertvorstellung aufkam, hat verschiedene Gründe. Die wesentlichen scheinen mir die folgenden zu sein: 1. Bedürfnis liegt für naturrechtliche Vorstellungen in der Natur des Menschen und bietet damit eine Rechtsbasis für die Autonomie des Menschen gegenüber Geboten und Ausbeutung; es erscheint dadurch zwingend, da von Natur gegeben; 2. brachte die wirtschaftliche Entwicklung die Hoffnung mit sich, die menschliche Gesellschaft könne einen Stand erreichen, in der es zumindest für die europäischen Länder möglich wäre, wenigstens die Grundbedürfnisse zu erfüllen. 3. Es entwickelt sich ein Markt, der als Vermittlung dient zwischen einer Ware und dem, der ein Bedürfnis danach hat; die Bedarfsdeckung ist heute ein wesentlicher Steuerungsfaktor des gesellschaftli-

---

18. Die Bekenntnisschriften der evangelisch-lutherischen Kirche, 3. verbesserte Auflage, 1956, 679, 37–49; s. auch 680.
19. K. O. Hondrich, Menschliche Bedürfnisse und soziale Steuerung, 1975, 30f.

chen Systems. 4. macht Hondrich auf einen sehr wesentlichen, oft vernachlässigten Gesichtspunkt aufmerksam, der sich in gewisser Weise schon in dem Luther-Zitat angedeutet findet: In den früheren, mehr statischen Gesellschaften gab es Sicherheiten und Regelmäßigkeiten, die aber bei dem verstärkten sozialen Wandel verloren zu gehen drohen, so die Sicherheit des Unabänderlichen, die klar überschaubare Zugehörigkeit in sozialen Gemeinschaften, die soziale Achtung und das Gefühl der Selbstbestimmung in Kleinkollektiven, in denen man an allen wesentlichen Entscheidungen teilhaben konnte. »Diese Selbstverständlichkeiten der statischen Gesellschaft werden in der dynamischen zu Bedürfnissen«[20]. Der Gesellschaft, insbesondere dem politischen Sektor, fallen zunehmend zu, Sicherheit, Selbstachtung, Selbstentfaltung und Zuwendung auf einer höheren gesellschaftlichen Ebene als bisher zu organisieren. Bedürfnisse bekommen damit den Charakter eines Rechtsanspruches gegenüber den gesellschaftlichen Sektoren. Sie sollen in einer verallgemeinerten, aber doch individuellen Form Sicherheit und Zuwendung vermitteln und z. B. unter der Form von Waren auch Sicherheit und Tröstung anbieten, eine Problemlage, die uns weiterhin in vielfältiger Weise beschäftigen muß.

Hegel hat in seinen »Grundlinien der Philosophie des Rechts« den Teil der bürgerlichen Gesellschaft, die für ihn neben Familie und Staat steht, als »das System der *Bedürfnisse*« bezeichnet, in dem »die Vermittlung des *Bedürfnisses* und die Befriedigung des *Einzelnen* durch seine Arbeit und durch die Arbeit und Befriedigung der Bedürfnisse *aller Übrigen*« sich vollzieht[21]. Er erläutert sie: »Ich erwerbe von anderen die Mittel der Befriedigung und muß demnach ihre Meinung annehmen. Zugleich aber bin ich genötigt, Mittel für die Befriedigung anderer hervorzubringen. Das eine spielt also in das andere und hängt damit zusammen. Alles Partikulare (= alles Einzelne, Y. S.) wird insofern ein Gesellschaftliches.«[22] Die Bedürfnisse und die Mittel werden »ein *Sein* für *andere*«[23], ein Satz, der von K. Marx aufgegriffen wurde, indem er ihn formuliert, aber kritisch als unerfüllte Forderung wendet: Eigentlich sollte »der *andre* Mensch als Mensch zum Bedürfnis geworden« sein[24].

20. AaO. 52.
21. G. W. F. Hegel, Grundlinien der Philosophie des Rechts, Theorie Werkausgabe, 1970, § 188.
22. AaO. § 192 Zusatz.
23. AaO. § 192.
24. K. Marx, Privateigentum und Kommunismus, MEW Erg. Bd. 1, 530–546, hier 535.

Stattdessen herrscht nur die individuelle Gewinnsucht; jeder Bürger ist nur auf die Befriedigung seiner eigennützigen Bedürfnisse aus, einer wird gegen den anderen getrieben, eine Konsequenz des Beharrens auf individuellem Eigentum, die bereits Hegel beobachtet hatte: »Es wird ein Bedürfnis daher nicht sowohl von denen, welche es auf unmittelbare Weise haben, als vielmehr durch solche hervorgebracht, welche durch sein Entstehen einen Gewinn suchen«[25], denn, wiederum Marx, ist im System des Privateigentums jeder nur darauf aus, »dem andern *ein neues* Bedürfnis zu schaffen..., um ihn in eine neue Abhängigkeit zu versetzen«[26]. Marx geht es darum, die individuellen Abhängigkeiten abzuschaffen und zu einer gemeinsamen Produktion zu kommen, die besser in der Lage ist, die Bedürfnisse aller Menschen auf der Ebene einer gleichmäßigen Befriedigung zu sichern. Dies geschieht über den Begriff der Arbeit. Arbeit ist unter den bestehenden Eigentumsbedingungen »nicht die Befriedigung eines Bedürfnisses, sondern sie ist nur ein *Mittel,* um Bedürfnisse außer ihr zu befriedigen«[27]. Erst wenn die nicht länger entfremdete Arbeit »nicht nur Mittel zum Leben, sondern selbst das erste Lebensbedürfnis geworden ist, kann es zu einer ausgewogenen Bedürfniserfüllung kommen[28].
Beschränkung der Bedürfnisse wird zum Anstoß zur Herrschaftskritik. So klagt J. G. Forster, einer der bedeutendsten deutschen Jakobiner (1754–1794): »Jene eingebildete Kunst, uns zu beglükken, womit man das Herrscherrecht beschönigen will, war nie etwas anderes als Verstümmelung. Man machte den Menschen ärmer, als ihn die Natur geschaffen hatte; man raubte ihm seine Empfänglichkeit, man suchte ihn fühllos, unempfindlich, gleichgültig zu machen, die Summe seiner Bedürfnisse zu verkleinern und die Heftigkeit seiner Triebe abzustumpfen«[29], mit gutem Erfolg, wie die bitteren Vorwürfe F. Lassalles zeigen: »Ihr deutschen Arbeiter seid merkwürdige Leute! Vor französischen und englischen Arbeitern, da müßte man plaidieren, wie man ihrer traurigen Lage abhelfen könne, Euch aber muß man vorher erst noch beweisen, daß Ihr in einer traurigen Lage seid. So lange Ihr nur ein Stück schlechte

---

25. Hegel, Philosophie (vgl. dieses Kap., Anm. 21), § 191 Zusatz.
26. K. Marx, Bedürfnis, Produktion und Arbeitsteilung, MEW Erg. Bd. 1, 546–562, hier 546f; vgl. Hegel, Philosophie (vgl. dieses Kap., Anm. 21), § 195.
27. Ders., Die entfremdete Arbeit, MEW Erg. Bd. 1, 510–522, hier 514.
28. Ders., Kritik des Gothaer Programms, MEW Bd. 19, 11–32, hier 21.
29. J. G. Forster, Über die Beziehung der Staatskunst auf das Glück der Menschheit (1794), Sämtliche Schriften, Bd. 6, 1843, 304.

Wurst habt und ein Glas Bier, merkt Ihr das gar nicht und wißt Ihr gar nicht, daß Euch etwas fehlt. Das kommt aber von Eurer verdammten Bedürfnislosigkeit.«[30] Mit der Unterdrückung von Bedürfnissen ist das Thema angesprochen, das S. Freud am Leitfaden des von ihm herausgestellten Konflikts zwischen Lustprinzip und Realitätsprinzip entfaltet hat. Es findet sich politisch gewendet bei H. Marcuse, nach dem die soziale Kontrolle »das überwältigende Bedürfnis nach Produktion und Konsumtion von unnützen Dingen; das Bedürfnis nach abstumpfender Arbeit, wo sie nicht mehr wirklich notwendig ist; das Bedürfnis nach Arten der Entspannung, die diese Abstumpfung mildern und verlängern«, erzwingt[31].

Mit »Bedürfniserfüllung« hat die bisherige Sozialethik wenig anfangen können. Dieser Wert entspricht nicht der Arbeitsaskese, der Betonung von Sparsamkeit und der strengen Pflicht- und Dienstethik des deutschen Protestantismus. Dieser mißtraut der Entfaltung des Luxus beim reich gewordenen Bürger und mißbilligt häufig seinen damit verbundenen Versuch, es dem Adel gleichzutun, zumal vielfach deutlich war, daß, wie Hegel bemerkte, »die Richtung des gesellschaftlichen Zustandes auf die unbestimmte Vervielfältigung und Spezifizierung der Bedürfnisse, Mittel und Genüsse, welche ... keine Grenze hat, – der *Luxus* – ... eine ebenso unendliche Vermehrung der Abhängigkeit und Not« mit sich bringt[32]. Wer von Bedürfnis sprach, der konnte – so wurde unterstellt – nur Hedonismus und hemmungsloses Sichausleben meinen – ein für die Nüchternheit und Kargheit des bürgerlichen Protestantismus unerträglicher Gedanke.

Es gibt zwar Ansätze im 19. Jahrhundert, vorab beim jungen Schleiermacher, von einem religiösen Bedürfnis zu sprechen, das sich anderen Bedürfnissen einordnet; eine Tradition, die sich vor allem in den Bedürfniskatalogen der Psychologie gehalten hat. Diskreditiert wurde der Begriff eines religiösen Bedürfnisses aber vor allem durch die dialektische Theologie, besonders durch den Versuch K. Barths, die Religionskritik L. Feuerbachs aufzunehmen und sie zugleich durch die Unterscheidung von Religion und christlichem Glauben zu unterlaufen. Feuerbach hatte gerade auf den Begriffen des Bedürfnisses und des Wunsches seine Religionskritik gestützt. Wäre der Mensch nicht von der Natur abhängig, würde er die Natur zu seiner Existenz nicht bedürfen, so würde er sie nicht zum

---

30. F. Lassalle, Arbeiter-Lesebuch, in: Reden und Schriften, Bd. 2, 1893, 543f.
31. Marcuse, Mensch (vgl. Kap. 2, Anm. 3), 27.
32. Hegel, Philosophie (vgl. dieses Kap., Anm. 21), § 195.

Gegenstand religiöser Verehrung machen[33]. Der Mensch bedarf Gottes nur deshalb, weil er sich von der Natur abhängig fühlt, und schafft sich diesen Gott. Die Religionskritik, die freilich nur bei den Anhängern einer bürgerlich-materialistischen Weltanschauung und, vermittelt durch Marx, in der sozialistischen Bewegung wirksam wurde, hat nicht zu einer Selbstreflexion der liberalen und dialektischen Theologie geführt. Zwar hat K. Barth die Religionskritik Feuerbachs aufgenommen, um zwischen Religion und Glauben zu unterscheiden: Was die Religion angeht, so hat Feuerbach recht: sie beruht auf menschlichen Bedürfnissen nach einer Macht, die der menschlichen Selbsterhöhung dienen soll. Unrecht hat Feuerbach jedoch im Hinblick auf den Glauben, der auf der durch die biblischen Schriften bezeugten Selbstoffenbarung Gottes beruht und in entscheidendem Gegensatz zu der durch die von den Menschen herbeigewünschten Religion steht. Mit dieser Interpretation setzt sich eine theologische Tabuisierung des Bedürfnisbegriffes durch, deren Folgen daraus zu ersehen ist, daß dieser ja auch ökonomisch bedeutsame Begriff in wichtigen theologischen Nachschlagewerken (RGG^3, Ev. Soziallexikon, Ev. Staatslexikon) keine Berücksichtigung gefunden hat.

Die Verwerfung des Bedürfnisbegriffes hatte schwerwiegende Folgen für die Praxis. Die Pfarrer sahen sich vielerorts dem Zwang ausgesetzt, auf religiöse Bedürfnisse, die sie theologisch nicht akzeptieren konnten, einzugehen und z. B. die Amtshandlungen zu vollziehen, die sie eigentlich zu verweigern wünschten, aber nicht konnten, weil dies zu einer Bedrohung des volkskirchlichen Bestandes geführt hätte. Sie gehen auf gesellschaftliche Bedürfnisse ein, indem sie sich immer fragen, »was die Leute wohl wünschen« und »was ankommt«, fühlen sich dazu aber theologisch nicht legitimiert. Erst vor einigen Jahren hat K.-W. Dahm das Tabu durchbrochen und eine »bedürfnisorientierte Gemeindearbeit« vertreten[34]. Da er sich theologisch überfordert sah, kam es bei ihm nicht zu einer Unterscheidung zwischen falschen und wahren Bedürfnissen, und er kam zu dem Kurzschluß, alles das, was von kirchlichen Angeboten angenommen werde, erfülle auch ein Bedürfnis und sei deshalb zu erhalten; eine Klärung, wie sich gesellschaftliche Bedürfnisse zu religiösen verhalten, unterblieb und führte faktisch zu einer Bestäti-

---

33. S. etwa L. Feuerbach, Vorlesungen über das Wesen der Religion, Gesammelte Werke, hg. von W. Schuffenhauer, Bd. 6, 1967, 93.
34. K.-W. Dahm, Aspekte einer funktionalen Theorie des kirchlichen Handelns, in: ders., Beruf: Pfarrer, 1971, 303–309.

gung der bestehenden Praxis, hatte aber wenigstens die Funktion einer Gewissenserleichterung[35].

Es besteht eine Reihe gewichtiger Gründe, die dazu veranlassen, »Bedürfniserfüllung« als einen grundlegend progressiven Wert zu betrachten, obgleich insbesondere ein Aspekt mich stört: »Bedürfniserfüllung« hat einen Nebengeschmack von Passivität, es drückt ein inaktives Erwarten an die Eltern oder den Staat aus, es sei ihre Aufgabe, mich zu versorgen, ohne daß ich etwas dazu beitragen könnte. Dies beruht auf einem ohnmächtigen Verhalten gegenüber einem Staat, der vorgibt, über die Bedürfnisse seiner Bürger Bescheid zu wissen, ohne diesen ausreichende Möglichkeiten zu ihrer Artikulation zu geben, eine Erfahrung, die, wie wir sahen, Forster bereits vor 200 Jahren beklagte. Auch das umfassende Warenangebot der Industrie, die die geheimen Wünsche der Konsumenten bereits in tiefenpsychologischen Bereichen erforscht hat und darauf in ihrer Weise eingeht, fördert eine solche Passivität, die nicht mehr danach fragt, wessen wir nun eigentlich bedürfen.
Ist man sich jedoch dieser Gefahr bewußt, spricht vieles für eine Vorrangstellung von »Bedürfniserfüllung«.

1. Wie »Gleichheit« von der sozialen Erfahrung der Ungleichheit ausgeht, so »Bedürfnisbefriedigung« von der Erfahrung des Mangels. »Bedürfniserfüllung« ist eng mit der Leiblichkeit und der Triebstruktur des Menschen verbunden und verweist auf die Situationen wirklicher Not; Darben und Bedürfen kommen aus einer Wurzel, nicht nur sprachlich, sondern auch im sozialen Ursprung. Es ist keine von oben eingesetzte Wertvorstellung, sondern verbindet sich mit der Erfahrung über die Schwierigkeiten, unter beengten Verhältnissen zu leben. Mit Bedürfnis wird zugleich eine gewisse Reihenfolge gesetzt, was das dringendste Bedürfnis ist, will ein Mensch überleben: Essen, Kleidung, ein Dach über dem Kopf, die Nähe eines Menschen. Jeder kulturell-geschichtliche Fortschritt bindet sich damit an diese Priorität; materielle Bedürfnisse haben Vorrang vor den geistigen.

2. »Bedürfniserfüllung« hat eine Offenheit nach vorn. Die Bedürfnisse steigern sich kontinuierlich. Das befriedigte erste Bedürfnis selbst, die Aktion der Befriedigung und das schon erworbene Instrument der Befriedigung führt zu neuen Bedürfnissen. Sobald

---

35. Y. Spiegel, Der Pfarrer im Amt, 1970, 77–83; ders., Gesellschaftliche Bedürfnisse und theologische Normen, in: Theologia Practica 6, 1971, 212–231.

die Produktivkräfte und mit ihr die Bedürfnisse der Menschen eine
bestimmte Stufe erreicht haben, besteht der Druck, neue Produkte
zu entwickeln[36]. Das kann zu einer Haltung permanenter Unzufriedenheit führen, aber auch, richtig verstanden, zu einer Möglichkeit,
gerade wenn die Grundbedürfnisse abgedeckt sind, zu einer gemeinsamen Verhandlung zu kommen, wie neue Bedürfnisse systematisch entwickelt werden können.

3. »Bedürfniserfüllung« hat, je nach der politischen Situation, die
Tendenz, über zwei bürgerliche Wertvorstellungen hinauszugehen,
von denen die eine, »Eigentum«, sich zunehmend hemmend auf die
allseitige Entfaltung der Produktionsmöglichkeiten auswirkt, die
andere, »Leistung«, immer stärker zu einem Instrument intensivierter Arbeitsausbeutung sich entwickelt hat, wobei beiden gemeinsam
ist, individualpsychologisch auf verengten Bewußtseinsformen zu
basieren. Es wird zunehmend sichtbar, daß eine Fortentwicklung
der Bedürfniserfüllung immer stärker nur dadurch zu erreichen ist,
daß die öffentliche Hand die Möglichkeiten für die Befriedigung
kultureller, gesundheitspolitischer, freizeitgestaltender und anderer
Bedürfnisse finanziert und zum Teil selbst organisiert. Je stärker
sich die Bedürfnisse auf ein Jenseits von Nahrung, Kleidung, Wohnung erstrecken, desto schwieriger ist es, allein auf der Basis von
Lohn und Eigentum die Bedürfnisse zu erfüllen. Damit tritt die
Bedeutung des Eigentums zurück. Man kann heute immer noch mit
Recht über privaten Reichtum und öffentliche Armut klagen, die
Perspektive ist aber die Notwendigkeit, daß die Bedürfniserfüllung
immer stärker nur durch eine öffentliche Verteilung des gesellschaftlichen Reichtums zu erreichen ist.
Gegenwärtig ist es vor allem der Leistungsbegriff, der ein wenn auch
höchst hinterfragbares Kriterium für die Einkommensunterschiede
abgibt. Er geht davon aus, daß eine ungleiche individuelle Begabung
und daher eine unterschiedliche Leistungsfähigkeit berechtigen, die
Lohnabhängigen unterschiedlich auszubezahlen. Dies hat erhebliche Ungleichheiten in der Bedürfniserfüllung zur Folge. Zwar gibt
es einen Mindestarbeitslohn und die soziale Absicherung durch
Sozialhilfe, wenn das Einkommen unter eine bestimmte Grenze
sinkt, darüber hinaus bestehen jedoch erhebliche Unterschiede. Es
ist vorstellbar, daß »nachdem mit der allseitigen Entwicklung der
Individuen auch ihre Produktivkräfte gewachsen und alle Springquellen des genossenschaftlichen Reichtums voller fließen«, nicht

---

36. Vgl. dazu Marx/Engels, Deutsche Ideologie (vgl. Kap. 4, Anm. 54), 28–30.

nur jeder entsprechend seiner besonderen Fähigkeiten arbeiten kann, sondern auch entsprechend seiner Bedürfnisse entlohnt wird[37], ein Prinzip, das im Gleichnis von dem Arbeiter im Weinberg (Mt 20, 1–16) bereits ausgesprochen ist, nämlich gleicher Lohn entsprechend der Lebensnotwendigkeit trotz unterschiedlicher Leistung. Verwirklicht ist diese Regelung gegenwärtig in der Krankenversorgung, auch wenn die Teilung in Privatpatienten und Sozialversicherte darauf verweist, daß die Zwei-Klassen-Gesellschaft auch hier nicht überwunden ist.

4. Obgleich man von gesellschaftlichen Bedürfnissen nur im übertragenen Wortsinn sprechen kann, so bildet doch der Bedürfnisbegriff eine wichtige Verbindung zwischen dem individuellen System der Person und dem gesellschaftlichen System. Aus dem Wert »Bedürfniserfüllung« ergibt sich die Aufgabe, den gesellschaftlichen Reichtum durch eine bewußte, allseitige Entfaltung der menschlichen Fähigkeiten anzustreben; dies bedeutet die »Entdeckung, Schöpfung und Befriedigung neuer, aus der Gesellschaft selbst hervorgehender Bedürfnisse, die Kultur aller Eigenschaften des gesellschaftlichen Menschen und Produktion desselben als möglichst Bedürfnisreichen«[38]. Dies hat zugleich zur Konsequenz die »Zurückdrängung der Naturschranke im Individuum selbst, indem seine Bedürfnisse immer menschlicher (d. h. gesellschaftlich, frei, bewußt und universell) werden«[39]. Gerade das Bestehen des Individuums auf seinen Bedürfnissen schafft mehr Rechtsgrund als gewährte Freiheiten, die er mangels Masse nicht wahrnehmen kann.

5. »Bedürfniserfüllung« erinnert an die Fülle der Möglichkeiten, die ein Mensch hat, an den gesellschaftlichen Reichtum, an mögliche Erfüllung von Wunschträumen. Ein Kind des Mangels, hofft sie auf Überwindung, auf Glück. Es geht um eine gleichmäßige Erfüllung von Bedürfnissen, da es eine Gleichheit von Bedürfnissen, wie dies zum Teil im Naturrecht vertreten wird, nicht gibt. Die Fülle menschlicher Bedürfnisse korrigiert aber auch den Verdacht gegen »Gleichheit«, als ginge es hier um eine farblose Gleichmacherei. »Erfüllung von Bedürfnissen«, plastischer, aber eher problematischer: »Größtes Glück für die größte Zahl«, drückt gegenwärtig am gewichtigsten die Forderung nach gesellschaftlicher Veränderung

---

37. Marx, Kritik (vgl. dieses Kap., Anm. 28), 21.
38. Ders., Theorien über den Mehrwert, MEW 26/I, 111.
39. A. Heller, Hypothese über eine marxistische Theorie der Werte, 1972, 11.

aus, zumal dann, wenn sie sich mit »Gleichheit« verbindet, etwa in der Forderung nach der gleichmäßigen Verteilung von Möglichkeiten, wesentliche Bedürfnisse zu erfüllen. Sie stellt die Frage an die derzeitige Verteilung gesellschaftlichen Reichtums, der politischen Beteiligungschancen, der geistigen Güter.
Aber wie alle Werte unterliegt »Erfüllung von Bedürfnissen« der Dialektik von innen und außen: sie darf, will sie ihre gesellschaftsverändernde Funktion nicht verlieren, sich nicht in der Forderung nach innerem Glück und innerer Zufriedenheit erschöpfen, obgleich der Zustand der inneren Zufriedenheit es erst möglich macht, Distanz zu der Überwältigung durch Bedürfnisse zu finden. »Man halte nur ein wenig stille und sei nur in sich selbst vergnügt« bedeutet zugleich innere Voraussetzung wie Bedrohung für die sozialethische Forderung nach der Erfüllung menschlicher Bedürfnisse.

Solidarität

Der letzte Wert, die Brüderlichkeit der französischen Revolutions-Trilogie, tut sich am schwersten. Wenn Freiheit und Gleichheit um den Vorrang streiten, bleibt sie leicht auf der Strecke. Ähnliches gilt für Solidarität, die im Verlauf des 19. Jahrhunderts an die Stelle von »Brüderlichkeit« getreten ist. Selbst eine Partei wie die SPD, die aus den Traditionen der Arbeiterbewegung lebt, hat Schwierigkeiten mit diesem Wert. Im Vorwort zu einem Sammelband, der den Titel »Solidarität« trägt, aber in keinem seiner Beiträge darauf eingeht, schreibt ihr derzeitiger Parteivorsitzender W. Brandt: »Es gibt Leute, die fragen, ob das Wort Solidarität – ein Schlüsselwort der Arbeiterbewegung – nicht im Laufe der Jahrzehnte seinen Glanz verloren habe.« Dies sei richtig und falsch zugleich. Richtig sei, »daß die Bewegung selbst ihre Form gewandelt hat und daß an den idealistischen Ansätzen des neunzehnten Jahrhunderts (! Y. S.), hier wie anderswo, erhebliche Korrekturen anzubringen waren«. Falsch sei es jedoch, wenn man nicht bemerken wolle, daß manches, und so auch Solidarität, »von dem, was die alte Arbeiterbewegung für sich entwickelt hatte, allgemein-gesellschaftliche Bedeutung zu erlangen beginnt«[40]. Bleibt bloß die Frage, ob damit nicht ein sehr grundsätzlicher Bedeutungswandel verbunden ist.
Der Wert »Solidarität« nimmt in sich eine Reihe anderer Wertvor-

40. W. Brandt, Alfred Nau zum 65. Geburtstag, in: Solidarität, 1971, 7–15, hier 9.

stellungen auf. Dazu gehören Brüderlichkeit und Einigkeit aus dem Vokabular der bürgerlichen Bewegung, Gemeinschaft aus dem der romantischen Sozialphilosophie. Wie bei diesen drei Wertvorstellungen, so auch bei Solidarität, ist es die bleibende Problemstellung, wieweit sie zu Werten werden, die von der herrschenden Klasse zu sozialintegrierenden Werten umgestaltet werden, ohne daß die falsche Versöhnung durchschaut wird. In einer Klassengesellschaft sind bestimmte Werte nur in dem Maße verallgemeinerungsfähig, in dem die Aufhebung von Beherrschung und Ausbeutung von Menschen durch Menschen voranschreitet.

Diese Problemstellung zeichnete sich bereits im 19. Jahrhundert in der Kritik des Wertes »Brüderlichkeit« durch den der Solidarität ab[41]. Die Wertvorstellung der Brüderlichkeit, deren biblische Begründung sich in Mt 23,8 mit einer Herrschaftskritik verbindet (»Einer ist euer Meister, Christus, ihr aber seid Brüder«), wurde im bürgerlichen Deutschland vor allem im Pietismus entwickelt – zu erinnern ist hier an die Herrnhuter Brüderunität Zinzendorfs. Er war hier ein innerlicher Gesinnungsbegriff und stark anti-institutionell ausgerichtet. »Brüderlichkeit« fand sich dann als halbsäkularisierte Vorstellung unter den deutschen Freimaurern und wurde wirkungsvoll in F. Schiller »Lied an die Freude« (1786) verklärt; Beethovens musikalische Betonung des »Alle Menschen werden Brüder« hob diese Vorstellung gesteigert heraus:

»Seid umschlungen Millionen
Diesen Kuß der ganzen Welt!
Brüder – überm Sternenzelt
muß ein lieber Vater wohnen.«

Mit der Revolution von 1789 wurde in Frankreich »fraternité« zum revolutionären Begriff, den die Jakobiner als Ausführungsbegriff der politisch verstandenen »égalité« begriffen. Auf ihr Betreiben hin entstanden in Paris sogenannte »societées fraternelles«, durch die auch die Frauen in die neue Gemeinschaft der revolutionären einen Nation einbezogen werden sollten. »Die allgemeine Brüderlichkeit der citoyens sollte institutionell durch die Begriffe ›Freiheit‹ und ›Gleichheit‹ charakterisiert sein«, Brüderlichkeit wurde mit der Republik als solcher identifiziert[42]. Aber diesem brüderlichen Revolutionsoptimismus blieb die unmittelbare institutionelle Erfüllung versagt; »Brüderlichkeit« bleibt auch hier allein ein Gesinnungsbegriff.

41. Vgl. zum folgenden W. Schieder, Art. Brüderlichkeit, in: Geschichtliche Grundbegriffe Bd. 1 (vgl. Kap. 4, Anm. 50), 552–583.
42. AaO. 566.

Auch in der deutschen Arbeiterbewegung war zunächst »Brüderlichkeit« ein zentraler Wert. W. Weitling entwarf 1842/43 für die deutschen Arbeiter in der Schweiz ein Bildungsprogramm, in dem er »Brüderlichkeit durch Wiedereinführung des Du-Wortes, durch Übung im Verzeihen jedweder Beleidigung, durch die Gewohnheit, jedes Vergehen als eine Krankheit zu betrachten, durch Zusammenwirken für einen gemeinsamen Zweck« verlangt[43]. In den Grundstatuten der »Allgemeinen Deutschen Arbeiter-Verbrüderung« von 1848 wird die Brüderlichkeit zum allgemeinen Vereinsprinzip erhoben:

»Die Arbeiter-Verbrüderung hat den Zweck, unter den Arbeitern aller Berufssparten eine starke Vereinigung zu begründen, welche, auf Gegenseitigkeit und Brüderlichkeit gestützt, die Rechte und den Willen der einzelnen zu einer Gesamtheit, die Arbeit mit dem Genuß vermitteln soll.«[44]

F. Engels und K. Marx haben jedoch die Vorstellung von der Brüderlichkeit aller Menschen heftig kritisiert, zweifellos aus der Besorgnis heraus, eine allgemeine Menschenverbrüderung könnte auf ein Ablenken vom Ziel einer Klassensolidarität hinauslaufen. »Schon im Herbst 1846 mokiert sich Engels über das ›Gestöhn von Brüderlichkeit‹. Nach ihrem Eintritt in den ›Bund der Gerechten‹ und dessen Umformung in den ›Bund der Kommunisten‹ ersetzen sie (sc. Engels und Marx) 1847 dessen alte Parole ›Alle Menschen sind Brüder‹ durch das klassenkämpferische ›Proletarier aller Länder vereinigt euch!‹.«[45] Im Rückblick auf die Revolution von 1848 in Frankreich schrieb Marx in: Die Klassenkämpfe in Frankreich 1848–1850:

»Alle Royalisten verwandelten sich damals in Republikaner und alle Millionäre von Paris in Arbeiter. Die Phrase, welche dieser eingebildeten Aufhebung der Klassenverhältnisse entsprach, war die *fraternité*, die allgemeine Verbrüderung und Brüderschaft. Diese gemütliche Abstraktion von den Klassengegensätzen, diese sentimentale Ausgleichung der sich widersprechenden Klasseninteressen, diese schwärmerische Erhebung über den Klassenkampf, die fraternité, sie war das eigentliche Stichwort der Februarrevolution.«[46]

Wenn auch verstärkt in den folgenden Jahren innerhalb der Arbeiterbewegung »Solidarität« beschworen wird, gebraucht das »Programm der Deutschen Arbeitervereine« (Nürnberg 1868) – hieran

---

43. Zit. nach Schieder, aaO. 574.
44. Zit. bei F. Balser, Sozial-Demokratie 1848/49–1863, Bd. 2, 508.
45. Schieder, Brüderlichkeit (vgl. dieses Kap., Anm. 41), 577. Die Bemerkung F. Engels: Brief v. 23. 10. 1846, MEW 27, 63.
46. K. Marx, Die Klassenkämpfe in Frankreich 1848 bis 1850, MEW 7, 9–107, hier 21.

6 Progressive Grundwerte

war A. Bebel stark beteiligt – »Brüderlichkeit« und »Solidarität« noch nebeneinander, wobei es hier auch um die internationale Solidarität geht: »Alle auf die ökonomische Emanzipation gerichteten Anstrengungen (sind Y. S.) bisher an dem Mangel der Solidarität (Vereinigung) zwischen den vielfachen Zweigen der Arbeit jeden Landes und dem Nichtvorhandensein eines brüderlichen Bandes der Einheit zwischen den arbeitenden Klassen der verschiedenen Länder gescheitert.«[47] Nach Auskunft von W. Schieder wurde der Begriff der Brüderlichkeit in der zweiten Hälfte im Verlauf des 19. Jahrhunderts zunehmend verdrängt und durch den der »Solidarität« ersetzt, der wohl durch die Sozialtheorie Ch. Fouriers allgemein in Umlauf gebracht worden war[48]. Es zeigte sich deutlich das Bestreben, die spezifische Gesinnungsgemeinschaft der Arbeiter begrifflich herauszuheben. Bei F. Lassalle findet sich eine häufige Verwendung von Solidarität – die Idee der Brüderlichkeit tritt zurück –, aber es fehlt auch der klassenkämpferische Anklang, wenn er schreibt:

»Die sittliche Idee des Arbeiterstandes sei daher die, daß die ungehinderte Betätigung der individuellen Kräfte durch das Individuum für sich allein noch nicht ausreiche, sondern daß *zu ihr* in einem sittlich geordneten Gemeinwesen *noch hinzutreten* müsse: die *Solidarität* der Interessen, *die Gemeinsamkeit und die Gegenseitigkeit in der Entwicklung.*«[49]

Dennoch ist unbestritten, daß in der Arbeiterbewegung des 19. Jahrhunderts die Legitimität und Wirksamkeit der Solidarität als politische Waffe entdeckt wurde und ihre großen Bewährungsproben bestand, im Kampf für den Achtstundentag, den Arbeitsschutz, die Versicherung gegen Arbeitslosigkeit und Krankheit und für den Lebensabend, den Jugend- und Mutterschutz und den bezahlten Urlaub, im Kampf gegen die Kinderarbeit und die Nachtarbeit der Frauen, alles Errungenschaften, die der Arbeiterschaft nicht geschenkt wurden, sondern eine solidarische Kampforganisation erforderten. Die Arbeiterschaft war in diesem Kampf auf sich selbst gestellt. Ihr Selbstbewußtsein wurde geweckt durch die Erkenntnis ihrer eigenen Lage, durch die Solidarität in ihren Aktionen und durch die sichtbaren Erfolge ihres Kampfes, so daß ein Redakteur der »Rheinischen Zeitung« rückblickend 1919 schreiben

---

47. D. Dowe/K. Klotzbach (Hg.), Programmatische Dokumente der deutschen Sozialdemokratie, 1973: VIII. Programm der Deutschen Arbeitervereine, beschlossen in Nürnberg 1868, 163f, hier 164.
48. Schieder, Brüderlichkeit (vgl. dieses Kap., Anm. 41), 578.
49. F. Lassalle, Reden und Schriften, hg. von F. Jenaczek, 1970, 138.

konnte: »Die Kämpfe mit dem Kapital, die die klassenbewußte Arbeiterschaft im letzten halben Jahrhundert durchfochten hat, bilden ein einziges großes Heldenepos der Solidarität.«[50] Ohne im einzelnen die Geschichte des Wertes »Solidarität« verfolgen zu wollen, muß auf den wesentlichen Bedeutungswandel hingewiesen werden, der sich mit dem Grundsatzprogramm der Sozialdemokratischen Partei von Bad Godesberg 1959 vollzogen hat. Hier wird neben Freiheit und Gerechtigkeit (nicht: Gleichheit!) Solidarität als dritter Grundwert »des sozialistischen Wollens« angeführt[51]. Es war W. Eichler, der die Solidaritätsforderung in die Programmdiskussion einbrachte, und zwar als Ergänzung zu den Grundwerten Freiheit, Gerechtigkeit und Frieden. »Diesen Grundwert definierte er so, daß damit nicht nur die ›Hilfsaktion für Schwache‹ umfaßt sein sollte, sondern mehr noch der ›Ausdruck des Gemeinschaftsgeistes als Gegensatz zu der liberalistischen Vorstellung des Individuums als Zentralgestalt seiner Ordnung.«[52] In diesem Sinne wird innerhalb der SPD heute »Solidarität« als Grundwert von A. Schwan, dem Berliner Politologen und SPD-Mitglied, interpretiert, der ihn ausdrücklich verstanden haben will »nicht als emotionale und parteiliche Kampfgenossenschaft, sondern als anthropologisch konstitutive Verbundenheit aller Individuen in der Gemeinschaft, also prinzipiell aller Menschen in ihrer universalen Mitmenschlichkeit, und vorrangig als sich daraus ergebende ethische Verpflichtung«[53]. Ähnlich argumentieren M. Schlei und J. Wagner, Solidarität habe einst einen »klassenkämpferischen Charakter gehabt«. »Mit der Wandlung der SPD von einer Partei der Arbeiterklasse zur Volkspartei ist dieser Auftrag jedoch erloschen. Solidarität ist zwar weiterhin ein Mittel des gesellschaftlichen Machtausgleiches, aber nicht nur ... im Kampf der Schwachen und Machtlosen gegen die Mächtigen und Starken, sondern auch zugunsten der Schwachen und Machtlosen und zugunsten der Gesamtgesellschaft.«[54] Daraus ergibt sich dann für diese Autoren eine dreifache Interpretation des Wertes »Solidarität«: Solidarität der Schwachen gegen die Starken,

---

50. Zit. bei S. Miller, Grundwerte in der Geschichte der deutschen Sozialdemokratie. Aus Politik und Zeitgeschehen, Beilage zu: Das Parlament, Bd. 11, 1976, B 11, 16–29, hier 22f.
51. Grundsatzprogramm der Sozialdemokratischen Partei Deutschlands, 1959, 5.
52. Th. Meyer, Grundwerte und Wissenschaft im Demokratischen Sozialismus, 1978, 115.
53. A. Schwan, Freiheit, Gerechtigkeit und Solidarität, in: G. Lührs (Hg.), Beiträge zur Theoriediskussion, 1973, 105–146, hier 110.
54. M. Schlei/J. Wagner, Freiheit – Gerechtigkeit – Solidarität, 1976, 84f.

6 Progressive Grundwerte

Solidarität der Starken mit den Schwachen, Solidarität als gesamtgesellschaftliches Prinzip[55].
Die Wandlung der Wertvorstellung »Solidarität« von einer Vorstellung, unter der sich die Arbeiterklasse im Kampf gegen Unterdrückung und Ausbeutung zusammenschließt, zu einem gesellschaftlichen Wert, der zwar noch unter der nebulösen Formulierung der Starken und Schwachen an die Klassengesellschaft erinnert, ansonsten aber zu einer sozialintegrativen Vorstellung wurde, ist bedingt durch bestimmte Einflüsse, unter denen ich nur auf drei eingehen will, auf die französische Philosophie, auf die katholische Soziallehre und die evangelische Sozialethik.

1. Insbesondere in Frankreich wurde im Verlauf des 19. Jahrhunderts der Begriff der Solidarität verstärkt als eine vermittelnde Vorstellung zwischen einem individualistischen Liberalismus und einem kollektivistischen Sozialismus entwickelt. Gegenüber dem Individualismus billigt das Solidaritätsprinzip der Gesamtheit einen eigenständigen Wert zu, gegenüber dem Kollektivismus verteidigt es das Recht des einzelnen. Besondere Bedeutung gewann das Buch von L. Bourgeois, »La solidarité« (1897). Aus Furcht vor Revolution und dem marxistischen Klassenkampf bot das Solidaritätsprinzip einen dritten Weg an, der soziologisch durch E. Durckheim und seiner Theorie des Übergangs von einer »solidarité mécanique« zu einer »solidarité organique«, von einer Arbeit, in der jeder alle Tätigkeiten ausübt, zu einer Arbeitsteilung, in dem die einzelnen »organisch« miteinander verbunden sind, legitimiert wurde. Arbeit und Kapital sollte, so seine Vorstellung, auf eine kooperative Weise zusammenarbeiten[56].

2. In der katholischen Kirche ist das Solidaritätsprinzip als drittes Prinzip neben dem Personenprinzip und dem Subsidiaritätsprinzip durch den Jesuiten H. Pesch[57] entwickelt worden und ist insbesondere durch G. Gundlach[58] und O. v. Nell-Breuning[59] zum Allge-

---
55. AaO. 85–92.
56. D. Grimm, Solidarität als Rechtsprinzip, 1973.
57. H. Pesch, Lehrbuch der Nationalökonomie, Erster Band: Grundlegung 1905, 351–401.
58. G. Gundlach, Die Ordnung der menschlichen Gesellschaft, 2 Bde., 1964; vgl. Kap. 9. Gundlach verweist auf die Einflüsse von Frankreich in Bd. I, 173.
59. O. v. Nell-Breuning, Solidarität und Subsidiarität im Raume von Sozialpolitik und Sozialreform, in: E. Boettcher (Hg.), Sozialpolitik und Sozialreform, 1957, 213–226.

meinbestand ihrer Soziallehre geworden; dabei hat die französische Diskussion einen gewissen Einfluß ausgeübt. Hier stellt Solidarität ein Zuordnungsprinzip zwischen Person und Gesellschaft dar. Weil der einzelne Mensch seiner Natur nach auf die Gesellschaft hingeordnet und auf sie angewiesen ist, trägt er auch die Verantwortung für eine rechte Ordnung; die Gesellschaft ihrerseits ist zurückgebunden an die Person und muß auf sie ihre gesamte Tätigkeit ausrichten. Aus der metaphysisch begründeten gegenseitigen Zuordnung erfolgt die Verpflichtung des Einstehens füreinander, zum Dienst der Person am Ganzen und des Ganzen an der Person.

3. Innerhalb der evangelischen Sozialethik nimmt der Wert »Solidarität« nicht einen so vorrangigen Platz wie in der katholischen Soziallehre ein, wird aber immer wieder aufgegriffen[60]. Die biblische Grundlage liefern die Worte von der Entäußerung und Selbsthingabe Christi und die Erzählungen von seiner Solidarität mit den Armen und sozial Benachteiligten, die dann die folgende Zeit auf die Solidarität mit allen Menschen erweiterte, weil alle Menschen in Sünden gefangen sind. In diesem Zusammenhang fallen heute Wendungen wie »Solidarität mit den Schwachen« und »Solidarität mit den Gottlosen«. Damit wird zugleich beschrieben, wie die (evangelische) Kirche ihr Verhältnis zur Gesellschaft bestimmt, nicht als ein missionarisches, auch nicht als ein herrschaftsmäßiges, sondern als das eines Dienstes an den Bedrängten und Unterdrückten. Dabei bedeutet Solidarität mit den Lohnabhängigen oder mit den Völkern der Dritten Welt keine parteiliche Identifikation, sondern bleibt in einer Distanz, da keine soziale Bewegung mit der Bewegung zum Reiche Gottes hin identisch ist. Insofern sind evangelische Theologie und Kirche auch nur zu einer »kritischen Solidarität« bereit. Kritisch ist zu einer solchen Auffassung von Solidarität zu vermerken, daß die evangelische Kirche und evangelische Politiker sich in der Analogie zur Menschwerdung Christi verstehen: Wie Christus in Entäußerung und Selbsthingabe den sozial Benachteiligten dient, so dienen sie den unterprivilegierten Teilen der Gesellschaft und (in der Entwicklungshilfe) den Völkern der Dritten Welt. Sie sind also die Starken, die den Schwachen dienen. Es ist ersichtlich, daß hier eine totale Umkehrung des innerhalb der Arbeiterbewegung be-

---

60. Vgl. vor allem K. v. Bismarck, Solidarität, eine Frage an den Christen heute, in: Zeitschrift für evangelische Ethik 2, 1958, 271–283; Th. Strohm, Kirche und demokratischer Sozialismus, 1968, 141–144; Wolf, Sozialethik (vgl. Vorwort, Anm. 1), 165ff.

stimmenden Wertes »Solidarität« geschehen ist, der ja dazu aufforderte, daß die Schwachen sich zusammenschließen, um ihre Menschenwürde gegen die Starken zu erkämpfen. Wie immer man die Einflüsse von praktischer Philosophie, katholischer Soziallehre und evangelischer Sozialethik ansehen will, deutlich ist es jedoch, daß über die Gewichtung und Relevanz der drei Solidaritätsvorstellungen in der SPD Einigkeit besteht. *Solidarität als Wertvorstellung, unter dem sich die Lohnabhängigen gegen das Kapital zusammenschließen,* ist zumindest für den linken Flügel der Partei unaufgebbar. Es würde einen radikalen Bruch mit der eigenen Geschichte und mit den Gewerkschaften bedeuten, würde diese Interpretation von Solidarität aufgegeben. *Solidarität der Starken mit den Schwachen* deutet auf die alten Hoffnungen dieser Partei, mit Hilfe des Staates und gegen das Kapital sozialstaatliche Maßnahmen durchsetzen zu können, charakterisiert das derzeitige Bemühen um gesellschaftliche Reformen, aber auch das Eingeständnis, eine herrschende Partei zu sein. Hier trifft sich die Interpretation der evangelischen Dienstethik als Verantwortung für die sozial Schwachen mit einem ähnlich verstandenen Regierungsverständnis der SPD; beide stehen jedoch in der ständigen Bedrohung, genau in das zurückzufallen, wogegen zumindest die Sozialdemokratie angegangen ist. Hier droht ein Rückfall in ein paternalistisches Staatsverständnis. Ein solcher Solidaritätsbegriff, der in der evangelischen Kirche zumindest seit Wichern vorrangig war, hat dem Proletariat nur wenig geholfen, seine soziale Lage zu verbessern.
Solidarität als Sozialprinzip der gegenseitigen Verpflichtung hat in seiner Prägung in der französischen Sozialphilosophie und der katholischen Soziallehre eindeutig eine sozialintegrative Absicht; sie ist sowohl Kitt, der die einzelnen zusammenbinden soll, als sie auch, vergleichbar mit der Partnerschaftsvorstellung, zur Klassenintegration dient und besonders dann herangezogen wird, wenn es um die Einschränkung der individuellen Freiheitsrechte oder um Abstriche von erkämpften Sozialrechten geht. Dem steht die Beteuerung der SPD entgegen, daß »Solidarität« nicht erzwungen werden dürfe – dies zu versuchen, wird besonders dem Marxismus vorgeworfen – und was sicher ein Spezifikum des Solidaritätsbegriffes darstellt, auf das man nicht häufig genug hinweisen kann. Wie ein Ausgleich zwischen diesen drei Vorstellungen in der SPD zu erreichen sei, ist bisher ungeklärt; sowohl Th. Meyer wie auch M. Schlei/J. Wagner[61]

---

61. Meyer, Grundwerte (vgl. dieses Kap., Anm. 54), 120f; Schlei/Wagner, Freiheit (vgl. dieses Kap., Anm. 54), 85–92.

stellen die drei Interpretationen einfach nebeneinander, ohne genauere Abwägungen zu vollziehen, und auch der »Ökonomisch-politische Orientierungsrahmen für die Jahre 1975–1985« schafft keine Klärung, wenn es dort heißt:

»Solidarität hat in der Geschichte der Arbeiterbewegung und des demokratischen Sozialismus eine entscheidende Rolle gespielt und ist auch heute im Kampf für eine menschlichere Gesellschaft von zentraler Bedeutung. Ökonomisch-soziale Grundlage der Solidarität ist die Notwendigkeit gesellschaftlicher Arbeitsteilung und Zusammenarbeit sowie die Nützlichkeit gemeinsamen Handelns. Solidarität kommt besonders im Zusammenhalt von Gruppen zum Ausdruck, deren Angehörige gemeinsam gegen Abhängigkeiten und Benachteiligungen zu kämpfen haben. Solidarität ist jedoch mehr als die Summe von Einzelinteressen und auch nicht nur eine Waffe im sozialen Kampf. Solidarität drückt die Erfahrung und die Einsicht aus, daß wir als Freie und Gleiche nur dann menschlich miteinander leben können, wenn wir uns füreinander verantwortlich fühlen und einander helfen. Solidarität hat für uns eine allgemeine menschliche Bedeutung; sie darf daher auch nicht an den nationalen Grenzen aufhören. Aus dem Grundwert Solidarität erwachsen für jeden Pflichten gegenüber seinen Mitmenschen und gegenüber der Gesellschaft. Im Gegensatz zu den Forderungen totalitärer, autoritärer oder pseudorevolutionärer Gemeinschaftsideologien beruht die verpflichtende Kraft unserer Idee der Solidarität nicht auf blindem Autoritätsglauben, sondern auf dem bewußten, vernünftigen Einverständnis freier Menschen.«[62]

Ich bin auf die Wertvorstellung »Solidarität« nicht nur deswegen so ausführlich eingegangen, weil ich aus biographischen Gründen auf Solidarität angewiesen war und bin, um angesichts der Zustände in dieser Gesellschaft nicht zu resignieren oder zu verzweifeln, sondern weil sich hier aufweisen wird, besser noch als beim Wert »Freiheit«, wie eine lebendige Erfahrung der Lohnabhängigen samt dem damit verbundenen kämpferischen Impuls ihnen entwunden und in einen sozialintegrativen Wert verwandelt wird; die Geschichte des Wertes »Solidarität« ist die Geschichte auch der SPD. Dieser Umwandlungsprozeß ist dem in den frühen christlichen Gemeinden nicht unähnlich, wo aus dem Jesus der sozial Verachteten der Christus wurde, der sich gnädig herabneigend der verlorenen Sünder annimmt. Und wie das Christentum davon lebt, daß der Jesus der Unterdrückten und Ausgebeuteten niemals völlig zum Schweigen zu bringen war, lebt auch die SPD davon, daß sie ihre eigene Geschichte in ihrer sozialen Realität erhält.
Für eine *theologische Interpretation* des Wertes *»Solidarität«* wird es entscheidend sein, wie die Geschichte Jesu erzählt wird[63]. Geht es

---

62. Ökonomisch-politischer Orientierungsrahmen für die Jahre 1975–1985, 1975, 8f.
63. Vgl. dazu Y. Spiegel, Jesus und die Minoritäten, in: O. Seeber/Y. Spiegel (Hg.), Behindert – Süchtig – Obdachlos, 1973, 13–32.

6 Progressive Grundwerte

um einen Christus, der sich herabbeugend die Elenden zu sich heranzieht, oder einen Jesus, der Spiegel und Zeichen ist für die Gewalt, die die Gesellschaft der Herrschenden den Individuen zufügt, den Unterdrückten ebenso wie denen, die sich ihnen zuwenden und sich mit ihnen solidarisieren? Es liegt nahe, daß sich kirchliche Gruppen mit einer progressiven Christusfigur identifizieren, die nicht nur den Glaubensschwachen und religiös Benachteiligten zur Hilfe kommt, sondern auch den Opfern gesellschaftlicher Unterdrückung und Ausbeutung, mit denen, die unter der »Sünde« in allen ihren Aspekten leben, der Unwissenheit, der Apathie, der Ungerechtigkeit, der Ungleichheit, dem Ausschluß von Lebensmöglichkeiten. Aber eine echte Solidarität kann nur dann entstehen, wenn einzelne und kirchliche Gruppen sich selbst in dem Bild des leidenden Christus erkennen, aber sich nicht nur mit seinem Leiden identifizieren, sondern auch erkennen, was eine Gesellschaft einem Menschen anzutun in der Lage ist. Das fordert nicht nur die Unterdrückungsmechanismen derer zu durchschauen, die sich unterwerfen, sondern auch die eigenen, die internalisierten wie die, die sich am Leid der anderen stabilisieren. Erst wenn kirchliche Gruppen die Gemeinheit der Diskriminierung und sich selbst in den Diskriminierten erkennen, wird für sie das ganze Ausmaß des Elends sichtbar, das sich bei der Gruppe der Diskriminierten in einer extremen Weise kumuliert, an dem aber die kirchliche Gruppe selbst ebenso Anteil hat, selbst wenn sie damit besser umzugehen weiß.

J. Moltmann schreibt dazu:

»Christliche Identifikation mit dem Gekreuzigten heißt Solidarität mit dem Leiden der Armen und dem Elend der Unterdrückten wie der Unterdrücker. Auf der anderen Seite ist jene Solidarität, wenn sie vorbehaltlos und selbstlos ernst genommen wird, immer schon eine Identifikation mit jenem Gekreuzigten, der ›arm wurde, um viele reich zu machen‹ (2. Kor. 8,9). Indem die christliche Identifizierung mit dem Gekreuzigten von den Zwangsläufigkeiten und Selbstverständlichkeiten der entfremdeten Welt entfremdet, bringt sie den Glaubenden notwendig in die Solidarität mit den Entfremdeten dieser Welt.«[64]

Lesehinweise

Zur *Gleichheit*: S. Landshut, Kritik der Soziologie. Freiheit und Gleichheit als Ursprungsprobleme der Soziologie, 1929; R. A. Tawney, Equality, 1931; R. Kalivoda, Der Ursprung der Ideale von Freiheit und Gleichheit und das Problem ihrer Verwirklichung, in: Luth. Rundschau 18, 1968, 241–263; S. A. Lakoff, Equality in Political Philosophy, Cambridge 1964.

64. J. Moltmann, Der gekreuzigte Gott, 1972, 29.

Zu *Bedürfnis*: Über die historische Entwicklung des Bedürfnisbegriffes: J. B. Müller, Bedürfnis und Gesellschaft, 1971; B. Badura, Bedürfnisstruktur und politisches System, 1972, untersucht, wie der Wert Bedürfnis in der politischen Struktur verankert ist und welche politischen Maßnahmen er in Bewegung setzt. Die marxistische Sicht des Bedürfnisproblems stellt dar: M. Döbler, Triebkraft Bedürfnis – Zur Entwicklung der Bedürfnisse der sozialistischen Persönlichkeit, 1969.

Das *besondere Buch*: K. O. Hondrich, Menschliche Bedürfnisse und soziale Steuerung (TB), 1975.

II MODELLE SOZIALETHISCHER URTEILSBILDUNG

Im vorangegangenen Kapitel wurde herausgestellt, welche Bedeutung reflektiert oder unreflektiert die soziologischen Grundannahmen für die sozialethische Urteilsbildung haben. Ich möchte nun anhand von zwei Vertretern der evangelischen Sozialethik und einem Vertreter der katholischen Soziallehre auf den Zusammenhang von theologischer Orientierung und soziologischen Grundannahmen aufmerksam machen. Statt auf museale Schreckbilder zurückzugreifen, deren kritische Darstellung zwar amüsant, aber auch allzu einfach ausfallen würde, möchte ich auf solche Vertreter der Sozialethik und Soziallehre zurückgreifen, die selbst und durch ihre Schulbildung einflußreich, wenn auch nicht unbestritten auf diesem Felde waren und sind. Ich habe daher *Ernst Wolf, Heinz-Dietrich Wendland* und *Gustav Gundlach S. J.* als Beispiele ausgewählt und damit bewußt auf konservativere, aber auch progressivere Vertreter der Sozialethik verzichtet.

7 Ernst Wolf

Ernst Wolf, 1902 in Prag geboren, habilitierte sich 1925 für das Fach Kirchengeschichte in Rostock und wurde 1931 für dieses Fach nach Bonn berufen. 1935 wurde er wegen seiner Opposition gegen den NS-Staat nach Halle strafversetzt. Nach Kriegsende erhielt er einen Ruf nach Göttingen auf ein Ordinariat für Kirchengeschichte; 1957 wechselte er auf einen Lehrstuhl für Systematische Theologie über, den er bis zu seiner Emeritierung innehatte. Er starb 1971.
Man wird E. Wolf als einen Theologen bezeichnen können, dessen stetes Bemühen sich auf eine permanente Vermittlung zwischen einer barthschen Theologie des Wortes, die die Christologie in den Mittelpunkt stellt, und einer erneuerten Theologie Luthers richtete und der bestrebt war, die reformiert-barthsche Integration des Gesetzes in das Evangelium und die lutherische Konfrontation von Gesetz und Evangelium zu einem Ausgleich zu bringen.
Wolf war einer der theologischen Vertreter, der die die kirchliche Nachkriegszeit bestimmende Allianz von konservativem Luthertum und liberal-demokratischem Barthianismus wohl in ihren besten Ansätzen repräsentiert. Dieses Bestreben stellte sich vielleicht am nachdrücklichsten dar in seiner Ablehnung der Todesstrafe[1].
E. Wolfs »Sozialethik. Theologische Grundfragen«, die hier als seine repräsentativste Arbeit auf diesem Gebiet vorgestellt werden soll, wurde 1975 posthum herausgegeben[2]. Wolf ist ein hervorragender Kenner der Theologie Luthers, und so ist es nicht überraschend, daß dieser für ihn den wesentlichen Gewährsmann darstellt, den er gegen eine auf dem Begriff Autorität aufbauende Interpretation der Erlanger Schule verteidigt. Luthers theologische Aussagen werden freilich vielfach von Wolf so zusammengefaßt und interpretiert, daß die historische Distanz und die eingetretenen gesellschaftlichen Veränderungen meist kaum explizit reflektiert werden. Dies gilt z. B. für Luthers Abgrenzung von der katholischen Theologie; die neuere katholische Soziallehre wird kaum gewürdigt. Scharfer Kritik verfällt die Ordnungstheologie des Neuluthertums einschließlich ihrer Interpretation der Zwei-Reiche-Lehre und ihrer Staats-

1. Wolf, Sozialethik (vgl. Vorwort, Anm. 1), 126–136.
2. Ebd.

metaphysik. Neben der reformatorischen Theologie mit dem Schwerpunkt auf Luther wird an wesentlichen Punkten immer wieder auf Barth Bezug genommen. Schriftbelege werden in der Form herangezogen, wie sie in der kontroversen Behandlung neuerer Systematiker auftauchen.

Wolfs sozialethischer Grundgedanke läßt sich kurzgefaßt so darstellen: Der durch Christus erneuerte Mensch ist aufgerufen zur Nächstenschaft und Nachfolge. Er trägt die Verantwortung, daß die Institutionen als der von Gott angebotene Ort christlicher Bewährung weder zu Zwangsinstrumenten noch unwirksam und funktionslos werden.

In Übernahme theologischer Ansätze Luthers bedeutet für Wolf die Rechtfertigung durch den Glauben sachlich die »Verwandlung zum wahren Menschen nach dem in Christus enthüllten Bild dieses wahren Menschen, also Verwandlung zum Ebenbild Christi«[3]. Sie widerfährt dem Menschen als Ereignis verantwortlicher Entscheidung, als »Vollzug des ihm von Gott ins Herz gelegten Ja zu Gott, mit dem der ganze Mensch, Seele und Leib, Mensch des Gehorsams, d. h. Mensch des Glaubens wird«[4]. Das Bild Christi steht über dem Glaubenden, der von diesem Bild bestimmt und faktisch ihm gleichgestaltet wird. Aber die vollendete Umgestaltung hat er noch vor sich, getreu der reformatorischen Formel von »iustus simul et peccator«. Dabei wird, indem Barths Interpretation von Gottesebenbildlichkeit von Gen. 1,26 aufgenommen wird, das Bild Christi mit der Gottesebenbildlichkeit gleichgesetzt. Barth hatte diese Stelle so interpretiert, daß am »lasset *uns* Menschen machen« ein innergöttlicher Dialog abgelesen werden kann. Gott ist einer, aber nicht einsam, da er den Unterschied und die Beziehung von Ich und Du in sich selbst hat. Die Erschaffung von Mann und Frau als dialogische Einheit ist dann eine »Entsprechung des Ungleichen«. Hier findet sich die göttliche Lebensform wieder: der Mensch ist so wenig einsam wie Gott. Gottesebenbildlichkeit bedeutet das »Gegeneinander und Füreinander von Menschen und Menschen«.

Die im Glauben bewirkte Neuschöpfung verwandelt den Menschen in einen Liebenden und verwirklicht die mit dem Bilde Christi gegenwärtige Schöpfungsbestimmung des Menschen als »Sein für den Anderen«. Der Andere, nach dem Gebot der Feindesliebe, zunächst mein Feind, wird zu *meinem* Nächsten, nicht zu *irgendeinem* Nächsten. Das Gebot der Nächstenliebe formuliert keine mo-

3. AaO. 19.
4. Ebd.

ralische Forderung, sondern »eine Tat, die ohne mein ganzes Dabeisein überhaupt nicht denkbar ist, eine Tat, in der sich eben *mein Sein* als wahrhaft Liebender auswirkt und bekundet, also: wenn ich den Nächsten ›liebe wie mich selbst‹«[5].
Wolf stellt das Leben des Christen unter den Begriff der »Nachfolge«. Er stützt sich dabei auf die Interpretation dieses Konzeptes bei Calvin und Luther. An Calvin hebt er das Moment der »Neugestaltung des ganzen Lebens« hervor, die jedoch nicht identisch ist mit der Forderung irgendeiner Weltgestaltung. Sie wird bei Calvin primär verstanden als Selbstverleugnung, als das Zurücktreten unserer persönlichen Wünsche hinter dem, was wir schuldig sind: dankbar und demütig alle unsere Gaben in den Dienst der Menschen zu stellen. Bei Luther hebt Wolf den Aspekt der »schöpferischen Nachfolge« des Christus hervor. Der wahrhaft für Gott gewonnene Mensch kann neue Gesetze aus der Vollmacht des Glaubens geben. Das Leben in der Mitmenschlichkeit als geschenkte Anteilhabe an der Sendung Christi steht im Vordergrund jeder evangelischen Sozialethik: »Es geht ihr um den Menschen, um seine Rettung, sein Heil und in diesem Licht auch um sein Wohl, um die Bewahrung seiner Menschlichkeit, die allein in dem Gekreuzigten ihm enthüllt wird.«[6]
Wolf faßt nun diese Nachfolge, die vorrangig ein Tun, nicht so sehr wie in der liberal-protestantischen Tradition eine Gesinnung darstellt, unter den Begriff der »verantwortlichen Gesellschaft«. Diese sozialethische Vorstellung wurde vor allem auf der Weltkirchenkonferenz in Amsterdam 1948 herausgearbeitet und auf der folgenden Weltkirchenkonferenz von Evanston vertieft. Sie meint: »eine Gesellschaft, in der Freiheit die Freiheit solcher Menschen bedeutet, die ihre Verantwortung für Gerechtigkeit und öffentliche Ordnung anerkennen, und in der jene, die politische Autorität und wirtschaftliche Macht haben, verantwortlich sind für eine Ausübung derselben vor Gott und gegenüber den Menschen, deren Wohl davon betroffen wird.«[7] Die Gesellschaft ist das Feld, »auf dem der Mensch sein Menschsein im Leben der Gemeinschaft durch das Mitmensch-sein bewähren soll«[8].
Merkwürdigerweise schließt der stärker individualethische erste Teil – noch unter dem Untertitel »Die Nachfolge« – mit der

---

5. AaO. 144.
6. AaO. 160.
7. Zit. nach aaO. 161. Vgl. Kap. 12, Abschnitt »Verantwortung«.
8. AaO. 163.

Bestimmung des Verhältnisses der *Kirche* zur Öffentlichkeit. Dies wird begründet damit, daß »die freie Mitarbeit des Christen an der weltlichen Ordnung der Gesellschaft«⁹ vielleicht ein Interesse an dem Dasein von Christen, von christlicher Gemeinde oder Kirche erwecken könne. Das Verhältnis der Kirche zur Gesellschaft ist gekennzeichnet durch Verzicht und Solidarität. Die evangelische Kirche verzichtet entschlossen auf jegliche Bevormundung der Gesellschaft; sie entwickelt keine sozialen Programme: sie »würde sich selbst verleugnen, wenn sie als Kirche zum Beispiel den Antikommunismus in ihre Verkündigung aufnähme (und damit ›christlich‹ und ›antikommunistisch‹ identifizierte!) – oder auch ein positives weltanschauliches Gesellschaftsideal«.¹⁰ »Politische Mächte achten letztlich nur die unpolitische Kirche – und gerade diese ist kraft ihrer Freiheit und Unabhängigkeit dann ein echtes Politicum.«¹¹ So sehr die Kirche jede Herrschaft über die Gesellschaft ablehnt, ist sie doch solidarisch mit deren Nöten. Solidarität ist freier Akt der Nächstenschaft, freier Nachvollzug der Selbsterniedrigung Christi, seines Sich-Einlassens mit der Welt, »*frei* gerade auch von allen eigenen Interessen, nicht parteiisch, vor allem nicht wählerisch, sondern gehorsam«¹². Christliche Solidarität ist nicht nur karitative Einzelhilfe, sondern muß sich auch Fragen der sozialen Rechtsordnung zuwenden. »Schöpferische Nachfolge meint das Wissen darum, daß beim Vollzug des Nachfolgens der Phantasie der Liebe, ihrem Erfindungsmut, ihrer Bereitschaft zum Risiko eine maßgebliche Funktion zukommt. Sie hat kein Programm, keine Rezepte, wohl aber einen bestimmten, durch Gottes Ja zum Menschen bestimmten Auftrag.«¹³

An dieser Stelle möchte ich erst einmal einhalten und einige Punkte ein wenig kritisch reflektieren.

Kommentar: Die Sozialethik nimmt ihren Ausgangspunkt bei dem durch Christus neugeschaffenen Einzelnen, der in verantwortlicher Hinwendung zum Nächsten diesem unter Selbstverzicht dient. Man kann diese Ethik als eine personale Ethik bezeichnen. Es sind nicht Gottes Gebote, die das erneuerte Individuum anweisen, auch nicht eine erneuerte Gesinnung, sondern kreative Nachfolge Christi mit der ganzen Person. Hier ist entscheidend, daß diese Ethik ihren

9. AaO. 162.
10. AaO. 164.
11. AaO. 163.
12. AaO. 165.
13. AaO. 167.

Ausgangspunkt bei einem personalen Christusbild nimmt, nicht etwa bei einer Vorstellung des Volkes Gottes oder dem Reich Gottes, dessen erster Vollbürger Jesu heißt. Der plötzliche Übergang von dem erneuernden Christen über die verantwortungsvollen Wirtschaftsführer zur Öffentlichkeitsaufgabe der Kirche erscheint nicht so merkwürdig, wie anfangs angenommen. Was hier als Aufgabe einer evangelischen Kirche beschrieben wird, unabhängig und frei, unpolitisch, doch ein Politikum zu sein, keine Programme entwickelnd noch positive Gesellschaftsideale, kann sich bestenfalls eine Kirche leisten, aber ist für einen verantwortlich in Wirtschaft und Politik tätigen Christen nicht möglich, es sei denn, er sei Professor für Sozialethik. Wolfs Polemik gegen die evangelischen CDU-Politiker der Restaurationsphase Hermann Ehlers und Eugen Gerstenmaier, sie lieferten die Kirche an Ideale, Programme und Ideologien aus [14], verrät, daß man wohl nur von der Kirche eine unpolitische Stellungnahme erwarten kann. Dies wird aber zu sinnlosen Forderungen, wenn dies von einem Christen in der Partei- und Gewerkschaftsarbeit verlangt wird. Kann man aber eine solche von Wolf entwickelte Sozialethik eigentlich nur in der Kirche verwirklichen, reduziert sich ihr Auditorium auf den Kreis theologisch ausgebildeter Mitarbeiter.

Wolf setzt sich im zweiten Teil seiner Sozialethik mit den Institutionen auseinander, die er als den Ort bezeichnet, an dem christliche Verantwortung sich zu bewähren hat. Der Begriff der Institutionen tritt an die Stelle der neulutherischen Vorstellung von der Schöpfungsordnung, bzw. Erhaltungsordnung. Mit »Institution« greift Wolf eine soziologische Begrifflichkeit auf, was sonst bei ihm ziemlich selten vorkommt.

Wolf liest am Schöpfungsbericht ein dreifaches Gegenüber ab: das Gegenüber Gottes zum Menschen, das Gegenüber des Menschen zum Menschen und das gemeinsame Gegenüber Gottes und des Menschen zur Erde. Diesem dreifachen Gegenüber entsprechen drei Institutionen. Gott und Mensch finden sich im Bund zusammen und damit in Kirche und Staat. Die exemplarische Institution menschlichen Gegenübers ist die Ehe. Dem gemeinsamen Gegenüber von Gott und Mensch zur Erde entspricht die Institution des Eigentums. Eigentum als Institution bedeutet, daß der Mensch stellvertretend den Herrschaftsanspruch Gottes über die Erde wahrnimmt, im Sinne des: »Machet sie euch untertan«. Hier zeigt sich in

---

14. AaO. 163.

besonderer Weise die Bedürftigkeit des Menschen nach Institutionalität, um der Menschwerdung des Menschen willen. Eigentum ist von vornherein ein Sozialverhältnis, das die Beziehung der Menschen zur Sache regelt. Es ist das auf Dauer gestellte Verhältnis der Menschen untereinander im Hinblick auf die ihnen gemeinsam anvertraute Erde. Es ist aber auch, wie jeder Institution, dem menschlichen Mißbrauch ausgesetzt. Die Verfügungsgewalt über andere Menschen und über die Natur kann mißbraucht werden, denn Institutionen sind ein göttliches Angebot, das aber, da die freie Annahme des Menschen hinzutreten muß, auch mißbraucht werden kann. Die Institutionen müssen gegenüber der Sünde, d. h. ihres Mißbrauchs nicht nur durch die notwendige Zustimmung durch den einzelnen, sondern auch durch ein Gerüst von Rechtsnormen geschützt werden. Wolf liegt viel daran, Normen und Rechtsnormen nicht nur als fordernde zu verstehen, sondern als »gewährende«. In ihr drückt sich der Schöpfungs- und Erhaltungswille Gottes, der der Lebenswirklichkeit Raum geben will, aus. Gerade deshalb müssen diese Normen und Rechtsordnungen auch veränderlich sein.

Es ist hier nicht der Ort, auf Wolfs Einzelausführungen über die Institutionen der Ehe, des Eigentums (Wirtschaft) und des Bundes (Kirche und Staat) zu referieren. In der Staatsethik geht er insbesondere mit drei Exkursen auf die Probleme herkömmlicher Staatstheologie, die Lehre von den zwei Reichen und auf die Auslegung von Römer 13 ein. Diese ausführlichen Erörterungen werden später von Wolf noch einmal unter der Überschrift »Das Problem des demokratischen Rechtsstaates als im besonderen heute gestellte Aufgabe« aufgenommen. Gegenüber der neulutherischen Staatslehre, daß der Staat selbst in seinem Wesen göttlich sei, sieht Wolf in ihm die Institution, die besonders darauf ausgerichtet ist, die Würde des Menschen zu schützen. Dies wird im Bonner Grundgesetz gewährleistet, weil dieses die Grundrechte nicht als etwas bestimmt, was vom Staat dem einzelnen eingeräumt wird. Die Grundrechte sind vorstaatlich und werden letztlich auf die Würde des Menschen zurückgeführt. Der Staat hat dem Menschen zu seinem Menschsein zu dienen. Für Wolf bedeutet dies, alle Ansätze abzuwehren, die den Menschen als Rechtssubjekt entmachten und zum Objekt staatlichen Handelns machen. Daher richtet sich das besondere Augenmerk einer christlichen Ethik des Politischen darauf, die Teilung der staatlichen Gewalten in gesetzgebende, vollziehende und richterliche zu erhalten. Es geht um die Sicherung politischer und sozialer Freiheit durch die Grundrechte, um die Gesetzmäßigkeit der Verwaltung und der Einrichtung unabhängiger, nur an Verfassung und

7 Ernst Wolf

Gesetz gebundener richterlicher Kontrollinstanzen, wobei kritische Bemerkungen zur (zur Zeit der Niederschrift akuten) Problematik der Notstandsgesetze fallen.

Kommentar: Entsprechend seiner allgemeinen Tendenz, vor allem die sozialethische Bedeutsamkeit *rechtlicher* Strukturen herauszuarbeiten, spricht Wolf von Institutionen in ihrer Verfaßtheit, während eine soziologische Beschreibung und Erfassung fehlt. Daher ist nicht nur hier die Frage zu stellen, ob er nicht zu stark juristische Tatbestände mit sozialen identifiziert. Um dies an einem Beispiel zu verdeutlichen: bei der Diskussion der Grundrechte kritisiert er diejenigen, die deren Intention darin sehen, subjektive oder kollektive Freiheitsräume abzugrenzen, weil mit der Absicht, Freiheit des Eigentums, der Arbeit und des Marktes zu gewährleisten, zugleich auch die kapitalistische Verkehrsgesellschaft verfassungsrechtlich gesichert wird. Damit würde aber nach Wolf der Mensch »in letzter Konsequenz der Eigengesetzlichkeit von Mächten, politischen, wirtschaftlichen, weltanschaulichen Mächten, ausgeliefert werden. Er würde aus dem bestimmenden Subjekt staatlichen Handelns in mannigfachen Variationen zum Objekt«[15]. Seine Kritik scheint mir voll berechtigt; nur: wer dringt auf eine solch fragwürdige Neuinterpretation der Grundrechte? Steht dahinter nicht die Realität jener gesellschaftlichen Kräfte, die die Restauration und Absicherung kapitalistischer Herrschaftsverhältnisse auch in das Grundgesetz hineintragen wollen, und darin, wenn man die Geschichte der BRD ansieht, auch recht erfolgreich waren? Ist es so sehr in Vergessenheit geraten, daß das Grundgesetz sich nicht auf eine bestimmte Wirtschaftsordnung festlegt? Wolf, und hier steht er nun doch im Rahmen der lutherisch-deutschen Staatstheologie, sieht zumindest im sozialen Rechtsstaat eine integrative Macht, die über den partikularen Interessen steht. Er fragt nicht danach, wer die Gesetzgebung beeinflußt, und verschließt sich der Tatsache, daß in den Ausführungsbestimmungen und Auslegungen des Gesetzes sich die Interessen der herrschenden Klasse durchsetzen.

15. AaO. 329.

Heinz-Dietrich Wendland[1], 1900 geboren, war ursprünglich Neutestamentler, wandte sich aber nach dem Kriege der Sozialethik zu. Seit 1955 in Münster, gründete er das Institut für Christliche Sozialwissenschaft an der dortigen Universität und war sein Direktor bis zu seiner Emeritierung 1969. Aus diesem Institut gingen eine Reihe von Wissenschaftlern hervor, die heute sozialethische Lehrstühle besetzen, wie G. Brakelmann, Th. Strohm, T. Rendtorff und K.-W. Dahm, der derzeitige Direktor des oben genannten Institutes. Durch zahlreiche Monographien und Sammelbände wirkt Wendland stark auf die sozialethische Diskussion der 50er und 60er Jahre ein. Als Einführungstext referiere ich hier seine Studie »Grundzüge der evangelischen Sozialethik« (1968), die aus Vorlesungen entstanden ist; zur Klärung bestimmter Sachverhalte ziehe ich andere Schriften heran. Ich verweise zugleich auf den kommentierten Aufsatz Wendlands in Kap. 2 »Die Welt verändern«.

Wendland: Theologischer Grundbegriff ist der *christliche Humanismus.* Dieser ist zu unterscheiden von dem bürgerlichen und dem marxistischen Humanismus, deren gemeinsame Voraussetzung die *Selbstmächtigkeit des Menschen* bildet. Diese beruht auf der Macht der weltgestaltenden und welterkennenden Vernunft. Marx hat diesen Humanismus in radikaler Weise zum Ausdruck gebracht, indem er die Konzeption von dem Menschen als Schöpfer seiner selbst vertritt, der sein eigener Messias ist. Dagegen bleibt für eine christliche Sozialethik der Mensch *Geschöpf,* geschaffen in Gottes Ebenbildlichkeit, die auch durch seine Rebellion nicht zerstört ist. Obgleich der Mensch sein ewiges Heil nur durch Gott erlangen kann, gilt für den Bereich der Welt, daß er als der Sachwalter und Verwalter aller Güter der Erde cooperator Gottes ist[2].

Die Rechtfertigung durch Gott wäre zu eng verstanden, ginge es nur um die Rechtfertigung des einzelnen. Durch göttlichen Heilsakt wird die Kirche ins Leben gesetzt, ein auch sozialethisch wichtiger Vorgang, denn mit der Kirche ist das Ganze der Menschheit gesetzt, an die sie gesandt ist. Damit ist jeder individualistischen Verengung

---

1. H.-D. Wendland, Grundzüge der evangelischen Sozialethik, 1968.
2. AaO. 57 ff.

gewehrt[3]. Dabei ist von einem doppelten Kirchenbegriff auszugehen, einerseits der Gemeinde des Gottesdienstes, aus der der einzelne Christ seine christliche Existenz empfängt, und der weltlichen Christenheit, an der der einzelne an seinem Standort steht, der ihm durch die Fügung der Geschichte und seines Geschicks zugewiesen wurde.
Dort aber wird er von der Kirche vielfach alleingelassen; er verliert rasch die tragende Basis und wird säkularisiert. Deshalb muß der Gemeindecharakter der Kirche ganz neu in Erscheinung treten. Sie muß Dienstgruppen aus sich heraussetzen, die diakonische Arbeit leisten und den Versuch machen, zwischen den verschiedenartigsten gesellschaftlichen Gruppen und der Kirche eine Plattform des großen Dialogs zu bilden. Der Pfarrer wird zum Diakon des Laien, der diesen berät, die Grundprinzipien der Humanität, der Mitmenschlichkeit, der Freiheit und der Gerechtigkeit in der Zusammenarbeit mit dem Nichtchristen zu verwirklichen. Die Kirche kann dabei keinen Herrschaftsanspruch erheben; ihr Verhältnis zur modernen Gesellschaft kann nur das »einer *dienenden,* seelsorgerlich und sozialdiakonisch helfenden und beratenden Kirche sein«[4].

Kommentar: Wendland vermeidet im Gegensatz zu Wolf den zu engen Ansatz bei dem Individuum. Es ist nicht der einzelne Mensch in seiner Gottesebenbildlichkeit und in seiner Nachfolge Christi, auf dem die Sozialethik aufbaut, sondern die Gemeinde und die Kirche, in der diakonisches Handeln für die Gesellschaft und die Hoffnung auf eine erneuerte Gesellschaft gegenwärtig und wirksam ist. Um so bedauerlicher ist es, daß sein Kirchenkonzept für die Gegenwart so vage bleibt. Die Kirche löst sich mehr oder weniger in eine Fülle von pneumatischen Dienstgruppen auf, die sich im Gottesdienst und helfendem Handeln nach außen zusammenfinden. Kirche ist keine Institution, sondern besteht aus personalen *Gruppen,* die ein Gegengewicht gegen die rationale Struktur bilden und in sie hineinwirken. Bildet bei E. Wolf die Kirche noch das politische Gemeinwesen in Richtung auf eine zukünftige Bestimmung ab, so reduziert sich hier die eschatologische Zielsetzung auf die personale Gemeinschaft, der jede Form von Institutionalität, von Verfaßtheit fehlt. Die Gruppen stehen in Strukturanalogie zu Familie; in ihnen wird noch eine echte Gemeinschaft gelebt.
O. Meyer hat darauf hingewiesen, daß »trotz der gegenteiligen Versicherung *Wendlands...* man nicht umhin können (wird), den

3. AaO. 114.
4. AaO. 118.

christlichen Humanismus als Synthese des dialektischen Verlaufs der neuzeitlichen Entwicklung zwischen legitimer und illegitimer Wirkungsgeschichte der christlichen Überlieferung zu begreifen«[5]. Die beiden Extreme, die zu einer Synthese zusammengeführt werden sollen, werden auf den Widerspruch von »personalistisch« und »sozialistisch« festgelegt, was zu groben Verzeichnungen des Liberalismus und Kommunismus führt, ein nicht seltener Weg in der Theologie, aber nicht nur in ihr, durch die Vereinfachung der gegnerischen Position die eigene Position um so strahlender herausstellen zu können. Dabei geschieht dies vielfach als Angebot eines dritten Weges, der aus den Widersprüchen von Liberalismus und Marxismus herausführt.

Wendland: Auf welche Weise ist die moderne Gesellschaft zu beschreiben? Wendland nennt drei Kennzeichen: Sie ist 1. *säkular,* 2. *pluralistisch* und 3. *rational.*

1. Am Anfang steht jene *Freiheit zur Welt und zur Weltlichkeit,* die das Christentum in die Geschichte der Menschheit eingeführt hat. »Der moderne Prozeß der Säkularisation ist ein Prozeß der Auflösung der sakralisierten Welt, der Auflösung der verchristlichten Welt, in der auch der Staat oder die Ehe zu heiligen, sakralen, unantastbar-stabilen Institutionen gemacht worden waren.« Doch es gilt, zwischen zwei Arten von Weltlichkeit, zwischen einer echten und unechten, zu unterscheiden: »Unsere christliche Mündigkeit macht uns frei, die Welt wirklich als weltlich, als profan zu erkennen und zu behandeln, als die entgötterte Welt, als die entdämonisierte Welt.«[6] Die unechte Weltlichkeit überhöht die Welt, »sie wird entweder religiös oder wie z. B. im Marxismus und im Naturalismus des ausgehenden 19. Jahrhunderts antireligiös oder antichristlich überhöht und verklärt. Sie wird also zugleich mit dem Menschen verabsolutiert«[7].

2. *Pluralismus* gibt es auch in vor-technischen Gesellschaften, aber der heutige Pluralismus hat einen besonderen Charakter.

»a) er beruht auf dem Prinzip der rationalen Organisation;
b) er ist ein Pluralismus der *Interessen* und der für Interessen tätigen Verbände;
c) er ist ein Pluralismus von *Parteien,* die miteinander um die Vormacht ringen;

---

5. O. Meyer, »Politische« und »Gesellschaftliche Diakonie« in der neueren theologischen Diskussion, 1974, 251.
6. Wendland, Grundzüge (vgl. dieses Kap., Anm. 1), 76.
7. Ebd.

d) der gesellschaftliche Pluralismus ist abhängig von der Differenzierung der Techniken und der Wissenschaften . . .;
e) der einzelne Mensch steht im Schnittpunkt vieler Ansprüche und Interessen; er untersteht einer Mehrheit von Gruppenverpflichtungen . . ., die sich häufig überkreuzen, wenngleich sie für sich genommen nur partiellen Charakter tragen.
f) In einer solchen Gesellschaft ist auch die Kirche Verband unter Verbänden, Kirchenmitgliedschaft eine Verpflichtung unter vielen.
g) Die pluralistische Gesellschaft tendiert zur *ideologischen* Rechtfertigung und Überhöhung der Gruppen- und Verbandsinteressen. Diese Tendenz wird durch den Mangel eines einheitlichen Selbstverständnisses der Gesellschaft verschärft. Die menschliche Einheit der Gesellschaft droht verloren zu gehen . . .
h) Die Einheit der Gesellschaft ist unanschaulich: sie verblaßt zur bloßen Vorstellung.«[8]

Im Pluralismus liegen für die Kirche besondere Schwierigkeiten; sie muß sich an diese vielfältigen Arbeitstypen erst herantasten, um den Adressat der Verkündigung überhaupt in den Blick zu bekommen.

3. Das Kennzeichen der *Rationalität* kommt vor allem in den Arbeitsproduktions- und Organisationsformen in den Blick. Diese Rationalität breitet sich in der ganzen Welt aus und ist mit Technik und Rationalisierung verbunden; dieser scharfen und durchgreifenden Rationalität wohnt eine geradezu umwälzende und revolutionierende Wirkung auf die heutigen Sozialformen und Wirtschaftsformen inne.

Die heutige Gesellschaft steht in einem ständigen Prozeß der Veränderung. Wendland verwendet dafür, besonders seit der Mitte der 60er Jahre, den Begriff der Revolution ziemlich häufig und ungezwungen. Die Triebkraft der totalen Weltrevolution ist jedoch nicht der Klassenkonflikt, sondern die *technisch-wissenschaftliche Zivilisation*[9]. Dieser Prozeß ist unaufhaltsam; keine alte Ordnung, kein bisheriges Wirtschafts- oder politisches System ist in der Lage, sich diesem Prozeß auf Dauer zu entziehen. Diese Revolution hat zwar einen weltumfassenden, aber keinen utopischen Charakter, wie die von K. Marx bedachte, der ein Vertreter einer absoluten Revolution ist. Diese ist abzulehnen, denn hier liegt ein eigenmächtiges Handeln ohne Gott vor. Wichtig ist es aber für die Kirchen, sich auf die wirklich umfassende, sich in der ganzen Welt vollziehende Revolution einzustellen, die Revolution der technisch-wissenschaftlichen Zivilisation[10].

---

8. Wendland, Einführung in die Sozialethik, 2. erweiterte Aufl. 1971, 55f.
9. Ders., Grundzüge (vgl. dieses Kap., Anm. 1), 170.
10. AaO. 170ff.

Das technische Zeitalter schafft ein neues Weltverständnis und Weltverhalten. Der Mensch ist nicht mehr bedroht von den großen Naturgewalten. Er wurde der Schöpfer einer zweiten künstlichen Welt, des Systems der Maschinen, der Apparate, der technischen Produktionsweisen und Sozialtechniken. Der Mensch hat sich von der Natur distanziert, um diese besser beherrschen zu können. Das hat seine Selbstmächtigkeit, seine absolute Autonomie ins Ungeheure erhöht; es scheint, daß mit Hilfe der Technik alles Übel aus dem Leben der Menschen und der Gesellschaft entfernt werden kann. Wendland lehnt drei Auffassungen über die Technik ab: die konservative, die in der Technik nur die Zerstörung aller Traditionen sieht; die neutralistische, die glaubt, die Technik sei weder gut noch böse; und die utopische, die glaubt, die Technik könne die Gesellschaft zur letzten Vollkommenheit führen. Die Technik kann weder die Schuld aus der Welt schaffen noch des Todes mächtig werden.
Die technisch-wissenschaftliche Revolution ist zwar global, aber in ihrer Richtung nicht festgelegt. Hat der Mensch diese zweite technische Welt geschaffen, so muß es auch möglich sein, den gegenwärtigen Zustand aus Freiheit, Personalität und Verantwortlichkeit heraus zu verändern. Hier liegt die spezielle christliche und kirchliche Mitverantwortung für die Welt der Technik; wir alle haben sie gewollt und müssen sie auch verändern, umgestalten und reformieren. Der Mensch muß sich seiner Herrschaftsstellung bewußt sein oder radikal wieder bewußt werden, aber er muß diese seine Herrschaftsstellung von Gott her interpretieren; er übt diese Herrschaft in der Gemeinschaft mit Gott aus und kann sich daher nicht als neuer Weltschöpfer und Menschengott gebärden[11].
Die wissenschaftlich-technische Zivilisation erweckt vordergründig den Eindruck, durch umfassende Rationalisierung und Versachlichung mit aller Zerstörung und dem Bösen fertig zu werden. Aber je stärker die rationale Kontrolle ist, desto stärker erheben sich die Mächte der Zerstörung. Es gibt in dieser Gesellschaft dämonische Strukturen, das institutionell Böse, das strukturell Böse, das kollektive Böse, das in seiner Wirkung weit über Einzelpersonen hinausgeht. Das Böse macht sich insbesondere in Ideologien fest, und gerade in der marxistischen, die glaubt, das Böse in Gestalt der Kapitalistenklasse ausrotten zu können: »Das 20. Jahrhundert ist das klassische Jahrhundert der Explosion des kollektiven Bösen.«[12]

11. AaO. 241ff.
12. AaO. 145.

Die Rationalität der modernen Gesellschaft ist ohnmächtig gegen die Pervertierung ihrer selbst; ihre eigenen Erfindungen werden immer wieder, wie bei der Atomtechnik, dazu benutzt, die zerstörerischen Kräfte zu entfesseln. Die Kräfte der Pervertierung sind allgegenwärtig, auf jedem Kontinent und in jedem Gesellschaftssystem. Auch die höchste kritische Rationalität kann uns vor ihnen nicht schützen[13].

Kommentar: Wendland hält an der konservativen Kritik der modernen Freiheitsgeschichte fest, wonach alles Unheil in der modernen Gesellschaft auf der Entthronung Gottes durch den Menschen beruht. Freilich, daß der christliche Gottesglaube politische und ideologische Exzesse in allen Fällen verhindert hätte, läßt sich historisch kaum belegen. Damit muß, was Herrschaft Gottes als Konzeption bedeutet, ziemlich undeutlich bleiben; die Eigenmächtigkeit des modernen Menschen ist als Kritik genug. Wendland bejaht durchaus die Bedeutung der modernen Freiheits- und Individualisierungsbewegung. Aber wenn diese Bewegungen zu zweifelhaften Ergebnissen führen, liegt dies stets an der fehlenden Bindung an Gott.

Nicht nur bei Wendland, sondern auch sonst in der evangelischen Sozialethik ist es auffällig, daß bei der Beschreibung der modernen Gesellschaft im allgemeinen nur konservative Soziologen wie H. Schelsky, A. Gehlen und H. Freyer herangezogen werden; die Auswahl wird nicht begründet. Marx wird meist als humanistischer Sozialphilosoph verstanden; es wird fast ausschließlich auf die fehlerhafte und willkürliche Auswahl der »Frühschriften« zurückgegriffen. Seine gesellschaftlichen Analysen des Kapitalismus dagegen gelten als überholt.

In bezug auf das Pluralismus-Konzept verweise ich auf meine Bemerkungen in Kap. 2, zur Beurteilung der technologischen Entwicklung auf Kap. 12.

Wendland: Gegenwehr gegen die Mächte des Bösen bilden die *»Anordnungen Gottes über die Welt«.* Wendland rechnet allerdings nicht wie E. Wolf die Kirche dazu. Der Auftrag der Evangeliumsverkündigung ist ein eschatologisch-pneumatischer. In der Kirche ist das Pneuma Christi bestimmend, nicht, wie in Staat, Familie und Wirtschaft, die Vernunft. Kirche kann nur aus der Dimension der eschatologischen Heilsverwirklichung in Christus her begriffen werden. Sie ist nicht Teil der Gesellschaft, sondern steht ihr gegenüber.

13. AaO. 141ff.

Aufgrund der neutestamentlichen Aussage gibt es für Wendland nur zwei »Anordnungen Gottes«: die Ehe und das politische Gemeinwesen. Sie sind »die beiden großen, von Gott gestifteten und angeordneten Institutionen zur Erhaltung der menschlichen Existenz und zur Erhaltung einer humanen Ordnung des Rechtes innerhalb dieser«[14]. Alle anderen Einrichtungen tragen den Charakter völliger geschichtlicher Vergänglichkeit und Wandelbarkeit; dies gilt vor allem für den Bereich der Wirtschaft. Aber auch die beiden Institutionen Ehe und Staat sind nicht als statische anzusehen, sondern müssen sich um einer menschenwürdigen Existenz und Gesellschaft willen verändern[15].

Zugleich sind diese beiden von Gott angeordneten Institutionen von den Tendenzen der modernen Gesellschaft bedroht. Die Staatsverwaltung wird rational durchdacht und nach einem bestimmten Plan konstruiert; das Endprodukt dieser Rationalisierung ist dann der totalitäre Staat des 20. Jahrhunderts in der Gestalt des Kommunismus, Nationalismus oder des technischen Staates im Westen, der Geist und Seele, Religions- und Lebensformen der Menschen bis in seine privatesten und intimsten Sphären hinein bestimmt. Eine solche bedrohliche Entwicklung läßt sich auch bei der Ehe aufweisen. Es kommt zu einer schlechten Weltlichkeit, zu einem Säkularismus der Ehe, wenn diese als ein absolut in sich selber bestehender Bund zwischen zwei Menschen aufgefaßt wird, der nichts anderes als rein menschlichen Willen und menschliche Triebe zur Basis hat.

Kommentar: Es bleibt unklar, was den Charakter der beiden Institutionen der Familie und des Staates auszeichnet, wenn sie gegen einen steigenden Rationalisierungszwang verteidigt werden müssen. Wendland nennt an anderem Ort für die Familie das personale Element; dieses kann aber nicht für den Staat zutreffen. Warum es zu einem solchen Rationalisierungsdruck auf diese beiden Institutionen kommt, wird nicht erklärt, aber stillschweigend übernimmt Wendland die neo-marxistische These, daß kapitalistische Wirtschaften nur so lange überhaupt funktionieren, soweit sich egoistisches Nützlichkeitsdenken nicht voll durchsetzt, sondern vorindustrielles Anhänglichkeits- und Treue-Verhalten sich weiter durchhält.

Wendland: Drei Begriffe bestimmen christliches Handeln in besonderer Weise: Entideologisierung, Partnerschaft und verantwortliche Gesellschaft.

14. AaO. 158.
15. AaO. 151.

Entideologisierung und *Ideologiekritik* stellen einen wichtigen Beitrag der Christen dar. Als moderne Ideologien werden immer wieder genannt Nationalsozialismus, Kommunismus, Konservatismus und Liberalismus, wobei Wendland sich immer erneut – mit einiger positiver Bewertung des jungen Marx und starker Kritik des russischen Kommunismus – dem Marxismus zuwendet. Die Ideologien müssen einer ständigen sozialen, politischen und ethischen Kritik unterworfen werden, denn sie haben eine ausschließende Wirkung. »Die *Entideologisierung* ist immer eine Art Entgiftung des persönlichen und gesellschaftlichen Lebens, . . . und diese Bereinigung der gesellschaftlichen Atmosphäre und des Verhältnisses der gesellschaftlichen Gruppen zueinander im Interesse der *humanen Einheit* der menschlichen Gesellschaft, das ist eine der Hauptaufgaben der gesellschaftlichen Diakonie.«[16] Die Gleichheit unter den Menschen läßt sich nur realisieren, wenn die ideologischen Gräben aufgefüllt werden. Aber fast noch wichtiger als gegen Ideologien zu kämpfen, ist der Kampf gegen die Entfremdung, dem der Proletarier ausgesetzt ist, der »von den Produkten seiner Arbeit, von der Natur, von sich selbst, vom Arbeitskollegen und Mitmenschen« getrennt ist.

Partnerschaft ist ein Weg, solche proletarische Entfremdung zu überwinden. Wendland weiß um die gewerkschaftliche Kritik am Partnerschaftsbegriff; er sieht hier Mißverständnisse walten und definiert seinen Partnerschaftsbegriff durch drei Kriterien: Partner, ob in Ehe oder Betrieb, bewegen sich auf derselben Ebene, mit gleichen Freiheiten und Rechten; sie tragen füreinander Verantwortung und sind zur Kooperation, zum Zusammenleben, oder, wie in einem Industriebetrieb, mindestens zum Zusammenarbeiten bereit; der Begriff verdeckt aber nicht die Unterschiedlichkeit und Gegensätzlichkeit gesellschaftlicher Positionen. Es geht darum, zu einem Dialog zu kommen, und zuweilen helfen Zwänge der Kooperation nach, wie »das gemeinsame Interesse an der Funktionstüchtigkeit und Arbeitsfähigkeit eines Industriebetriebes oder eines Wirtschaftskörpers«[17]. Partnerschaft heißt, daß man miteinander umgehen will, ordentlich, korrekt, höflich. Es ist eine Form praktischer Humanität. »Selbstverständlich hat man schon frühzeitig gesehen, daß Partnerschaft und *Klassenkampf* miteinander unvereinbar sind . . . beide Haltungen sind wirklich wie Feuer und Wasser unvereinbar.«[18] Partnerschaft hat aber nichts zu tun mit Verdeckung

16. AaO. 139.
17. AaO. 241.
18. AaO. 218.

faktischer Gegensätze und Konflikte, sondern soll nur dazu verhelfen, daß man miteinander kooperiert zum Nutzen des Ganzen von Staat und Gesellschaft. Partnerschaft bedeutet das ethische »Öl« im maschinellen Gestänge, »deren die hohe Rationalität und die zwingende Organisierung des einzelnen Menschen dringend bedarf«[19].
Wendland greift ähnlich wie E. Wolf auf das Modell der »*verantwortlichen Gesellschaft*«[20] zurück. Weitere Abklärung findet dieses in einem Aufsatz in: Die Kirche in der revolutionären Gesellschaft[21]. Ich werde im Kap. 12 noch ausführlich auf die ideologischen Hintergründe eingehen, die mit dieser Konzeption verbunden sind; hier interessiert nur ihre besondere Ausprägung innerhalb der wendlandschen Sozialethik.
Für Wendland bedeutet die Vorstellung von der »verantwortlichen Gesellschaft« nicht nur, daß »lediglich von den *einzelnen Gliedern*« der Gesellschaft ein höheres Maß von Verantwortlichkeit gefordert würde als bisher«, sondern die Institutionen einer Gesellschaft sollen »so beschaffen sein, daß der einzelne in ihnen und mit ihrer Hilfe verantwortlich handeln und leben kann«[22]. Dies ist eine wahrhaft revolutionäre Forderung an die traditionellen, rein hierarchisch gebauten Institutionen und richtet sich gegen jeden von ihnen ausgehenden Totalitätsanspruch. Die Institutionen müssen sich zu rationalen Organisationen mit »Formen einer funktionierenden Kooperation und einer ›versachlichten‹ Leitung der gesellschaftlichen Arbeit« herausbilden[23]. Dabei bleibt das Problem des Zusammenarbeitens ein konstantes Problem, denn die Freiheit des einzelnen stellt ständig die Frage nach der *Integration* der Gesellschaft.
Will man in Richtung auf die »verantwortliche Gesellschaft« arbeiten, gilt es, Konventionen zu entwickeln, durch die die Mitglieder einer Gesellschaft zur Realisierung mitmenschlicher Verantwortung angeleitet werden. Das Ziel ist nicht das Himmelreich Gottes auf Erden, sondern eine humane *weltliche* und geschichtliche Ordnung, die um des Menschen und der Menschenwürde willen besteht. Diese Anerkennung der Freiheit und der Menschenwürde ist durch das Gebot der Nächstenliebe gegeben und setzt Maximen und Ziele im Dienste der Wohlfahrt aller Menschen. »Verantwortliche Gesellschaft« bedeutet eine »reale Utopie«, d. h. »eine Utopie im relativen, geschichtsbezogenen Sinne, ... als Zielsetzung einer relativ

---

19. AaO. 212ff.
20. AaO. 161.
21. Ders., Die Kirche in der revolutionären Gesellschaft, 1967, 99–116.
22. Ders., Grundzüge (vgl. dieses Kap., Anm. 1), 99f.
23. AaO. 101.

besseren Ordnung der Gesellschaft, des sozialen Fortschritts, der Überwindung sozialer Mißstände und Ungerechtigkeiten, ohne den illusionären Anspruch auf absolute Gerechtigkeit oder die Schaffung eines total ›neuen‹ Menschen und die Aufhebung aller Bedingungen der geschichtlichen Welt«[24]. »Verantwortliche Gesellschaft« widerspricht einer Klassengesellschaft ebenso wie der nur aus materiellen Gütern lebenden Wohlstandsgesellschaft, bedeutet also keine Verklärung westlichen Lebensstils, denn sie fordert die »demokratische Konstituierung und Kontrolle von Regierung und Führung, die Verantwortlichkeit der Machtausübenden und die rechtliche geordnete Mitbestimmung der Glieder eines jeden Gemeinwesens«[25].

Die Frage nach dem Ziel allen politischen Gestaltens und Wollens beantwortet Wendland »gemäß der alten christlichen Tradition« von dem »Begriff des *Gemeinwohls*, von den Begriffen des *sozialen Friedens*, der sozialen *Gerechtigkeit*, der *Mitmenschlichkeit*, der *Freiheit* der Einzelnen her oder unter dem Maßstab der Menschenrechte«[26], wobei die Freiheit des einzelnen Menschen auf das Gemeinwohl bezogen sein muß, weil man sonst zu einem völlig individualistischen Gesellschaftsverständnis kommt. An anderer Stelle gibt Wendland als Zielrichtung die »menschenwürdige Gesellschaft« und »das irdische, soziale und wirtschaftliche, sittliche Wohl des einzelnen Menschen« an[27].

Kommentar: Viel stärker als E. Wolf verweist Wendland auf gesellschaftliche Gesamttendenzen, wie Säkularisierung, der einzelne als Träger von Rollen, die pluralistischen Tendenzen, Technik und Rationalisierungsprozesse, um nur einiges zu nennen. Über die Auswirkungen der gesellschaftlichen Differenzierung und des Klassenkonfliktes, die ich für besonders wichtig halte, spricht er eher beiläufig. Offen oder verdeckt wird immer wieder seine ständige Sorge um den Zusammenhalt, *die Integration der Gesellschaft* ausgedrückt, bei den Fragen nach den bürgerlichen Einzelrechten, beim Interessengegensatz pluralistischer Gruppen, im Begriff des Gemeinwohls, in der Forderung nach sozialem Frieden. Immer wieder läßt sich sein Bemühen aufweisen, die notwendige Kooperationsfähigkeit für die gesellschaftliche Arbeit zu sichern. Das erklärt die große Bedeutung, die der Begriff der Partnerschaft bei ihm erhält:

24. AaO. 107f.
25. AaO. 110.
26. AaO. 257f.
27. AaO. 123f.

Keine Verschleierung von entgegengesetzten Interessen, aber der Betrieb muß laufen. Dialog statt Konflikt, um des Ganzen und seiner Einheit willen.
Gesellschaftliche Konflikte erscheinen bei Wendland als *Kampf der Ideologien*. Wo Ideologien herrschen, da ist Gott entthront und mit ihm die nüchterne Vernunft. Ideologien bedrohen die Einheit und die Arbeitsfähigkeit der Gesellschaft und machen Kompromisse unmöglich. Wo Klassenkampf auf ideologischer Basis herrscht, ist eine Verständigung nicht mehr gegeben. Das ist sicher eine sehr idealistische Auffassung, als seien Ideologien geschichtliche Mächte und nicht Ausdruck von gesellschaftlichen Gruppen, die ihre Interessen und ihr Handeln vor der Gesellschaft zu begründen oder zu rechtfertigen suchen. Und führt die Abwehr der Ideologien und der Ruf zur nüchternen Vernunft nicht doch zu einer Ausprägung der »verantwortlichen Gesellschaft«, die sich als die bestehende parlamentarische Demokratie darstellt, zu einer Bejahung der Gesellschaft, wie sie ist?
Bei Wendland wird »partnerschaftliches Handeln« zu einer zentralen sozialethischen Norm, wie O. Meyer vermerkt. Hier zeigen sich seiner Meinung nach Widersprüche, weil Wendland nicht ausreichend klarmachen kann, ob die Bildung einer partnerschaftlichen Ordnung einem allgemeinen Trend in der Gesellschaft entgegenkommt, indem »Sachzwänge und Interessen vorhanden (sind), die dazu verhelfen, daß Partnerschaft möglich wird«[28], oder ob die Partnerschaft vor allem der Stärkung der Personalität gegen die sie bedrängenden »sekundären Systeme« dient. Im letzteren Fall würde Partnerschaft »eine Begrenzung des rationalen Systems im Namen von ihm vorgeordneten Normen, nicht aber das rationale Austragen von Konflikten, wie es der demokratischen Theorie entsprechen würde«[29], bedeuten. Für Wendland ist Partnerschaft vorbildlich in der Familie als Anordnung Gottes verwirklicht, soll aber auch in einem Betrieb verwirklichbar sein, der starke durch Sachnotwendigkeit bedingte Autoritätsstrukturen aufweist. Offenbar versucht Wendland hier, wie Meyer meint, das neuzeitliche Problem vom Abbau von Herrschaftsstrukturen zu lösen, indem er »die mitmenschliche Verbundenheit in den Begriff der Herrschaft von vornherein mitaufgenommen«[30] sehen will. Wird im Betrieb Herrschaft

---

28. Wendland, Person (vgl. Kap. 1, Anm. 10), 81.
29. Meyer, Diakonie (vgl. dieses Kap., Anm. 5), 255.
30. H.-D. Wendland, Kritik der Herrschaft, in: ders., Botschaft an die soziale Welt, 1959, 213–227, hier 218.

in »verantwortliche Führung« verwandelt, so scheint kein Widerspruch zwischen Herrschaft und Partnerschaft mehr zu bestehen. Wendland erfaßte mit seinem Konzept eines christlichen Humanismus zwischen schrankenlosem Liberalismus und den Vergesellschaftungstendenzen des Marxismus sozialethisch genau den Weg, den diese Republik in der Nachkriegszeit gegangen ist. Seine Lehre vom industriellen Wiederaufbau in privatwirtschaftlicher Regie, begleitet von sozialstaatlichen Maßnahmen, traf die Situation der Nachkriegsjahre. Die Kenntnisse über den Marxismus und seiner Kritik der privaten Kapitalwirtschaft waren so gering, daß einer oberflächlichen Widerlegung marxistischer Ansätze niemand widersprach. Auf der Basis eines allgemeinen Humanum ließ sich eine Koalition aller der an einem Wiederaufbau Interessierten verwirklichen. Spürbar ist die Sorge um die Legitimation der BRD; darauf ist die gesellschaftliche Zielvorstellung wie »Gemeinwohl« und »sozialer Frieden« ausgerichtet. Die sozialen Konfliktstoffe müssen minimalisiert, Autorität mit partnerschaftlichem Verhalten versöhnt werden. Erst als mit der Studentenbewegung sozialistische Vorstellungen unüberhörbar wurden und im Anschluß an sie die kritischen Anfragen der Ökologie an die technisch-wirtschaftliche Entwicklung aufkamen, wurden mehr Fragen gestellt, als Wendlands sozialethische Ansätze beantworten konnten.

9 Gustav Gundlach S.J.

Die katholische Soziallehre hat neue Aktualität gewonnen, seit Bundeskanzler Helmut Schmidt 1977 sein bekanntes Referat vor der Katholischen Akademie in Hamburg über die Bedeutung der Grundwerte hielt[1]. Dieser Vortrag war aus der Zusammenarbeit mit O. von Nell-Breuning, emeritierter Professor von St. Georgen und prominenter Vertreter der katholischen Soziallehre, hervorgegangen[2]. Hans Apel, damals Bundesverteidigungsminister, verwandte diese kürzlich, um die Notwendigkeit zu belegen, die »soziale Marktwirtschaft« weiterzuentwickeln, das Recht freier gesellschaftlicher Gruppen, insbesondere der Gewerkschaften, zu rechtfertigen und den Vorrang von Grundwerten wie Solidarität und Gerechtigkeit hervorzuheben[3]. Der erneute Rückgriff auf die katholische Soziallehre, die einst unter Adenauer höchst einflußreich war, kann wohl als Versuch interpretiert werden, eine neue Legitimationsbasis in christlichen Werten zu finden, nachdem Wachstum und ausreichende Beschäftigung nicht länger gesichert werden können und damit die Wohlstandskrise sich zur Krise staatlicher Legitimation auszuwachsen droht.

Die katholische Soziallehre hat zum Ziel, aufgrund der beiden Erkenntnisquellen des Glaubens und der natürlichen Vernunft die wesentlichen Züge einer gesellschaftlichen Ordnung zu erfassen und zu einem entsprechenden geordneten und ordnenden Handeln hinzuführen. Sie stützt sich dabei auf die Sozialenzykliken, als deren erste allgemein die Enzyklika »Rerum novarum« (1891) Leo's XIII. angesehen wird. Vierzig Jahre später erschien die Enzyklika Pius XI. »Quadrogesimo anno« (1931). Wichtige Quellen sind ferner die zwei von Johannes XXIII. verfaßten Enzykliken »Mater et Magistra« (1961) und »Pacem in terris« (1963). Die von dem II. Vatikanischen Konzil verabschiedete Pastoralkonstitution »Gaudium et spes« enthält, obgleich stärker seelsorgerlich orientiert, wesentliche autoritative Aussagen zur Soziallehre. Schließlich ist auf die beiden

---

1. Vgl. dazu G. Gorschenek, Grundwerte in Staat und Gesellschaft, 1977.
2. O. v. Nell-Breuning S. J., Der Staat und die Grundwerte, in: Stimmen der Zeit, 1977, 193, 378–388.
3. H. Apel, Worte machen keine Politik, in: Vorwärts Nr. 22, 1977, 3.

Enzykliken Paul's VI. »Progressio populorum« (1967) und »Octogesima adveniens« (1971) zu verweisen[4]. Neben diesen Texten werden andere Äußerungen des Pontifikats zu sozialethischen Fragen und Kommentare maßgeblicher Mitarbeiter herangezogen.
Gustav Gundlach[5] wurde 1892 geboren und trat mit zwanzig Jahren in den Jesuitenorden ein. Neben Theologie belegte er Nationalökonomie, insbesondere hat er hier bei den Wirtschaftswissenschaftlern H. Pesch, dem Begründer des »Solidarismus«, und W. Sombart studiert. Seit 1929 unterrichtete Gundlach an der Philosophisch-Theologischen Hochschule St. Georgen in Frankfurt/M., seit 1934 an der Päpstlichen Hochschule Gregoriana in Rom. An der Ausarbeitung der Sozialenzyklika »Quadrogesimo anno« war er entscheidend beteiligt. In den folgenden zwei Jahrzehnten war er maßgeblicher Berater der Päpste Pius XI. und vor allem Pius XII. Der neuen Linie der Öffnung der katholischen Kirche unter dem Pontifikat Johannes XXIII. stand er zunehmend kritisch gegenüber; mit seiner Emeritierung 1962 kehrte er in die BRD zurück und wurde zum Leiter der neugegründeten »Katholischen Sozialwissenschaftlichen Zentralstelle« in Mönchengladbach berufen. Er starb überraschend 1963, zwei Tage nach der Wahl Pauls VI. zum Nachfolger Johannes XXIII.
Gundlach ist wegen seiner starken zeitlichen Beanspruchung niemals zu einer umfassenden Darstellung seiner Position gekommen, schon deswegen nicht, weil, wie ein Kenner der Szene einmal sagte, »das meiste von ihm unter dem Namen Pius XII. veröffentlicht worden ist«. Posthum wurde eine zweibändige Ausgabe seiner Schriften und Vorträge unter dem Titel »Die Ordnung der menschlichen Gesellschaft« (1964)[6] herausgegeben; die folgende Darstellung bezieht sich auf diese.
Nach Gundlach ist die katholische Gesellschaftslehre *»die einheitliche Zusammenfassung aller aufgrund der christlichen Heilsordnung möglichen Erkenntnisse von den Ordnungsstrukturen der diesseitigen menschlichen Gesellschaft im Ganzen und in ihren Einzelbereichen als Norm der dem innerlich gesellschaftlichen Menschen dauernd und*

---

4. Quellen: Die sozialen Enzykliken. Mit einer Einleitung von J. Binkowski, 1963; A.-F. Utz/J.-F. Groner, Aufbau und Entfaltung des gesellschaftlichen Lebens. Soziale Summe Pius' XII., 3 Bde., 1954–1961; K. Rahner/H. Vorgrimler (Hg.), Kleines Konzilskompendium, 1966²; Papst Johannes XXIII., Die Sozialenzyklika Mater et Magistra, 1961; ders., Enzyklika Pacem in terris, 1963; Papst Paul VI., Die Entwicklungsenzyklika Populorum progressio, 1967.
5. Vgl. zum Ganzen: J. Schwarte, Gustav Gundlach S. J. (1892–1963), 1975.
6. Gundlach, Ordnung (vgl. Kap. 6, Anm. 58).

im Wandel der Geschichte erwachsenen Ordnungsaufgabe«[7]. Ihre Erkenntnisquellen sind neben den Wahrheiten der Offenbarung das Licht der natürlichen Vernunft, das die Wesensordnung der Dinge und des Menschen aufdeckt und die inneren Zusammenhänge erkennt, die letztlich auf Gott zurückgehen[8].
Die Möglichkeiten der natürlichen Vernunft beruhen auf der Schöpfertat Gottes, der den Menschen schuf und ihn zu einem Ebenbild Gottes gemacht hat, »ausgestattet mit der Gnade einer besonderen Verwandtschaft mit Gott, ausgestattet mit der göttlichen Natur selbst, wie es überhaupt einem geschöpflichen Wesen möglich ist«[9]. Auch wenn der Mensch gefallener, erlöster, vollendeter Mensch ist, bleibt doch seine Natur in den verschiedenen Zuständen erhalten. Er ist Geistperson als Bild der unendlichen Geistperson Gottes. »Hierdurch ist dem Menschen als endlichem Wesen eine innere Potentialität eigen, die ihn auf die Unendlichkeit der Seins- und Wertfülle des ›Urbildes‹ intentional ausrichtet.«[10]
Dem Menschen ist Leiblichkeit und die Fähigkeit gegeben, das Wesenhafte, Bleibende, Dauernde von dem bloß Fließenden, sinnhaft Gegebenen zu unterscheiden. Zu seinen Eigenschaften gehört das Erfassen der einen Ganzheit, die für den Menschen letzte Geschlossenheit seines Daseins bedeutet, aber er ist und bleibt ein menschliches Wesen in Selbständigkeit und Selbstmächtigkeit[11].
Alles, was der Mensch von Natur ist, geht in die christliche Heilsordnung ein, denn der Mensch als Träger von Personenrechten, als Abbild göttlicher Seins- und Wertmächtigkeit, als Bild Gottes ist durch die Erlösungstat Christi nur neu und in unerhörter Weise bestätigt worden[12]. In diese Heilsordnung gehen mithin auch die Erkenntnisse der natürlichen Vernunft des Menschen und sein geistiges natürliches Streben zur Ordnung ebenso ein wie das, was dem Menschen als Person von Natur aus zukommt, so seine Zuordnung auf andere Menschen, mit denen der Mensch solidarisch verbunden ist, um die Werte des Menschentums zu verwirklichen. »Indem der Mensch ein soziales Wesen ist und die Verwirklichung dieses sozialen Wesens an naturgegebene Ordnungen und Rechtsverhältnisse gebunden ist, tritt er in die christliche Heilsordnung als ihr Bestandteil ein.«[13]

7. AaO. I, 24.
8. AaO. I, 40.
9. AaO. I, 49.
10. AaO. I, 166.
11. AaO. I, 51f.
12. AaO. I, 55.
13. Ebd.

In allen Ordnungsfragen steht der Einsatz der menschlichen Person im Vordergrund. Die Ordnungen müssen so gestaltet sein, daß die eigene Verantwortlichkeit gewährt und gewahrt bleibt. Die Ordnung der Gesellschaft kann weder durch einen gesellschaftlichen Automatismus noch durch eine lückenlose Normensetzung gesichert werden, sondern nur da, wo den Trägern gesellschaftlicher Ordnungsmacht ein Spielraum freien Ermessens möglich ist. Dabei ist die Person mit dem Element der Macht verbunden. »Macht ist *ursprunghaft* mit der menschlichen Person verknüpft, die als endliches Geistwesen innerlich Bild Gottes ist, Träger von Personrechten und Macht über sich selbst und die Umwelt im dauernden Vollzug wesensgemäßer Existenz.«[14] Aber diese Macht, die etwa durch die Schaffung von Gemeinschaft ausgeübt wird, darf nicht den Wesensbestand der Person verletzen, weil sie jenes einzigartige Abbild göttlicher Vollkommenheit betreffen würde, das in der Person allein seine ganze Tiefe und Weite findet. Die Person ist »*sich selbst Ziel und niemals Mittel*«[15].

Kommentar: Das Person-Prinzip begründet sich, im Gegensatz zur evangelischen Sozialethik, nicht so sehr auf der Offenbarung des Menschen in Christus als in der Annahme, daß der Sündenfall die Ebenbildlichkeit des Menschen mit dem das Dasein schöpferischen und in ihm mächtigen Gott nicht zerstört hat. Christus bringt eine Heilsordnung, aber der Mensch lebt weiterhin in dieser Welt und findet seine Bestimmung durch diese Welt hindurch[16]. Dabei wird die natürliche Erkenntnis Gottes vorausgesetzt und Liberalismus und Sozialismus damit kritisiert, daß sie sich dieser natürlichen Erkenntnis verweigern und damit in der Gefahr stehen, den Menschen zu pervertieren. Daß die Person Ursprung, Träger und Ziel aller Sozialgebilde und allen sozialen Geschehens ist, »dürfte die bedeutendste und wertvollste Hinterlassenschaft Gundlachs sein«[17], gerade angesichts, so J. Schwarte, einer »*zunehmenden Soziologisierung des öffentlichen Bewußtseins*«[18]. Dies ist bleibende Grundlage katholischer Soziallehre: »Principium, subiectum et finis omnium institutorum socialium est et esse debet humana persona«, heißt es in der »Pastoralkonstitution«[19]. Dieser Aussage kann man nur

---

14. AaO. I, 32.
15. AaO. I, 110.
16. AaO. I, 55.
17. Schwarte, Gundlach (vgl. dieses Kap., Anm. 5), 606.
18. AaO. 607.
19. Gaudium et spes, Nr. 25, Abs. 1.

zustimmen; die entscheidenden Fragen werden aber erst dort gestellt, wenn es darum geht, was die Personhaftigkeit und Menschlichkeit zerstört und was ihnen aufhilft.

Gundlach: Die Personen sind an die Gemeinschaft gebunden, weil sie, um ihre eigenen Ziele zu bewältigen, der Hilfe der Gemeinschaft bedürfen. Andererseits ist die Gemeinschaft an den einzelnen gebunden, weil das gemeinschaftliche Handeln, die Vergemeinschaft oder der *Solidarismus,* nur im einzelnen als dem alleinigen Träger geistiger Erkenntnis und verantwortlichen Willens verankert sein kann. Der Ansatz des Solidarismus liegt nicht bei den isolierten Individuen wie im liberalen Individualismus, für den die Gemeinschaft nur zum bloßen Summenbegriff für die ihr angehörigen Individuen wird. Da »das Individual- und Sozialprinzip zwar äußerste, aber dennoch logisch nur konträre und nicht kontradiktorische Gegensätze darstellen, bleibt begrifflich für das solidaristische Prinzip als vollkommen unabhängiges Bauprinzip der Gesellschaft Raum«[20]. Das ontologische Prinzip des Gemeinschaftslebens, der Ausgangspunkt der gesellschaftlichen Wirklichkeit, ist weder individualistisch, gemeinschaftlich oder kollektivistisch zu verstehen, sondern stellt »die sich in der Geschichte auswirkende wesentlich soziale Menschennatur oder ›der Mensch inmitten der Gesellschaft‹ (H. Pesch) (dar, Y.S.). Mithin ist das Prinzip des Solidarismus eine grundlegende, das gesellschaftliche Sein zutiefst begründende Gegebenheit«[21].

Das Prinzip des Solidarismus verbindet entsprechend der geistleiblichen Doppelnatur des Menschen menschliche Gesinnung und Organisationsprinzip. Solidarismus bedeutet nicht nur Liebesgesinnung oder Verbundenheit in einer gemeinsamen inneren Haltung, sondern bedeutet auch Rechtsprinzip, das als inneren Kern Solidarität und Gemeinhaftung fordert und damit erst zum gestaltenden und sozial verknüpfenden Element gesellschaftlicher Gebilde wird. Das Rechtsprinzip des Solidarismus begründet die soziale Gerechtigkeit, in der zugleich die Rechte des Individuums wie der Gemeinschaft aufgenommen sind, und verweist damit auf die anfangs beschriebene Doppelausrichtung. Recht ist damit nicht etwas, was zum Gesellschaftsleben hinzutritt, sondern geht in das wesenhafte und formende Prinzip jeder menschlichen Gesellschaft entscheidend mit ein.

Solidarismus zielt vor allem auf die personale Verknüpfung der Menschen untereinander. Er muß den Menschen vor der Zerset-

---

20. Gundlach, Ordnung (vgl. Kap. 6, Anm. 58), I, 173.
21. Ebd.

zung und Zerreißung durch die Institutionen und »Ordnungen« schützen, die von der Sachwelt her bestimmt sind. Aus dem personalen Charakter heraus ist es nicht etwa wie in der liberalökonomischen Theorie das Kapital, das die Menschen zusammenführt, sondern nur der personale Faktor der gemeinsamen Arbeit, die Arbeit am selben Produkt, mag sie nun leitend oder ausführend sein. Sofern Entwicklungen der Technik, sei es in der Organisation, sei es im Erzeugungsprozeß der Wirtschaft, den personalen Charakter der Arbeit von der Sachwelt her bedrohen, wird dies vom Solidarismus ebenso kritisiert wie die herrschende und nicht dienende Rolle des Kapitals[22].

Theologisch steht der Solidarismus, der aus den Mitteln der natürlichen Erkenntnis aufgewiesen werden kann, in einem engen Zuordnungsverhältnis zum katholischen Denken. Die Betonung der Eigenständigkeit und Selbstverantwortlichkeit der Individuen durch den Solidarismus entspricht dem durch die Offenbarung vermittelten Persönlichkeitsbegriff. In der Kirche verbindet er sich mit dem Gedanken der christlichen Liebesgemeinschaft, die die Verbundenheit in Liebe und Hilfe für die stets individuellen Notstände der Gesellschaft erfordert.

Das Prinzip des Solidarismus verweist auf die drei schon von der vernünftig-sittlichen Menschennatur geforderten *Aufbauformen* der Gesellschaft, die Familie, das Privateigentum und den Staat. Bevor jedoch diese Bestimmung und Verknüpfung genauer ausgeführt werden kann, sei auf ein weiteres Prinzip verwiesen, das die sozialen Aufbauformen gegeneinander ordnet: das Subsidiaritätsprinzip.

Das *Subsidiaritätsprinzip* ist »in der *personhaften, solidarischen Verbundenheit der Menschen um die Menschtumswerte* verankert«[23]. Es besagt, daß eine größere Vereinigung nicht Aufgaben an sich nehmen soll, die die kleinere erledigen kann. Es geht darum, eine mehr zentralistische Regelung zu vermeiden, soweit dies möglich ist, um die möglichste Personennähe zu wahren. Die Bereiche, in denen gemeinsame Angelegenheiten durch die Beteiligten entschieden werden können, sollen überschaubar bleiben. Es geht darum, die Gefahr zu beseitigen, die die Herrschaft des Apparates und des Funktionärs darstellt. Dagegen kann es nicht um die Begünstigung partikulärer Gruppen gehen, die in sich wegen ihrer Kleinheit unfähig sind oder geworden sind, gemeinsame Aufgaben zu bewältigen. Es darf auch nicht unter der Berufung auf das Subsidiaritäts-

---

22. AaO. Artikel »Solidarismus«, I, 172–178.
23. AaO. I, 171.

prinzip eine Gruppe Aufgaben an sich ziehen, die ihr wesensmäßig nicht zustehen[24].

Kommentar: Bei der Ausarbeitung des Solidarismus greift Gundlach auf die französische Sozialphilosophie, aber auch auf Lassalle zurück, grenzt sich aber entschieden gegen jede Interpretation ab, die auf eine historisch-gesellschaftliche Vorstellung oder auf das christliche »Einer trage des anderen Last« Bezug nimmt. Für ihn handelt es sich »um ein ontologisches Prinzip ..., das sich zwangsläufig aus der Tatsache der menschlichen Vergesellschaftung ergibt«[25]. Wie freilich eine solche Sozialontologie durch die christliche Offenbarung eine wesentliche Bereicherung und Erweiterung erfahren könnte – so hat O. v. Nell-Breuning 1951 gefragt –, bleibt offen[26]. Immerhin kann die katholische Soziallehre darauf verweisen, daß das Godesberger Programm von 1959, auch wenn dieses auf eine theologische Bezugnahme verzichtet, der speziellen klassenkämpferischen Betonung der Solidarität weitgehend entsagt hat und sich damit erheblich der Bestimmung des Solidarismus in der katholischen Soziallehre angenähert hat; Kritisches dazu ist bereits oben gesagt worden (vgl. »Solidarität«, Kap. 6).

Das Sozialprinzip der Subsidiarität ist bereits mit dem Bundessozialhilfegesetz und dem Jugendwohlfahrtsgesetz in die bundesrepublikanische Gesetzgebung 1961 eingeführt worden. Ob es wirklich in der Lage ist, bürokratische und staatstotalitäre Bestrebungen zu verhindern, ist vielerorts bestritten worden. Wenn die Kirchen sich auf dieses Prinzip stützen, um ihre karitativen Einrichtungen durch den Staat finanzieren zu lassen, ist die berechtigte Frage zu stellen, ob sich nicht auch innerhalb ihrer Wohlfahrtsorganisationen erhebliche bürokratische Strukturen entwickelt haben, die wenig flexibel auf neue Ansätze zur Hilfe reagieren; zudem läßt sich, solange die Steuerhoheit beim Staat liegt, die Staatsabhängigkeit kaum vermindern; die Kirchen werden zu staatlichen Erfüllungsgehilfen[27]. Deshalb scheint der Optimismus J. Schwartes, das Subsidiaritätsprinzip könne angesichts der Situation, daß »immer mehr Menschen das Gefühl haben, ... nur noch ein winziges Rädchen in einem undurchschaubaren Getriebe zu sein«, neue »Möglichkeiten der

---

24. AaO. I, 33.
25. Schwarte, Gundlach (vgl. dieses Kap., Anm. 5), 372.
26. O. v. Nell-Breuning, Art.»Solidarismus«, in: Wörterbuch der Politik, Bd. 5, 1951, Sp. 376.
27. Vgl. dazu Y. Spiegel, Diakonie im Sozialstaat, in: W. Erk/Y. Spiegel (Hg.), Theologie und Kirchenleitung, 1976, 96–114.

Selbstverwirklichung und Freiheitsbetätigung«[28] aufweisen, allzu unrealistisch zu sein.

Gundlach: Es sind drei Strukturelemente, auf die die Ordnung der Gesellschaft aufbaut: *die Familie, das Privateigentum und der Staat.* Sie sind die wesentlichen »Ordnungssäulen«[29]. Nur ein »organisches Ordnungsgefüge aus persönlicher Verantwortung und starker Autorität«[30] kann die objektiven, von Gott gewollten Menschheitsziele erreichen:

»Wo die objektive Geltung gottgegebener Ziele und Werte nicht anerkannt wird, ist das Wagnis der Selbständigkeit der Person und der kleineren Lebenskreise zu groß, und die Folge ist der Hang zur Gesellschaft als riesiger uniformierender Organisation, wie es der Sozialismus will.«[31]

»Die menschliche Person ist ohne die ihrer würdige Funktion von Ehe und Familie nicht lebensfähig. Die menschliche Person findet im Naturrecht des Privateigentums die einzige ihrer Eigenart voll entsprechende Funktion, die Nutzung der äußeren Güter seitens aller Menschen zu koordinieren und damit jegliche Kulturentwicklung erst möglich zu machen. Die menschliche Person findet endlich im Staat die einzige Institution, um den Gebrauch aller ihr gehörenden Personenrechte dauernd zu garantieren und mit dem Gebrauch anderer in Einklang zu bringen.«[32]

Die drei Grundinstitutionen Familie, Eigentum und Staat müssen in ihrem inneren Zusammenhang für die Ordnung des menschlichen Lebens gefördert, gestützt und entwickelt werden[33]. Es genügt nicht, eine richtige Familienpolitik zu treiben, wenn es nicht zugleich um eine gerechte Ordnung der Eigentumsverhältnisse und des Staates geht.

Die *Ehe/Familie* sollen das Kommen und Reifen neuer Menschen sicherstellen, so daß sie wirksame Träger menschlicher Sozialanlage werden und sind. Die katholische Soziallehre sieht die Familienpolitik als wesentliche Voraussetzung aller Bevölkerungspolitik an; auch der »Wille zum Leben« ist in Ehe/Familie ursprunghaft ausgeprägt und keineswegs abhängig von berechenbaren materiellen Subsistenzmöglichkeiten oder willkürlich festgelegten Vorstellungen von Lebensstandard. Gundlach tritt den individualistischen Tendenzen entgegen, die er im modernen Ehe- und Familienrecht und in der Sozialpolitik auszumachen glaubt und die die Familie wirtschaftlich nur noch zur Ansammlung individueller »Lohntütenempfänger« oder individueller Rentenbezieher macht. Die in der Familie

28. Schwarte, Gundlach (vgl. dieses Kap., Anm. 5), 608.
29. Gundlach, Ordnung (vgl. Kap. 6, Anm. 58), II, 366.
30. AaO. II, 365.
31. AaO. II, 366.
32. Ebd.
33. AaO. I, 46.

entwickelten Werte müssen fundamental bleiben, und nicht nur der künftige Arbeitsraum darf Normquelle für Bildung und Erziehung werden. Die liberale Wirtschaftstheorie hat es nicht zu einer brauchbaren Theorie des Verbrauchs gebracht, weil er nicht von der Familie ausgegangen ist. Die Werte von Ehe/Familie müssen deshalb in allen Bereichen der Gesellschaft als Organisationsform zur Geltung kommen.

Auch das *Privateigentum* gehört zu den wesentlichen Organisationsformen der Gesellschaft. Ausgangspunkt ist auch hier das Personalprinzip, nach dem die Nutzung der materiellen Dinge in erster Linie auf die persönliche Verantwortung abgestellt wird[34]. Um dies zu ermöglichen, muß eine weite Streuung des Eigentums vorliegen, wobei es nach Gundlach gleichgültig ist, ob ein Arbeitnehmer Anteil am Produktivvermögen seines Betriebes hat oder anderweitig über persönliches Eigentum verfügt. Entscheidend ist, daß er überhaupt über Eigentum verfügt, das ihm erlaubt, in persönlicher Verantwortung sein Leben zu gestalten. Abgelehnt wird dagegen jede Form, die außerhalb des privaten Eigentums soziale Sicherheit schafft, ohne der Personhaftigkeit menschlicher Sozialität zu entsprechen. Dies ist z. B. dann der Fall, wenn der Kapitaleigentümer nicht mehr die Verfügung über sein Eigentum hat, wenn also Kapitalfunktion und Verfügungsgewalt getrennt sind, wie dies in den meisten modernen Großbetrieben der Fall ist[35].

Daher fordert Gundlach auch eine besondere Förderung der kleinen und mittleren Betriebe, wo man noch von einem persönlichen Unternehmertum sprechen kann, und lehnt gleichzeitig die Mitbestimmung der Arbeiter ab, weil nicht mehr die Person, sondern anonyme Kollektivität als Träger von Verantwortlichkeit für Hab und Gut erscheinen. Gundlach befürchtet, daß die Machtverhältnisse sich verlagern werden »zugunsten von Managern und Funktionären, die immer weiter die Wirtschaft von ihrem Quellpunkt persönlicher, im Privateigentumsrecht begründeter Initiative entfernen, und darauf kommt es der katholischen Soziallehre gerade an«[36].

Mehr Bürger als heute sollen Eigentum besitzen, »damit sie die für die Teilnahme am politischen Leben nötige Selbständigkeit ihrer Existenz und die ebenso nötige Stabilität und Festigkeit ihrer Gesinnung leichter erwerben. Deshalb ist in erster Linie der Besitz dauerhafter Verbrauchsgüter gemeint, der eine Verwurzelung im

---

34. Ebd.
35. AaO. I, 35.
36. AaO. II, 367.

Boden und eine gesunde Vorsicht vor der Übernahme politischer Abenteuer herbeiführt«[37].
Schließlich ist in diesem Zusammenhang der *Staat* als machtordnende Instanz zu nennen. Da er auf den inneren Gehalt menschlicher Sozialstruktur bezogen ist, organisiert er vor allem den Gebrauch der Personenrechte. Er soll durch dieses Machtordnen ein friedliches Zusammenleben und jedem sein Eigenleben garantieren. Er wahrt das Gemeinwohl vornehmlich durch Setzung positiver Rechtsordnungen im koordinierenden Dienst am personalen Naturrecht.
Daß er auf die personale Struktur menschlichen Zusammenlebens ausgerichtet ist, muß auch in der Leitung sichtbar werden, »deutlich ausgesprochen bei monarchischer Spitze des Staates als Ordnungsmacht, aber auch unentbehrlich in jeder Form von Demokratie«[38]. Es kann keinen weltanschauungsfreien Staat geben, sondern er bleibt immer objekt-wertbezogen auf die göttliche Personalität.
Von daher werden verschiedene moderne Staatsauffassungen abgelehnt, so die demokratische Staatsauffassung (nach der der Staat das Resultat verschiedener, um die Macht ringender sozialer Gruppen darstellt), die plebiszitäre Demokratie (die den personalen Charakter der Staatsgewalt zum Schaden des Staates als Ordnungsmacht lahmlegt), die pluralistische Gesellschaft (die glaubt, die fehlende Einheit in den menschlichen Grundwerten durch den Staat herbeiführen zu können), schließlich auch der Zentralismus der liberalen oder sozialistischen Auffassung, sei sie nun eher freiheitlich oder demokratisch, ebenfalls aus dem personalen Charakter der menschlichen Sozialstruktur heraus[39].
Es finden sich bei Gundlach eine Fülle ablehnender Urteile über die Demokratie. Die Demokratie löst für ihn die inneren Ordnungen eines Volkes zugunsten eines Individualismus auf[40]. Soweit sie bürgerlich-liberal oder proletarisch-liberal, d. h. sozialistisch geprägt ist, ist sie »erledigt«: »Die Demokratie wird nur bestehen, wenn sie auf den objektiven, von Gott gewollten Menschheitszielen aufbaut und ein organisches Ordnungsgefüge aus persönlicher Verantwortung und starker Autorität darstellt.«[41] Besonders gegenüber dem demokratischen Sozialismus des Godesberger Programmes der SPD stellt Gundlach fest, daß hier das Problem der Macht und vor

---

37. AaO. I, 359.
38. AaO. I, 37.
39. AaO. I, 36f.
40. AaO. I, 359.
41. AaO. II, 365.

allem das der Autorität nicht gelöst seien[42]; auf die kritischen Bemerkungen hinsichtlich der Mitbestimmung habe ich bereits oben verwiesen.

Ähnliche ablehnende Bemerkungen finden sich über den entwickelten Sozialstaat: »der perfektionistisch organisierte ›Sozialstaat‹ bindet die Menschen innerlich nicht«, sondern macht sie zu »Nummern in einem System von Anspruchsberechtigten«[43], da »die Tendenz zu rationaler, optimaler Ordnung äußerer Lebensbedingungen auf allen Gebieten ... über die freie Persönlichkeit hinweg in die Totalität der Daseinssicherung, der Gesundheitssicherung, der Bildungsvorsorge durch die Gesellschaft« geht[44]; »das große Werk der Sozialversicherung hat zur unmoralischen Haltung der Sicherung aller in allem durch den Staat geführt«[45]. Der Sozialismus konnte den Klassengegensatz nicht beseitigen, denn er förderte den Versorgungsstaat und verhindert damit ein starkes, auf persönlicher Verantwortung ruhendes Gemeinschaftsbewußtsein. Aus einem Mittel des Friedens wurde ein Objekt des Kampfes, aus der echten Selbsthilfe die Hemmung echten Gemeinschaftslebens[46].

So ist der Staat in seiner Funktion, die mannigfachen Personenrechte zu koordinieren, schwer gestört; er droht, »das Kampfziel von Interessentengruppen, also kollektiver Mächte, zu werden. Das ist seiner auf den Schutz der Person gerichteten Funktion nicht günstig. Er hat Mühe, sich in seiner Eigenart zu behaupten.«[47]

Zusammenfassend: »Die Hypertrophie (sc. = Überbewertung) des Privateigentums als gesellschaftlicher Institution – sie zeigt sich in dem Zusammenfallen gesellschaftlicher Macht mit dem Privateigentum, das nicht mehr verteilt, sondern nach Verfestigung strebt – zieht unmittelbar die Hypertrophie der organisierenden Funktion des Staates und der Familie nach sich. Der Staat bleibt, wie im bürgerlichen Liberalismus, nur der Wächter des bestehenden Eigentums, und die Familie verliert zusehends an Bedeutung als religiös-sittliche, rechtliche und wirtschaftliche Einheit; sie nimmt bei Eigentümern und Nichteigentümern einen atomistischen Charakter an. Wenn andererseits – wie heute – eine Hypotropie (sc. = Unterbewertung) des Privateigentums besteht, wenn seine organisierende Funktion im gesellschaftlichen Leben immer mehr von gesetzlichen Garantien ersetzt wird, die den einzelnen vom Staat gegeben werden, der das Eigentum verstaatlicht und nationalisiert, wenn die Existenz des bloßen Lohnarbeiters Tag für Tag mehr das Schicksal der Menschen, der Männer und Frauen, wird, dann liegt eine Hypertrophie des Staates vor, die Macht der staatlichen

---

42. AaO. II, 182f.
43. AaO. I, 169.
44. AaO. I, 168.
45. AaO. I, 353.
46. AaO. II, 364.
47. AaO. II, 367.

oder halbstaatlichen Bürokratie und der ›Manager‹, d. h. der reinen Funktionäre, die den Bereich der Produktion und der gewerkschaftlichen Aktivität beherrschen.«[48]

Kommentar: Innerhalb der katholischen Soziallehre ist vor allem dieser Problemkreis von Staat, Familie und Eigentum in den letzten Jahrzehnten immer stärker diskutiert worden; hier zeigen sich zugleich gegenwärtig auch die stärksten Divergenzen zu Gundlach. Seit dem II. Vatikanischen Konzil hat sich insbesondere das *Staatsverständnis* verändert. Der Staat wird nicht mehr in dem Maße wie früher als eine Institution gesehen, deren Aufgabe es ist, die (katholische) Kirche zu fördern, sondern seine Aufgabe ist es, für das Wohl aller seiner Staatsbürger zu sorgen. Verstärkt sind nichtchristliche Staaten in das Blickfeld gekommen; die Kirche hat ihre Bedenken gegenüber der demokratischen Staatsform abgebaut. Eine »Fundamentaldemokratie«, die eine »participatio« des Bürgers durch Wahlen und Plesbizite und eine Mitentscheidung im gesellschaftlichen und wirtschaftlichen Raum vorsieht, ist mit dem jüngsten Papstschreiben »Octogesimo adveniens« (1971) kirchlich als legitim anerkannt worden. Dies gilt vor allem hinsichtlich der Mitbestimmung in Betrieben und der unbefangenen Anerkennung, mit der die neueren Enzyklen einem rein weltlich verstandenen Gewerkschaftswesen begegnen. Ferner läßt sich beobachten, daß in der *Eigentumsfrage* immer deutlicher im Verlaufe der Jahrzehnte herausgearbeitet wurde, daß der wesentliche Zielpunkt des persönlichen Eigentums die Möglichkeit darstellt, ungehindert seine persönlichen Ziele verfolgen zu können und dabei sozial abgesichert zu sein; damit wird alles zum Eigentum, was zur Absicherung der individuellen Freiheit dient, auch die Berechtigung, in Notfällen auf eine staatlich organisierte soziale Sicherung zurückgreifen zu können[49]. Heute wird der in »Rerum novarum« (1891) und »Quadrogesimo anno« (1931) wörtlich gleiche Satz: »Auch nach ihrer Unterstellung unter das Sondereigentum hört die Erde nicht auf, dem allgemeinen Nutzen zu dienen«[50], in dieser Richtung der persönlichen Absicherung interpretiert. Dabei ist allerdings gerade bei der bundesdeutschen katholischen Soziallehre die Tendenz sehr deutlich, progressive Aussagen des Pontifikats der letzten Jahrzehnte in einem nach rückwärts gewandten Sinne zu interpretieren; dies wird in dem Wirtschafts-Kapitel anhand der Wirtschaftsethik von Roos nachzuweisen sein.

48. AaO. II, 56.
49. Vgl. F. Klüber, Arbeit, Mitbestimmung und Eigentum nach der katholischen Soziallehre, in: Gewerkschaftliche Monatshefte, 1977, 495–506.
50. Rerum novarum, Nr. 7; Quadrogesimo anno, Nr. 56.

Gundlach: In einem letzten Durchgang sollen die verschiedenen Gesellschaftsbilder referiert werden, wie sie bei Gundlach vorgestellt werden. Er diskutiert immer wieder vier von ihnen: den Nationalsozialismus, den Kommunismus, den Liberalismus und den Sozialismus. Ich beschränke mich hier auf das Referat des Liberalismus und Sozialismus (unter gelegentlicher Bezugnahme auf den Kommunismus).

Gundlach sieht im *Liberalismus* ein Gesellschaftssystem, das alle Gegebenheiten der diesseitigen Welt auf »Vernünftigkeit« zurückführt, die an die Stelle von Gottes Schöpfer- und Ordnungsmacht tritt. Der freie Weltmarkt, der nicht durch Grenzen diskriminiert, alle mit allen in Konkurrenz treten läßt, ist für diesen Liberalismus der beste Garant, daß alles von selbst gleichsam mechanisch zum Gleichgewicht und Ausgleich führt. Die Konkurrenz des Warenaustausches wird auch auf die Kultur übertragen; hier werden freier Gedankenaustausch, die dauernde, ungehinderte »Begegnung«, die nie aufhörende »Diskussion«, das ununterbrochene »Gespräch« gefordert. Aber so Gundlach: »Nur eines ist ausgeschlossen: die Annahme absoluter Werte und gar eines einenden höchsten Ziels als des Grundpfeilers des Gesellschaftssystems«[51], denn bei der Annahme absoluter Werte wäre die Vernunft als selbständige Kraft entthront. An die Stelle der Religion als Bindung an absolutes Sein und absolute Wahrheit treten die Wertfreiheit und die wissenschaftliche Erklärung.

Die Vernünftigkeit des Liberalismus kennt nichts die Individuen Übergreifendes, sondern beschränkt sich auf das positive Ordnen der Individuen, das sich auf die Annahme des absolut freien Einzelmenschen ausrichtet. Dem jeweiligen System positiver Rechtsnormen wohnt keine Beziehung auf Gerechtigkeit inne, denn dies würde eine Begründung in einem Naturrecht voraussetzen. Die Grundannahme dieser Rechtsidee, das schlechthin freie Individuum, gibt dem gesellschaftlichen Ordnen einen gefährlichen pragmatischen Charakter. Grenzen, die im Sein des Menschen metaphysisch wurzeln, werden nicht anerkannt. Daher ist der Liberalismus keineswegs dagegen gefeit, daß Einheitstendenzen ihn in einen richtigen Totalitarismus abgleiten lassen, wo die »Majestät des positiven Gesetzgebers und Gesetzes« die Freiheit des Individuums überrollt.

Der Liberalismus als Gesellschaftssystem ist gescheitert. Das freie Individuum ist nicht länger Mittelpunkt gesellschaftlicher Ordnung.

---

51. Gundlach, Ordnung (vgl. Kap. 6, Anm. 58), II, 95.

In der Wirtschaft kommt es zu Konzentration und Kartellbildung, die alles andere als die Fortdauer freier Konkurrenz bedeuten. Der Proletarier, der als Individuum formal frei seine Arbeitskraft anbietet und das Bild der freien Konkurrenz auf dem Arbeitsmarkt trägt, existiert nicht mehr. Sollte früher der Staat den Schutz der frei konkurrierenden Individuen bieten, so versuchen jetzt gesellschaftliche Gruppen, den Staat zu beherrschen[52].
Zunehmend entwickelt sich im Liberalismus eine Teilung der Gesellschaft in einzelne oder kollektive Eigentümer der größeren Produktionsmittel und derer, die sich gezwungen sehen, ihre Arbeitskraft den Herren der Produktionsmittel anzubieten. Damit werden die vernachlässigt, die unabhängig ihre persönliche Arbeit mit und an ihrem Eigentum leisten, wie Bauern, Handwerker, Industrielle und Kaufleute des gehobenen und kleinen Mittelstandes. Der Liberalismus kann ferner nicht die Frage der Macht der Produktionsmitteleigentümer über andere lösen, da eine solche Macht unzertrennlich mit dem privaten Eigentum verbunden ist. Die Annahme, daß sich aus einer ungleichen Verteilung des Privateigentums keine Verschiebung der Machtverhältnisse und somit des sozialen Gleichgewichts ergeben würde, ist eine falsche Theorie. Gegenüber der zunehmenden Konzentration des Kapitals wie auch der daraus sich ergebenden Gegenmacht der Gewerkschaften gilt es, angesichts der fortdauernden Bedeutung des Privateigentums vor allem den Mittelstand ordnungspolitisch wiederherzustellen[53].
Kritisch betrachtet Gundlach auch den Freiheitsbegriff des Liberalismus. Freiheit wird zu einem Kampfruf gegen den Kommunismus. Aber die wirtschaftliche Freiheit im Bürgertum scheint vereinbar zu sein mit der Sicherstellung enormer Kapitalinvestitionen, die der freien Konkurrenz entgegenwirken. Freiheit ist ein rein negativer Begriff, nämlich Abwesenheit von Zwang seitens der öffentlichen Gewalt. In gewisser Weise ist der kommunistische Freiheitsbegriff formal richtiger, weil er nicht nur eine Freiheit *wovon*, sondern auch eine Freiheit *wozu* kennt; freilich anerkennt er wie der Liberalismus keine objektiven Werte, die zielhaft die einzelnen Bereiche der Gesellschaft leiten[54].
Der *Sozialismus* besitzt für Gundlach viele Merkmale eines proletarischen Liberalismus. Er lehnt zwar das Privateigentum ab, aber die Weigerung des Liberalismus, das Privateigentum aus dem Natur-

---

52. AaO. II, 93–102: Liberalismus als Gesellschaftssystem.
53. AaO. II, 385f.
54. AaO. II, 58.

recht zu begründen, führt ebenfalls dazu, daß sich auch im Kapitalismus die Planwirtschaft, die Überführung von Wirtschaftszweigen in die öffentliche Hand, die öffentliche Kontrolle der Investitionen und die Zwangsversicherung immer weiter ausbreiten[55]. Der Liberalismus des Proletariats hat mit dem Bürgertum die obersten Werte gemein: Freiheit, Gleichheit, größtes Glück der größten Zahl. Freiheit und Gleichheit werden bei ihm ganz formal gefaßt, weil auch er keine Gliederung und keine organische Struktur der menschlichen Gesellschaft anerkennt.

Von den wesentlichen marxistischen Theorien behält der Sozialismus die Konzentrations- und die Vergesellschaftungstheorie bei, verwirft aber im Gegensatz zum Kommunismus die Krisen- und Verelendungstheorie. Gundlach selbst hält auch die Konzentrationstheorie für überholt, weil sich zunehmend Grenzen der Konzentration für das Kapital zeigen und das Finanzkapital das Problem von reichen und armen Ländern nicht lösen kann. Die Vergesellschaftungstheorie demonstriert ihm den Glauben an die Organisation, in der der Mensch nichts, die Organisation alles ist. Wirtschaftliche Krisen lassen sich zunehmend vermeiden; sofern dies nicht möglich ist, ist die Frage nach einem anderen System zu stellen, das aber sicher nicht das des Kollektiveigentums sein kann. Die Verelendungstheorie hat sich nicht bewahrheitet; Arbeitslosigkeit gab es nur in den Krisenzeiten[56].

Die Entwicklung des *demokratischen Sozialismus* in der BRD nach dem Reformprogramm von Godesberg betrachtet Gundlach mit unverhohlener Skepsis. Schon dessen Verlautbarung, man sei nicht länger eine Weltanschauungspartei, stimmt ihn bedenklich, da jeder Staat ein Minimum an Gemeinsamkeiten in den Grundwerten aufweisen müsse, auch gegenüber der »Abstimmungssouveränität des Volkes im demokratischen Staat«[57]. Die sozialistische Weltanschauungsfreiheit enthält zumindest Dunkelheiten »hinsichtlich der wahren Natur des Staates, die doch auch in der Demokratie nicht geopfert werden darf«[58]. Auch nachdem der demokratische Sozialismus sich vom Materialismus losgesagt hat, ist nicht deutlich, ob er mit seinen Grundwerten nicht doch weiterhin einen Liberalismus vertritt, der keine übergeordnete Seinsordnung anerkennt, und damit das bisherige Urteil der Päpste zu Recht besteht, daß der

---

55. AaO. II, 53f.
56. AaO. II, 70ff.
57. AaO. II, 157.
58. Ebd.

Sozialismus nicht mehr als die proletarische Form des Liberalismus sei[59]. Solange »nicht die menschliche Kultur in allen ihren Ausprägungen auf *Gott* als den Ursprung und das Fundament« zurückgeführt wird, bleiben wir in der liberalen Unentschiedenheit[60]. Gundlach sucht den dritten Weg zwischen Liberalismus und Sozialismus/Kommunismus in der *berufsständischen Ordnung*. Sie wird besonders in der Sozialenzyklika »Quadrogesimo anno« Pius' XI. von 1931 als wesentlicher Bestandteil der katholischen Sozialehre hervorgehoben. Gegenüber der Aufteilung in Klassen, die nach dem abstrakten Merkmal der Arbeitsvergabe und Lohnabhängigkeit gebildet werden, knüpft die berufsständische Ordnung am Berufsstand an:

»Das Bindeglied für die Menschen, die einem Berufsstand angehören, liegt in den Gütern und Dienstleistungen, deren Erzeugung bzw. Darbietung den Angehörigen des gleichen Berufsstandes, gleichviel ob Arbeitgeber oder Arbeitnehmer, obliegt. Damit ist diese Art von Verbundenheit in Gegensatz gestellt zu der Vereinigung der Menschen als Gliedern der einen oder anderen ›Arbeitsmarktpartei‹.«[61]

Die »Klassengesellschaft« läßt dagegen das Gemeinwohl völlig außer acht oder macht die praktische Durchführung zum Streitobjekt, während der Berufsstand das Gemeinwohl der Gesellschaft geradezu zum einigenden Bande und maßgebenden Moment hat.
Welche Bereiche jeweils zueinandergeordnet werden, ist eine Frage der Zweckmäßigkeit; es »können auch Menschen verschiedener Berufe, die also fachlich verschiedene Arbeit leisten, durchaus im selben Berufsstand zusammengefaßt sein, weil die verschiedenen fachlichen Betätigungen auf die eine Wirkung der Erzeugung bzw. Bereitstellung desselben gesellschaftlich notwendigen Gutes bzw. Dienstes ausgerichtet sind«[62]. In dieser Beziehung kann man auch von dem Berufsstand als »*Leistungsgemeinschaft*«[63] sprechen. Ein weiteres Bindeglied liegt darin, daß der Berufsstand, zusammen mit Familie, Staat, Gemeinden, die organisatorische Funktion des Gemeinwohls gegenüber der Gesellschaft erfüllt, wenn auch nicht allein. Es geht um die Erhaltung und Förderung der strukturellen Gesellschaftlichkeit innerhalb eines ganz spezifischen Bereiches, wo weder die sachlichen Mittel-Zweck-Beziehungen noch die Sinngehalte einzelner Kulturgebiete wie Wissenschaft, Kunst, Wirtschaft usw. bestimmend sind. Auf diese Weise werden die Sachprozesse

59. AaO. II, 160.
60. AaO. II, 162.
61. AaO. II, 284.
62. Ebd.
63. Ebd.

der inneren Ordnungsstruktur in die Zielordnungen menschlicher Gemeinschaftlichkeit eingefügt.
Die berufsständische Ordnung ersetzt z. B. in der Wirtschaft weder die Unternehmungen (Betriebe) noch die Haushaltungen. Die Privateigentumsordnung wird nicht angegriffen. Sie kann auch den Staat nicht ersetzen, weil der Staat die letzte Instanz in Entscheidungen über die Gemeinwohlwahrung bleiben muß. Spezielle Aufgaben sind die Einflußnahme auf die Berufsausbildung und auf die Wahrung der Berufsehre.
Die berufsständische Ordnung kann eine bessere Übersicht über das Ganze der volkswirtschaftlichen Zusammenhänge vermitteln als das stets abstrakt bleibende Denken in Markt- und Preisrelationen. Sie kann das Werden der Märkte durch Rahmenregelungen beeinflussen, zur Verbesserung der Kosten- und Preiskalkulationen beitragen und wichtige Beiträge zur Einkommensverteilung leisten, auch wenn es ihr nicht zukommt, Preise und Löhne unmittelbar festzusetzen oder gar Investitionen zu lenken[64].
Die berufsständischen Körperschaften sind *Organe der gesellschaftlichen Selbstverwaltung*. Sie haben allgemeine Normen aufzustellen, um die Freiheit und Initiative der einzelnen Berufsgenossen zu sichern und auf das Gemeinwohl hinzuordnen. Sie sollen nicht einen gesunden Wettbewerb verhindern, sondern lediglich dafür sorgen, daß die Auswirkungen des Wettbewerbes dem Gemeinwohl dienen. Ihnen käme die Regelung der Arbeitsbedingungen sowie das Tarif- und Schlichtungswesen zu. Die berufsständische Ordnung ist nicht gegen die Gewerkschaften gerichtet – die Bedeutung und Kraft der organisierten Arbeitsmarktparteien bleibt unangetastet –, aber diese sollen nicht länger öffentlich-rechtliche Funktionen, z. B. Tariffähigkeit, besitzen, können allerdings über die Beteiligung an den Wahlen für die berufsständischen Körperschaften Einfluß gewinnen. Auch das Verkehrs-, das Wohnungs- und das Siedlungswesen können durch die Anlehnung an diese Körperschaften eine im Sinne des Gemeinwohls vernünftige Gestaltung erfahren[65]. An die Stelle des marxistischen Klassenkampfes, der gekennzeichnet ist durch die *Interessen*, die jede der Wirtschaftsparteien verficht, tritt die Sozialpartnerschaft, die dazu verhilft, den wirtschaftlichen Prozeß auf das Gemeinwohl auszurichten.

Kommentar: Anders als die evangelische Sozialethik, die die gegenwärtige Gesellschaft vor allem unter dem Aspekt der Säkularität

---

64. AaO. II, 285f.
65. AaO. II, 307ff.

und der Technisierung betrachtet und beides als Freisetzung christlicher Impulse versteht, die Welt vernünftig zu gestalten, kämpft die katholische Soziallehre mit *Weltanschauungsbewegungen und ihren sozialen Gestaltungsprinzipien,* also mit Liberalismus, Faschismus, Kommunismus und Sozialismus. Um bei unserem speziellen Beispiel zu bleiben, mag man große Zweifel haben, ob Gundlach die nichtchristlichen Weltanschauungen zureichend beschreibt; aber seine Kritik der Weltanschauungen ist näher an den Fragestellungen, denen sich jede Ideologiekritik notwendig angesichts der modernen Ideologien stellen muß, als dies etwa bei Wendland der Fall ist. Auch wenn in dieser Kritik stets auf verschiedenen Ebenen wechselweise argumentiert wird, und bald von der Idee die Praxis, bald von der Praxis die Idee hinterfragt wird, so bewegt sich doch Gundlachs Argumentation sehr viel näher an den ideologischen Auseinandersetzungen als eine evangelische Sozialethik, die von einer faktischen Entideologisierung ausgeht und für die Ideologien angesichts einer vernünftig-pragmatischen Gestaltung der Gegenwart nur noch religiöse Relikte darstellen, für die damit jedoch Wissenschaft und Technik zum geheimen, uneingestandenen Ideologieersatz werden. Besonders die katholische Kritik am Liberalismus enthält viele Ansatzpunkte, die auch eine marxistische Theorie anführen würde, auch wenn die Lösungen verschieden aussehen. Der eigenständige Beitrag der katholischen Soziallehre ist die Lehre von der *berufsständischen Ordnung.* Auch wenn man sie nicht als *die* Lösung aller gesellschaftlichen Schäden betrachten kann, die der Liberalismus in seiner bürgerlichen und proletarischen Gestalt bewirkt hat, wird man darin einen interessanten und wichtigen Beitrag zur gesellschaftlichen Neugestaltung sehen können (vgl. Kap. 13 »Demokratisierung«). Aber es ist sehr fraglich, ob – und gerade in der vorgeschlagenen Gestalt – eine berufsständische Ordnung in der Lage ist, die Interessengegensätze zwischen Kapitalverwertung und Entfaltung der menschlichen Bedürfnisse zu überwinden. Dazu bleibt zu unbestimmt, was als »Gemeinwohl« anzusprechen ist. Auch ist nicht einzusehen, wie in einer demokratischen Verfassung des gewerblichen Sektors die Unpersönlichkeit moderner Arbeitsstrukturen und die unterschiedlichen Interessenlagen so prinzipiell überwunden werden können, wie es Gundlach offenbar vorschwebt. Bedenklich stimmt auch das Demokratieverständnis, das in einer solchen Ordnung herrschen soll, in der die Führung mit einer Autorität ausgestattet ist, die ihr nicht von den Mitgliedern, sondern von der Seinsmächtigkeit Gottes verliehen wird. Und daß nun ausgerechnet die Organisation entmächtigt werden soll, mit der die

Lohnabhängigen gerade auch historische Erfahrungen des gemeinsamen Kampfes verbinden, nur weil die Gewerkschaften allzu interessenorientiert sind, bleibt schwer einzusehen.
Wieweit die Enzyklika »Quadrogesimo anno« mit ihrer Forderung nach einer berufsständischen Ordnung auf die Errichtung eines faschistisch-katholischen Ständestaates hinzielte, wie er 1934 in Österreich und später in Portugal verwirklicht worden ist, wird angesichts der positiven Äußerungen Papst Pius' XI. zu Österreich und der gegenteiligen Ansicht und Absicht des Redakteurs O. v. Nell-Breuning sowie der entschieden antifaschistischen Haltung G. Gundlachs kaum aufzuklären sein[66]. Jedenfalls tritt diese Vorstellung in »Mater und Magistra« kaum noch auf und verschwindet später ganz, was der generellen Tendenz der Rundschreiben entspricht, immer seltener konkrete Hinweise auf die Ausgestaltung einer gesellschaftlichen Ordnung zu geben[67].
Schwarte schreibt am Ende seiner Monographie, Gustav Gundlach sei »über Jahrzehnte hin der maßgebliche Repräsentant und Interpret der katholischen Soziallehre« gewesen; »er war in der Ära Pius' XII. einer der großen Männer im Dienste der Kirche; ja man kann sagen, daß diese Ära mit seinem Tode ihr definitives Ende fand«[68]. Wie Schwarte weiter schreibt, habe Gundlach eine ihm persönlich eigentümliche philosophische und theologische Grundauffassung besessen, die sich im Verlauf von mehr als dreißig politisch und gesellschaftlich umstürzenden Jahren kaum gewandelt habe. Seine Sozialphilosophie sei von einer Reihe von theologischen und sozialtheologischen Kernelementen bestimmt, die jedoch so sehr in der Minderheit gewesen seien, daß man ihn als einen »theologischen Minimalisten« bezeichnen könnte[69]. Seine Fähigkeit zur Systematik und Abstraktion habe aber nicht verhindern können, daß für ihn keine dauerhafte Verbindung zwischen Sozialontologie und Sozialwissenschaften herzustellen möglich war. J. David spricht von einer gewissen Tragik, die über den Beiträgen Gundlachs nach 1945 liege;

sie seien »ein Kampf gegen neuanstürmende Ideen und Bestrebungen, zu denen er kein Verhältnis mehr zu finden vermochte. Größe und Grenzen eines Metaphysikers, der in seinem festen Gedankengebäude den Sturm des Nationalsozialismus und

---

66. O. v. Nell-Breuning, Octogesimo anno, in: ders., Wie sozial ist die Kirche? Leistung und Versagen der katholischen Soziallehre, 1972, 116–126.
67. AaO. 44.
68. Schwarte, Gundlach (vgl. dieses Kap., Anm. 5), 585.
69. AaO. 588.

Faschismus tapfer überdauert und überwunden hatte, nun aber den Weg ins Freie nicht mehr fand«.[70]

Abschließend sollen einige weiterführende und kritische Anfragen an das gesamte Konzept einer katholischen Soziallehre gestellt werden:
Für Außenstehende besitzt die katholische Soziallehre eine große *Geschlossenheit,* verglichen etwa mit der mehr von individuellen Ansätzen bestimmten evangelischen Sozialethik. Sie scheint in ihrer Begründung und Ableitung eine ähnlich umfassende ethische Deutung gesellschaftlicher Gebilde und Prozesse zu erlauben wie andere ideologische Großunternehmen, wie z. B. der Liberalismus und der Marxismus. Aus generellen Sätzen lassen sich scheinbar sehr konkrete Anweisungen und Verdikte ableiten. Gläubige wie Gegner der katholischen Kirche nehmen an, daß die Soziallehre von ebenso großer Detailliertheit in den Einzelbestimmungen ist wie etwa die Abendmahlslehre, in der alles bis zur Behandlung des Kelches nach dem Vollzug der Wandlung und Kommunion geregelt ist.
Dies ist jedoch nicht der Fall. Wie H. J. Wallraff aufweist, haben die sozial-relevanten Aussagen der Päpste stets den Grad von hoher Allgemeinheit gehabt. Gegenüber jeweiligen radikalen Strömungen wurden »die groben Normen der Staatlichkeit, des privaten Eigentums, der Familie, der Arbeits- und Geschäftswelt festgestellt und gleichsam kodifiziert«[71], aber oft waren die Entscheidungen sehr stark von der Tagesproblematik bestimmt. Wenn Papst Pius XII. in einem immer wieder zitierten Satz den Eigentümern Befugnisse zusprach, die durch keinerlei Mitbestimmungsrechte angetastet werden dürfen (»Der Eigentümer der Produktionsmittel, wer immer es sei, Privateigentümer, Produktionsgenossenschaft oder Stiftung, muß innerhalb des Wirtschaftsrechtes Herr seiner wirtschaftlichen Entschlüsse bleiben«), wurde diese These als spezielles Urteil zu einer Tagesfrage verstanden, obgleich die sorgfältige Prüfung der päpstlichen Aussage nur von Befugnissen sprach, aber nichts über ihre Reichweite aussagt. »Verlautbarungen zur katholischen Soziallehre ... bleiben notwendig im Unbestimmten, Allgemeinen, wenigstens bis zu einem bestimmten Grad.«[72] Nur wo es darum geht, Grundrechte und prinzipiell geschützte Institutionen zu verteidigen,

---

70. J. David, Summe eines Lebens – Ende einer Epoche, in: Orientierung, 29, 1965, 119.
71. H. J. Wallraff, Die katholische Soziallehre – ein Gefüge von offenen Sätzen, in: H. Achinger u. a. (Hg.), Normen der Gesellschaft, 1965, 27–48, hier 34.
72. AaO. 38.

zeigen sie große Entschiedenheit. Das zeigt sich vor allem in der immer wieder diskutierten Frage des Interventionsrechtes des Staates hinsichtlich von Wirtschaft und Elternrecht.
Auch O. v. Nell-Breuning betont, die Sätze der katholischen Soziallehre erhöben nicht den Anspruch, den bislang vollzogenen Prozeß der Erkenntnis abzuschließen, sondern sie wollten die Startbasis für weitere Fortschritte der Erkenntnis bieten, »auch auf die Gefahr hin, daß dieser Fortschritt nicht nur im *Hinzu*lernen bestehen, sondern zum Teil auch ein *Um*lernen erfordern wird«[73]. Würde die katholische Soziallehre unbedingte Verbindlichkeit in Anspruch nehmen, stünde sie vor einer unlösbaren Aufgabe. Zu deutlich sei wahrnehmbar, »daß auch der Träger des obersten kirchlichen Lehramts gegenüber Einflüssen des Zeitgeistes nicht völlig immun ist«[74]. Besonders seit dem II. Vatikanischen Konzil, in dem die Kirche ein neues und verändertes Selbstverständnis erarbeitet hat, lerne sie »die Gesellschaft von einer oder mehreren Seiten sehen, von denen sie sich früher nicht oder doch nicht so deutlich sah; sie gewinnt eine zum Teil neue, bereicherte Sicht der menschlichen Gesellschaft«[75]. Aber wie immer der neue Erkenntnisstand ist, er verbietet, ungeprüft sich auf ältere Sozialenzykliken zu berufen und hinter das jetzt Erreichte zurückzugehen. Den Herrschenden gesteht die Kirche zu, diesen Erkenntnisstand zu kritisieren, nur eins steht ihnen nicht frei: »mit Berufung darauf, daß der vom Konzil aufgezeigte Weg (angeblich) nicht zum Ziele führe, nichts zu tun und die Übelstände weiter bestehen zu lassen«[76].
Vergleicht man die spezielle Position Gundlachs mit den voran beschriebenen sozialethischen Konzepten, so kann man dem Votum O. v. Nell-Breunings insgesamt zustimmen: die konkreten Erkenntnisse und praktischen Lösungen von katholischen und evangelischen Sozialethikern stimmten weitgehend überein. Die Begründungen seien zwar oft sehr widersprüchlich. Dann aber gelange man mit Erstaunen am gleichen Ende an und begegnet einander in Einmütigkeit, weil trotz aller Gegensätzlichkeit eine gemeinsame, tragende Grundlage der Begründungen besteht[77].
F. Karrenberg hat in einem Beitrag über »Katholische Soziallehre

---

73. Nell-Breuning, Kirche (vgl. dieses Kap., Anm. 66), 31.
74. AaO. 36.
75. AaO. 37.
76. AaO. 21.
77. O. v. Nell-Breuning, Das Menschenbild, in: F. Karrenberg/W. Schweitzer (Hg.), Spannungsfelder evangelischer Soziallehre, 1960, 47–57, hier 47.

und evangelische Sozialethik«[78] dies genauer belegt. Katholische Soziallehre und evangelische Sozialethik haben beide in den letzten Jahren ein positiveres Verhältnis zur Demokratie, zu Parteien und der sozialen Marktwirtschaft gefunden; in Mitbestimmungsfragen, Vermögenspolitik, Feiertagsschutz, Familienpolitik, Eherecht, Wohlfahrtspflege und Arbeitswelt gibt es Gemeinsamkeiten; die katholische Soziallehre sieht heute den Zweck der Ehe wie die evangelische Sozialethik ebenso stark im Zusammensein der Ehepartner wie in dem bisher primären Zweck der Kinderzeugung und Erziehung.

Die Unterschiede treten stärker hervor in den Begründungen, da die evangelische Sozialethik Zweifel daran hat, ob das Naturrecht das Zweideutige und Abgründige der menschlichen Natur ausreichend anerkenne. Es besteht auch die Frage, ob die katholische Soziallehre die Gebote nicht zu gesetzlich fasse und nicht genügend offen sei für die innerweltliche individuelle Verantwortung und die Entscheidung angesichts spezifischer Situationen. Schließlich scheint die kasuistische Behandlung ethischer Fragen für die evangelische Sozialethik ein Problem darzustellen; die Methode, sittliche Zweifelsfragen durch Heranziehen theologischer Autoritäten und durch die Wahrscheinlichkeit, nach der sie in diesem speziellen Falle gehandelt hätten, zu Ratschlägen und Vorschlägen mit stark gesetzlichem Charakter zu kommen, erweckt Bedenken.

Doch erscheint sich dennoch eine gemeinsame Grundlage zu ergeben, sobald man sich gegenseitig zugestehen kann, wie schwierig es ist, biblische Aussagen und Weisungen in die heutigen Situationen zu übertragen. Gemeinsamkeiten liegen vor allem auch in der Anwendung des Personenprinzips, obgleich die katholische Soziallehre sich deutlicher von dem liberalen Individualismus abgrenzt, als es der Protestantismus tut (der ja auch allzu entscheidend an seiner Ausbildung beteiligt war), ferner in der Anerkennung von Ordnungen wie Familie, Staat und Eigentum.

Ganz generell gesprochen setzt die evangelische Sozialethik ein größeres Vertrauen in die Möglichkeiten und die Wirksamkeit der Staatstätigkeit, als dies bei der katholischen Soziallehre der Fall ist. Dies ist sicher sehr wesentlich durch die Erfahrungen bestimmt, die die beiden Konfessionen jeweils mit dem Staat gemacht haben (Kulturkampf!). Dagegen hat die katholische Kirche nicht in einem so ausschließlichen Maße den Kontakt zur Arbeiterschaft verloren;

---

78. F. Karrenberg, Katholische Soziallehre und evangelische Sozialethik, in: Achinger, Normen (vgl. dieses Kap., Anm. 71), 49–71.

die Kapitalismus-Kritik hat eine lange Tradition und geht noch zeitlich hinter »Rerum novarum« (1891) zurück; demgegenüber ist die evangelische Sozialethik im allgemeinen an diesem Punkt von seltener gesellschaftlicher Naivität. Dennoch, so O. v. Nell-Breuning, steht es nicht gut mit der Glaubwürdigkeit der katholischen Soziallehre:

»Nicht nur in breitesten Kreisen des Kirchenvolkes, sondern gerade auch im Klerus und in den religiösen Orden und Kongregationen herrscht vielfach ein erschreckender Mangel an sozialem Verantwortungsbewußtsein, und es wird gar nicht selten ein Beispiel sozialen oder genauer gesagt asozialen Verhaltens gegeben, das unsere Soziallehre zu heuchlerischem Geschwätz abwertet.«[79]

Als Beispiel nennt er das Verhältnis zu den Gewerkschaften, die von der Soziallehre zwar hoch gelobt würden, eine gewerkschaftliche Organisierung aber stoße auf höchsten Widerspruch. Und trotz der besagten Kapitalismus-Kritik verbindet sich die katholische Kirche mit einer Partei, die genau das praktiziert, was sie kritisiert.

Nichts ist sprechender für dieses angepaßte Verhalten[80] als der Satz Gundlachs: »Das Wort ist Fleisch geworden: es hat das volle Menschtum angenommen mit all seinen gesellschaftlichen Bestimmungen. Der Antikommunismus der liberalen Strömungen degradiert... dieses volle Menschtum; der Kommunismus pervertiert es.«[81] Eine solche Aussage beinhaltet jedoch eine Verniedlichung des Kapitalismus und geht an seiner Realität vorbei, an den harten Formen der Ausbeutung, der Zerstörung gemeinschaftlicher Bezüge, an der Manipulierung innerer persönlichster Entscheidung, an der Härte der Konkurrenz und der Leistungsanforderung, kurz an der Kreuzigung des Menschen durch das mitleidlose Kapital.

---

79. Nell-Breuning, Kirche (vgl. dieses Kap., Anm. 66), 92.
80. Vgl. besonders C. Storch, Die katholische Religion in der Legitimationskrise des Spätkapitalismus, Diss. Frankfurt/M., 1977.
81. Gundlach, Ordnung (vgl. Kap. 6, Anm. 58), II, 64.

III GRUNDSTRUKTUREN DER GESELLSCHAFT

10 Gesellschaftliche Sektoren

Die vorliegende Sozialethik geht davon aus, daß Konflikte in den Grundstrukturen der Gesellschaft bestehen und daß dies sich in der Beurteilung und Interpretation von Werten auswirkt. Als solche Grundstrukturen sind vor allem die beiden Formen der Arbeitsteilung anzusehen, der vertikalen und der horizontalen. Die horizontale Arbeitsteilung bezieht sich auf die Sektoren der Gesellschaft, die mehr oder weniger funktionale Grundaufgaben übernehmen, die vertikale auf die Aufgliederung einer Gesellschaft in Klassen und Schichten. Beide Grundstrukturen finden sich in allen bisherigen menschlichen Gesellschaften. Um aber genauer zu bestimmen, wie Konflikte in diesen Grundstrukturen in einer spezifischen historischen Situation Wertvorstellungen bestimmen, ist es notwendig, auf die konkrete Gesellschaft der Bundesrepublik Deutschland einzugehen.
In diesem Kap. 10 ist die These zu entfalten, daß gesellschaftliche Sektoren wie Staat, Wirtschaft, Familie u. a. durch bestimmte Werte organisiert werden, die mit den in dieser Sozialethik als erwünscht herausgestellten Grundwerten »Gleichheit«, »Erfüllung von Bedürfnissen«, »Solidarität« und der Endzeitvorstellung »Aufhebung von Beherrschung und Ausbeutung von Menschen durch Menschen« im teilweisen Widerspruch stehen. Im folgenden Kap. 11 soll herausgearbeitet werden, daß auch die Interessenkonflikte zwischen Klassen und Schichten vielfach in Wertvorstellungen gefaßt oder mit diesen begründet werden, und sich die gleiche Frage stellt, wie dies angesichts der genannten Grundwerte und Endzeitvorstellung zu beurteilen ist.

Ordnungen – Institutionen – funktionale Sektoren

Die Frage nach der sozialethischen Bedeutung gesellschaftlicher Sektoren hat die Theologie seit langem beschäftigt. Für das Mittelalter waren die wesentlichen Ordnungen der Staat und die Kirche. Die langwierigen Auseinandersetzungen zwischen den für das Mittelalter wesentlichen Ordnungen von Staat und Kirche durch die Reformation wurden wenigstens in Grundzügen dadurch vermindert, daß die evangelischen Kirchen auf territoriale Herrschaft verzichteten (der Verzicht auf die kirchliche Kontrolle über den Bereich Erziehung erfolgte dagegen sehr viel später). Erst in hochentwickelten Industriestaaten jedoch kam es zu einer umfassenden Herausbildung gesellschaftlicher Sektoren, die jeweils spezifische Aufgaben wahrnehmen. Je stärker sich die bürgerliche Gesellschaft herausbildete, desto eindeutiger entwickelten sich ihre zwei wesentlichen Institutionen, die Familie und die Wirtschaft, auseinander, die zuvor unter dem Begriff der Ökonomie oder Hauswirtschaft noch zusammengehalten worden waren. Zugleich befreite sich zunehmend der Bereich der Erziehung – Wissenschaft – Kultur von der kirchlichen und staatlichen Bevormundung.

Die Ausdifferenzierung gesellschaftlicher Sektoren ist jedoch nicht nur unter den Theologen unter dem Begriff der Ordnungen, sondern auch bei den Soziologen unter dem Begriff der Institutionen und der funktionalen Strukturen diskutiert worden, wobei das Erkenntnisinteresse verständlicherweise ein unterschiedliches war. Über die Grenzen und die inhaltliche Bestimmung der einzelnen Sektoren besteht weder in der Theologie noch in der Soziologie Übereinstimmung. P. Althaus, dessen »Theologie der Ordnungen« ich unten noch ausführlich referieren und kommentieren werde, nennt die Geschlechter, Volk und Rasse, Staat und Politik, die Gesellschaft (= Wirtschaft) und die Kirche[1]. D. Bonhoeffer spricht in diesem Zusammenhang von Mandaten und rechnet dazu die Arbeit, die Ehe, die Obrigkeit und die Kirche[2], während er Zweifel äußert, ob Kultur und Bildung überhaupt als Mandat zu bezeichnen seien, denn sie gehören für ihn »in den Spielraum der Freiheit, der alle ... Bereiche der göttlichen Mandate umgibt«[3]. E. Wolf verwendet den Begriff der Institutionen und zählt hier die Ehe, Arbeit und Beruf, das Eigentum, Kirche sowie Staat auf[4].

Im Ganzen gesehen zeigt sich a. eine gewisse Unsicherheit, Volk, Rasse und Nation als gottgewollte Ordnung anzusehen, da hier neben der offensichtlichen Brisanz, insbesondere angesichts der nationalsozialistischen Ideologie, auch die biblische Begründbarkeit bestritten wird[5]. Ferner besteht b. keine Einmütigkeit, wie der wirtschaftliche Sektor zu beschreiben ist. Schließlich c. fehlen be-

---

1. P. Althaus, Grundriß der Ethik, 1953².
2. Bonhoeffer, Ethik (vgl. Kap. 3, Anm. 1), 220f.
3. Ders., Widerstand (vgl. Kap. 3, Anm. 14), 216.
4. Wolf, Sozialethik (vgl. Vorwort, Anm. 1), §§ 10–14.
5. H.-H. Schrey, Einführung in die evangelische Soziallehre, 1973, 72–82.

10 Gesellschaftliche Sektoren

stimmte Sektoren ganz. So wird bisher in den Sozialethiken weder der Bereich der Erziehung – Wissenschaft – Kultur noch – trotz des dritten Gebotes – der Raum der Freizeit angesprochen, der jedoch von seiten der Soziologen oft als ein selbständiger Bereich behandelt wird, obgleich ihm rechtlich-institutionelle Formen weitgehend fehlen.

Ob *Ordnungen* mit der Schöpfung eingestiftet oder erst nach dem Sündenfall von Gott in der Absicht errichtet wurden, um dem sündigen Menschen zu wehren, der seine Welt in Chaos und Anarchie zu stürzen droht, oder ob sie als »Erhaltungsordnungen« zu bezeichnen sind, weil sie nach der Katastrophe des totalen Abfalls und der Strafe der Sintflut nun – wie der Regenbogen dem Noah anzeigt – der Gesellschaft Sicherheit verheißen, macht für das gegenwärtige Verhalten von Ordnungen und in Ordnungen keinen wesentlichen Unterschied. Ordnungen sind von Gott gewollt, müssen vom Menschen anerkannt und getragen werden. Sie können ihre Aufgabe unzureichend ausüben, dann setzt Anarchie ein; sie können sich überheben und den Versuch machen, die Selbständigkeit anderer Ordnungen zu beschränken, dann tritt Totalitarismus ein. Für den einzelnen Menschen sind die Ordnungen Orte seiner persönlichen Glaubensbewährung in Gehorsam und kritischer Solidarität. Die genauere Bestimmung der Ordnung ist nur wichtig hinsichtlich der Zielvorstellung über die Endzeit. Ist z. B. der Staat Schöpfungsordnung, gehört er auch zum neuen Äon und gewinnt damit auch gegenwärtig eine ganz andere Würde, als wenn er ein Zeichen der gefallenen Welt darstellt und mit der neuen Schöpfung ebenso unnötig wird wie die übrigen Institutionen, weil nun die Menschen frei und in Liebe verbunden miteinander verkehren.

Wird statt »Ordnungen« der Begriff der *Institutionen* verwendet, so wird dadurch vor allem der Rechtscharakter hervorgehoben, den es als gemeinsame Aufgabe für Theologen und Juristen zu wahren gilt. Die Institutionenlehre unterscheidet sich nach ihrem eigenen Verständnis von einer Ordnungstheologie dadurch, daß die freie Entscheidung des Menschen, an den Ordnungen mitzuwirken und sie zu gestalten, in einer solchen Lehre nicht genügend berücksichtigt wird. Die Institutionenlehre wendet sich jedoch auch gegen einen personalistischen Aktualismus (der den Bestand der Institutionen auf dem permanenten Handeln vieler Menschen gründet), weil dieser dem Dauercharakter, der Verbindlichkeit und der Sicherheit des Rechtes nicht entspricht. Dies zielt vor allem auf die Theologie Karl Barths, der allein der Ehe den Status einer Institution zubilligen wollte, weil nur sie in wünschenswerter Klarheit das ständige Gespräch zwischen Vater und Sohn zur Abbildung bringt[6], richtet sich damit aber auch gegen einen rein existentialistisch-individualistischen Ansatz. Auch für eine theologische Institutionenlehre sind die Institutionen Stiftungen Gottes, die in ihrem Stiftungscharakter nur durch die göttliche Offenbarung im Alten und Neuen Testament erkannt werden können. Sie sind Ausdruck typischer Beziehungsformen, die weitgehend gestaltungsfähig, aber im Grundriß vorgegeben sind. Sie beziehen sich auf die Grundverhältnisse, die für die Existenz des Menschen lebensnotwendig sind. Sie sind im Grundriß unverfügbar, weil sie nicht abschließend zu definieren sind und damit als ganze in freier Verfügung genommen werden dürfen. Die Institutionen stehen nicht jenseits des Menschen, sondern ihre Verwirklichung bedarf der Annahme durch den Menschen, ein Akt, der Entscheidungscharakter hat und zugleich die Bereitschaft bedeutet, sich dieser Institution hinzugeben. Im Stiftungszustand ist die Einheit von Zustand und Vorgang beschlossen. Sofern Gott mit diesen Institutionen den Menschen als mit dem ihm angebotenen Ort seiner Bewährung in Verantwortung nimmt, stellt er ihn zugleich unter sein Gebot[7]. Freilich bleibt bei der Institutionenlehre die Frage der Veränderung von Institutionen oft wenig geklärt, so daß der Unterschied zu einer Ordnungstheologie zu verschwinden droht.

Ergänzt wird diese Institutionenlehre durch theoretische Ansätze aus der deutschen philosophischen Anthropologie, insbesondere durch die Arbeiten A. Gehlens[8]. Dieser geht von dem Grundgedanken aus, daß die menschliche Natur in ihrer biologischen Sonderstellung zum Überleben auf Institutionen angewiesen ist und deshalb Kultur und Geschichte produziert. Der Mensch zeichnet sich durch biologische Verhaltensunsicherheit aus: Seine Anlagen weisen eine hohe Formbarkeit auf, Instinkte sind kaum oder überhaupt nicht vorhanden, er besitzt einen nicht spezialisierten Antriebsüberschuß, er ist sehr stark auf andere angewiesen, weil er bei der Geburt allein nicht überleben würde und es einer langen Erziehungszeit bedarf, um ihn in der kulturellen Welt selbständig agieren zu lassen. Diesen »Mängeln« gegenüber übernehmen die Institutionen die Leistungen der Verhaltensorientierung, der Entlastung und der Außenstützung der Motivation. An die Stelle der Instinkte tritt

---

6. Barth, Kirchliche Dogmatik (vgl. Kap. 4, Anm. 31), II/4, 187.
7. H. Dombois, Recht und Institution, 1956, 71f.
8. A. Gehlen, Urmensch und Spätkultur, 1956, Teil I: Institutionen, 7–137.

beim Menschen die Institution. Institutionen sind demnach die normativ bewußt gemachten, auf Dauer gestellten Regelmäßigkeiten des sozialen Handelns.

Die Vorstellung von den *funktionellen Bereichen* geht von der Annahme aus, die moderne Gesellschaft sei gekennzeichnet durch die Ausdifferenzierung gesellschaftlicher Sektoren. Diese sind in den wenig entwickelten Gesellschaften noch ineinander verschränkt, aber zum Bestand einer Gesellschaft unabdingbar. Dazu sind z. B. bei T. Parsons[9] vier Subsysteme notwendig: 1. Das Subsystem der Struktur-Erhaltung (pattern maintenance) – hierzu gehören die kulturellen und insbesondere die religiösen Werte –; 2. das der Integration durch politische Ideologien und Rechtssysteme, die das gemeinsame Handeln der vier Subsysteme garantieren müssen; 3. das der Ziel-Erreichung (goal orientation), womit die Regierungsform gemeint ist; und 4. schließlich der Sektor, der das System an die Umwelt anpaßt (adaption), die Wirtschaft.

Unterschiedliche Beurteilung der gesellschaftlichen Situation und ideologische Festlegungen spielen vielfach eine Rolle in der Abgrenzung der einzelnen Bereiche; wer der liberalen Konzeption von der wünschenswerten Unabhängigkeit des wirtschaftlichen Bereiches anhängt, wird vermutlich unter den Staatsfunktionen nicht die Wirtschaftslenkung anführen; wer die Religion auf ihre staatstragende und staatslegitimierende Funktionen beschränkt, wird ihr keinen selbständigen Bereich zuordnen, sondern sie als einen Teil des staatlichen Unterdrückungsapparates verstehen. Wie in allen Theorien üben auch hier Wunschvorstellungen und ideologische Fixiertheit einen starken Einfluß auf die Beschreibung der gesellschaftlichen Realität aus; bei der Diskussion von Schichtmodellen wird dies in gleicher Weise sichtbar werden. Letztlich dient diese funktionale Theorie der Abwehr gegen das stetige Anwachsen des staatlichen Bereiches, der zunehmend die wirtschaftlichen Bereiche seiner Steuerung zu unterwerfen sucht und selbst als Unternehmen tätig wird, die Daseinsfürsorge übernimmt und auch Massenmedien und Religion in seine Planungsvorstellungen zu integrieren sucht. Je nachdem, ob man diese Tendenz begrüßt oder bedauert, wirkt sich dies auch auf die Beschreibung der gesellschaftlichen Funktionen aus.

---

9. T. Parsons, Gesellschaften (1966), 1975, insb. 39–53.

Paul Althaus: Theologie der Ordnungen

Als Text für den Abschnitt über die horizontale Differenzierung der kapitalistischen Gesellschaft möchte ich die Studie von Paul Althaus über »Die Theologie der Ordnungen« referieren. Obwohl dieser Beitrag bereits 1934 veröffentlicht wurde, hat sich jedoch die generelle Beschreibung und theologische Deutung nicht wesentlich verändert, soweit Theologen in ihren Sozialethiken auf Ordnungen, Mandate, Institutionen zurückgreifen, – immerhin steht auf der Buchbinde: »Grundlegendes zur brennendsten Frage evangelischer Ethik in der Gegenwart«.

Althaus: Die Studie wird durch Thesen gegliedert, deren erste lautet:

»›Ordnungen‹ nennen wir die Gestalten des Zusammenlebens der Menschen, die unerläßliche Bedingungen des geschichtlichen Lebens der Menschheit sind. Ihnen allen eignet der Zug, daß sie die Menschen in bestimmter Art aneinander binden und zum Dienste aneinander weisen.«[10]

Ordnungen tragen Dienst-Charakter. Sie können durch die Vernunft erkannt werden, nur im Glauben jedoch erkennen wir sie als Schöpfungen Gottes und als von Gott geordnete Mittel, uns das Leben zu erhalten. Alle Ordnungen, die dem Schaffen und Erhalten von Leben dienen, haben damit die Würde einer göttlichen Setzung. Daß diese Ordnungen Schöpfungsordnungen genannt werden, heißt nicht, daß sie jenseits der Sünde stehen, sondern wie der Mensch die Würde der Schöpfung und die Schande der Sünde in sich vereint, so verhält es sich auch mit den Ordnungen. Eine Unterscheidung von Schöpfungsordnungen und Erhaltungsordnungen lehnt Althaus ab, denn Schöpfung ist kein einmaliger Akt in der Vergangenheit, sondern Schöpfung bedeutet ein fort-währendes, gegenwärtiges, heute geschehendes Tun Gottes. Als Ordnungen werden – jedoch nur in Beispielen, nicht explizit – Ehe, Staat, Rechtsordnung, Beruf, Eigentum und Volk/Rasse genannt.

Die Ordnungen sind nur in bestimmter geschichtlicher Gestalt wirklich; Gott setzt keine Ordnungen an sich, sondern läßt »auch die Ordnungen an der individuellen Fülle und der zu immer Neuem drängenden Lebendigkeit der Geschichte teilnehmen«[11]. Es ist nach Gottes Ordnen für *heute* zu fragen und auf es zu horchen. Ein romantischer Sozialkonservatismus verfehlt die geschichtlichen

---

10. P. Althaus, Theologie der Ordnungen, 1934, 7.
11. AaO. 13.

10 Gesellschaftliche Sektoren

Wandlungen; da die Ordnungen von sündigen Menschen gemacht sind, kann eine Kritik an ihnen nicht ausgeschlossen werden; es gibt keine unbedingte Gestalt der Ordnungen, wohl aber einen unbedingten *Sinn* und *Beruf.* Wenn z. B. die »Gestalt des Staates Zerstörung jenes Berufes und Sinnes bedeutet, daß sie keine Autorität, keine Herrschaft mehr darstellt, sondern aus der Gottesordnung des Staates etwa eine Versicherungsorganisation menschlicher Egoismen oder eine das Leben des Volkes verknechtende Tyrannis gemacht hat«[12], dann ist dieser Sinn verfehlt. Wann die Spannung zwischen innerem Sinn und äußerlicher Gestalt zu groß geworden und damit der Zeitpunkt gekommen ist, an dem »aus der immer gebotenen kritischen Frage der Ungehorsam gegen eine Ordnung, die Revolution der Ordnung werden muß«[13], ist freilich nur im geschichtlichen Moment als Gewissensentscheidung festzulegen.

Kommentar: Für Althaus ist es wichtig, Ordnungen nicht als ungeschichtliche Größen erscheinen zu lassen. Sie unterliegen dem ständigen Prozeß göttlicher Schöpfung. Aber diese creatio continua Gottes bedeutet nur geschichtliches Fortschreiten, jedoch keinen Fortschritt innerhalb der Geschichte. Ordnungen sollen Leben erhalten, der Gedanke ihrer progressiven Entwicklung dagegen kommt nicht in Sicht. Offenbar ganz erfüllt von der Erfahrung der nationalsozialistischen »Revolution«, bleibt Althaus unentschieden gegenüber jeder Festlegung, welche Ordnungen sich bei allen Veränderungen durchhalten. Die Lehre von der creatio continua verhindert dies, zu seinen Gunsten, würde ich sagen. Entscheidend sind »Sinn« und »Beruf«, moderner würde man von Funktionen sprechen. Ihre primäre allgemeine Aufgabe ist es, die Autorität in der Gesellschaft zu repräsentieren, und dem wird am Beispiel des Staates weder »eine Versicherungsorganisation menschlicher Egoismen«[14] (gemeint ist wohl die Kombination von Konkurrenzgesellschaft und Sozialstaat) noch eine Tyrannis gerecht.

Althaus: Als Schöpfer der Ordnungen ist Gott auch Herr der Ordnungen und hat damit die Freiheit, Menschen aus den Ordnungen herauszurufen. Wenn Jesus einige auffordert, alles zu verlassen, Familie, Beruf, Besitz, um ihm nachzufolgen, so bedeutet dies keine Aufhebung der Ordnungen, sondern ihre Bestätigung: »Jesu Weisung an den reichen Jüngling, alles zu verkaufen und zu verlassen,

---

12. AaO. 15.
13. AaO. 16.
14. AaO. 15.

hat zur Voraussetzung das Gebot, zu erwerben und zu besitzen.«[15]
In dem kommenden Reich Gottes gibt es keine Ordnungen mehr; sie gehören zur Welt des Todes und des Widerstreites. Gegenwärtig erhalten sie diese Welt und ermöglichen Geschichte, in der Gott sein Volk sammelt. Der Gehorsam gegen die weltlichen Ordnungen kann zudem in den Gehorsam gegenüber Gott hineinführen, auch wenn beide Formen des Gehorsams nicht identisch sind. Schließlich sind die Ordnungen Gleichnisse und Andeutungen für die Verfassung des Reiches Gottes, denn auch das Reich Gottes ist eben Reich und Herrschaft. Auch die Hoffnung auf das Reich Gottes wird an politischen Hoffnungen gelernt, obgleich sie über alle politischen Hoffnungen hinausführt.

Kommentar: Die endzeitliche Zielvorstellung kennt keine Ordnungen mehr, aber es bleiben auch im Jenseits der Geschichte Reich, Herrschaft, Gehorsam. Ob andere Ordnungen neben dem Staat ähnliche Hinweisfunktionen haben, wird nicht erörtert; jedenfalls geht es in der endzeitlichen Zielvorstellung nicht um den Abbau von Herrschaft, sondern um ein von Tod und Widerstreit befreites verinnerlichtes Autoritätsverhältnis, das äußerlicher Ordnungen nicht mehr bedarf.

Althaus geht, wie er selbst betont, über die traditionelle lutherische Auffassung hinaus, die Ordnungen seien auf jeden Fall gut, würden aber durch den sündigen Menschen, der in ihnen wirkt, pervertiert. Seiner Meinung nach stehen Ordnungen selbst unter der Dynamik des Todes und der Sünde. Wir werden als Menschen an ihnen schuldig, aber auch durch sie selber. Es sind Dämonen, die den Menschen in Dienst nehmen, wenn auch gerade durch diese Dämonen Großes in der Geschichte entsteht. Die staatliche Ordnung dämonisiert sich durch ihr Freund-Feind-Denken, der Kapitalismus durch sein Rentabilitätsprinzip, das Volk, indem es sich gegen das andere setzt, und doch macht dies die Dynamik der Geschichte aus. Christliche Konferenzen mögen Beschlüsse fassen gegen den Haß der Völker und Rassen: der Fluch sitzt tiefer, als Moralisten meinen. Es ist faktisch unmöglich, Schöpfung und Sünde voneinander zu scheiden, der Mensch »kann in den Ordnungen der Geschichte nicht dienen, ohne zugleich auch an dem Reiche der Sünde mitzubauen«[16]. Dieser Konflikt, Gottes Anordnung Folge leisten zu müssen

15. AaO. 17.
16. AaO. 32.

10 Gesellschaftliche Sektoren

und doch damit an dem Bösen mitzuwirken, ist nur durch die christliche Botschaft von der Vergebung und der Erlösung aufzuheben: »In der Gewißheit der Vergebung und Erlösung *kämpft* der Christ gegen die Sünde in den Ordnungen und empfängt zugleich die Freiheit in der Ordnung, wie sie ist, zu *bleiben* und, obgleich leidend und harrend, Gott zu dienen.«[17]

Kommentar: Althaus' Lehre von den dämonischen Strukturen spiegelt die Unfähigkeit wider, überhaupt noch angesichts umwälzender gesellschaftlicher Veränderungen des »völkischen Aufbruchs« zu einem Werturteil zu kommen. Mit der Dämonie von Strukturen kann alles gerechtfertigt werden, ist am Kapitalismus letztlich unentscheidbar, was an ihm Schöpfung und was Sünde ist, hat auch der Haß auf den Feind sein Gutes, weil dadurch Großes in der Geschichte entsteht. Althaus ist später auf diese Dämonologie der Strukturen nicht mehr zurückgekommen; die etwas langweilige Vernünftigkeit des wirtschaftlichen Aufbaues in der Nachkriegszeit hat das Reden von den Dämonen rasch verstummen lassen, wie es sich bei E. Reisner, E. Müller und H.-D. Wendland noch nach 1945 fand[18]; heute sind es wieder die einzelnen Menschen, die die Ordnungen pervertieren. Immerhin ist die Frage von Althaus ernst zu nehmen, ob nicht Revolutionen jenseits des Bereiches einer Vernünftigkeit und damit verantwortlicher ethischer Überlegungen liegen, weil hier sich Wandlungen vollziehen und Spannungen entladen, die sehr tief emotional verwurzelt sind.

Gesellschaftliche Sektoren und Wertkonflikt

Für eine sozialethische Urteilsbildung ist es wichtig, sich zu vergegenwärtigen, daß die einzelnen Sektoren der Gesellschaft unter der Lenkung spezifischer Wertvorstellungen stehen, die teils ideologischen, teils progressiven Charakter tragen. In vielen Fällen haben sich solche Wertvorstellungen von der sozialen Realität weit entfernt und dienen stärker der Erhaltung der bestehenden Herrschaftsverhältnisse, als daß sie sich orientieren an einer Zielsetzung, die auf eine Fortentwicklung und Erweiterung eines vieldimensionalen gesellschaftlichen Reichtums ausgerichtet ist.
Ich möchte den Wertkonflikt innerhalb der gesellschaftlichen Sek-

---

17. AaO. 37.
18. E. Reisner, Der Dämon und sein Bild, 1947; E. Müller, Die Welt ist anders geworden, 1955, 18; Wendland, Grundzüge (vgl. Kap. 8, Anm. 1), 141–150.

toren hier kurz beschreiben; im Bd. II wird dann eine genauere Darstellung erfolgen.

A. Der *wirtschaftliche Sektor* stellt heute denjenigen Bereich dar, der sich am stärksten im Wandel befindet und damit zugleich auf die anderen Sektoren den stärksten Druck auf Veränderung ausübt. Die durch das Verwertungsinteresse des Kapitals gesteuerte wissenschaftlich-technische Entwicklung stellt die übrigen Sektoren vor immer neue Problemfelder, die sie bewältigen müssen, z. B. Veränderungen der Arbeitsanforderungen und Freisetzen von Arbeitenden, wechselnde Qualifikationsanforderungen in der Ausbildung, Schutz vor Umweltzerstörung, die langfristige Daseinsfürsorge für Lohnabhängige und andere mehr. Die folgenden Probleme scheinen besonders wichtig zu sein:

1. Der wirtschaftliche Entwicklungsprozeß ist verbunden mit einer starken *Konzentrationsbewegung*. Die für eine weitere Rationalisierung und für die Neuentwicklung von Produkten erforderlichen Investitionen nehmen immer mehr Größenordnungen an, die nur durch finanzstarke Wirtschaftseinheiten aufgebracht werden können. Es entstehen Großkonzerne, die in der Lage sind, in einem hohen Maß die Märkte zu beherrschen oder in einem Oligopol untereinander aufzuteilen. Damit tritt zunehmend ein Moment auf, das aus staatssozialistischen Wirtschaften bekannt ist, nämlich das der längerfristigen Planung. Die Konzentrationsbewegung bringt jedoch auch das Problem der unkontrollierten Macht mit sich, die die staatlichen Regulierungen auf vielfältige Weise einzuschränken oder zu überspielen in der Lage ist. Die Drohungen mit Entlassungen, der Investitionsstop sowie die durch den nationalen Staat schwer zu beeinflussende übernationale Tätigkeit stellen dabei die markantesten Mittel dar. Weder die staatliche noch die gewerkschaftliche Gegenmacht ist bisher ausreichend in der Lage, eine gesellschaftliche Kontrolle über diese Machtkonzentration auszuüben. Starke Tendenzen zeigen sich auch darin, sich vom Markt unabhängig zu machen, sei es durch die Einschränkung des Angebotes von solchen Waren, deren Verkauf keinen Gewinn erbringt, sei es in der Förderung solcher technologischer Projekte, für die nur der Staat als Käufer auftreten kann, bei denen es aber höchst umstritten bleibt, ob durch sie dem Bürger zu einer besseren Erfüllung seiner Bedürfnisse verholfen wird, wie im Falle von Waffensystemen, Großflugzeugen, Atomkraftwerken usw. Mit der Unabhän-

gigkeit vom Markt entfällt auch das letzte Merkmal, eine Machtfülle, wie sie sich in den Großunternehmen findet, zu legitimieren.

2. Die Wirtschaft der BRD ist wie in anderen kapitalistischen Ländern dadurch gekennzeichnet, daß das Wirtschaftskapital im hohen Maß *privaten Eigentümern* gehört; auch Betriebe im staatlichen Besitz arbeiten weitgehend unter privatwirtschaftlichen Gesichtspunkten. Dabei ist die Institution des Privatkapitals rechtlich außerordentlich stark gegen die Verfügungsgewalt durch den Staat und andere öffentliche Kräfte abgesichert. In der relativ kleinen Gruppe, die über hohen Kapitalbesitz verfügt, ist der Vermögenszuwachs in einem sehr viel höheren Ausmaß gestiegen als bei denjenigen, die überwiegend von ihrem Arbeitseinkommen abhängig sind. Weder der Staat noch die Gewerkschaften waren bisher trotz (bzw. wegen!) Steuergesetzen und Gesetzen zur Vermögensbildung in der Lage, einen gleichmäßigeren Kapitalbesitz, eine bessere Einkommensnivellierung und damit eine gleichmäßigere Beteiligung am Arbeitsertrag herbeizuführen.

3. Die Form der Arbeit hat sich ohne Zweifel seit früh- und hochkapitalistischen Zeiten in vieler Hinsicht zum Besseren gewendet, die Arbeitszeit wurde verkürzt, die materielle Situation des Lohnabhängigen verbessert. Aber zugleich haben sich mit der Einführung neuer Produktionsverfahren andere physische und psychische Gefährdungen des Lohnabhängigen eingestellt, wie die Nachtschicht, verstärkter Lärm, vermehrte repetitive Teilarbeit, Gefährdungen durch den Umgang mit neuentwickelten Materialien und Chemikalien. Zum Teil ist, um ein Stichwort zu gebrauchen, an die Stelle der physischen die *psychische Ausbeutung* getreten, die dazu führt, daß die erweiterte Freizeit stärker der Wiederherstellung der Arbeitskraft dienen muß, als daß hier wirklich ein Freiraum entstünde, in dem sich zweckfreie menschliche Bedürfnisse entfalten könnten. Vielfach reichen auch die privatwirtschaftlich verfügbaren Mittel nicht aus, um die Arbeitssituation so zu humanisieren, wie es dank Vollautomatisierung, Robotereinsatz und Computer-Technik möglich geworden ist. Hier findet eine Verschwendung und Zerstörung menschlicher Schaffenskraft statt, die in vielem durch die Grenzen privatwirtschaftlicher Möglichkeiten bedingt sind.

Die sozialethische Anfrage an den wirtschaftlichen Sektor konzentriert sich bei dem Problem der Machtkonzentration auf die Frage nach der Legitimation, dem Rechtfertigungsgrund, mit dem hier

Macht ausgeübt wird, denn unkontrollierte Machtausübung widerspricht der demokratischen Wertvorstellung von der gleichen Teilhabe an der Macht. Die Gleichheitsforderung richtet sich von der Machtfrage abgesehen aber auch gegen die unterschiedliche Einkommenshöhe, die auch die Lebenschancen des einzelnen zu einer sehr unterschiedlichen macht. Die Zerstörung menschlicher Arbeitskraft stellt sich gegen die zuvor genannte Zielvorstellung der Aufhebung von Beherrschung und Ausbeutung von Menschen durch Menschen.

Eine derartige kritische Anfrage wird im allgemeinen mit dem Hinweis auf die herrschenden Werte von Leistung, Rentabilität und Effizienz abgewiesen, die insbesondere für den ökonomischen Sektor vorrangige Bedeutung haben. Alle drei Wertvorstellungen besitzen für den, der über wirtschaftliche Macht verfügt, unmittelbare Plausibilität; sie sind häufig auch von den Lohnabhängigen internalisiert. Dennoch sind es ideologische Werte, die primär den Verfügungsmächtigen zugute kommen, von den Lohnabhängigen aber vielfach erhebliche Opfer verlangen, sobald sie nicht mehr ausreichend leistungsfähig sind, aus Rentabilitätsgründen ihren Arbeitsplatz verlieren und »wegrationalisiert« werden. Insbesondere eine technisch raffinierte Leistungsmessung und ein allein auf die Effizienz der Produktionsprozesse ausgerichteter Arbeitsvorgang unterschlagen eine Fülle menschlicher Bedürfnisse nach Kommunikation, der Basis gegenseitiger Achtung und Selbsttätigkeit.

B. Als die klassischen Funktionen des *Staates* gelten die Sicherung der gesellschaftlichen Ordnung durch Rechtssetzung und der Schutz dieser Ordnung nach außen und innen durch die Sicherheitskräfte von Militär und Polizei. Diese Funktionen haben sich in den letzten Jahrhunderten zunehmend erweitert und verändert. War es bisher Funktion des Staates, gesellschaftliche Prozesse zu legalisieren, so tritt nun an ihn die zusätzliche Aufgabe heran, den gesamtgesellschaftlichen Prozeß zu steuern und deshalb eine zunehmend aktive, planende Tätigkeit auszuüben. Dieser Veränderung der Staatsfunktionen sind allerdings durch die Rechtsordnung, insbesondere der Eigentumsrechte, und durch unzureichende Planungserfahrung Grenzen gesetzt.

Als weitere Funktionen sind dem Staat neue gesellschaftliche Aufgaben zugefallen, deren Durchführung für die wirtschaftliche Entwicklung eine Voraussetzung bildet, aber nicht nach dem Prinzip der Rentabilität betrieben werden können, d. h., die Erstellung sog. Infrastruktur, wie Straßen, Schulen, Krankenhäuser, Transportwe-

ge. Dabei entsteht mit der Funktion der Erziehung und Ausbildung ein besonderer Bereich mit zum Teil eigener Zielsetzung. Solche neuen Aufgaben beziehen sich jedoch nicht nur auf den gesamtgesellschaftlichen, sondern auch auf den individuellen Bereich. Hier übernimmt der Staat die Aufgabe der Daseinsfürsorge, indem er die Absicherung der Individuen gegen Arbeitslosigkeit und Arbeitsunfähigkeit durch Unfall, Krankheit und Alter durch eine auf das Individuum bezogene zeitliche Umverteilung vornimmt und durch staatliche Leistungen das Absinken des einzelnen unter die Armutsgrenze zu verhindern sucht.
Drei besonders wesentliche Probleme des politischen Sektors seien hier genannt:

1. In den vergangenen Jahrzehnten ist es zu einem ständigen *Anwachsen der Staatstätigkeit* gekommen. Die Aufnahme neuer Aufgabengebiete und die Erweiterung der klassischen Funktionen haben die Zahl der unmittelbar oder mittelbar durch den Staat beschäftigten Personen erheblich ansteigen lassen. In vielen Berufssparten, insbesondere in akademischen, hat der Staat oft nahezu eine Monopolstellung als Anstellungsträger (z. B. Lehrer). Der Ausbau der staatlichen Planungskompetenz betrifft immer weitere Bereiche gesellschaftlicher Aktivitäten. Viele von ihnen sind überhaupt nur funktionsfähig, soweit sie durch die staatliche Finanzierung gesichert sind, so nahezu der gesamte sozio-kulturelle Sektor. Schließlich wird das staatliche Monopol der Gewalt immer stärker perfektioniert und ausgebaut. Von daher stellt sich verschärft der Konflikt: Einerseits ist sichtbar, daß die wesentlichen gesellschaftlichen Veränderungen, so z. B. die Vergesellschaftung der Produktionsmittel, nur durch den Staat durchgesetzt werden können. Zugleich wird mit solchen Veränderungen der Bereich der Staatstätigkeit ausgeweitet und damit die Möglichkeit staatlicher Einflußnahme weiter verstärkt. Viele Mißstände, die von einer Mehrzahl der Bevölkerung beklagt werden, können deshalb nicht beseitigt werden, weil sie weitere staatliche Eingriffe erfordern, denen diese gleiche Bevölkerung mit Mißtrauen gegenübersteht, weil der staatliche Sektor ihr bereits allzu selbstherrlich, unansprechbar und bürokratisch verhärtet erscheint und vielfach auch ist.

2. Trotz des Ansteigens der Staatstätigkeit stellt sich die Frage, ob *der Staat in der Lage ist, die ihm neu zugewachsenen Funktionen zu erfüllen und damit wirksam auf das gesamtgesellschaftliche Ziel einer gleichmäßigen Befriedigung menschlicher Bedürfnisse hinzuwirken.*

Es wird noch im einzelnen zu prüfen sein, welche Elemente einer die Realität treffenden Beschreibung die jeweils extremen Ansichten enthalten; die *eine*: Der Staat sei in seiner Existenz vom Großkapital abhängig und fördere die Verwertungsprozesse des Kapitals durch Subventionen, Schutz der bestehenden Eigentumsordnung, Erstellung von rechtlichen Rahmenbedingungen und Infrastrukturen sowie der Ruhighaltung der Werktätigen durch umfassende Daseinsfürsorge und gegebenenfalls durch Einsatz von Gewalt, oder die *andere*: der Staat sei eine von den gesellschaftlichen Kräften unabhängige Größe und könne in hohem Ausmaß eine gleichmäßige Bedürfnisbefriedigung und gleichmäßiges wirtschaftliches Wachstum garantieren. Kurz gesagt, stellt sich die Frage, wieweit dieser Staat die Interessen der herrschenden Klasse vertritt und wieweit er als Initiator eines umfassenden gesellschaftlichen Entwicklungsprozesses, der sich an den Bedürfnissen der Lohnabhängigen orientiert, betrachtet werden kann.

3. Schließlich stellt sich, ähnlich, aber doch anders als im wirtschaftlichen Sektor, die Frage nach der *Legitimation des Staates*. Bis zum Zeitalter der Aufklärung war die staatliche Ordnung religiös legitimiert; sie empfing ihren Auftrag zur Herrschaft durch die göttliche Macht, die sie abbildete, wie hinwiederum die Bilder der königlichen Repräsentation zur Ausmalung der göttlichen Herrschaft dienten. Seitdem ist die religiöse Legitimierung des Staates immer stärker zurückgegangen und ist derzeit nur dort wirksam geblieben, wo es gelang, wie in den angelsächsischen Staaten, Demokratie und Gottesvorstellung miteinander zu verbinden. Hinfort konnte sich der Staat immer mehr nur insoweit legitimieren, als er unter dem Druck von Wahlen und der öffentlichen Meinung zu Veränderungen bereit war und sich sensibel erwies gegenüber den Bedürfnissen seiner Bürger. Die Machtkonzentration und Allgegenwärtigkeit des Staates zusammen mit seiner zunehmenden Bürokratisierung und Verrechtlichung haben immer stärker zu Anfragen geführt, wieweit der Staat sich noch als legitimer Vertreter seiner Bürger betrachten kann, besonders je stärker die Wahlen zu Akklamationen der »staatstragenden« Parteien wurden und die öffentliche Meinung durch Pressekonzentration immer mehr sich monopolisierte. Daher kann man von einem Legitimationsdefizit des Staates sprechen.

Die dem politischen Sektor insbesondere zugehörigen Werte sind Sicherheit und Dienst. Sicherheit verbindet sich mit der Vorstellung von innerer, äußerer und sozialer Sicherheit sowie mit Ordnung, Dienst mit Pflicht und Verantwortung für die Allgemeinheit. Gerade das Dienst- und Pflichtbewußtsein des deutschen Beamten hat viel zum Modernisierungsprozeß der deutschen Gesellschaft und zur Durchsetzung von Gleichheitsvorstellungen vor dem Gesetz, aber auch der sozialen Gleichheit beigetragen[19]. Andererseits ist es unverkennbar, daß zum einen dieses Dienstbewußtsein stets die Ordnung vor die Veränderung gestellt hat, sobald es galt, Prioritäten zu setzen, und zum anderen stets allzu genau wußte, was für die Bürger angemessen und gut sei; es ergibt sich hier eine historisch wohl eindeutige Linie von der Aussage, eine Reform könne nur von oben und nicht von unten kommen, zu dem technokratischen Verständnis, nur die Verantwortlichen wüßten, was die wahren Bedürfnisse sind. Diese Ordnungsvorstellung hat sich auch dadurch vertieft, daß der Staat sich als die Kraft verstand, die den ständigen Veränderungen des wirtschaftlichen Sektors einen festen Halt entgegenstellt, was vielfach auf Kosten seiner Fähigkeiten ging, eigenständige Innovationen vorzunehmen und Planungskapazitäten zu entwickeln.

Die Frage nach der staatlichen Machtkonzentration, nach der Autonomie des Staates und nach der Legitimation seiner Tätigkeit kann nur durch die Demokratisierungsvorstellung beantwortet werden, und zwar einer Demokratisierung, die alle Bereiche staatlicher Tätigkeit betrifft, also auch die der Verwaltung und der Justiz unter Einschluß der jeweils von dieser Tätigkeit Betroffenen, und durch eine Umkehrung der Zentralisierungstendenz.

C. Bei dem *sozio-kulturellen Sektor* möchte ich angesichts seiner Komplexität aus arbeitsorganisatorischen Gründen nur auf die Kirchen eingehen, möchte zuvor aber zwei weitere Sektoren erwähnen, den der Familie und den der Freizeit.

Wie das vierte Gebot belegt, war die *Familie* schon eine gesellschaftliche Institution, bevor überhaupt vom Staat gesprochen wurde. Luther konnte die Obrigkeit nur über das Gebot, Vater und Mutter zu ehren, in die Erläuterungen zu seinen Katechismen hineinbringen. Keine Theologie der Ordnungen läßt Ehe und Familie aus. Aber schon die notwendige Beschreibung der Institution als »Ehe und Familie« zeigt die Zweifel an, worauf die Hauptfunktion dieses Sektors liegt, in der ehelichen Zweierbeziehung oder in dem Aufzug von Kindern, also in der Reproduktionsfunktion. Für die

---

19. O. Hintze, Der Beamtenstand (1911), 1963².

Mehrzahl der heutigen Soziologen hat die Familie nur die Funktion einer Vermittlungsinstanz zwischen den wirtschaftlichen, politischen und sozio-kulturellen Sektoren und dem Individuum, nämlich die Funktion, den Heranwachsenden zusammen mit anderen Erziehungsinstitutionen in diese Sektoren hineinzusozialisieren.

Die Familie hat in der Tat in der Entwicklung der modernen Gesellschaft einen zunehmenden Funktionsverlust erlitten. Ihre klassischen Funktionen einer Wirtschafts-, Erziehungs- und (auf Vater und Mutter beschränkten) Sexualgemeinschaft haben sich in ihrer Bedeutsamkeit vermindert, aber sicherlich ist die gegenteilige Beschreibung, die Familie sei nur noch eine Konsumgemeinschaft, höchst unvollständig. Wenn auch die Schule und andere Erziehungsinstitutionen die Funktion der Sozialisation sehr weitgehend übernommen haben, wenn auch eine freiere Sexualmoral es erlaubt, die Sexualbeziehungen nicht mehr allein auf den Ehepartner konzentrieren zu müssen, wenn auch die Funktion der Familie als wirtschaftende Einheit weitgehend in einen selbständigen Bereich Wirtschaft abgewandert ist, so spielt sie für alle diese Bereiche doch weiterhin eine gewichtige Rolle, eine so gewichtige jedenfalls, daß die ganze Berufsgruppe der Analytiker und Eheberater ihren Unterhalt von den Konflikten bestreiten kann, die sie verursacht. Folgende Problemfelder treten hier in besonderer Weise hervor:

1. Im Zuge des neuzeitlichen *Individualisierungsprozesses* hat die Familie, insbesondere die Eltern, eine neue, so geschichtlich nicht vorgegebene Aufgabe erhalten, dem Kind und Heranwachsenden im Verlauf seiner Sozialisation zu einem unverwechselbaren Selbstbewußtsein zu verhelfen. Dies geschieht auf der Basis einer ursprünglich in der Romantik entwickelten Eheauffassung, nach der sich die beiden Liebenden dank seelischer Intimität in ihrer Unverwechselbarkeit und Individualität gegenseitig bestätigen und diese seelische Intimität an den Heranwachsenden weitergeben. Die stark verinnerlichten Konflikte mit den Eltern dienen in Identifizierung und Ablehnung zum Aufbau einer Identität, die freilich dann allzu oft zu einer »beschädigten« wird, wenn unbefriedigte elterliche Bedürfnisse, auf den Heranwachsenden projiziert, ihn überwältigen, zumal nur schwer zu gewährleisten ist, daß eine solche elterliche Intimität auf Dauer gestellt werden kann.

2. War angesichts hoher Kinder- und Müttersterblichkeit die *Aufgabe der Mutter als Erzieherin* eine Tätigkeit, die vielfach sich über das gesamte Erwachsenenalter erstreckte, umfaßt heute bei gesun-

kener Kinderzahl die mütterliche Tätigkeit oft nicht mehr als ein Drittel dieser Altersstufe. Muttersein wird zu einem vorübergehenden Status, nicht mehr Beschreibung einer sozialen Position, die die Frau mit der Geburt ihres ersten Kindes erhält und die für den Rest des Lebens gilt. Von daher ergibt sich die Notwendigkeit, die gesamte Rolle der Frau neu zu beschreiben, was eine große Fülle von sozialen und rechtlichen Problemen mit sich bringt.

3. Da die Rolle der Frau bisher durchweg als dienende Mütterlichkeit beschrieben wurde, löst, soweit die mütterliche Aufgabe zurücktritt, die *Aufhebung dieser Rollenfestlegung* zugleich erhebliche Anfragen an eine von Männern dominierte Welt aus, an der Frauen heute partizipieren möchten und deshalb berechtigterweise auf Gleichstellung in einst als männlich charakterisierte Arbeitsgebiete drängen. Dies führt jedoch zunehmend zu einer Angleichung und Diffusion der männlichen und weiblichen Geschlechtsrolle, die für beide Seiten ein sehr erhebliches Problem bildet. Die sicherste aller Überzeugungen und Selbstdefinitionen, ob man (oder sie) Mann oder Frau ist, gerät in Zweifel.

4. Schließlich stellt sich die Frage, ob *seelische Intimität* als Form gegenseitiger Selbstbestätigung allein auf einer zweigeschlechtlichen und staatlich wie kirchlich sanktionierten Beziehung beruhen kann und muß. Seelische Intimität vollzieht sich immer häufiger auch in Beziehungen, die weder den staatlichen noch den kirchlichen Segen haben, unter Partnern gleichen Geschlechts, aber auch in größeren Gemeinschaften, mögen sie als Kommunen zusammenleben oder getrennte Wohnungen haben. Von daher ergibt sich die Frage nach der Zukunft der Institution der Familie überhaupt, gerade wenn zunehmend die Frage von Vererbung von Eigentum hinfällig wird.

Im Bereich von Ehe und Familie ist Liebe die wesentliche Wertvorstellung. Wenn sie mehr ist als ein kurzfristiges Engagement, bedeutet sie Intimität, gegenseitiges Annehmen in den körperlichen und geistigen Bedürfnissen, Vertrauen, gegenseitige Ergänzung. Liebe ist immer noch der tiefste Ausdruck von Selbstbestätigung – hier berührt sich diese Liebe mit der Liebe im kirchlichen Bereich – und ist entscheidendes Moment in der Konstituierung des neuzeitlichen Individuums. Aber sie ist auch ein sehr zerbrechliches, brüchiges Gebilde, unbegründbar und ungreifbar, und es bedarf stets einer kräftigen Erinnerung an erfahrene Liebe, um Trennung und Verlust nicht zu einem überwältigenden Ereignis werden zu lassen.

Der Sektor der *Freizeit* wird theologisch im allgemeinen nicht als Ordnung oder Institution angesehen. Unter dem Gesichtspunkt einer funktionalen Analyse erfüllt der Sektor der Freizeit sehr spezifische Bedürfnisse, auf die andere Sektoren so nicht eingehen, wenngleich eine privatisierte eheliche Beziehung und eine privatisierte Religiosität ähnliche Funktionen erfüllen und die funktionalen Kriterien dieses Bereiches übernehmen; Sexualität und Religiosität werden – ohne Wertung gesagt – zu Freizeitbeschäftigungen. Freizeit scheint zunächst das zu sein, was von anderen gesellschaftlichen Sektoren und von physiologischen Bedürfnissen wie Essen und Schlafen freibleibt und für Tätigkeiten zur Verfügung steht, die den Zweck in sich selbst haben. Ihre Funktion ist es, keine Funktion zu haben. Hierzu gehört das, was landläufig unter dem unbeholfenen Namen eines Hobbys läuft, aber auch alle Formen eines vertieften und intensivierten Lebens. Es ist der Bereich, der am ehesten frei von Zwängen zu nennen ist und der am stärksten individuelle Wahlmöglichkeiten wie Speisen, Musik, Reisen anbietet. Auch verbindliche Dogmen und Riten werden im Freizeitsektor zu Dienstleistungen, verlieren sich in Erbauung und persönliche Entfaltung. Zusammenfassend kann man sagen: Der Sektor Freizeit dient zum einen als Entlastung gegenüber den anderen gesellschaftlichen Sektoren, und zwar in allen menschlichen Dimensionen, »hier bin ich Mensch, hier darf ich's sein«, zum anderen wird er zu dem Ort, in dem der Mensch zu sich selbst kommt und über sich zu reflektieren beginnt, insgesamt der Bereich eines zweiten »höheren« Lebens. Zwei wesentliche Problemfelder sind hier zu nennen:

1. Es besteht die eindeutige Tendenz, den Sektor Freizeit unter dem *Aspekt der Beliebigkeit*, die übrigen Bereiche dagegen unter den Werten von Leistung und Pflicht zu organisieren. Erst nach dem Reich der Notwendigkeit, der Arbeit, beginnt das Reich der Freizeit. So sehr es sinnvoll und notwendig ist, den Raum der Freizeit als Freiraum und Spielraum zu bestimmen, in dem neues Leben gewagt und mit neuen Dingen und Gedanken experimentiert werden können, so sehr ist es notwendig, in *allen* Bereichen die Momente von zweckfreien Gesprächen und spielerisch-experimentellem Tun einzubringen, statt diese gnadenlos unter die Herrschaft von Rentabilität und Pflicht zu stellen. Die tägliche Arbeit ist viel zu bestimmend für den einzelnen Menschen, als daß diese von den Elementen der gegenseitigen Anerkennung, der Kommunikation und des Spiels freibleiben dürfte; sonst wird zutiefst Menschliches ausgetrieben.

2. Der Sektor Freizeit ist, bei allen Wahlmöglichkeiten, die er dem einzelnen läßt, auch der *Sektor der »geheimen Verführer«*. Daß dieser Bereich nicht primär durch Zwang konstituiert ist, bedeutet noch nicht, daß er frei von ökonomischen und politischen Interessen ist. Diese treten jedoch meist nicht offen hervor, sondern wirken auf unbewußte Faktoren. Der Reisemarkt mag hier als Beispiel gelten. So sehr die Möglichkeiten zu begrüßen sind, den Deutschen ferne Welten zu erschließen, zu oft finden sie in einem schäbig gewordenen Paradies nur sich selber wieder; erfolgreich wird der Kontakt mit fremden Kulturen vermieden. Weil es im Bereich des Konsums und der Wahl der Freizeitbeschäftigung besonders deutlich um die Frage nach falschen und wahren Bedürfnissen und damit auch um das Problem einer nur scheinhaften oder einer wirklichen Entfaltung menschlicher Fähigkeiten geht, bedarf dieser Sektor besonderer Reflexion. Gerade wenn derzeitige sozialphilosophische Überlegungen die Frage stellen, ob »wir nicht über unsere Verhältnisse leben«, und als Antwort eine asketische Weltkultur gefordert wird, so ist ja immer noch die Gegenfrage erlaubt, wer denn ein ökonomisches Interesse daran hat, daß wir solches tun. Damit soll nicht die Ernsthaftigkeit dieser Anfrage abgetan sein, ob es nicht eine Entfaltung menschlicher Bedürfnisse geben kann, die weniger an Waren orientiert und damit umweltschonender ist, dafür aber die Entfaltung der handwerklichen und seelischen Fähigkeiten fördert.

Der zentrale Wert innerhalb des Sektors Freizeit ist die Erfüllung von Bedürfnissen. Angesichts der zunehmenden Notwendigkeit und Möglichkeit, die Arbeitszeit herabzusetzen, wird dieser Sektor in den kommenden Jahren eine zunehmende Bedeutung erlangen, wird auch anhand dieser Wertvorstellung intensive Fragen nach wahren und falschen Bedürfnissen aufwerfen, vermutlich präzisiert durch die Frage nach den gleichen Wahlmöglichkeiten für alle. Zudem ist anzunehmen, daß dieser Bereich Rückwirkung auf die anderen Sektoren haben wird. Die Erfahrung individueller Fähigkeiten und Wahlmöglichkeiten im Freizeitbereich läßt ohne Zweifel die Frage nach Bedürfnisbefriedigung auch in anderen Sektoren dringlicher werden.

Wie bereits angeführt, sollen aus dem sozio-kulturellen Sektor nur *die Kirchen* besprochen werden. Es ist dabei nicht beabsichtigt, eine Kirchensoziologie oder gar eine Ekklesiologie zu entwickeln. Die Kirchen sollen hier nur insoweit in ihrer Tätigkeit und ihren Möglichkeiten diskutiert werden, als sie Träger christlicher Sozialethik sind. Daher erscheinen hier als Problemfelder nur solche Themen, die mit ihrem sozialethischen Auftrag zusammenhängen. Die Tätigkeiten der Kirchen erstrecken sich in der BRD vor allem auf vier Gebiete: Verkündigung, Wertsozialisation, karitative Arbeit, Beratung. Der Bereich der Verkündigung wird besonders durch den Gottesdienst bestimmt, in dem sich die Gemeinde unter dem Wort Gottes versammelt; was hier geschieht, trägt für eine traditionelle Theologie und Kirchenpraxis den Charakter des eindeutig Christlichen. Pfarrer, Theologie und Gottesdienst gelten als Repräsentanz dieses Christlichen, das auf die übrigen Tätigkeitsbereiche ausstrahlt und sie bestimmt, auch wenn das faktisch nicht immer aufweisbar ist. Im Bereich Wertsozialisation haben sich die Kirchen mit Kindergärten, Religionsunterricht, Firm- bzw. Konfirmandenunterricht, Erwachsenenbildung, lebenskundlichem Unterricht und Studentengemeinden einen erheblichen Einfluß gesichert, den sie allerdings mit anderen Erziehungsinstanzen teilen müssen. Gerade in der Nachkriegszeit sind die Bereiche von karitativer Arbeit und Beratung immer stärker entwickelt worden; hier sind die Kirchen Nutznießer und partnerschaftliche Mitträger staatlicher Sozialpolitik.

1. Die Kirchen, und hiermit sind stets die beiden Großkirchen in der BRD gemeint, haben mit der Institution Familie gemeinsam, daß sie sich zunehmend aus einer relevanten öffentlichen Institution in den *Freizeitbereich der Privatheit, der Unverbindlichkeit und der Entfaltung der Individualität* hineinentwickeln, ohne diese Entwicklung steuern zu können. Dies ergibt sich gerade aus ihrer Selbstdefinition heraus, nach der sie nicht zu den funktionalen und von Zweckrationalität bestimmten Sektoren gehören, sondern sich ihre Bestimmung selbst setzen bzw. von einem Jenseits der Gesellschaft gesetzt bekommen. Der Zwiespalt zwischen einer im weitesten Sinne politischen Funktion und dem Übergang in den Freizeitbereich, zwischen der Kirche des unverfügbaren Wortes Gottes und der Kirche als Dienstleistungsbetrieb, den T. Rendtorff in immer neuen Ansätzen beschreibt, ist bis heute nicht ausgestanden oder auch nur bewußtseinsmäßig ausreichend abgeklärt. Unentschieden schwanken die Kirchen zwischen einer Amtskirche, die sich eng mit staatlichen Aufgaben verbindet (besonders typisches Beispiel die Militärseelsorge) und einer Bedürfniskirche hin und her. Dies Schwanken zwischen der Frage nach dem »Eigentlichen«, womit ja im Grunde genommen das Verbindliche gemeint ist, und der nach

dem »Markt der Möglichkeiten« führen zu einem unabgeklärten und als verwirrend erscheinenden Verhalten.

2. Die Frage nach dem Verbindlichen ist eng verbunden mit der Frage nach der *Neutralität oder Parteilichkeit der Kirchen.* H. Maier hat darauf verwiesen, daß im diffusen Chor der öffentlichen Meinung, aber auch in privaten Gesprächen, sich »eine heftige, oft maßlose Kirchenkritik und ebenso leidenschaftliche Erwartungen an eine neue, mit irdischen Hoffnungen gefüllte Kirche die Waage« halten[20]. Die Kirchen werden als moralische Instanzen betrachtet, und es wird ihnen das Recht zugesprochen, sozialethische Urteile abzugeben, oft werden von ihr Veränderungen erwartet, die man sich selbst nicht durchzusetzen und zu vertreten getraut. Freilich sind die Gremien, die solche Stellungnahmen zu öffentlichen Fragen bestimmen, zu mittelschichtorientiert, so daß die linke Minderheit bei allem intellektuellen Einsatz nur Kompromißpapiere erreichen kann, die über den Grundkonsens der drei »staatstragenden« Parteien selten hinausgehen. Stellungnahmen und Aktivitäten, die gesellschaftliche Veränderungen erwarten lassen, sind aus dem Bereich einzelner Hochschullehrer und vor allem aus der Intellektuellen-Kultur linker Pfarrer und Religionslehrer zu erwarten, denen aus welchen theologischen Gründen auch immer eine unpolitisierte Bedürfniserfüllung nicht zureichend erscheint.

Als bestimmender Wert tritt als Konzentrationspunkt einer allgemein anerkannten Moralität – als Christ ist man verpflichtet, Gutes zu tun – die Wertvorstellung der Liebe hervor. Diese wird nicht so sehr im Sinne der ehelichen Liebe als Intimität und Individualisierung des anderen, sondern eher als Verläßlichkeit, als Vertrauen schaffendes Handeln, als Achtung und Anerkennung verstanden. Diese Liebe ist, zumindest als Wertvorstellung, eine Liebe, die allen gilt, sozial Schwache einschließt und sich gegen eine ökonomische Rationalität sperrt.

»Eigengesetzlichkeit« der Sektoren?

Ich habe die gesellschaftlichen Sektoren in ihrer Hauptproblematik hier kurz und zusammenfassend beschrieben; eine Vollständigkeit

---

20. H. Maier, Die Kirchen, in: R. Löwenthal/H.-P. Schwarz (Hg.), Die zweite Republik, 1974[2], 494–515, hier 510.

ist nicht angestrebt. Wichtige Bereiche sind hier nicht genannt, insbesondere Erziehungseinrichtungen und Wissenschaft, Massenmedien und Gesundheitswesen. Der Überblick sollte zum einen zeigen, daß schon in der Art der Aufgliederungen der Ordnungen oder Sektoren wesentliche Vorentscheidungen über die gesellschaftliche Verfassung der BRD gemacht werden. Zum anderen wurde aufgewiesen, daß diese Sektoren von Werten bestimmt sind, die sich auf die jeweilige Tradition und Funktionsbestimmung der Sektoren beziehen.

Ob eine Ausrichtung solcher partikularen Werte auf Grundwerte und Zielvorstellung möglich ist oder nicht, ist seit dieser Jahrhundertwende ein Streit unter Theologen wie Sozialphilosophen, der unter dem Terminus »Eigengesetzlichkeit« ausgetragen wird. Mit der verstärkten Ausdifferenzierung der gesellschaftlichen Sektoren im Verlauf des 19. Jahrhunderts wurde es zunehmend notwendig, sich Rechenschaft über die die einzelnen Sektoren bestimmenden Werte und ihrer genauen Funktionsbeschreibung zu geben. Diese Notwendigkeit bestand für die protestantischen Theologen insbesondere in einer spezifischen Unterscheidung von Kirche und Staat, die seit der Reformationszeit in einer wenig differenzierten Form miteinander verbunden waren. Nicht zufällig griff man dabei – das Zweite Kaiserreich war Wirklichkeit geworden – auf mittelalterliche Lösungen zurück, nämlich auf die Lehre von den zwei Reichen oder zwei Regimenten, die zur damaligen Zeit die beiden beherrschenden Institutionen waren[21]. Dies konnte, da es sich ja um ein protestantisches Kaiserreich handelte, allerdings nur unter Bezugnahme auf den großen Reformator geschehen.

Freilich wurde zur damaligen Zeit nicht so sehr von zwei Reichen und Regimenten gesprochen; als spezifische lutherische Lehre wurde sie erst in den Wirren des Kirchenkampfes nach 1933 geboren. In der 2. Hälfte des 19. Jahrhunderts orientierte man sich noch an dem Gegeneinander von persönlichem, am Gewissen orientierten Christentum, das auf eine innere Sphäre beschränkt blieb, und dem zweiten Sektor, der Herrschaft und Zwang bedeutete, so in der »Ethik Luthers in ihren Grundzügen« von Chr. E. Luthard von 1867. Wurde von den liberalen Theologen diese religiöse innere Sphäre noch nicht als Kirche, sondern als freies Christentum bezeichnet, so war die äußere Welt durch Ordnungen bestimmt und lief nach vom Glauben nicht beeinflußbaren Gesetzmäßigkeiten ab.

21. Vgl. U. Duchrow, Einführung, in: ders. (Hg.), Zwei Reiche und Regimente, 1977, 21.

10 Gesellschaftliche Sektoren

Der Gegensatz der zwei Bereiche, von denen der eine durch Gewissensreligiosität und der andere durch Macht bestimmt sind, mag durch einen Text von F. Naumann verdeutlicht werden:

»Wir kehren zum alten grossen Doktor deutschen Glaubens zurück, indem wir politische Dinge als ausserhalb des Wirkungskreises der Heilsverkündigung betrachten. Ich stimme und werbe für die deutsche Flotte, nicht weil ich Christ bin, sondern weil ich Staatsbürger bin und weil ich darauf verzichten gelernt habe, grundlegende Staatsfragen in der Bergpredigt entschieden zu sehen ... Jeder von uns ist in vielen Dingen Knecht und gehorcht einem eherenen Zwange, einer äusseren Macht oder einer Logik, die in den Dingen selber liegt, dort aber, wo wir frei sind, wo dieser Zwang und diese Logik aufhört, wo wir fühlen, dass wir keine absolut gebundene Marschroute haben, da ist der Teil unseres Lebens, wo wir am ersten Jesu Diener sein wollen.«[22]

Diese Aussage ist stark von dem einzelnen Handelnden her gedacht, deutet aber bereits an, was mit »Eigengesetzlichkeit« gemeint ist. Der Handelnde sieht sich aufgefordert, als gläubiger Christ entsprechend der Bergpredigt zu handeln, während er als politischer Mensch oder als Kaufmann Zwängen folgen muß, die »in den Dingen selber liegen«. »Das Leben braucht leider die gepanzerte Faust und die Hand Jesu, beides je nach Zeit und Ort«[23]. Diese individualethische Aussage ist nur das Gegenstück zu der sozialethischen, die beachtet, daß gesellschaftliche Teilsektoren von unterschiedlichen Werten gelenkt werden.

Der Begriff der Eigengesetzlichkeit selbst läßt sich derzeit bis zu M. Weber zurückverfolgen, für den die neuzeitliche Entwicklung in eine Welt der Rationalität hineinführt, die einer Liebesethik widerspricht: »Wie das ökonomische und das politische rationale Handeln seinen Eigengesetzlichkeiten folgt, so bleibt jedes andere rationale Handeln innerhalb der Welt unentrinnbar an die brüderlichkeitsfremden Bedingungen der Welt, die seine Mittel oder Zwecke sein müssen, gebunden und gerät daher irgendwie in Spannung zur Brüderlichkeitsethik.«[24] Von dort her ist dann die Vorstellung von der Eigengesetzlichkeit weltlicher Bereiche in die Theologie aufgenommen worden und wurde kirchenpolitisch wirksam, als es zu Beginn des Kirchenkampfes um die Frage ging, ob die Ordnung der Rasse und die des Staates unter anderen Gesetzen stünden als die Ansprüche, die Jesus Christus an uns stellt. Dies verneinte die These II der Barmer Bekenntnissynode, indem sie formuliert, Christus sei »Gottes kräftiger Anspruch auf unser ganzes Leben«; »durch ihn

---

22. F. Naumann, Briefe über Religion, 1903, 50.
23. AaO. 46.
24. M. Weber, Gesammelte Aufsätze zur Religionssoziologie, Bd. I, 1920, 552.

widerfährt uns frohe Befreiung aus den gottlosen Bindungen dieser Welt«. Verworfen wird »die falsche Lehre, als gebe es Bereiche unseres Lebens, in denen wir nicht Jesus Christus, sondern anderen Herren zu eigen wären, Bereiche, in denen wir nicht der Rechtfertigung und Heiligung durch ihn bedürfen«[25].
Faktisch geht es in dieser These um zwei wesentliche Punkte. Sie richten sich einerseits gegen die Etablierung einer Ordnung des Volkes und der Rasse als den wesentlichen Merkmalen der nationalsozialistischen Ideologie, andererseits gegen die Absolutsetzung des Führerprinzipes, mit dem die Herrschaft Gottes beschränkt wird. Daß Ordnungen durch die Sünde pervertiert sind und der Erlösung bedürfen, hatten weder die Deutschen Christen noch die Vertreter einer Theologie der Ordnungen bestritten, wie mein Referat über Althaus zeigt. Die Problematik freilich bleibt erhalten, wieweit christliche Wertvorstellungen überhaupt in gesellschaftlichen Sektoren durchzusetzen seien, wenn diese eine so große Eigendynamik und Expansion entfalten, wie dies in der Nachkriegszeit geschehen ist. Eine Antwort gab der Soziologe H. Schelsky mit seiner These, in der wissenschaftlichen Welt gäbe es einen technischen Sachzwang, der für ethische Entscheidungen keinen Spielraum mehr lasse. Er griff damit auf die Aussage M. Webers zurück, für den zwischen Rationalität und Eigengesetzlichkeit des neuzeitlichen Handelns und der traditionellen, christlichen Ethik der Brüderlichkeit eine unüberwindbare Kluft bestand, wobei Schelsky die Eigengesetzlichkeit vor allem auf die technische Entwicklung bezog und in falscher soziologischer Theoriebildung behauptete, Wissenschaft und Technik entwickelten sich unabhängig und nicht unter der Führung kapitalistischen Verwertungsinteresses[26]. J. Habermas hat dazu eine entsprechende Kritik geliefert[27].
M. Honecker, der dieser Frage einen bemerkenswerten Beitrag über »das Problem der Eigengesetzlichkeit« gewidmet hat[28], stellt die Überlegung an, ob es sich bei der Frage nach der Eigengesetzlichkcit gesellschaftlicher Sektoren nicht vor allem um die Berechtigung von Eigen*werten* handele. Daß er diesen Ansatz nicht weiterverfolgt, ist Ausdruck der für ihn charakteristischen Überzeugung,

---

25. Zur Kritik vgl. vor allem W. Huber, Barmer Theologische Erklärung und Zweireichelehre, in: Duchrow, Zwei Reiche (vgl. dieses Kap., Anm. 21), 33–63.
26. H. Schelsky, Der Mensch in der wissenschaftlichen Zivilisation, in: Auf der Suche nach der Wirklichkeit, 1965, 439–471.
27. Habermas, Technik (vgl. Kap. 1, Anm. 20); gegen Schelsky vor allem 155ff.
28. M. Honecker, Das Problem der Eigengesetzlichkeit, in: Zeitschrift für Theologie und Kirche 73, 1976, 92–130.

die Eigenwerte der gesellschaftlichen Sektoren unter dem Wert »Vernunft« und »Sachgemäßheit« zusammenfassen zu können[29]. In Wirklichkeit sind es jedoch nicht allgemeine, sondern sehr spezifische Wertvorstellungen, die in diesen Sektoren lenkende und rechtfertigende Funktionen übernehmen. Aufgabe der Sozialethik muß es sein zu analysieren, inwieweit solche Wertvorstellungen im Rahmen der wesentlichen Grundwerte und der gesellschaftlichen Endzeitvorstellung bleiben und wo sich partikulare Tendenzen verselbständigen und einen Absolutheitsanspruch stellen. Die einzelnen Sektoren haben gewisse Funktionen, die sich in ihren Wertvorstellungen ausdrücken (die zugleich lenkend und rechtfertigend sind). Was aber »sachgemäße Funktion« ist, kann erst durch die von der Gesamtgesellschaft angestrebten Grundwerte und die Endzeitvorstellung bestimmt werden.

Dabei möchte ich kurz auf den Begriff des *Funktionalen* eingehen, der sich weitgehend mit dem des Sachgemäßen deckt. Ihn zu behandeln ist wichtig, da das, was als funktional bezeichnet wird, häufig den Charakter des Normativen gewinnt. So mag man jemandem vorwerfen, er handle nicht im »Interesse« des Staates oder der Kirche, er »arbeite gegen die Partei«, er »mißachte die Gesetze der Wirtschaftlichkeit«. In jedem Fall bestehen hier bestimmte Vorstellungen, was für ein sachgerechtes Funktionieren des Staates, der Kirche usw. als ein angemessenes, funktionales und was als ein störendes, dysfunktionales Verhalten anzusehen ist. In diesem Zusammenhang wird dann ein Zitat aus einer EKD-Denkschrift bedenkenswert sein: »Oft wird das Argument der Sachgesetzlichkeit gerade dann von Praktikern in Politik und Wirtschaft als Vorwand gebraucht, wenn man das Gebotene und auch Mögliche unterläßt, weil man es in Wahrheit nicht will.«[30]

Das »Angemessene« kann sich auf drei wünschenswerte Zustände beziehen: 1. auf die Erhaltung des derzeitigen Zustandes in einem Sektor; 2. auf interne Veränderungen, die es allein diesem Sektor erlaubt, langfristig seine Funktion zu erfüllen, und 3. auf eine gesamtgesellschaftliche Zielvorstellung, nach der bestimmte Bereiche in der Funktion, die sie zur Zeit erfüllen, zukünftig überflüssig und störend sind. So kann 1. die Funktion daran gemessen werden, was als anerkannte Norm gilt, etwa die Aufrechterhaltung der derzeitigen parlamentarischen Ordnung. 2. Funktional kann auch

---

29. AaO. 106.
30. Rat der EKD (Hg.), Aufgaben und Grenzen kirchlicher Äußerungen zu gesellschaftlichen Fragen, 1970, 16.

sein, die Ordnung zu verändern, weil man der Meinung ist, der Staat könne seine bisherigen Funktionen nur aufrechterhalten und erfüllen, wenn der bestehende repräsentative Parlamentarismus durch eine andere Verfassung ergänzt oder ersetzt wird, die bessere Möglichkeit zur Kontrolle der Verwaltung und einen breiteren Einfluß der Basis erlaube. Schließlich mag 3. ein Anarchist für die Abschaffung des Staates sein, weil die Existenz eines politischen Bereiches, in welcher Form auch immer, es nicht erlaubt, eine Zielvorstellung »herrschaftsfreie Gesellschaft« zu erreichen. Von dieser gesamtgesellschaftlichen Zielvorstellung aus ist überhaupt die Existenz eines politischen Bereiches störend und also dysfunktional.
Wo immer z. B. davon gesprochen wird, eine bestimmte Aufgabe sei allein Aufgabe der Wirtschaft, ist im Zweifelsfalle stets die Frage zu stellen, ob dies angemessen und funktional dafür ist, die derzeitige Wirtschaftsordnung zu erhalten, eine künftige bessere Wirtschaftsordnung zu sichern oder eine gesamtgesellschaftliche Zielvorstellung zu verwirklichen. So ist der Bau von Kernkraftwerken funktional zur Deckung eines wachsenden Energiebedarfes, aber er wird dysfunktional sein im Hinblick auf die Entwicklung von alternativen, aber weniger gefährlichen Formen der Energieversorgung, und muß darüber hinaus als völlig unangemessen von einer gesamtgesellschaftlichen Zielsetzung betrachtet werden, die ein weiteres wirtschaftliches Wachstum wegen einer Bedrohung natürlicher Ressourcen völlig ablehnt. Daher ist es wichtig, sich des Bezugsrahmens zu vergewissern, zumal die ethische Normierung sich nicht durch Gebote und Anweisungen vollzieht, sondern in der Angabe, ob dies eine wünschenswerte Zielvorstellung darstellt oder nicht.
Im allgemeinen, wenn auch nicht notwendigerweise, hat eine funktionale Gesellschaftstheorie die Tendenz, von der Erhaltung des gegenwärtigen Zustandes als Zielvorstellung auszugehen und Reformen nur insoweit vorzuschlagen, als dadurch der einzelne Sektor seine Aufgaben wieder besser erfüllen kann. Wenn z. B. nach Meinung des Wirtschaftsliberalismus der ökonomische Bereich am besten seine Aufgabe unter den Bedingungen freien Wettbewerbs erfüllt, so mag man eine Verbesserung der Wettbewerbsbedingungen durch Beschränkung von Kartellen und Monopolisierungstendenzen fordern. Dabei wird dann übersehen, daß in der Großindustrie der Wettbewerb immer mehr stillgelegt wird, weil er u. a. sich angesichts sehr hoher Investitionskosten als zu kostspielig und risikoreich erweist.
Eine funktionale Gesellschaftstheorie folgt damit der gleichen Tendenz wie eine Theologie der Ordnungen, die jede der einzelnen

10 Gesellschaftliche Sektoren

Ordnungen vom Eingriff der anderen freihalten und alle Probleme mit Vernunft und Sachgemäßheit lösen will. Der gesellschaftliche Grundkonflikt besteht jedoch gerade darin, daß eine privatwirtschaftlich organisierte Wirtschaft im hohen Maße bestimmt, was die öffentlichen Bedürfnisse sind, und andererseits weder Staat noch die übrigen Sektoren in der Lage sind, die Wirtschaft auf diese Bedürfnisse hin zu orientieren.

Zusammenfassung

Fassen wir noch einmal zusammen, was die wesentlichen Gesichtspunkte sind, die aus der Ausdifferenzierung gesellschaftlicher Sektoren sich für eine Sozialethik ergeben:

1. *Gesellschaftliche, relativ von einander abgeschlossene Sektoren sind vielfach von spezifischen Wertvorstellungen bestimmt,* die ihre jeweilige Zielrichtung motivieren oder legitimieren. Wer in einem bestimmten Bereich tätig ist, von dem wird erwartet, daß er diese Werte anerkennt. Die für den wirtschaftlichen Bereich anerkannten Werte wie Rentabilität, Leistungsprinzip, positive Bewertung des Konkurrenzprinzips werden in anderen Bereichen überhaupt nicht anerkannt oder in ihrer Bedeutung beschränkt. Keiner der oben genannten Werte würde etwa in der Kirche als vorrangig betrachtet werden.

2. Die einzelnen Bereiche verfügen nicht nur über eine Reihe mehr oder weniger aufeinander zugeordneter Wertvorstellungen, sondern tendieren auch zur *Beeinflussung anderer Bereiche.* Wir haben nicht umsonst unsere Gesellschaft als eine Wirtschaftsgesellschaft bezeichnet. Aus der führenden Position des wirtschaftlichen Bereiches ergibt sich, daß dort herrschende Werte in andere Bereiche eindringen, etwa Rentabilität, Effizienz, Leistung. »Wenn ein Wirtschaftsbetrieb wie diese Behörde geleitet würde, dann wäre er schon längst pleite«, drückt die Erwartung aus, eine Behörde müsse nach dem Rentabilitätsprinzip zu leiten sein, obgleich es ihre Aufgabe sein mag, gerade solche Bereiche zu bearbeiten, die nicht rentabel sind. Militärische Wertvorstellungen können eine gesamte Gesellschaft durchdringen und auch das Vokabular der Kirche bestimmen, die doch unter ganz anderen Vorzeichen angetreten ist.

3. *Abgrenzung und Kooperation einzelner gesellschaftlicher Bereiche werden vielfach unter Wertgesichtspunkten diskutiert.* Gegenüber

dem steigenden staatlichen Einfluß besteht der wirtschaftliche Bereich auf »Freiheit«, d. h. der Unabhängigkeit des wirtschaftlichen Bereiches; staatliche Eingriffe, so wird behauptet, bedrohen die wirtschaftliche »Eigengesetzlichkeit« und wirken dysfunktional. In gleicher Weise verteidigt die Kirche ihre Unabhängigkeit von anderen gesellschaftlichen Bereichen, insbesondere von politischen, wenn ihr Zielrichtungen aufgezwungen werden, die ihrem Glauben widersprechen; Freiheit der Kirche wird dann ein Wert für sich, wie unter anderen gesellschaftlichen Umständen die Kooperation zwischen verschiedenen Bereichen, etwa unter den Stichworten der »verantwortlichen Gesellschaft«, von »Gemeinsamer Aktion« oder »Partnerschaft«, als ethisch verdienstvoll erscheint.

4. Schließlich sei noch auf einen individualethischen Aspekt hingewiesen, der bisher noch nicht angesprochen wurde. Für das Individuum, das gezwungenermaßen den verschiedenen Sektoren unterworfen ist, kann es problematisch werden, *in den einzelnen Sektoren auf unterschiedliche Werte verpflichtet zu werden, die untereinander konflikträchtig und widersprüchlich sind*. Die Forderung, etwas im Betrieb zu leisten, kann keinen Raum mehr lassen für die Forderung von Intimität in der Familie. In der Soziologie wird diese Problematik im allgemeinen unter der Frage von Rollenkonflikten und als Aufgabe angesprochen, die verschiedenen Rollen-Segmente in einem Ich beieinanderzuhalten oder gar zu integrieren. Die institutionelle Begrenzung von Arbeitszeit und Freizeit hilft dem Individuum, die Aufgabe zu bewältigen, und wo, wie etwa beim Pfarrer, diese institutionellen Hilfen fehlen, weil er immer im Dienst steht, ist mit erheblichen psychischen Belastungen zu rechnen.

Ein damit zusammenhängendes Problem ergibt sich dort, wo ein *Individuum sich in Denken und Verhalten mit dem Aufgabengebiet eines Bereiches total identifiziert*. Der Mann, der »mitten aus seinem rastlosen Bemühen um unseren Betrieb« (der ihm noch nicht einmal gehörte) und »die Mutter, die sich stets für ihre Familie aufopfernd«, durch den Tod herausgerissen werden, bezeichnen solche Überidentifikationen. Aus welchen psychologischen Gründen auch immer, sind hier vermutlich wesentliche Bedürfnisse unterdrückt worden. Die »Kirchenschwalbe« signalisiert, daß solche Überidentifikationen auch im religiösen Bereich nicht unbekannt sind. Wie umgekehrt die mangelnde Motivierung, sich für den politischen Bereich zu engagieren, zu einem schwierigen sozialethischen Problem werden kann.

10 Gesellschaftliche Sektoren

Lesehinweise

Zur *Theologie der Ordnungen* bzw. *Institutionen* vgl. den § 9 bei H.-H. Schrey, Einführung in die evangelische Soziallehre, 1973, 72–82; und bei E. Wolf, Sozialethik, 1975, § 10, 168–179: »Das Problem der Institutionen. Institution und Institutionalität«. Gut informiert auch H.-W. Schütte, Theologie der Ordnungen, in: W. Schmidt (Hg.), Gesellschaftliche Herausforderung des Christentums, 1970, 59–68.

Zu den einzelnen *Sektoren*: *Wirtschaft:* Die ökonomischen Begriffe in ihrem Bezug zur Sozialstruktur hilft klären: W. Hofmann, Grundelemente der Wirtschaftsgesellschaft (TB), 1969; darüber hinaus: P. M. Sweezy, Theorie der kapitalistischen Entwicklung (1948), 1959. *Staat:* R. Miliband, Der Staat in der kapitalistischen Gesellschaft (1969), 1972. *Familie:* G. Vinnai, Das Elend der Männlichkeit (TB), 1977; *Freizeit:* W. Nahrstedt, Freizeitberatung, 1975; *Kirche:* W. Huber, Kirche und Öffentlichkeit, 1973.

Das besondere Buch: J. Habermas, Legitimationsprobleme im Spätkapitalismus (TB), 1973, in dem vier Krisenphänomene der BRD beschrieben werden, die ökonomische Krise, die Rationalitätskrise, die Legitimationskrise und die Motivationskrise.

11 Soziale Klassen und Schichten

Theologisches Defizit

Neben der horizontalen Arbeitsteilung durch gesellschaftliche Sektoren bildet die vertikale Schichtung das zweite wesentliche Moment jeder Sozialstruktur. So wie es keine Gesellschaft ohne Differenzierung in Sektoren gibt, so gibt es keine Gesellschaft ohne soziale Schichtung, und sei es die nach Alters- und Geschlechtsgruppen. Mit dieser Feststellung beginnt jedoch die Problematik überhaupt erst. Denn bei keiner anderen sozialethischen Fragestellung liegt es näher als bei dieser, das Sein mit dem Sollen zu identifizieren, nur zu erklären, warum es soziale Ungleichheit gibt, aber auf die Intention zu verzichten, sie zu beseitigen.

Nirgends ist der Unterschied zwischen einem halbvollen Glas Wasser und einem halbleeren größer als bei dieser Fragestellung. Bemerkt G. Lenski in seinem 1966 erschienenen umfangreichen Buch zur Schichtungstheorie: »Keine uns bekannte Sozietät hat jemals ein völlig egalitäres Gesellschaftssystem entwickelt. Von den primitiven Gemeinschaften der Steinzeit bis hin zu den komplizierten Industriegesellschaften findet sich überall Ungleichheit, auch wenn ihre Formen und der Grad ihrer Intensität sich erheblich voneinander unterscheiden«[1], so formuliert F. Croner als einer der wenigen Soziologen, die die Gleichheitsforderung stellen: »Überall in der Welt kann man noch mehr oder weniger große Mängel an sozialer Gleichheit konstatieren..., aber solche Über- und Unterordnungsrelationen sind *keine konstitutiven Merkmale der modernen Gesellschaft* mehr, im Gegenteil: sie widersprechen zumindest der offiziellen und der tatsächlich überall (mit mehr oder weniger großer Effektivität) praktizierten Demokratisierung.«[2]

Bereits bei der Behandlung von »Gleichheit« habe ich darauf verwiesen, in welchem Ausmaß diese Frage die christliche Tradition durchzieht: »Wo Adam grub und Eva spann, wo war denn da der Edelmann?« Aber erst mit der Französischen Revolution und ihrer Forderung nach égalité wurde unter naturrechtlicher Begründung dies zu einer grundsätzlichen Anfrage an die herrschende Klasse

---

1. G. Lenski, Macht und Privileg (1966), 1973, 19.
2. F. Croner, Soziologie der Angestellten, 1962, 75.

von Adel und hoher Geistlichkeit, eine Anfrage, die seitdem zwar verschwiegen und verdrängt, aber niemals wieder zum Schweigen gebracht werden konnte. Gerade wenn die Frage nach der sozialen Ungleichheit eine so grundsätzliche ist, ist es höchst erstaunlich, daß die Frage nach sozialen Klassen und Schichten, soweit ich sehe, in der evangelischen Sozialethik nirgends explizit thematisiert wird. Seit dem mehr sozialpsychologisch orientierten Versuch von W. Trillhaas »Bauer, Bürger, Proletarier« von 1949[3] ist kein theologischer Versuch mehr gemacht worden, diese Fragestellung unter dem Gesichtspunkt der christlichen Traditionen zu behandeln. Zwar werden immer wieder Einzelprobleme aus diesem Bereich angesprochen, so die Integrierung der Arbeiterklasse in die Gesellschaft, das Ende des Klassenkampfes und die Sorge um die sozial Verachteten; nach der Berechtigung gesellschaftlicher Hierarchie wird jedoch nie ausdrücklich gefragt. Gilt sie in der Theologie als selbstverständlich und Ausdruck göttlicher Ordnung?

Man mag auch zugespitzt die These aufstellen, *die Frage nach der sozialen Gleichheit werde in der Theologie ausgeklammert, weil die Vorstellung einer Herrschaftsstruktur für die meisten Theologen unaufgebbar ist* und der Verzicht auf diese Vorstellung als Selbstaufgabe verstanden wird. Statt der Theologie hat der progressive Flügel der Soziologie die Aufgabe übernommen, nach den Ursachen der sozialen Ungleichheit zu suchen und auf Wege zu sinnen, diese Ursachen zu beseitigen, während der konservative Flügel Gründe herbeitheoretisiert, sie zu verteidigen.

Einkommen, Bildung, Prestige

Wenn man sich klarmacht, wie sehr die Frage nach der Berechtigung sozialer Schichtung an die Grundfesten unserer Gesellschaft rüttelt, so wird es verständlich, warum es so schwer ist, über die Faktoren, nach denen eine Schichtung zu bestimmen ist, zu einer Übereinstimmung zu kommen. Das Statistische Bundesamt arbeitet mit einer Grobkategorisierung von Arbeitern, Angestellten, Beamten, Selbständigen, landwirtschaftlich Selbständigen mit mitarbeitenden Familienangehörigen, ein Schema, das übrigens 1939 im Zeichen der Volksgemeinschaft eingeführt wurde und frühere, sehr

---

3. W. Trillhaas, Bauer, Bürger, Proletarier, 1951; zweite Auflage von: Studien zur Religions-Soziologie, 1949.

viel differenziertere Erhebungsschemata verdrängte. Diese hatten eine bessere Zuordnung erlaubt, während heute z. B. Beamte unterschiedslos in einer Gruppe zusammengefaßt werden, die vom einfachen Beamten bis zum Staatssekretär reicht. Bestimmendes Unterscheidungskriterium ist die wirtschaftliche Selbständigkeit und Unselbständigkeit, die es aber eigentlich überflüssig machen würde, an solchen juristischen Unterscheidungen festzuhalten, denn Arbeiter, Angestellte und Beamte arbeiten in dieser Hinsicht doch in der gleichen Unselbständigkeit. Daß trotzdem »in der statistischen Gliederung der Unselbständigen ... tatsächlich eine *Schichtungs*gliederung zum Ausdruck gebracht wird, hängt mit den über die rechtliche Differenzierung vermittelten sozialen Privilegien der Beamten und Angestellten zusammen«[4]. Privilegien und Bewußtsein schaffen hier Unterschiede, die von der Form der Arbeit her immer weniger gegeben ist.

Wenn die soziale Schichtung an den Kriterien *Einkommen* und *Erziehung* gemessen wird, ergeben sich erhebliche Verzerrungen. In den Einkommens- und Verbraucherstichproben werden Haushalte mit mehr als 10 000,– DM monatlichem Nettoeinkommen nicht befragt, wodurch zwar weniger als 1% der Bevölkerung nicht in der Stichprobe repräsentiert ist, aber gerade hier erhebliche Teile des Vermögensstandes nicht erfaßt werden[5]. Zudem werden indirekte Einkommen (z. B. die Stellung eines Firmenwagens und die Dienstvilla) und das Gesamtvermögen der oberen 2% völlig ungenügend erfaßt. Auch *Erziehung* ist, trotz der viel bemühten Chancengleichheit der Ausbildung, kein vom Einkommen unabhängiger Faktor. Je höher der Bildungsabschluß, desto höher ist die soziale Stellung. Damit bleibt die Schichtzugehörigkeit über die Generationen erhalten, wie sich belegen läßt. Arbeiterkinder schließen weiterhin überwiegend mit der Volksschule ab, Akademiker drängen ihre Kinder, ein Universitätsstudium abzuschließen. Die für die BRD gegenüber anderen Ländern, insbesondere den USA, sehr differenzierte Schuldauer perpetuiert die Stufungen in Einkommen und sozialer Stellung. Dies muß jedoch deutlich gesagt werden: Einkommen und Bildung als Kriterien können zu keiner realitätsgerechten Erfassung der Sozialstruktur führen, da sie nur einen Durchschnitt von *Individuen*, nicht jedoch die Stellung im Arbeitsprozeß und die Bewußtseinslagen erfassen. Die Einteilung nach Schichten erfolgt relativ

---

4. S. Herkommer, Zur Bedeutung des Schichtbegriffs für die Klassenanalyse, in: M. R. Lepsius (Hg.), Zwischenbilanz der Soziologie, 1976, 202–222, hier 213.
5. K. M. Bolte/D. Kappe/F. Neidhardt, Soziale Ungleichheit, 1975[4], 63f.

willkürlich und orientiert sich letztlich dann doch an der juristischen Zuordnung Arbeiter etc. und an Skalen sozialer Einschätzung. Die sogenannten *Prestigeskalen* werden gebildet, indem man nach einem bestimmten Verfahren ausgewählte Befragte eine hierarchische Zuordnung verschiedener Berufe nach dem Ausmaß des sozialen Ansehens vornehmen läßt, die diese ihrer Meinung nach in der Gesellschaft genießen. Im allgemeinen wird angenommen, daß eine Hierarchisierung von Berufen für alle Befragten selbstverständlich sei. Diese so geordnete Skala der Berufe wird dann »an Hand typischer Fälle in den Forschern sinnvoll erscheinende Schichten (! Y.S.) untergliedert«[6].

Die Prestige-Skala bringt verstärkt einen subjektiven Faktor mit ein, der an der Stellung des Berufes innerhalb einer Hierarchie von Berufen orientiert ist. Freilich werden die Zuordnungen für die Befragten um so unsicherer, je weiter ein Beruf von ihrem eigenen Erfahrungsbereich entfernt ist; je weiter es nach oben und unten geht, desto verschwommener werden Bekanntheitsgrad und damit die Zuordnung. Außerdem kommt viel Wunschdenken der Befragten hinzu: Bei einer Selbsteinschätzung ordnen sich tiefere Schichten höher und obere Schichten niedriger als bei einer Fremdeinschätzung ein. Alle wollen der Mittelschicht zugehören, die einen aus sozialer Scham, die anderen aus vornehmer Zurückhaltung. Die Verschönerungen setzten sich bis in die statistische Aufstellung und graphische Darstellung fort. Bei der Statistik über die unten angeführten Netto-Einkommensgruppen 1969 sind die Einkommensgruppen verschieden groß, dadurch erscheinen die obere und mittlere Mittelschicht größer, als wenn eine gleichmäßige Aufteilung in sechs Statusgruppen vorgenommen worden wäre. Diese würde je Statusgruppe DM 300,- betragen, während hier zwei Gruppen mit 400,- aufgenommen sind, die damit die Chance haben, mehr Mitglieder aufzuweisen als die übrigen. Die Darstellung einer Prestige-Skala verfährt ähnlich irreführend: hier erscheint es optisch so, als ob die Oberschicht größer sei als die mittlere Mittelschicht und die Unterschicht; erst die hinzugesetzten Prozentzahlen korrigieren den ersten Eindruck. Deutlich wird hier auch, daß diese Schichtung bereits bestimmte soziale Gruppen voraussetzt, wie Arbeiter und einen wie immer zu definierender Mittelstand. Treffender ist wohl die Darstellung, die sich im SPIEGEL findet: »Die westdeutsche Sozial-Pyramide gleicht einer Platte, aus deren Zentrum eine Nadel aufragt.«[7]

6. AaO. 96.
7. DER SPIEGEL, Vermögensverteilung, Paradies der Reichen, vom 27. 7. 1969.

III Grundstrukturen der Gesellschaft

Die untere Graphik zeigt, wie unterschiedlich die soziale Struktur sich darstellt, wenn man sie nach Prestige oder nach Einkommen berechnet[8]:

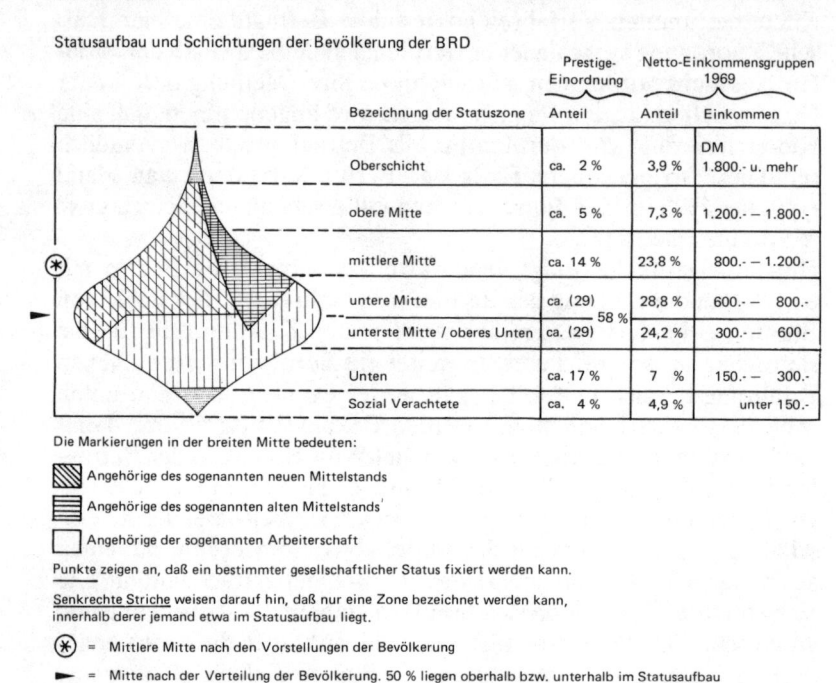

Statusaufbau und Schichtungen der Bevölkerung der BRD

Bezeichnung der Statuszone	Prestige-Einordnung Anteil	Netto-Einkommensgruppen 1969 Anteil	Einkommen
Oberschicht	ca. 2 %	3,9 %	DM 1.800.- u. mehr
obere Mitte	ca. 5 %	7,3 %	1.200.- — 1.800.-
mittlere Mitte	ca. 14 %	23,8 %	800.- — 1.200.-
untere Mitte	ca. (29)	28,8 %	600.- — 800.-
unterste Mitte / oberes Unten	ca. (29)	24,2 %	300.- — 600.-
Unten	ca. 17 %	7 %	150.- — 300.-
Sozial Verachtete	ca. 4 %	4,9 %	unter 150.-

(untere Mitte + unterste Mitte: 58 %)

Die Markierungen in der breiten Mitte bedeuten:

▨ Angehörige des sogenannten neuen Mittelstands

☰ Angehörige des sogenannten alten Mittelstands

☐ Angehörige der sogenannten Arbeiterschaft

Punkte zeigen an, daß ein bestimmter gesellschaftlicher Status fixiert werden kann.

<u>Senkrechte Striche</u> weisen darauf hin, daß nur eine Zone bezeichnet werden kann, innerhalb derer jemand etwa im Statusaufbau liegt.

✺ = Mittlere Mitte nach den Vorstellungen der Bevölkerung

▶ = Mitte nach der Verteilung der Bevölkerung. 50 % liegen oberhalb bzw. unterhalb im Statusaufbau

Das soziologische, durch Statistiken unterstützte Bemühen, keine genauen Angaben über die Einkommenshöhe der Oberschicht zu geben (was verbirgt sich hinter der Angabe von »mehr als 1800 DM«?), die fehlende Aufgliederung der Selbständigen, der Angestellten und Beamten (um die Gruppe der wirklich Einflußreichen zu verhüllen) und das Bestreben, den Mittelstand möglichst groß zu halten, entspringt der Annahme und fördert sie, im Nachkriegsdeutschland hätten sich die konfliktreichen Auseinandersetzungen zwischen der Arbeiterklasse und dem Kapital abgeschwächt, der Arbeiter sei verbürgerlicht und in die Gesellschaft integriert. Für diese soziologische Interpretation wird immer insbesondere auf

---

8. AaO. 59 und 98. Ohne 2,8 Mio. Selbständige in der Landwirtschaft und ohne mithelfende Familienangehörige aller Wirtschaftsbereiche sowie ohne 0,6 Mio. Erwerbstätige, die keine Angaben über ihre Einkommenslage gemacht haben bzw. kein eigenes Einkommen hatten. – Ohne Soldaten.

11 Soziale Klassen und Schichten

H. Schelsky verwiesen, der die Meinung von der »Überwindung der ehemaligen Klassenstruktur der bürgerlichen Gesellschaft« vertrat[8a]. Es habe sich ein kollektiver Aufstieg der Industriebürgerschaft und ein Abstiegsprozeß des ehemaligen Besitz- und Bildungsbürgertums vollzogen. Es komme »zu einer sozialen Nivellierung in einer verhältnismäßig einheitlichen Gesellschaftsschicht«, die weder proletarisch noch bürgerlich sei, sondern als »kleinbürgerlich-mittelständisch« bezeichnet werden könne[9]. »Jene schwer ortbare mittelständische Schicht« sei weder, wie Marxisten annähmen, immer mehr proletarisiert worden noch bildete sie eine selbständige Schicht zwischen Kapital und Arbeit, sondern beginnt, »die anderen Klassen in sich aufzusaugen«[10].
Wogegen sich H. Schelsky und weitgehend eine Schichtungs- und Mobilitätsforschung richtet, deren Kriterien Einkommen, Ausbildung und Prestige sind, ist unschwer zu erraten: Sie wenden sich gegen das marxistische Modell der zwei antagonistischen Klassen, die sich aufteilen in die, die Verfügungsgewalt über das Kapital haben, und jene, die in erster Linie von ihrem Arbeitseinkommen in der Gestalt von Lohn, Gehalt und Renten aus den Sozialversicherungen leben. Daß Schichtungsforschung eine gegen Marx und den Marxismus gerichtete Gesellschaftskonzeption beinhaltet, »gilt grundsätzlich für die gesamte Schichtungs- und Mobilitätsforschung der kapitalistischen Industriegesellschaften«[11].

Klassen und Schichten

Die marxistische Analyse der Gesellschaftsstruktur bestreitet nicht die Notwendigkeit zu untersuchen, auf welche Weise sich durch ungleiche Verteilung von Einkommen, Bildung, Prestige und Einordnung in rechtlich fixierte Berufsgruppen besondere Schichten in einer Gesellschaft herausbilden. Entscheidend für die Erfassung der Sozialstruktur sind jedoch die durch Machtstrukturen bestimmten ökonomischen Verhältnisse: Die gesellschaftliche Produktion als Aneignung der Natur durch den Menschen ist wesentlich ein Zusammenwirken von Arbeitskraft und Produktionsmitteln und wird

---

8a. H. Schelsky, Die Bedeutung des Schichtungsbegriffs für die Analyse der gegenwärtigen deutschen Gesellschaft (1953), in: ders., Suche (vgl. Kap. 10, Anm. 26), 331–336, hier 331.
9. AaO. 332.
10. AaO. 335.
11. St. Kirchberger, Kritik der Schichtungs- und Mobilitätsforschung, 1975, 45.

dadurch bestimmt, wie Arbeit und Produktionsmittel sich zueinander verhalten. Denn »damit überhaupt produziert werde, müssen sie sich verbinden. Die besondre Art und Weise, worin diese Verbindung bewerkstelligt wird, unterscheidet die verschiednen ökonomischen Epochen der Gesellschaftsstruktur«[12].
Dies bedeutet, daß bestimmend für die menschliche Geschichte ein Verhältnis geworden ist, in der die Mehrheit der Menschen zur Existenzbedingung der übrigen wird. »Diese generelle Weise des Zusammenwirkens schließt die Leistung von Mehrarbeit aufgrund des Nichtbesitzes von Produktionsmitteln im Verhältnis zur Aneignung von Arbeitsleistung durch Verfügung über Produktionsmittel ein und begründet den Widerspruch von gesellschaftlicher Erzeugung und privater Aneignung... Die Theorie der gesellschaftlichen Klassenverhältnisse ist mithin im Ansatz identisch mit der Theorie der grundlegenden ökonomischen Verhältnisse einer Gesellschaft.«[13]
Aber erst im Kapitalismus kommt es zu einem eindeutigen Auseinanderfallen von Arbeitskraft und Produktionsmitteln und somit zu einer klaren Trennung von Lohnarbeitskraft und Verwertungskapital, während der Landwirt und der Handwerker, die auf vor- oder halbkapitalistische Weise arbeiten, diese strikte Trennung noch nicht kennen und sozusagen den selbstgeschaffenen Mehrwert weitgehend an sich selbst verteilen.
Eine weitere Aufgliederung in Schichten erfolgt zum einen auf der Basis einer Differenzierung innerhalb der beiden antagonistischen Klassen. Zum anderen wird die Existenz sozialer Gruppen berücksichtigt, die entweder weitgehend noch unter vor- oder halbkapitalistischen Produktionsverhältnissen arbeiten, so vor allem in der Landwirtschaft, oder Relikte von früh- oder hochkapitalistischen Produktionsverhältnissen sind, die auch im organisierten Kapitalismus fortbestehen, wie die kleinen Warenproduzenten und Händler. Die Klasse der Kapitalvertreter spaltet sich in verschiedene Gruppen auf, vor allem in die der Rentiers, die ausschließlich von Kapitalvermögen leben, der selbständigen Fabrikanten und der Manager, die im Auftrage des Kapitals arbeiten. Das gleiche gilt für die Lohnabhängigen, die sich aufteilen lassen in Arbeiter in der Produktion und in der Verteilungssphäre sowie – bei zunehmender Bedeutung der Technologie – in wissenschaftlich-technische Intelli-

---

12. K. Marx, Das Kapital, MEW 24, 42.
13. M. Tjaden-Steinhauer/K. H. Tjaden, Klassenverhältnisse im Spätkapitalismus, 1973, 27.

genz u. a. Daneben stehen der kleine Landwirt, der Handwerker, der kleine Warenproduzent oder Kaufmann, die solche Marktnischen ausnützen, in die der organisierte Kapitalismus nicht eindringen konnte oder wollte. Schließlich existiert der weite Bereich der staatlichen und öffentlichen Tätigkeiten (darunter auch der Kirchen), aber auch die Gruppe der akademisch gebildeten Selbständigen, bei der eine Einordnung schwierig ist, weil hier die Klassenzugehörigkeit sich bestimmt aus ihrer Tätigkeit, die ganz oder überwiegend der bestehenden Gesellschaftsordnung von gesellschaftlicher Arbeit und privater Aneignung dient oder die eine Veränderung anstrebt. Wie weit der staatliche und der rechtlich-öffentliche Bereich ausschließlich oder überwiegend der Kapitalseite zuzurechnen ist, ist auch in der marxistischen Diskussion über Klassen- und Schichtenstruktur umstritten; ich selbst würde im staatlichen und rechtlich-öffentlichen Bereich widersprüchliche Entwicklungen sehen; dies ist in Bd. II näher begründet.

Die Kriterien von Einkommen, Bildung und Prestige hängen, dies wird deutlich, von der Stellung in bzw. zu den beiden Klassen von Arbeit und Kapital ab. Je wichtiger eine Gruppe in ihren Funktionen für die Kapitalseite ist, desto höher ist allgemein ihr Einkommen, das gilt sowohl im wirtschaftlichen Sektor selbst wie für die Leitungsspitzen der übrigen Sektoren. Bildung und Einkommen sind, wie bereits gesagt, zumindest in der BRD eng verbunden; Prestige ist wiederum an beide gebunden; die Prestigeskala wird in ihrer Einordnung dort unsicher, wo es um Berufe außerhalb der unmittelbaren kapitalistischen Produktionsverhältnisse geht, etwa bei dem Landwirt und beim Pfarrer.

Ende des gesellschaftlichen Antagonismus?

Die von Marx herkommende Klassenanalyse machte es für die herrschende Klasse notwendig, Theorien und soziale Maßnahmen zu vertreten, die versuchen, den Klassenantagonismus zu vermindern und zu einer »Stillegung des Klassenkampfes« zu kommen. Dabei sind die Begründungen widersprüchlich. Die marxistische Klassenanalyse wird einerseits als eine überholte Theorie dargestellt, andererseits wurde damit argumentiert, innerhalb unserer Gesellschaft werde soziale Ungleichheit allgemein akzeptiert bzw. stelle einen leistungsfördernden Anreiz dar, von dem die gesamte Gesellschaft profitiere.

Zu den Argumenten, die für eine Angleichung der Klassen angeführt werden, gehört 1. der Hinweis auf den zunehmenden Wohlstand des Arbeiters und seine Angleichung an den Mittelstand; 2. es bildet sich ein neuer Mittelstand, zu dem auch der gut verdienende Facharbeiter gehört, so daß die Kluft zwischen Reichen und Armen sich vermindert; 3. sei es zu einer vorausgesagten sozialen Verelendung der Arbeiterschaft nicht gekommen, sondern ganz im Gegensatz hätten sich Arbeitsbedingungen verbessert und die Arbeitszeit verkürzt. Zudem sei die Chance, als Arbeiterkind höhere soziale Positionen zu erreichen, erheblich gewachsen. Schließlich habe der Staat zunehmend ökonomische Funktionen übernommen und durch sein Eingreifen die Auswirkungen von Wirtschaftskrisen, Arbeitslosigkeit und sozialer Unsicherheit erheblich vermindert.

Im allgemeinen wird man sagen können, daß bei einer solchen Argumentation die bestimmenden Momente der marxistischen Klassenanalyse nicht berücksichtigt werden. Der moralische Impuls der Gleichheit ist nicht primär an einer Angleichung orientiert, sondern will die Wurzeln der sozialen Ungleichheit angehen. Jeder Mensch in dieser Gesellschaft soll den gleichen Anteil an dem gesellschaftlich erarbeiteten Mehrwert erhalten, nicht allein in Form von Einkommen, sondern auch in der gleichen Zugänglichkeit zu öffentlichen Dienstleistungen; vor allem soll die in wenigen Händen konzentrierte wirtschaftliche Macht gesellschaftlicher Kontrolle unterstellt werden. Der gesellschaftliche Reichtum hat sich ohne Zweifel seit der Zeit von Marx vermehrt, und die Lohnabhängigen haben daran partizipiert. Aber trotz gewerkschaftlicher und staatlicher Bemühungen um Umverteilung ist es seit 1945 nicht gelungen, eine grundlegende Neuverteilung des Mehrwertes zu erreichen, obgleich ein hoher Anteil von Selbständigen in den Status von Lohnabhängigen übergegangen ist und auch durch verstärkte Frauen- und Ausländertätigkeit die Zahl der Lohnabhängigen angestiegen ist. Die Quoten, die vom Mehrwert dem Kapital, den Lohnabhängigen und dem Staat zugeflossen sind, sind seit 1945 relativ konstant geblieben; der Kapitalseite flossen durchschnittlich rd. 15% des Nationaleinkommens, den Lohnabhängigen rd. 36%, den kleinen Warenproduzenten 10% (bei steter Verminderung) und dem Staat 37% (mit stetem Anstieg) zu, wobei die Staatseinnahmen nur zum Teil den Lohnabhängigen durch öffentliche Leistungen zugute kamen[14]; das Kapital, das sich in seinen wesentlichen Anteilen in der Hand von weniger als 2% der Bevölkerung der BRD befindet, ist nicht weniger angewachsen als der Anteil der Lohnabhängigen, der sich

---

14. Tjaden-Steinhauer/Tjaden, aaO. 188.

zahlenmäßig jedoch um mehrere Millionen erhöht hat. Gerade die neuen Mittelschichten zeichnen sich gegenüber den alten Mittelschichten dadurch aus, daß es sich hier überwiegend um Lohnabhängige handelt, die nicht mehr über eigene Produktionsmittel verfügen. Und schließlich: Auch wenn die Gesamtversorgung der Lohnabhängigen sich verbessert und sich ihre Arbeitszeit verkürzt hat, so sind doch Arbeitsintensität, die psychische Belastung und die gesundheitliche Gefährdung nicht geringer geworden.

Dennoch bedarf es zusätzlicher Erklärungen, warum die Lohnabhängigen in der BRD bisher nur in sehr begrenztem Maße für eine grundsätzliche Veränderung der Eigentums- und Wirtschaftsordnung eingetreten sind, die ihr praktisch fast ein Drittel ihres Arbeitswertes vorenthält. Was veranlaßt die Klasse der Lohnabhängigen, in solchem Ausmaß und permanent gegen ihre eigenen Interessen zu handeln? Wie ist zu erklären, daß sie faktisch die soziale Ungleichheit ohne größere Proteste akzeptiert?

Es lassen sich eine Fülle von Aspekten nennen, die zu einer »Stillegung des Klassenkampfes« geführt haben. Zum einen ist die spezifische historische Situation der BRD zu beachten: Die Teilung in zwei deutsche Staaten, mit der sich auch eine räumliche Trennung von sozialistischen und kapitalistischen Vorstellungen vollzog, die zuvor zusammen in einem Staate auskommen mußten, wie dies bis heute für Frankreich und Italien gilt; die rasche Entwicklung hin zu einem zuvor nicht erlebten gesellschaftlichen Reichtum, mit dem eine DDR, von ungünstigen wirtschaftlichen Positionen ausgehend, nicht mithalten konnte; die Zwangsmaßnahmen, die zur Aufrechterhaltung ihrer sozialistischen Ordnung notwendig waren, aber auch die Behinderung der Arbeit sozialistischer Parteien durch Verbot, 5%-Klausel und Diffamierung als Radikale in der BRD. Zum anderen wird allzuleicht übersehen, daß verdeckte und offene Zwangsmittel angewandt werden, insbesondere in den für die Unternehmerseite kritischen Phasen wirtschaftlicher Krisen. Drohung mit dem Verlust des Arbeitsplatzes oder einer Umbesetzung und die vielfachen Behinderungen gewerkschaftlicher Arbeit – gerne geleugnet – fördern die Sorge um den Verlust der materiellen Grundlage und behindern die politische Aktivierung.

Als weiteres Element läßt sich anführen, daß die Tätigkeit der Gewerkschaften und der SPD vielfach nicht dazu angetan war, den Gleichheitsgrundsatz durchzusetzen. Die Akzeptierung einer Sozialpartnerschaft von Kapital und Arbeit, als seien dies zwei gleichwertige Größen, und die Friedenspflicht des Betriebsrates verraten Unklarheit in der theoretischen Zielsetzung, wie es das Godesberger Programm der SPD zeigt: Einerseits heißt es dort: »Wer in den Großorganisationen der Wirtschaft die Verfügung über Millionenwerte und über Zehntausende von Arbeitnehmern hat, der wirtschaftet nicht nur, er übt Herrschaftsmacht über Menschen aus.«[15] Gleichzeitig findet sich der Satz: »Der einst das bloße Ausbeutungsobjekt der herrschenden Klasse war, nimmt heute seinen Platz ein als Staatsbürger mit anerkannten gleichen Rechten und Pflichten.«[16] In diesem Zusammenhang ist sicher auch der gravierende Fehler der Gewerkschaften gewesen, ihre Tätigkeit stärker unter dem Gesichtspunkt der materiellen Besserstellung der Lohnabhängigen als unter dem einer politischen Veränderung zu sehen und generell Lebensverbesserung eher durch die Steigerung der einzelnen Arbeitseinkommen erreichen zu wollen als durch die Verbesserung der gesamten Umweltbedingungen. Diese politische Verschwommenheit konnte für den Lohnabhängigen keine klaren Richtlinien bieten.

Im Bereich der Bewußtseinsfaktoren ist besonders auf die Ideologie des Leistungsprinzips zu verweisen, durch die soziale Ungleichheit, wie Untersuchungen zeigen, im hohen Maße als gerechtfertigt angesehen wird. Obgleich neuere Untersuchungen zeigen, daß Klassen- und Schichtunterschiede über die Generationen fortdauern, so daß faktisch die Familie darüber entscheidet, welchen sozialen Status das Kind später haben wird, ist es unter der Bevölkerung allgemeine Überzeugung, sozialer Aufstieg durch Leistung sei möglich. »Das Leistungsprinzip wird allgemein als Norm anerkannt. ›Ob man es im Leben zu etwas bringt‹, soll von persönlicher Leistung, der Ausbildung, der Intelligenz und dem Durchsetzungsvermögen abhängen (in dieser Reihenfolge).«[17] Ein Widerspruch zur Realität wird nicht gesehen. Die Vermittlung zwischen Glaube an das Leistungsprinzip und der Realität geschieht auf die Weise, daß aus dem Aufstieg in eine höhere Schicht geschlossen wird, ein Aufsteigen in die Führungsspitze aufgrund von Leistung sei möglich und vorhanden. Dagegen werden die eigenen Möglichkeiten realistisch eingeschätzt; die Hoffnungen richten sich auf die Kinder, denen ein solcher sozialer Aufstieg sicher gelingen werde, obgleich auch hier nachzuweisen ist, in welch geringem Maß unser derzeitiges Schulsystem die familiären Erziehungseinflüsse korrigiert.

15. Grundsatzprogramm der Sozialdemokratischen Partei Deutschlands, o. J. (1959), 13.
16. AaO. 29.
17. K. U. Mayer/W. Müller, Soziale Ungleichheit und Prozesse der Statuszuweisung, in: Lepsius, Zwischenbilanz (vgl. dieses Kap., Anm. 4), 243–257, hier 254.

11 Soziale Klassen und Schichten

Bereits die Grundannahme in der Mobilitätsforschung ist gegen das Gleichheitsprinzip gerichtet. Hier wird nur untersucht, wie groß die Chance *einzelner* ist, zur Führungsschicht vorzudringen (wobei auch die Aussageform spezifische Interessen verrät; es ist eben ein Unterschied, *wie* man einen Tatbestand schildert: wenn 20% der Oberschicht aus der Unterschicht stammen, klingt dies beruhigender als die Aussage, daß von 2000 aus der Unterschicht ein einziger die Möglichkeit hat, in die Oberschicht vorzustoßen). Wenn es aber nur um die Mobilität von einzelnen geht, ist die Frage der Gleichheit ebenso wenig grundsätzlich angegangen wie bei dem Problem der Chancengleichheit: Solange sich die Zahl der höheren Positionen nicht vergrößert, wenn die soziale Pyramide sich nicht »verflacht«, entsteht um die vorhandenen Positionen nur ein intensiverer, ja mörderischer Existenzkampf der einzelnen untereinander, aber größere soziale Gleichheit ist damit nicht erreicht. Es werden zwar verstärkt neue Kräfte den Führungsschichten zugeführt, aber dies hat auch den sozial stabilisierenden Erfolg, daß der Arbeiterschaft die natürlichen Führer entzogen werden, indem man sie in die herrschende Klasse integriert. Man kann, wie der bisherige Frankfurter Universitätspräsident und Professor für Sozialpolitik, H.-J. Krupp, über soziale Ungleichheit eine Untersuchung anstellen; wenn er sich aber nur dafür interessiert, wieviel Menschen unterhalb der Armutsgrenze leben und sich daraufhin Gedanken macht, wie deren soziale Situation verbessert werden könnte, wird die Ungleichheit oberhalb der Armutsgrenze nicht ernsthaft in Frage gestellt[18]. Die gleiche Kritik läßt sich auch an dem sozialpolitisch wohl bedeutendsten Beitrag der CDU über die neue soziale Frage üben[19].

Aber auch wenn solche historischen und ideologischen Zusatzfaktoren in eine marxistische Klassenanalyse eingeführt werden, so bleiben diese doch im Rahmen des gleichen Erklärungsschemas einer Konfliktanalyse. Es muß nicht auf Argumente anderer Natur zurückgegriffen werden, um die Diskrepanz von Stellung im Arbeitsprozeß und Bewußtsein über die gesellschaftliche Stellung zu erklären, wie z. B. auf die Begründung, Menschen seien biologisch unterschiedlich ausgestattet: Jemand handelt nicht gegen seine Interessen, weil er von Natur aus dumm ist, sondern weil ihn die Vertreter der entgegengesetzten Interessen für dumm verkaufen

---

18. W. Glatzer/H.-J. Krupp, Soziale Indikatoren des Einkommens und seiner Verteilung für die Bundesrepublik Deutschland, in: K. H. Hörning (Hg.), Soziale Ungleichheit, 1976, 76–107.
19. H. Geissler, Die neue soziale Frage, 1976.

und ihm keine Chance einräumen, seine Vernunft zu entwickeln und sich ihrer zu bedienen, wie Kant es einst forderte.

Entwicklungstendenzen

Indem sich die marxistische Klassenanalyse mit einer Analyse der ökonomischen Entwicklungen verbindet, erhält sie eine historische Perspektive, mit der sie die Berufsumschichtung und die Entwicklung von Kapitalbildung und lohnabhängigem Einkommen besser erklären und zum Teil prognostizieren kann, als dieses möglich ist, wenn nur auf die Einkommensentwicklung oder auf Veränderung in Prestige-Skalen abgezielt wird. Mit Hilfe von ökonomischen Entwicklungen und ihren Auswirkungen auf die Klassen- und Schichtstrukturen wird es überhaupt erst möglich auszusagen, warum und in welche Richtung sich Einkommensstruktur und Sozialprestige entwickeln werden. Es bleibt auf diese Weise nicht bei Momentaufnahmen, sondern es werden in einer solchen Analyse die Prozesse sichtbar, die zu der derzeitigen Sozialstruktur geführt haben.

Untenstehend findet sich eine Aufstellung der Klassenstruktur der Erwerbstätigen 1950, 1961, 1970, wie sie durch das Institut für marxistische Studien und Forschungen in Frankfurt/M. erarbeitet wurde[20]. Damit ist allerdings nur ein Teil der Wohnbevölkerung erfaßt, denn die erwerbstätige Bevölkerung machte 1970 nur etwa 44% der Wohnbevölkerung aus. Ehefrauen, die nicht berufstätig sind, sind z. B. hierin nicht enthalten; ihr Status definiert sich weiterhin zumindest statistisch über den Beruf ihrer Männer. Andere statistisch-methodische Schwierigkeiten sind die mangelnde Vergleichbarkeit von Daten aus verschiedenen Erhebungen, womit der willkürliche Charakter der Quantifizierung von Sozialstruktur noch erhöht wird.

Nach dieser Untersuchung zeigen sich folgende wesentliche Veränderungen in der Klassenstruktur in der Zeit des Bestehens der BRD (sie können allerdings nicht alle aus der angeführten Tabelle abgelesen werden):

1. Das wichtigste Ergebnis der sozialstrukturellen Prozesse der Nachkriegsjahrzehnte ist das *Anwachsen der Arbeiterklasse*. Ihr

---

20. Institut für Marxistische Studien und Forschungen, Klassen- und Sozialstruktur der BRD 1950–1970, Bde. I–III, 1973–1974.

Klassenstruktur der Erwerbsbevölkerung 1950, 1961, 1970 in der BRD und Westberlin

Klasse/soziale Schicht	1950		1961		1970	
	1000	%	1000	%	1000	%
	1	2	3	4	5	6
1. Arbeiterklasse	15 151	64,5	18 326	68,2	19 412	71,9
darunter Zwischengruppen	(895)	(3,8)	(1 523)	(5,7)	(1 802)	(6,7)
2. Arbeiterklassengruppen im Macht- u. Gewaltapparat	194	0,8	689	2,6	998	3,7
3. Lohnabhängige Mittelschichten	1 305	5,6	1 184	4,4	1 048	3,9
4.a. Lohnabhängige Intelligenz			560	2,1	699	2,6
4.b. Selbständige Intelligenz			96	0,4	120	0,4
4. Intelligenz insgesamt			656	2,5	819	3,0
5.a. Selbständ. agrarische Mittelschichten	3 703	15,8	2 802	10,4	2 004	7,4
darunter Halbproletarier	(738)	(3,1)	(896)	(3,3)	(456)	(1,7)
5.b. Selbständ. gewerbliche Mittelschichten	2 378	10,1	2 521	9,4	2 151	8,0
darunter Halbproletarier			(698)	(2,6)	(599)	(2,2)
5. Selbständige Mittelschichten insgesamt	6 081	25,9	5 323	19,8	4 155	15,4
6. Kapitalistenklasse	758	3,2	698	2,6	579	2,1
1.–6. Erwerbsbevölkerung	23 489	100	26 876	100	27 011	100

Anteil an der aktiven Bevölkerung wuchs 1950 bis 1970 von 64,5% auf 71,9%, nimmt man die übrigen Lohnabhängigen aus dem Staatsapparat und den Mittelschichten hinzu, sind es sogar gegen 83%. Damit hat das Gewicht der Klasse zugenommen, die von ihrer objektiven Stellung im Produktionsprozeß nicht daran interessiert sein kann, das System der kapitalistischen Lohnarbeit und der Ausbeutung des Menschen durch den Menschen zu erhalten. Dabei sind hier unter der Arbeiterklasse auch die erfaßt, die an den sozialstatistischen Kategorien als Angestellte und Beamte erscheinen, sofern ihre Tätigkeit nach sozialökonomischen und soziologischen Kriterien nicht von den Arbeitsbedingungen der Arbeiter zu unterscheiden ist. Die Zunahme beruht vor allem auf der Tätigkeit von Frauen und ausländischen Arbeitern. Es gibt eine gewisse Umschichtung von Arbeitern zu Angestellten innerhalb der Arbeiterklasse, die auf die Ausweitung solcher Wirtschaftszweige hinweist, in denen der Status eines Angestellten und Beamten vorrangig ist, also Handel, Dienstleistungen und Gebietskörperschaften. Dabei wächst der Anteil derjenigen, die in Großbetrieben, insbesondere im Industriebereich, tätig sind.

2. Die *Mittelschichten* haben sich von 1950 = 31,4% auf 1970 = 22,3% der Erwerbsbevölkerung verringert. Zugleich kommt es hier zu erheblichen internen Verlagerungen. Wichtigstes Faktum ist das Anwachsen derjenigen Teile der Mittelschicht, die als Lohnabhängige und innerhalb des Staatsapparates tätig sind, wo sich ihr Anteil von 20% im Jahre 1950 im Jahr 1970 mehr als verdoppelt hat. Von den Kerngruppen der Intelligenz, den Absolventen von Hochschulen, Ingenieurschulen und Fachhochschulen, waren 55% im Staatssektor beschäftigt, davon ¾ im Bildungs- und Erziehungswesen. Die freiberufliche Intelligenz macht 15% aus, davon sind etwa 55% Ärzte. Im privatwirtschaftlichen Sektor sind knapp 31% beschäftigt. Die Verringerung der Mittelschichten vollzieht sich vor allem im Bereich der selbständigen Mittelschichten, wo die agrarische Mittelschicht sich fast halbiert hat. Auch in den gewerblichen Mittelschichten haben die Selbständigen abgenommen, während sie im Bereich der Waren- und Geldzirkulation und im Sektor der Dienstleistungen leicht angewachsen sind. Es ist anzunehmen, daß die Erfahrungen in dem Verlust an Selbständigkeit, sei es durch Ausscheiden aus dem Beruf, sei es durch Übergang in die Arbeiterklasse und damit in den Status eines Lohnabhängigen, – man denke an den kleinen Einzelhändler, der sich trotz sehr hohen Arbeitseinsatzes langfristig nicht auf dem Markt halten kann –, sich in einer reaktionären politischen Haltung niederschlagen wird, wenn ihm die Ursache, die Übermacht der Großbetriebe, bewußtseinsmäßig verschlossen bleibt.

3. Der Anteil der *Eigentümer und Verwalter des Kapitals* und der mit ihnen eng verbundenen Gruppen an der Erwerbsbevölkerung hat sich von 1950 = 3,2% auf 1970 = 2,1% vermindert, was vor allem auf den Rückgang von Großbauern im landwirtschaftlichen Bereich zurückzuführen ist, der verspätet von den wirtschaftlichen Konzentrationstendenzen erfaßt wird. Dagegen ist die Gruppe der

Manager angewachsen, wobei hier als Oberschicht die Top-Manager bis zu den Grenzen des »middle managements« gerechnet werden. Ihr Anwachsen bestätigt die Beobachtung, daß Kapitaleigentümer sich immer mehr aus der beruflichen Tätigkeit der Unternehmensleitung zurückziehen. Die Spitzengruppe der tätigen Unternehmer, der Spitzen-Manager und der Spitzengruppe des Staatsapparates, die 4,3% der gesamten herrschenden Klasse und 0,09% aller Erwerbspersonen ausmachen, umfaßt etwa 25 000 Personen, wobei der eigentliche Machtkern noch sehr viel kleiner sein dürfte.

Sozialethik und Klassengesellschaft

Fragen wir nun, wie zuvor in dem Abschnitt über die Sektoren der Gesellschaft, wieweit die ethische Urteilsbildung von der Sozialstruktur mit ihrer Aufteilung in antagonistische Klassen berührt wird. Es lassen sich eine Reihe von Punkten nennen:

1. Eine Sozialethik muß davon ausgehen, daß es in einer Gesellschaft eine Grundübereinstimmung über die sie bestimmenden Werte gibt. Dennoch *entwickelt auch jeder Stand, jede Klasse und jede Schicht ihre eigene Interpretation dieser Grundwerte und fügt bestimmte Werte und Einstellungen hinzu, die ihrer sozialen Lage entsprechen.* Im Mittelalter wurde ein Ritter, der einen Bauer tötete, kaum zur Rechenschaft gezogen, während die Tötung eines Standesgenossen erhebliche Konsequenzen für sein Leben und Gut hatte. Auch in unserer Gesellschaft werden spezifische Klassen- und Schichtzugehörigkeit zu berücksichtigen sein, wenn man über moralisches Verhalten urteilen will. So ist das häufig anzutreffende Verhalten der nichtleistungsorientierten Arbeiterschaft, das durch Resignation und Rückzugstendenzen gekennzeichnet ist, auf die soziale Erfahrung zurückzuführen, daß sie ihre soziale Position als Schicksal und als unveränderbar hinnehmen muß. Die objektiv gesetzte Gleichgültigkeit gegenüber dem Arbeitsprodukt und die Entfremdung von dem Produkt der eigenen Arbeit lassen Apathie als funktionales Verhalten erscheinen[21].

Diese Rückzugstendenzen beziehen sich auf alle politischen und kulturellen Organisationen, auch auf die Kirchen, von denen man

---

21. L. Hack/W. Krause u. a., Zum Konstitutionsprozeß der Bewußtseinsstrukturen und Verhaltensmuster junger Industriearbeiter, in: Zeitschrift für Soziologie 1, 1972, 15–30.

sich als »Mühselige und Beladene« nicht angesprochen fühlt. Es kommt andererseits hier oft zu einer Aufwertung von Tugenden der Einfachheit und des Schlichten, des Soliden und des Natürlichen. Nur körperliche Arbeit ist richtige Arbeit, die Fähigkeit, flüssig zu reden, wird angesichts der eigenen Tätigkeit als »Klugschwätzerei« abgetan. Dazu treten positive Werte wie Subversivität und Solidarität[22].

Wie bereits oben festgestellt, löst die fortschreitende wirtschaftliche Konzentrierung im alten Mittelstand, besonders bei den in ihrer Selbständigkeit bedrohten kleinen Selbständigen Unsicherheit, Unzufriedenheit und Aggression aus. Sie suchen dann möglicherweise ihr Heil gerade bei der Partei, die die Interessen derjenigen Wirtschaftsgruppen vertritt, die diese Konzentration vorantreiben, nur weil auch diese die Freiheit des Eigentums fordern. Vor allem finden sich Tendenzen, trotz starker Momente der Proletarisierung und des Übergangs in die Lohnabhängigkeit an der Abgrenzung gegenüber der Arbeiterklasse festzuhalten, die dann oft an unwichtigen Unterschieden festgemacht wird. Dagegen wird in den lohnabhängigen Mittelschichten, die Aufstiegschancen haben, das Leistungsprinzip und der Wert der individuellen Konkurrenz hochgehalten[23].

2. Gerade für eine Sozialethik, die eine Gesellschaft nicht als statische betrachtet, ist es wichtig zu wissen, *welche Kräfte den gesellschaftlichen Wandel vorantreiben und unter welchem Interessenstandpunkt dies geschieht.* Die Erfahrung von Unfreiheit, Ausbeutung und mangelnde Lebenschancen sind nicht automatisch dazu geeignet, Kräfte freizusetzen, die eine gesellschaftliche Neugestaltung zu fördern bereit sind, aber sie bieten Ansatzpunkte politischer Arbeit. Arbeiter und Angestellte sind am stärksten von den Krisen betroffen, mit denen die Prozesse der Kapitalverwertung verbunden sind. Sie haben in besonderer Weise unter Arbeitslosigkeit, Verschärfung der Arbeitsbedingungen, Einstufung in niedrigere Lohngruppen, Entwertung ihrer Berufsausbildung usw. zu leiden. Sie müssen von daher ein besonderes Interesse haben, eine wirtschaftliche Ordnung zu überwinden, die unfähig ist, einer solchen krisenhaften Entwicklung der Produktionskräfte entgegenzuwirken. Besonders in Großbetrieben, in denen die frühkapitalistische Für-

---

22. F. Neidhardt, Zwischen Apathie und Anpassung. Unterschichtenverhalten in der Bundesrepublik, in: Hamburger Jahrbuch für Wirtschafts- und Gesellschaftspolitik 15, 1970, 209–225.
23. Bolte u. a., Ungleichheit (vgl. dieses Kap., Anm. 5), 126–129.

sorge des patriarchalischen Fabrikherrn entfällt, tritt das Verwertungsinteresse an der Arbeitskraft unverhüllt hervor. Daher müssen hier solche Erfahrungen besonders intensiv sein und zu einer aktiven Organisierung aller Lohnabhängigen führen. Auch dort, wo andere Berufsgruppen eine merkliche Verschlechterung ihrer Berufsausübung erfahren, läßt eine Klassenanalyse vermuten, daß hier besondere Bereitschaft vorhanden ist, die herrschenden Wirtschaftsstrukturen zu verändern. Dies ist etwa bei der wissenschaftlich-technischen Intelligenz der Fall, die einerseits einen hohen Ausbildungsstand hat, andererseits aber ihre Unabhängigkeit zunehmend innerhalb großer Forschungsprojekte verliert und damit eine Arbeitssituation erfährt, die sich der proletarischen angleicht, denn auch sie arbeitet vielfach nur noch an kleinen Teilprodukten; zugleich ist diese Arbeit häufig auf die Entwicklung von unsinnigen und menschlichen Bedürfnissen nicht entsprechenden Produkten ausgerichtet.

Da die starken ökonomischen Konzentrationstendenzen in allen gesellschaftlichen Sektoren spürbar sind, sieht sich auch die soziokulturelle Intelligenz verstärkt einer stärkeren Festlegung und Bürokratisierung ihrer Tätigkeit ausgesetzt. Zugleich wächst anhand sehr sichtbarer Probleme wie struktureller Arbeitslosigkeit und unsinnigen technologischen Projekten die Einsicht, daß die Steuermechanismen des organisierten Kapitalismus immer häufiger zu kostspieligen Fehlentscheidungen führen.

3. Es ergibt sich ein *breiteres Spektrum für das Verständnis ethischen Verhaltens, wenn es zureichend gelingt, die Klassenanalyse mit der funktionalen Differenzierung der Gesellschaft zusammenzubringen.* Jeder der gesellschaftlichen Bereiche ist in sich hierarchisch strukturiert und enthält damit auch den gesellschaftlichen Grundwiderspruch von öffentlicher Arbeit und privater Kapitalverwertung, wenn auch jeweils in anderer Form. So mag der einfache Beamte seine Kompetenzlosigkeit mit dem angelernten Arbeiter teilen, für beide mögen Pünktlichkeit und Genauigkeit geforderte und innerlich bejahte Werte sein, und doch werden angesichts der funktionalen Anforderungen an die Bereiche Staat und Wirtschaft die Ziele ihrer Tätigkeit sehr unterschiedliche sein. An der Spitze der Hierarchie mögen sich Industrielle und Ministerialrat in einem gesellschaftlichen Zirkel treffen, dennoch ist entsprechend der gesellschaftlichen Funktionsaufteilung der eine mehr auf Rentabilitätsdenken ausgerichtet, der andere mehr an der Stabilisierung der gesellschaftlichen Ordnung interessiert.

Der Antagonismus der Klassen findet sich auch in den Kirchen, denn sie begründen ihre Organisationsform in der BRD auf dem gesellschaftlichen Mehrwert, der ihnen durch Steuern direkt oder durch Staatsleistungen indirekt von seiten der Lohnabhängigen zufließt. Auch sie weisen eine Hierarchie auf und damit Interessengegensätze zwischen der Führungsspitze und den kirchlichen Mitarbeitern (wie derzeit die Auseinandersetzung um die gewerkschaftliche Vertretung zeigt) sowie den Kirchenmitgliedern. Dabei teilen die Pfarrer das Schicksal der Zwischenschichten, allzu häufig nicht zu wissen, auf welche Seite sie gehören.

4. Schließlich hat die Aufteilung in Klassen und Schichten eine *erhebliche Bedeutung für die religiöse Symbolik*, denn diese weist im allgemeinen ebenfalls eine Aufteilung von oben und unten auf und schildert die religiöse Heilsdramatik in Vermittlungsprozessen zwischen oben und unten. Verändert sich die Klassenstruktur, so hat dies Auswirkungen auf das Herrschaftsverhältnis, wie es in den religiösen Auffassungen beschrieben wird. Andererseits kann das Verständnis eines spezifischen göttlichen Herrschaftsverhaltens auf die Klassenstruktur einwirken, sowohl in einer die bisherigen Verhältnisse stabilisierenden Weise – die Auseinandersetzung der Klassen ist böse und zugleich irrelevant für den christlichen Glauben; oder in progressiver Weise – es gibt diese Auseinandersetzung und es geht darum, Wege zu finden, sie zu mildern oder auf die Seite der Unterdrückten zu treten. Als harter Kern im engeren theologischen Sinne ist die Frage anzusehen, ob die religiöse Aussöhnung zwischen Gott und den Menschen auch zu einer Angleichung des Menschen- und des Gottesbildes führt, wie dies heute auch für das historisch älteste Klassenverhältnis, dem von Mann und Frau, diskutiert wird. Was bedeutet das christologische Verhältnis von Menschwerdung und Gottwerdung (wo hätte sonst je ein Proletarier die Chance gehabt, nicht nur Kaiser, sondern sogar Gott zu werden?) und was die pantheistische Gottesformel, daß Gott alles in allen sein werde (vgl. 1 Kor 15,28)?

Verantwortung

G. Picht vermerkt in seiner philosophischen Analyse über den Begriff der Verantwortung: »Selten ist soviel von Verantwortung gesprochen worden wie in den beiden Jahrzehnten nach dem Kriege, aber fast nie wurde der Versuch gemacht, zu sagen, was der

Begriff der Verantwortung bedeutet.«[24] Obgleich die Vorstellung von Verantwortung in der Gerichtsvorstellung verankert ist, die für die apokalyptischen Bewegungen das Gericht Gottes und des Christus ist (»Wir müssen alle offenbar werden vor dem Richterstuhl Christi, auf daß ein jeglicher empfange, nach dem er gehandelt hat bei Leibes Leben, es sei gut oder böse«; 2 Kor 5,10), hat sich im allgemeinen Sprachgebrauch dieser Wert fast völlig aus dem theologischen Kontext gelöst und läßt sowohl offen, für was und für wen man verantwortlich ist, als auch, vor wem man es ist. »Fast sieht es so aus«, schreibt Picht weiter, »als bestünde ein Interesse daran, diesem Begriff jene unbestimmte Vieldeutigkeit zu erhalten, die es jedem erlaubt, von Verantwortung zu reden, ohne daß er sich dadurch verpflichtet und bindet«[25].

Ich möchte hier die These vertreten, daß der heutige theologische, ethische und umgangssprachliche Gebrauch *»Verantwortung« in der Oberschicht verankert ist* und dort zur Legitimation von Herrschaft verwandt wird, wozu er sich besonders eignet, weil keine Instanz genannt wird, vor der diese Verantwortung abzulegen wäre.

»Verantwortung« ist eine Fortentwicklung des Gewissensbegriffs, der das bürgerliche Individuum der Neuzeit konstituiert. Der Prozeß der Verinnerlichung (s. Kap. 14), in dem zunächst insbesondere seit Augustin der Innenraum der Seele zum Ort der Heilsgewißheit wird, führt zu dem Grundgesetz neuzeitlicher Philosophie und Ethik, das in der Reflexion des denkenden Ich auf sein eigenes Denken beruht. »Weil christliche Theologie die Wahrheit des Glaubens in der Spannung von Gewissen und Bewußtsein entfaltet hatte, wird in der neueren Philosophie die Subjektivität des Subjektes zum alleinigen Grund der möglichen Wahrheit des Denkens.«[26] Der Gewissensbegriff ist konstitutiv für das bürgerliche Subjekt. Die damit verbundene Autonomie gegenüber allen äußerlichen Instanzen steht in Korrelation zum Wunsch nach ökonomischer und geistiger Selbständigkeit. Innerhalb der Gewissensethik hat das Gewissen die Ahnung einer inneren göttlichen Stimme und das Bild des Gerichtshofes niemals ganz verloren und teilt dies auch dem Begriff der Verantwortung mit.

Die Trennung, die M. Weber mit seiner Unterscheidung von Gewissensethik und Verantwortungsethik vollzieht, deutet dementspre-

---

24. G. Picht, Der Begriff der Verantwortung, in: Kirche und Staat. Festschrift H. Kunst, 1967, 189–213, hier 189.
25. Ebd.
26. AaO. 193.

chend auf eine Wandlung im Selbstverständnis des bürgerlichen Subjektes hin. Gewissensethik ist bei Weber eine Ethik, die aus einer inneren Haltung heraus vertreten wird, ohne nach dem Erfolg zu fragen. Dazu rechnet für Weber sowohl die christliche Liebesethik wie ein von Kants moralischem Impuls getragener Sozialismus. Der Vertreter von Verantwortungsethik weiß jedoch, daß die technische Rationalität erheblich die Wirkungsmöglichkeit des Individuums einengt; sie begrenzt seine bürgerliche Autonomie. Was aber einen Verantwortungsethiker vor einem Beamten auszeichnet – hier denkt Weber vor allem an den Politiker –, ist seine Leidenschaft, sein Engagement. Zieht sich der Gesinnungsethiker um seines reinen Gewissens willen von der Welt zurück, nimmt sein Gegenspieler den Kampf mit der Umwelt auf und steht für alle Folgen ein. Obgleich Weber bei der Aufteilung in die beiden Ethiken des Gewissens und der Verantwortung gewisse Verzeichnungen vornimmt, verweist er immerhin auf die Eingeschränktheit des bürgerlichen Subjekts durch die sich neuentwickelnden »gegengesetzlich wirkenden« Institutionen des organisierten Kapitalismus, obgleich er grundsätzlich die neuzeitliche Konstitution des Subjekts nicht verläßt: auch der Vertreter der Verantwortungsethik verantwortet sich vor sich selber[27].

W. Schulz, der seine gesamte philosophische Ethik unter den Begriff der Verantwortung stellt[28], hat immer wieder betont, »daß Freiheit und Verantwortung zusammengehören«[29]. In der Tat setzt Verantwortung eine Position innerhalb einer Sozialstruktur voraus, in der »verantwortliche« Entscheidungen getroffen werden können. Wer am Fließband arbeitet, für den sorgt die Endkontrolle, ob er seine Pflicht tut; erst wenn er an dem Steuerbord einer automatischen Walzmaschine steht, gewinnt Verantwortung halbwegs einen Sinn. Nur wer innerhalb bürokratischer Organisationen einen gewissen Spielraum an Entscheidungs- und Verfügungsbefugnis besitzt, kann sich verantwortlich fühlen. Gerade die Unbestimmtheit, für wen und für was er verantwortlich ist, deutet einen nicht streng juristisch umschriebenen Bereich an, in dem ein Individuum wirksam werden kann, und Probleme verschiedenster Art zur Entscheidung anstehen.

Es ist gerade der Zusammenhang zwischen Freiheit und Verantwortung, der die Attraktion der Vorstellung von der »Verantwortlichen

27. M. Weber, Gesammelte politische Schriften, 1958², 539f.
28. W. Schulz, Philosophie in der veränderten Welt, 1974², 629–840.
29. Z. B. aaO. 706.

11 Soziale Klassen und Schichten

Gesellschaft« ausmacht, jener theologischen Gesellschaftslehre, die in der dritten Sektion der Amsterdamer Vollversammlung des Ökumenischen Rates 1948 in These 14 und 15 formuliert wurde:

»14. Der Mensch ist geschaffen und berufen, ein freies Wesen zu sein, verantwortlich vor Gott und seinem Nächsten. Alle Tendenzen innerhalb des Staates und der Gesellschaft, die den Menschen der Möglichkeit des verantwortlichen Handelns berauben, sind eine Verleugnung des Willens Gottes über den Menschen und Seines Erlösungswerkes. Eine verantwortliche Gesellschaft ist eine solche, in der Freiheit die Freiheit von Menschen ist, die sich für Gerechtigkeit und öffentliche Ordnung verantwortlich weiß und in der jene, die politische Autorität oder wirtschaftliche Macht besitzen, Gott und den Menschen, deren Wohlfahrt davon abhängt, für ihre Ausübung verantwortlich sind.

15. Der Mensch darf niemals zum bloßen Mittel für politische oder wirtschaftliche Zwecke gemacht werden. Der Mensch ist nicht für den Staat geschaffen, sondern der Staat für den Menschen. Der Mensch ist nicht für die Produktion geschaffen, sondern die Produktion für den Menschen. Für eine Gesellschaft, die unter modernen Bedingungen verantwortlich bleiben soll, ist es erforderlich, daß die Menschen die Freiheit haben, ihre Regierungen zu kontrollieren, zu kritisieren und zu wechseln, daß die Macht durch Gesetz und Tradition verantwortlich gemacht und, soweit wie möglich, auf die ganze Gemeinschaft verteilt wird. Es ist erforderlich, daß wirtschaftliche Gerechtigkeit und die Bereitstellung gleicher Entfaltungsmöglichkeiten für alle Mitglieder der Gesellschaft gesichert werden.«[30]

Es ist in diesem Zusammenhang nicht primär wichtig, daß dieses Konzept ein am westlichen Freiheitsideal orientiertes Bild der gesellschaftlichen Entwicklung bietet (1948 ist die Zeit des Kalten Krieges), daß es stärker am Ziel der Freiheit als dem der sozialen Gerechtigkeiten ausgerichtet ist und, vom einzelnen Nationalstaat ausgehend, noch nicht die Probleme der Weltgesellschaft ins Blickfeld bekommt[31]. Wichtig ist hier nur diese Verbindung von Freiheit und Verantwortung, zusammen mit dem Hinweis, daß in einer verantwortlichen Gesellschaft zwar alle die Freiheit haben sollen, sich für Gerechtigkeit und öffentliche Ordnung verantwortlich zu wissen, aber die Führungsgruppen besonders hervorgehoben werden: »Jene, die politische Autorität oder wirtschaftliche Macht besitzen«, sind »Gott und den Menschen, deren Wohlfahrt davon abhängt, für ihre Ausübung verantwortlich«. Zieht man die Analyse des Freiheitsbegriffes mit heran, den ich in Kap. 4 gegeben habe, wird die soziale Ortung von »Verantwortung« deutlich: Es ist ein

---

30. Studienkommission des Ökumenischen Rates (Hg.), Die Unordnung der Welt und Gottes Heilsplan, Bd. 3: Die Kirche und die Auflösung der gesellschaftlichen Ordnung, 1948, 233f.
31. Vgl. zum Begriff »verantwortliche Gesellschaft« vor allem W. Huber, Kirche und Öffentlichkeit, 1973, 556–570; W. Schweitzer, Gesellschaftliche Diakonie und Entwicklungsethos, in: Ökumenische Rundschau 19, 1970, 264–272.

Wertbegriff einer Oberschicht, die nicht aus einer eigenen Autorität heraus regiert, sondern bereit ist, Verantwortung abzulegen, nach der Amsterdamer Formel vor Gott und den Menschen. Es berührt positiv, daß der Gedanke der Stellvertretung ausgesprochen wird, aber kontrollierbar sind nach diesem Dokument bestenfalls die Politiker; über eine demokratische Kontrolle der Wirtschaft, und dies ist mindestens ebenso entscheidend, steht hier nichts.
Zudem bleibt die Antwort mehrdeutig, wem der Träger von Macht verantwortlich ist. Zwar wird die Haltung des Politikers, nur sich selbst gegenüber verantwortlich zu sein, hier nicht vertreten. Aber wer sind die Menschen, der Vorgesetzte, der Aufsichtsrat oder die Bürger einer Nation? Gilt die Verantwortung vor Gott, wird diese im Gewissen abgehandelt oder in einem eschatologischen Prozeß? Es ist gerade die zuvor von Picht aufgewiesene Vieldeutigkeit, die der »Verantwortung« einen ideologischen Charakter gibt, denn: wo kein Kläger ist, ist auch kein Richter, wo es keine klare Instanz gibt, vor der man Rechenschaft ablegen muß, bleibt es zwar anerkennenswert, wenn der Handelnde die drückende Last, das Kreuz der Verantwortung, auf sich nimmt, aber er bleibt dann letztlich so gerade niemandem verantwortlich. Daß es nicht so weit kommt, verhindern zumeist die durchgehaltenen Erziehungsmuster der bürgerlich-protestantischen Subjektivität; das Gewissen verschafft sich dann doch seine Strafe und damit sein Recht. Darüber ist später zu sprechen (Kap. 14). Die Amsterdamer Formel wurde sicher von Vertretern einer Gesinnungs-, Dienst- und Pflichtethik getragen und verdankt sich der protestantischen Tradition. Die zur gleichen Zeit formulierte Präambel des Bonner Grundgesetzes mit der darin genannten »Verantwortung vor Gott und den Menschen« steht ebenfalls in diesem religiös-kulturellen Zusammenhang.
Auf eine progressive Interpretation von »Verantwortung« hat wiederum Picht verwiesen. Je stärker bewußt wird, daß die Welt gestaltbar ist und Menschen die Träger gesellschaftlicher Veränderungen sind, liegt im Verantwortungsbegriff »eine eigentümliche Gewalt, die alle abgrenzbaren Zuständigkeitsbereiche durchbricht«. Wir sind »genötigt, so lange fortzuschreiten, bis wir den universalen Horizont der Verantwortung der gesamten Menschheit für ihre eigene Geschichte erreicht« haben[32]. Picht verweist weiter darauf, daß Verantwortung einen projektiven Charakter hat: Es gibt Problemfelder, in denen sich eine mögliche Verantwortung noch nicht hat realisieren können und die ein Subjekt des Handelns fordern, das

---

32. Picht, Begriff (vgl. dieses Kap., Anm. 24), 204.

der zu lösenden Aufgabe gewachsen ist und deshalb Verantwortung ausdrücklich in seine Zuständigkeit übernimmt. Deshalb ist »jeder denkende Mensch... mitverantwortlich dafür, daß jene zukünftigen Aufgaben erkannt werden, für die es noch keine Träger gibt. Die Erkenntnis möglicher Verantwortung ist eine allen gemeinsame Verantwortlichkeit, der sich niemand entziehen darf«[33].
Wenn »Verantwortung« sich auf einen Gott bezieht, der die Grenzen der nationalen, abendländischen und kapitalistischen Kultur sprengt und sich als Weltgewissen etabliert und damit für bisher nicht gesehene Problemfelder sensibilisiert und engagiert, dann gewinnt »Verantwortung« einen nach vorwärts weisenden Charakter. Sie dient dann nicht länger als ideologischer Vorwand für eine Herrschaftsausübung, die sich einer Beurteilung entzieht, aber die Freiheit garantiert haben will, unlegitimiert und unkontrolliert durch Kapitalmacht ohne Rücksicht auf menschliche Verluste zu schalten und zu walten.

Zusammenfassung

Theologisch stellt sich mit der Diskussion um die soziale Schichtung die Frage, wie Gleichheit vor Gott zu interpretieren ist: als eine innere Gleichheit, die wenig oder nichts mit äußerer Ungleichheit zu tun hat; oder handelt es sich um eine schrittweise Angleichung, die Auseinandersetzungen ethisch legitim und notwendig macht. Wir haben die Faktoren genannt, die entweder dazu dienen, eine solche Gleichheit vorzutäuschen oder die bestehende soziale Ungleichheit als gerechtfertigt hinzustellen. Die Kirchen und ihre Theologie haben in der BRD nach dem 2. Weltkrieg wohl eher dazu beigetragen, den Konflikt zwischen Kapital und Arbeit herunterzuspielen oder ihn durch sozialpolitische Vorschläge zu vermindern, als daß sie offen auf die Seite der Lohnabhängigen getreten wären. Das erklärt wohl das anfangs genannte Phänomen, daß sich in der sozialethischen Literatur manches über die gelungene Integrierung der Arbeiterschaft in die Gesellschaft findet, aber keine Analyse der dominierenden Klassen und der Zwischen- und Nebenschichten.
Dies mag vor allem daran liegen, daß die Kirchen und ihre Theologie sich stärker als sozialintegrative Kraft verstehen als eine parteiliche. Sie sahen und sehen bis heute ihre Aufgaben darin, beide Seiten zu einem Dialog zusammenzuführen; freilich, wer am länge-

33. AaO. 213.

ren Hebel sitzt, hat gut reden. Ihre verantwortliche Haltung gegenüber allen Menschen in dieser Gesellschaft, so liebenswert sie ist, ihre Fremdheit gegenüber der Analyse von Machtstrukturen, ihr eigener hierarchischer Aufbau, der sich in Bischöfen und Theologieprofessoren zuspitzt, und ihre Vermutung, daß die göttliche Autorität immer noch oben zu finden sei und nicht, wie Tillich meinte, der »Grund des Seins« ist, haben sie nicht erkennen lassen, wie tiefgreifend die Unterschiede in den Lebenschancen und Freiheiten – und in der Möglichkeit zur Verantwortung – zwischen den Vertretern des Kapitals und den Lohnabhängigen sind.

Lesehinweise

Die *beste Arbeit* im Sinne dieses Abschnittes ist unbestreitbar Margarete Tjaden-Steinhauer/K. H. Tjaden, Klassenverhältnisse im Spätkapitalismus. Beitrag zur Analyse der Sozialstruktur unter besonderer Berücksichtigung der BRD, 1973, sowohl hinsichtlich der grundlegenden Diskussion über den Klassenbegriff als auch durch ihre gelungene Verbindung mit der ökonomischen Entwicklung der BRD in der Nachkriegszeit. Ergänzend und für spezielle Schichten: K. Meschkat/O. Negt, Gesellschaftsstrukturen (TB), 1973; K. H. Hörning (Hg.), Soziale Ungleichheit. Strukturen und Prozesse sozialer Schichtung, 1976; unter Betonung der politischen Aspekte: W. Abendroth, Die soziale Struktur der Bundesrepublik und ihre politischen Entwicklungstendenzen, in: ders., Antagonistische Gesellschaft und politische Demokratie, 1967, 17–47. Als eine gediegene Gegendarstellung R. Dahrendorf: Soziale Klassen und Klassenkonflikt in der industriellen Gesellschaft, 1957, der die Notwendigkeit sozialer Schichtung nachzuweisen versucht.

Verräterische Einsichten in die Problematik, *Schichten* auf Grund von Bildung, Einkommen und Prestige zu ermitteln, finden sich in: K. M. Bolte/D. Kappe/F. Neidhardt, Soziale Ungleichheit, 1975[4]. Eine sehr sorgfältig durchgeführte Errechnung der Klassen und Schichten hat erstellt: Institut für Marxistische Studien und Forschungen (Hg.), Klassen- und Sozialstruktur der BRD 1950–1970, 3 Bde., 1973–1974, bes. Teil II; man sollte sich von den zuweilen ungewöhnlichen Bezeichnungen von Klassen und Schichten nicht stören lassen.

Über den Zusammenhang von *Klassen und Bewußtseinsformen*: St. Ossowski, Die Klassenstrukturen im sozialen Bewußtsein, 1962, mit vielen interessanten historischen Beispielen; zur Gegenwart: F. Deppe, Das Bewußtsein der Arbeiter. Studien zur politischen Soziologie des Arbeiterbewußtseins, 1971.

Wenn es um den *geschichtlichen Rückblick* geht, ist neben dem Klassiker F. Engels, Die Lage der arbeitenden Klasse in England. Nach eigener Anschauung und authentischen Quellen (1845) (MEW Bd. 2), 1959, 225–508, bei dessen Lektüre es einem doch immer wieder ankommt, wie wenig sich grundsätzlich geändert hat, die sorgfältige Darstellung von J. Kuczynski, Klassen und Klassenkämpfe im imperialistischen Deutschland und der BRD, 1972, zu nennen.

Für den Zusammenhang von *Religion und Klassen* ist weiterhin unübertroffen: M. Weber, § 7 Stände, Klassen und Religion, in seinem Kapitel über Religionssoziologie, in: ders., Wirtschaft und Gesellschaft, Bd. 1 (1921), 1964, 368–404. Wenn es

11 Soziale Klassen und Schichten

um die Klassengegensätze in der Kirche geht, so sei auf F.-M. Balzer, Klassengegensätze in der Kirche. Erwin Eckert und der Bund der Religiösen Sozialisten Deutschlands, 1973, für die Weimarer Republik, und auf Y. Spiegel (Hg.), Kirche und Klassenbindung (TB), 1974, für die BRD verwiesen. Wie dies konkret vor Ort aussieht, finde ich am besten dargestellt bei: O. Schreuder, Kirche im Vorort. Soziologische Erkundung einer Pfarrei, 1962, insbesondere Kap. 6, man sollte sich durch das 1., sehr theoretische Kapitel von der Lektüre nicht abhalten lassen. Mit wenig Versuchen einer Interpretation, aber als Diskussionsgrundlage brauchbar: G. Kehrer, Das religiöse Bewußtsein des Industriearbeiters. Eine empirische Studie, 1967. Schließlich, für Sprachkundige, zwei Klassiker: Liston Pope, Millhands and Preachers, New Haven, Con., 1942, und Emile Pin, S. J., Practique religieuse et classes sociales – dans une paroisse urbaine Saint-Pothin à Lyon, Paris, o. J.

Das *besondere Buch*: Anthony Giddens, The Class Structure of the Advanced Societies, London 1973.

IV GESAMTGESELLSCHAFTLICHE ENTWICKLUNGSTENDENZEN

12 Technologische Entwicklung

Definitionen

Die menschliche Herrschaft über die Natur vollzieht sich auf drei Wegen: Natürliche Energien werden unter Kontrolle gebracht und als Antriebskräfte für Maschinen verwendet. Natürliche Elemente werden erschlossen und durch Verarbeitung und Kombinierung für neue Formen von Konsistens verwendet, die so bisher nicht vorhanden waren. Schließlich werden pflanzliches und tierisches Leben neu geschaffen oder in ihrem Wachstumsprozeß verändert.

Die menschliche Geschichte kennt alle drei Formen der Kontrolle und Verwertung der Natur seit der Zeit, seit der man überhaupt von Anfängen menschlicher Kultur sprechen kann. Der Wind hat Windmühlen und die Segel der Schiffe angetrieben; Metalle, die von ihrer natürlichen Umwelt isoliert und verarbeitet wurden, bezeichnen geschichtliche Perioden, so die Bronze- und die Eisenzeit; die Bedeutung der Bewässerung und der Düngung sind lange bekannt. Aber weitgehend handelt es sich hier um die Ausnutzung natürlicher Gegebenheiten, nicht aber um eine wirkliche Kontrolle natürlicher Energien; mit Aristoteles zu sprechen: »Die Kunst bleibt Sieger, wo uns die Natur besiegt.«[1]

Die Erfindung und Nutzbarmachung der Dampfmaschine kann mit Recht als der Übergangspunkt von der Ausnutzung zur Beherrschung natürlicher Energien angesehen werden. Die daraus folgende Möglichkeit, durch Verbrennungs- und Kernprozesse den auf der Erde herrschenden Temperaturbereich erheblich auszuweiten, hat es ermöglicht, neue Kombinationen natürlicher Stoffe zu schaffen. Die letzten zwei Jahrhunderte sind gekennzeichnet durch eine rapide Veränderung der natürlichen Umwelt zunächst in europäischen und nordamerikanischen Staaten, bald darauf auch in der ganzen Welt. Auch wenn heute die Industriegebiete vergleichsweise kleine Zonen auf der Weltoberfläche bilden, bestimmen sie doch Lebensmöglichkeiten und Lebensbedingungen eines Großteils der Menschen dieser Erde, nicht nur in ihrem Bedarf an Lebensmitteln, sondern auch in der Form materieller Güter bis hinein in die geistige »Produktion«.

---

1. Aristoteles, Kleine Schriften zur Physik und Metaphysik, 847 a, 1957, 21.

Es besteht ein weitverbreiteter Konsens, zwischen einem »Maschinenalter I« und einem »Maschinenalter II« zu unterscheiden. Beginnt das Maschinenalter I mit der Erfindung und Verwertung der Dampfmaschine, so beginnt Maschinenalter II mit dem Kernreaktor und dem Transistor. Damit wird jedoch nur sehr formal ein spezifischer Unterschied gesetzt. Genauer läßt sich das Maschinenalter II im Grunde nur anhand verschiedener Kriterien angeben. Nach H. Storck sind drei Kriterien zu nennen, die den Charakter einer fortgeschrittenen Technologie bestimmen[2]:

1. Die *Verwissenschaftlichung* der Technik. War die Dampfmaschine noch eine reine Ingenieurserfindung, so wurde der Kernreaktor von theoretischen Physikern entworfen. Es gibt hier eine intensive Wechselwirkung zwischen der konstruktiven Neuschaffung von Geräten und Verfahren einerseits und der wissenschaftlichen Entwicklung andererseits. Nicht selten entwickeln Techniker auf dem Weg des Experimentes spezielle Verfahren, ohne daß wissenschaftlich zureichend geklärt ist, auf welchem Weg der Verfahrensprozeß verläuft; oft sind es Anforderungen der Wissenschaft, etwa an die Konsistenz eines Metalls bei hohen Temperaturen, die nach neuen Produktionsverfahren suchen lassen.

2. Es handelt sich im allgemeinen um wissenschaftliche *Großprojekte*, wie die Entwicklung der Atombombe oder des Weltraumfluges. Solche Projekte fordern die Zusammenarbeit von Tausenden von Ingenieuren und anderen Mitarbeitern und stellen komplexe Probleme für die Arbeitsteilung und für andere organisatorische Fragen.

3. Es setzt sich in kleinen wie in den großtechnischen Anlagen immer stärker das System der *Selbststeuerung* durch, die die menschliche Tätigkeit auf eine geringe Zahl von Eingaben und Kontrollen beschränkt, wobei Eingaben vielfach über vermittelnde Systeme und durch Programme laufen. Das Prinzip der sich stabilisierenden Systeme findet sich auch im biologischen Bereich (z. B. Kreislauf); die Kybernetik ist diejenige Wissenschaft, die hier integrativ die Technologie mit anderen Systemtheoretikern der Biologie und der Sozialwissenschaft zusammenführt.

Die Thematik des folgenden Abschnitts bezieht sich schwerpunktmäßig auf das Maschinenalter II, das mit Verwissenschaftlichung

2. H. Storck, Einführung in die Philosophie der Technik, 1977, 2–14.

12 Technologische Entwicklung

der Technik, Entwicklung von technologischen Großprojekten und steigender Verwendung von kybernetischen Systemen zu kennzeichnen ist.

Beispiele theologischer und philosophischer Interpretation

Das Auftreten der neuzeitlichen Technik ist eine historisch so neuartige Erscheinung, daß die bestehenden weltanschaulichen Deutungsmuster große Schwierigkeiten haben, eine Kontinuität zwischen ihren ontologischen, anthropologischen oder handlungstheoretischen Ansätzen und einer fortgeschrittenen »Maschinerie« aufzuweisen. A. Gehlen ist einer der wenigen Autoren, die eine ausgearbeitete Analyse der Technik vorgelegt haben; es ist jedoch sehr umstritten, ob sein anthropologischer Ansatz ausreicht, die fortgeschrittene Technologie hinreichend zu erfassen. Gehlen, der insbesondere auch bei der evangelischen Sozialethik vielfach aufgenommen wird, wie ich am Beispiel E. Wolf und H.-D. Wendland (Kap. 7 und 8) gezeigt habe, hat eine sehr weite Definition von Technik. Für ihn ist sie Veränderung der Natur zum Zwecke des Menschen und gehört damit zu dessen Wesen, sie dient zur Entlastung der menschlichen »Mängelexistenz« durch Organersatz, Organverstärkung und Organentlastung. Mit Hilfe der Technik hat sich in der Gegenwart eine Superstruktur aus Naturwissenschaft, Technik und kapitalistischer Produktionsweise herausgebildet, die ebenso zum Wesen des Menschen gehören wie der Feuerstein und die in dieser Welt ausfernde Subjektivität, den Menschen am Leben erhalten, selbst wenn diese Superstruktur von ihm als Entfremdung erfahren wird[3].

Ich erwähne dieses Beispiel, weil solche Ansätze zu gesellschaftspolitischen Konsequenzen führen, die jede Kritik der Technik als Kritik gegen eine vorgebliche Lebensnotwendigkeit menschlichen Existierens erscheinen lassen müssen. Es ist stets die Gefahr, wenn anthropologische Konstanten festgelegt werden, daß die Neuheit eines Phänomens gerade in seinem Charakteristischen nicht mehr erfaßt werden kann. Im Folgenden möchte ich je einen theologischen und einen philosophischen Entwurf vorstellen und daran einige Probleme der Technik-Interpretation zunächst vorläufig einmal klären.

Eine der anregendsten *theologischen* Arbeiten zum Problem der

---

3. A. Gehlen, Die Seele im technischen Zeitalter, 1957, 8.

Technik ist die Arbeit von Hans-Rudolf Müller-Schwefe, »Technik und Glaube« (1971)[4]. Sein Anstoß, die Frage der Technik unter theologischen Gesichtspunkten zu behandeln, erwächst aus seiner Feststellung, daß die Wissenschaft die Religion unserer Zeit und die Technik ihr Kult[5] sei; von daher werde eine Auseinandersetzung des christlichen Glaubens mit beiden unausweichlich, wolle man nicht in zwei Welten leben. Für Müller-Schwefe stellen sich vor allem zwei Fragen: stellt die wissenschaftlich-technische Revolution die letzte Herausforderung zur Vervollkommnung und Verwirklichung des sündigen Menschen dar, oder ist sie ein Produktivwerden aus Liebe, und: hat die Welt des europäischen Christentums das Recht, die gesamte Welt in das Geschick der Wissenschaft und der Technik hineinzuziehen, dienen die darauf basierenden Träume von klassenloser Gesellschaft und herrschaftsfreien Räumen der Menschheit zum Heil oder Unheil?
Als Diskussionsvorlage wählt Müller-Schwefe Ernst Bloch und Teilhard de Chardin. Beide stellen die Entwicklung des Menschen und seiner Welt unter das Vorzeichen des Christus. Müller-Schwefe stimmt mit ihnen überein, daß der Mensch der christlichen Botschaft erst mit Hilfe der Technik zu der Bestimmung durchdringt, »sich selbst in der Welt und die Welt in sich zu verwirklichen«[6]. In der Maschine wiederholt der Mensch nicht einfach die Natur, sondern nimmt sie in seine Freiheit und Offenheit hinein, so daß Natur wie Mensch zu sich selbst, zu ihrer gemeinsamen nach vorn gerichteten Offenheit kommen[7]. Freiheit und Offenheit nach vorn ist aber für Müller-Schwefe nur gegeben, wenn nicht, wie bei Bloch, aus dem Christus der revolutionäre Jesus und nicht, wie bei Teilhard de Chardin, der Mensch in den Christus hineingenommen wird. Der Mensch muß im *Gegenüber zu Gott* und der im Kreuz und Auferstehung vermittelten Freiheit und Offenheit seine Verantwortung gegenüber der Natur und gegenüber sich selbst, dem menschlichen, durch Endlichkeit gekennzeichneten Wesen, auf sich nehmen[8].
Müller-Schwefe versucht, einen durch Wissenschaft und Technik verursachten Prozeß der Weltveränderung mithilfe der christologisch bestimmten Kategorien von Offenheit und Verantwortung zu deuten. Fragen der Wirtschaftsverfassung spielen für ihn nur am Rande eine Rolle: Kapitalismus ist das Maschinen-Zeitalter I, in der

4. H.-R. Müller-Schwefe, Technik und Glaube, 1971.
5. AaO. 9.
6. AaO. 149.
7. AaO. 195.
8. AaO. 211.

12 Technologische Entwicklung

der einzelne durch die Maschine entlastet wird, im beginnenden Maschinen-Zeitalter II, dem Zeitalter der Kybernetik und technologischer Großprojekte, läßt der Mensch die Natur an seinem Planen aktiv Anteil nehmen und nimmt die Wirklichkeit im Rückkoppelungsverfahren in die Abstraktion der Freiheit hinein[9]. Hier sind Ausführende und Planende aufeinander angewiesen, und »so treten die Klassenunterschiede allmählich zurück«[10]. Für Müller-Schwefe ist es also die technisch-wissenschaftliche Entwicklung, die zu Kooperation und Verantwortung zwingt und Klassenverhältnisse eliminiert. Zutreffend ist jedoch eher das Gegenteil, selbst in den konkreten Arbeitsverhältnissen, denn entscheidend bleibt nach wie vor die Verfügungsgewalt über das Kapital.

Der *philosophische* Text, auf den ich eingehen möchte, stellt im Rahmen des Problems der Naturbeherrschung ausdrücklich auf den Zentralbegriff Verantwortung ab. Ich beziehe mich hier auf »Technik und Verantwortung – Probleme der Ethik im technischen Zeitalter« von Hans Sachsse, Professor für physikalische und technische Chemie an der Universität Mainz (1972)[11].

Sachsse geht von der *ambivalenten Haltung* gegenüber der Technik aus, die er bereits in den griechischen Mythen von Hephaistos und Prometheus angedeutet findet; sie ist ein »*offenbar von speziellen Zeitepochen unabhängiges Humanum*«[12]. Dies bedeutet jedoch nicht, daß die Technik ihrer eigenen Sachgesetzlichkeit unterliegt, auch wenn der Mensch im Vollzug technischen Handelns neue Kausalketten mit tiefgreifenden Wirkungen in Gang setzt. Der Mensch macht sich selbst zur Ursache dieser Wirkungen und muß sich darüber bewußt sein. »Die Entwicklung der Technik als einen gesetzlichen, vorbestimmten, naturnotwendigen Prozeß zu verstehen, bedeutet, *diese Last der Verantwortung abzuschieben,* sie fiktiven Mächten anzulasten, einem Entwicklungsgesetz, dem Zeitgeist, dem dialektischen Prozeß, der geschichtlichen Notwendigkeit, wie diese gut- oder bösartigen modernen Dämonen nun heißen mögen.«[13] Die Ambivalenz rührt vielmehr von der notwendigen Arbeitsteiligkeit her, die die Technik mit sich bringt; es gibt keine freie individuelle Entfaltung im Beruf mehr, statt dessen werden scharf untergliederte Tätigkeitsbereiche vorgeschrieben. Menschen wer-

---

9. AaO. 199.
10. AaO. 126.
11. H. Sachsse, Technik und Verantwortung. Probleme der Ethik im technischen Zeitalter, 1972.
12. AaO. 51.
13. AaO. 60.

den zu großen Gemeinschaften zusammengebunden, und dies erfordert von den einzelnen erhebliche Opfer und Verzichte (Sachsse verweist hier auf die zur Kapitalbildung notwendige Rückstellung von unmittelbarer Bedürfnisbefriedigung). Zugleich ist jede höhere Daseinsform ungesicherter und riskanter gegenüber einer niedrigen, was die Gefahr erhöhter Unsicherheit und Bedrohtheit mit sich bringt[14].
Eine starke Verhaltensunsicherheit resultiert daraus, daß mit der entwickelten Technologie der Mensch von seiner Umwelt immer unabhängiger wird und sie damit als Orientierungsgröße verliert. Der Mensch ist immer weniger auf Wald und Flur, auf Pflanze und Tier, auf Wetter und Klima angewiesen. Das physikalische und biologische Umweltgeschehen verliert den Charakter der schlichten, natürlichen Gegebenheit und wird zu etwas Überformten, Gemachten und damit Fraglichen[15]. Dies hat zur Folge, daß wir unsere Verhaltensprinzipien in uns selber finden müssen; anstelle der Außenkontrolle tritt Selbstkontrolle: »Der wissenschaftlich-technische Forschungsbetrieb hat in bezug auf unsere gesamten Lebensverhältnisse solche Ausmaße und Konsequenzen, daß er der ethisch verantworteten Steuerung bedarf. Wir können offenbar mehr als wir dürfen, und daher dürfen wir nicht alles, was wir können.«[16]
Wo sind jedoch die Normen der Selbststeuerung zu finden? Für Sachsse sind Normen objektive Maßstäbe; eine Leistung des Menschen, die dieser dem Fluß der Zeit entgegenstellt, um sich trotz Veränderungen noch orientieren zu können; Normen dürfen selbst nicht im Fluß sein, wenn die sich wandelnden Verhältnisse im Griff bleiben sollen. Daher lehnt Sachsse auch jene theologische Literatur ab, in der die Rede ist »von der ›Werdehaftigkeit des Menschen‹, von der ›Bejahung der Geschichtlichkeit‹, vom ›Mut zum Vorläufigen‹, von der ›Dynamisierung der Seinsethik‹, von der ›notwendigen Kritik am statischen Weltbild‹«. Für ihn heißt dies: »Das Zukünftige gewinnt nahezu den Rang einer metaphysischen Kategorie.«[17] Sachsse lehnt solche Theologen ab, die verkünden, Bindung, Einfügung und Unterordnung seien nicht mehr zeitgemäß. Er fordert dagegen Selbsteinschränkung und Verzicht auf Freiheit. Die Vielfalt des Möglichen zersplittert die Wünsche und führt zu überhöhten Ansprüchen. Seiner Meinung nach müssen wir lernen, unsere innere

---

14. AaO. 66.
15. AaO. 34f.
16. AaO. 35f.
17. AaO. 37.

12 Technologische Entwicklung

Fähigkeit zu schulen, um innere Unabhängigkeit zu erreichen: »die Unempfindlichkeit gegenüber Hunger, Kälte und Schmerzen, die Fähigkeit, sich trotz Ablenkung geistig zu konzentrieren, die Beherrschung der Emotionalität und Affektivität, die Triebverzichte ohne Beeinflussung des psychischen Gleichgewichtes«[18].

Für Sachsse liegt die Bewältigung eines steuerlos gewordenen Fortschrittsprozesses nicht im technischen Bereich, sondern ist das ethische Problem menschlicher Entscheidung und Verantwortung. Dabei kann die Wissenschaft Hilfe für die Entscheidung liefern, aber die letzte Entscheidung bleibt beim Menschen, sei es die Entscheidung zur Passivität oder die zum aktiven Handeln[19]. Auch wenn wissenschaftsgläubige Utopisten ihm vorwerfen könnten, einen Dezisionismus zu vertreten, so ist es für Sachsse jedenfalls klar, daß dieser notwendig ist, da Entscheidungen getroffen werden müssen.

Woher dann freilich die neuen Werte kommen sollen, darüber vermag Sachsse nicht viel Präzises zu sagen: »Den Kreislauf von technischem Fortschritt und Konsum, von Vollbringen und Verbrauchen, können wir nur dann steuern, wenn es gelingt, aus dem Zirkel herauszutreten, wenn wir Lebensziele und Werte neu entdecken, die völlig außerhalb des technisch Realisierbaren liegen und von der technischen Lebensbewältigung ganz unabhängig sind.«[20] Er fordert eine Konstanz der Werte, die dann aber folgerichtig nur vorindustrielle sein können. Er bedauert, daß die Theologen selbst darauf verzichten, einer orientierungslosen Gesellschaft die Normen vorzuschreiben, weil sie diese Welt für mündig halten oder gar Werte wie eine dynamische Gestaltung und Veränderung der Welt vertreten.

Vergleicht man beide Interpretationen, so ist Müller-Schwefe ganz offensichtlich einer der von Sachsse apostrophierten Theologen, denn er steht einer technologischen Entwicklung grundsätzlich positiv gegenüber. Für ihn ist sie positiv, weil sie von Christus in Bewegung gesetzt ist und die Versöhnung der Natur mit dem Menschen und des Menschen mit sich selbst zum Ziel hat. Dabei ist die endzeitliche Vorstellung von Versöhnung nicht als etwas für immer Feststehendes anzugeben, sondern die wachsende Freiheit und Offenheit des Menschen erlauben es, daß sich neue Gestalten des Ziels herausbilden können. Sachsse betrachtet diesen Entwick-

---

18. AaO. 73.
19. AaO. 124.
20. AaO. 148.

lungsprozeß sehr viel stärker als ein »mixed blessing«: Die Freiheit von der Natur wird erkauft durch ein sehr komplexes gesellschaftliches System, das eine Superstruktur ausbildet und von den Menschen Anpassung und Opfer verlangt, zugleich aber auch durch wachsende Instabilität gekennzeichnet ist (was freilich zu befragen wäre). Freisetzen von der Knappheit der natürlichen Ressourcen fördert eine Vielzahl von Wünschen, die nicht alle befriedigt werden können. Die großtechnologische Entwicklung selbst stellen jedoch beide Autoren nicht in Frage.

Soll der technische Fortschritt unter Kontrolle gebracht und in vernünftige Bahnen gelenkt werden, bedarf es nach Sachsse neuer Normen, die bei ihm nur Normen sein können, die eine Fortentwicklung von herrschenden Normen einer vorindustriellen Periode darstellen; daher auch sein Zorn auf die veränderungswütigen Theologen, die hier angeblich ein Erbe verschleudern. Die neuen Normen dürfen nicht der technischen Entwicklung entsprungen sein, sonst können sie keine Kontrollfunktionen übernehmen. Müller-Schwefe hat hier eine sehr ähnliche Argumentationsfigur: Der technische Prozeß bleibt nur in den menschlich erwünschten Bahnen, wenn er gegenüber einem Gott verantwortet wird, der außerhalb dieser Entwicklung steht. Gott wie die Normen erscheinen dabei als etwas Abstraktes; sie werden nicht auf die gesellschaftliche Gruppe bezogen, die solchen Glauben und solche Werthaltung vertreten; damit braucht dann auch nicht die weitere Frage gestellt werden, wie solche Gruppen Macht gewinnen können, um den technischen Prozeß zu beeinflussen.

Es wäre zunächst danach zu fragen, was eigentlich den technischen Prozeß vorantreibt. Ist dies ein Beispiel für die in Kap. 7 behandelte Eigengesetzlichkeit, läuft dieser Prozeß »hinter dem Rücken des Menschen« ab, nach eigenen Mechanismen und eigenen Regeln? Beide Autoren verneinen dies und verweisen auf die Verantwortung des Menschen. Aber welcher Mensch ist dies eigentlich, der diesen Prozeß verantwortlich steuern könnte, wer ist das »Wir«, von dem Sachsse so gerne spricht, wenn es um moralische Appelle geht? Ich möchte hier auf die in Kap. 3 ausgesprochene Schwierigkeit verweisen, vom Menschen als einem Gesamtsubjekt zu sprechen. Durchweg wird, wenn es um Steuerungsprozesse in der Gesellschaft geht und damit der Herrschaftsaspekt wichtig wird, die Unterscheidung von Herrschenden und Beherrschten unumgänglich, will man nicht sozialen Illusionen und Ideologien verfallen. Beide Autoren tendieren jedoch dazu, unreflektiert von einem Gesamtsubjekt Mensch zu sprechen. Dabei geht Müller-Schwefe immerhin noch von einem

Klassenverhältnis aus, verspricht sich jedoch von der allgemeinen Verflochtenheit der Arbeitenden, die die Kybernetik für sie mit sich bringt, die Auflösung aller Klassenverhältnisse. Dies ist eine Erwartung, die häufig an das Maschinenalter II gestellt wird, so bei H. Marcuse, bei dem die Automation die menschliche Freiheitsglocke anschlägt (s. u.).

Ohne eine solche Aufspaltung des Gesamtsubjekts Mensch läßt sich jedoch das Problem der Verantwortung nicht spezifizieren; denn vor wem muß verantwortet werden? Ist dies Gott und damit die Kirche, sind es die Herrschenden, die zur Verantwortung rufen und Verantwortung einklagen? Denken ließe sich ja auch, daß es eine demokratisierte Gesellschaft ist, die hier das Recht hat, Rechenschaft zu fordern und die Zielrichtung des technologischen Prozesses zu bestimmen. Dann freilich wird Verantwortung überhaupt erst ein sinnvoller Wert. Freilich setzt dies eine Reflexion über den Prozeß demokratischer Meinungs- und Entscheidungsbildung voraus, über den erst im folgenden Abschnitt gesprochen werden soll.

Ausgehend von diesen zwei Beispielen sozialethischer Argumentation für den Bereich fortgeschrittener Technologie möchte ich im Folgenden drei Fragen behandeln: 1. Wenn Müller-Schwefe das christologische Prinzip als vorwärtstreibendes Moment ansieht, ist zu fragen, wie sich die christliche Tradition zur Frage der Beherrschung der Natur stellt, gerade angesichts der allgemein sichtbar werdenden ökologischen Krise. 2. Hängt die technologische Entwicklung nicht von quasi eigengesetzlichen Prozessen ab, sondern ist auf Entscheidungsgruppen bezogen, stellt sich die Frage, welcher der organisierten Interessen, der von Technikern, von Wissenschaftlern oder der des Kapitals, besonders bestimmend sind. Schließlich stellt sich in einem 3. Abschnitt die Frage nach einer alternativen Technologie.

Technik und Natur

Die 1972 erfolgte Veröffentlichung des von Dennis L. Meadows geleiteten Forschungsteams, das am Massachusetts Institute of Technology (MIT) im Auftrage des Club of Rome tätig war, »The Limits of Growth«[21], und die darauf folgende Diskussion haben einer Weltöffentlichkeit ins Bewußtsein gerufen, daß die gegenwär-

---

21. D. L. Meadows (Hg.), Die Grenzen des Wachstums, 1972.

tige Weise, mit den Ressourcen der Natur umzugehen, bedrohliche Ausmaße annimmt. Sie führt zu einer zunehmenden Verschlechterung und zum schließlichen Zusammenbruch der Lebensbedingungen der industriellen Gesellschaft, sofern die gesamte Weltbevölkerung den Lebensstandard der hochentwickelten Nationen erreicht und zusammen mit diesen ihre natürlichen Ressourcen in derjenigen Steigerungsquote verbraucht, die sich aus der bisherigen Entwicklung ablesen läßt. Diese Studie hat eine lebhafte Diskussion über die Richtigkeit der Prognose ausgelöst. Es kann hier nicht der Ort sein, diese Diskussion aufzunehmen; es sei hier auf die Lesehinweise am Ende dieses Kapitels verwiesen.

Für die sozialethische Diskussion ist der Verweis wichtig, daß im Zusammenhang mit dieser Umwelt-Diskussion gerade auch die bisherigen philosophischen und technologischen Aussagen über das Verhältnis von Technik und Natur in Frage gestellt werden.

Philosophisch wird hier meist bei René Descartes angesetzt, der es als Aufgabe des Geistes bezeichnet, die Natur zu verwandeln. Der Mensch soll und kann die Mühsal und Zufälligkeiten des Lebens abbauen, indem er kraft seines Geistes möglichst viel gegebene Materie in Maschine zu verwandeln und sich als »maître et possesseur de la nature«[22] zu etablieren sucht. Die Natur versteht Descartes als res extensa, als das Ausgedehnte, als eine Zusammenfügung mechanischer Teile. Alle äußere Wirklichkeit, die leblosen Dinge ebenso wie die Pflanzen, die Tiere ebenso wie die Körper der Menschen, funktionieren wie Maschinen:

> »Und ebenso wie eine aus Rädern und Gewichten zusammengesetzte Uhr nicht weniger genau alle Gesetze der Natur beobachtet, wenn sie schlecht angefertigt ist und die Stunden nicht richtig anzeigt, als wenn sie in jeder Hinsicht dem Wunsche des Anfertigers genügt, so verhält sich auch der menschliche Körper, wenn ich ihn als eine Art von Maschine betrachte, die aus Knochen, Nerven, Muskeln, Adern, Blut und Haut so eingerichtet und zusammengesetzt ist, daß, auch wenn gar kein Geist in ihr existierte, sie doch genau dieselben Bewegungen hätte, die jetzt in ihm nicht durch die Herrschaft des Willens und also nicht durch den Geist erfolgen.«[23]

Diese Auffassung der Natur als einer Maschine, die unter die Herrschaft des Menschen gebracht werden muß, kann kaum die Basis zu einer umweltfreundlichen Ethik bieten. Daneben hat es stets eine andere Naturauffassung gegeben, in der die Grundeinstellung des agrarischen Umgangs mit der Natur sich erhalten hat und auf einen Umgang mit der Natur verweist, die mehr partnerschaftlicher Art ist. So hat Bloch festgestellt, die gegenwärtige Technik

---

22. R. Descartes, Abhandlung über die Methode, 1960, 101.
23. Ders., Meditationen, hg. von A. Bachmann, 1954, 72f.

12 Technologische Entwicklung

weise den Charakter einer »Ausbeutertechnik« auf und trage wenig dazu bei, die Welt zur »Heimat« des Menschen zu machen. Es ist notwendig, ein »befreundetes« Verhältnis zur Natur zu finden.

»An Stelle des Technikers als bloßen Überlister oder Ausbeuter steht konkret das gesellschaftlich mit sich selbst vermittelte Subjekt, das sich mit dem Problem des Natursubjekts wachsend vermittelt. Wie der Marxismus im arbeitenden Menschen das sich real erzeugende Subjekt der Geschichte entdeckt hat, wie er es sozialistisch erst vollends entdecken, sich verwirklichen läßt, so ist es wahrscheinlich, daß Marxismus in der Technik auch zum unbekannten, in sich selbst noch nicht manifestierten Subjekt der Naturvorgänge vordringt: die Menschen mit ihm, es mit den Menschen, sich mit sich vermittelnd.«[24]

Bloch fordert, eine »Allianztechnik« an die Stelle einer äußeren Technik zu setzen, die mit der Mitproduktivität der Natur vermittelt ist und »die Bildekräfte einer gefrorenen Natur erneut« freisetzt[25]. Wie dies aussehen könnte, darauf wird noch einzugehen sein.

Theologisch ist die Herrschaft über die Natur und die daraus resultierende Sonderstellung des Menschen mit dem Schöpfungsbericht und Genesis 1,28 (»Herrschet über die Fische im Meer und über die Vögel im Himmel und über das Vieh und über alles Getier, das auf Erden kriecht«) begründet worden. Nach C. Amery enthält die biblische Urgeschichte eine Reihe sich ergänzender Motive: Dem Menschen wird Gottesebenbildlichkeit als Privileg zugeschrieben; damit wird ein breiter Graben zwischen ihm und dem Rest der Schöpfung aufgeworfen; er wird Ziel und Ende alles Weltgeschehens. Er hat den Auftrag zur totalen Herrschaft über die Natur, die zum Material seiner Bearbeitung wird und jede magische Qualität verliert. Der Sündenfall ist nicht das letzte Wort Gottes, das den Menschen für immer und ewig zu einem belastenden Leben verurteilt, sondern bereits Noah wird mit dem Zeichen des Regenbogens »die feste Zusage einer künftigen Korrektur des unerträglichen Weltzustandes, eine kollektive Zusage für die Welt des Menschen schlechthin« gegeben. »Geschichte wird damit zu einer Linie mit Anfang und Ende! Versöhnung zwischen Kreatürlichkeit und Heilsplan ist ihr Ziel.«[26]

Dieser Herrschaftsauftrag über die Natur, auf den sich eine Theologie beruft, die die neuzeitliche Entwicklung positiv betont, verfällt nun gerade der Kritik C. Amerys. Die Übernahme und Verinnerlichung dieser jüdisch-christlichen Leitvorstellung hat zwar zum Teil

---

24. E. Bloch, Das Prinzip Hoffnung, 1973, 787.
25. AaO. 807.
26. C. Amery, Das Ende der Vorsehung. Die gnadenlosen Folgen des Christentums, 1972, 21.

sehr segensreiche Folgen, aber auch sehr gnadenlose. Das Christentum hat »in der Beherrschung der Natur alle bisher bekannten Mächte weit übertroffen und ist dabei, diesen Sieg in der Form sogenannter Welt-Zivilisation zu konsolidieren«[27]. Amery ist der Meinung, daß nur die Überwindung dieses Verhaltens gegenüber der Natur, sei sie nun theologisch begründet oder säkularisiert, die Welt davor bewahrt, einer Katastrophe entgegenzugehen.

Es kann zunächst offenbleiben, wer für ein solches Verhältnis von Ausbeutertechnik und Natur verantwortlich zu machen ist. Sicher findet sich aber auch in der jüdischen und protestantischen Mystik jenes andere Naturverhältnis, die Verheißung einer »Resurrektion der gefallenen Natur«. Es kommt von schwäbischen Pietisten her, wird bei Schelling und Bader aufgenommen und bleibt auch bei Marx in den Pariser Manuskripten erhalten[28]. Gerade auch die neuere ökumenische Diskussion hat an diesem Punkte ähnliche theologische Positionen bezogen[29].

Unter Verweis auf Hosea 4, 1–3 hat, um nur ein Beispiel herauszugreifen, Ch. Birch auf den Zusammenhang von gesellschaftlichen Verbrechen und dem Hinweggraffen von Tieren auf der Erde, im Meer und im Himmel gesprochen und in einem Vortrag auf der 5. Vollversammlung des Ökumenischen Rates in Nairobi 1975 betont, »daß die Befreiungsbewegung letztlich eine einzige Bewegung ist, die die Befreiung der Frau, des Mannes, der Wissenschaft und Technik, des Tieres, der Pflanze und auch die Befreiung der Luft und der Ozeane, der Wälder, Wüsten, Berge und Täler einschließt«. Birch fordert die Abkehr von einer Theologie der Natur, die Pflanzen und Blumen und Tiere als Instrumente versteht und gegenüber der geschaffenen Ordnung sich egozentrisch, arrogant und chauvinistisch benimmt. Dagegen gelte es, zwei Aspekte der Natur verstärkt herauszustellen: Einmal den Eigenwert jedes Geschöpfes, nicht nur des Menschen, und zum anderen den Zusammenhang aller Wesen, in dem sich die Aktivität Gottes hier und jetzt ausdrückt[30].

G. Liedke, der in seinem Aufsatz über das Problem des Umwelt-

---

27. AaO. 11.
28. Vgl. dazu die freilich kritischen Bemerkungen von Habermas, Technik (vgl. Kap. 1, Anm. 20), 54.
29. Vgl. J. B. Cobb, God and the World, 1969; Ch. Hartshorne, A Natural Theology of Our Time, 1965; J. Sittler, Ecological Commitment as Theological Responsibility, in: Zygon 5, 1970, 175–181.
30. Ch. Birch, Schöpfung, Technik und Überleben der Menschheit, in: Jesus befreit und eint. Vorträge von der Fünften Vollversammlung des Ökumenischen Rates der Kirchen in Nairobi (Beiheft zur ökumenischen Rundschau Nr. 30), 1976, 95–111.

12 Technologische Entwicklung

schutzes am prägnantesten die Möglichkeit und Grenzen einer Theologie der Natur dargestellt hat, faßt das neuzeitliche Verhältnis des Menschen zu seiner Umwelt als ein Verhältnis der *Ausbeutung*[31]. Liedke nimmt diesen Schlüsselbegriff auf, weil er das Wesen des kapitalistischen Zeitalters charakterisiert und zugleich jenem aggressiven Moment Ausdruck verleiht, daß die Herrschaft über die Erde nicht, wie die Urgeschichte es ausdrückt, dem Menschen zugesichert ist, sondern erst erkämpft werden muß. Er beruft sich dabei auf A. Mitscherlich, der schreibt: »Die alles überwölbende Idee der menschlichen Zivilisation heißt Ausbeutung. Unser Verhältnis zur ›Mutter Natur‹ war bisher ein ungestört infantil räuberisches. Wir haben die Natur respektlos behandelt, als ob sie jeden unserer Wünsche erfüllen könnte und als ob jeder dieser Wünsche berechtigt wäre, erfüllt zu werden.«[32] Liedke möchte gerne dieses Verhältnis der Ausbeutung in ein Verhältnis der Kooperation verwandelt sehen. Er verweist auf die eschatologischen Utopien des Alten und Neuen Testamentes, die eine Versöhnung zwischen Natur und Mensch einschließen. Eine Theologie, die sich an diese biblischen Verheißungen anschließt, weiß um diese von Gott in der Endzeit bewirkte Versöhnung und vermag dem Menschen, der sich auf sie einläßt, den Mut zu machen, neue Verhältnisse des Mensch-Umwelt-Verhältnisses zu konzipieren und zu realisieren[33]. Galt für die Epoche der Agrarkultur der Grundterminus des Bebauens, so drückt sich heute dieses Zusammenwirken von Natur und Mensch in Begriffen wie Kooperation, Kommunikation und Zusammenspiel aus; Ziel muß es sein, dynamische Systemmodelle zu schaffen, die Umwelt und Menschen aufeinander beziehen; »diese Modelle müssen sowohl die Geschwindigkeit der Umweltveränderung als auch die Geschwindigkeit der menschlichen Adaption erfassen«[34].

Klaus Scholder, der in »Grenzen der Zukunft« (1973) ebenfalls über eine theologische Neubestimmung des Verhältnisses von Mensch und Natur reflektiert, hält einen solche Versuche wie die von Birch und Liedke nicht für erfolgreich. Dies sei der gleiche Weg, den die klassische Naturphilosophie gegangen und auf dem sie gescheitert sei: »Am Ende hat, wie Newton über Goethe, die moderne Naturwissenschaft über die Naturphilosophie den Sieg

---

31. G. Liedke, Von der Ausbeutung zur Kooperation. Theologisch-philosophische Überlegungen zum Problem des Umweltschutzes, in: E. v. Weizsäcker (Hg.), Humanökologie und Umweltschutz, 1972, 36–65, 52.
32. A. Mitscherlich, Thesen zur Stadt der Zukunft, 1971, 139.
33. Liedke, Ausbeutung (vgl. dieses Kap., Anm. 31), 54ff.
34. AaO. 59.

davongetragen.«³⁵ Die gutgemeinten Appelle an ein neues Selbstverständnis des Menschen ließen sich kaum versöhnen mit der strengen und rücksichtslosen Arbeit der Naturwissenschaften und der Technik, die unablässig fortschreitet.
Aufschlußreich freilich scheint mir seine *theologische* Begründung zu sein: »Die Begründung einer neuen Ethik aus dem Geist der Naturphilosophie scheint am Ende doch mehr Wunsch als Wirklichkeit zu sein; *das Dilemma des Fortschritts ist durch einen neuen Pantheismus nicht zu lösen.*«³⁶ In der Tat trägt die Anerkennung der Natur und des einzelnen Lebewesens, ja jedes Steines als einer selbständigen Einheit, die zugleich mit allen Wesen und mit dem Menschen verbunden ist, einen partnerschaftlichen und damit demokratischen Charakter. Aber kann der daraus folgende Pantheismus wirklich von überlegener Warte abgetan werden? Zumindest Müller-Schwefe geht ja z. B. gerade aus solchen Einsichten diesen Weg, versucht aber diesen mit einem christologischen Ansatz zu verbinden, der nicht wie Scholder und Sachsse den Verzicht- und Opfergedanken als alternative Möglichkeit anbietet, sondern einen gemeinsamen Entwicklungsprozeß von Mensch und Natur.
Scholder selbst geht viel zu stark von der Eigengesetzlichkeit von Naturwissenschaft und Technik aus, um noch eine andere Lösung aufweisen zu können als die Erinnerung an den Kant'schen Pflichtbegriff und den Aufruf, nicht alles zu tun, was machbar ist, für Scholder eine Zurückweisung von Versuchung, wie sie von Jesus beispielhaft in der Versuchungsgeschichte überliefert wurde³⁷. An diesem Punkt muß denn auch jede konservative Kulturkritik enden, weil sie an dem Glauben an die Eigengesetzlichkeit und damit an einer Ideologie festhält, die dann nur noch durch moralische Problematisierung angegangen werden kann; daß aber die wirtschaftlichen Produktionsverhältnisse an diesem »Dilemma des Fortschritts« wesentlich beteiligt sind, dies bleibt ausgeklammert. Dem wenden wir uns im Folgenden zu.

Technologie, Wissenschaft und Kapital

In manchen Abhandlungen über die Technik wird die Entwicklung der Technologie isoliert von der des wissenschaftlichen Fortschritts

---

35. K. Scholder, Grenzen der Zukunft, 1973, 108.
36. Ebd.; Hervorh. durch Y. S.
37. AaO. 111f.

12 Technologische Entwicklung

und der Gesetzmäßigkeit der Kapitalentwicklung betrachtet, in anderen Darstellungen spielt die innere Logik der technischen Entwicklung überhaupt keine Rolle gegenüber der der Kapitalverhältnisse: Eine auf privater Kapitalauswertung aufbauende Technologie ist böse, eine unter gesamtgesellschaftlicher Steuerung stehende Technik dient der Wohlfahrt aller Menschen.
Solche Annahmen bedürfen einer grundsätzlichen Überprüfung. Es ist davon auszugehen, daß Technik, Wissenschaft und Kapital ihre eigenen Entwicklungsgesetze und Logik haben, die jeweils sowohl in Konflikt wie in Affinität zu der Logik der anderen beiden Bereiche stehen. Wesentliche Interessen der Technologie sind nicht grundsätzlich identisch mit denen der Wissenschaft oder des Kapitals. In der Technologie können z. B. vielfach spezifisch technische Probleme nicht befriedigend gelöst werden, weil diese Lösung das Produkt zu teuer machen würde. Wissenschaftler würden gerne bestimmte Fragestellungen verfolgen, aber es stehen keine Mittel zur Verfügung, um die notwendigen technischen Instrumentarien zu finanzieren. Auf der anderen Seite gibt es eine unheilige Allianz, weil alle drei Bereiche sich von einer Kooperation am meisten hinsichtlich ihrer jeweils eigenen Zielsetzung versprechen. Das Gemeinsame besteht hier in der *Gleichgültigkeit* gegenüber der gesamtgesellschaftlichen Problematik des Überlebens und der gleichmäßigen Bedürfniserfüllung aller Mitglieder der menschlichen Gesellschaft.
In diesem Zusammenhang von Technik, Naturwissenschaft und Kapital gilt meist die technische Entwicklung als derjenige Bereich, auf den sich alle Verurteilung wie alle Hoffnung richten. Jede Technik-Kritik muß jedoch zuerst einmal voll anerkennen, in welchem Ausmaß die Technik die Lebensbedingungen der Menschen verbessert und überhaupt ein Überleben einer so großen Zahl von Menschen ermöglicht hat. Wer darüber klagt, die Technik mache den Menschen heimat- und bodenlos, führe zur Zerstörung, Funktionalisierung und Vermassung der Persönlichkeit, bedrohe die Freiheit und treibe Raubbau an der Natur, der beschreibt sicherlich wichtige Phänomene des von der Technik bestimmten Zeitalters, aber er muß sich zunächst einmal davor hüten, Lebensverhältnisse der vorindustriellen Ära zu idealisieren. Vieles an den verherrlichten Verhältnissen konnte damals nur in einer kleinen Oberschicht realisiert werden, während der Rest der Bevölkerung von ständigen Hungerkatastrophen und einer hohen Sterblichkeitsrate bedroht war, so wie es sich heute im Verhältnis der kapitalistischen Staaten zur Dritten Welt verhält. Andererseits hat es Raubbau an der Natur

auch früher gegeben; davon zeugen die verkarsteten Gebirge des Mittelmeergebietes, deren Wälder dem Hausbrand, Häuserbau und Schiffsbau zum Opfer gefallen sind. So heißt es im Kritias des Platon, es seien von dem Land,

»gleichsam wie von einem durch Krankheit dahingeschwundenen Körper nur noch die Knochen übriggeblieben, indem die Erde, soweit sie fett und weich war, ringsherum abgeflossen und nur das magere Gerippe des Landes zurückgelassen ist. Damals aber, als es noch unversehrt war, waren seine Berge hoch und mit Erde bedeckt, und ebenso waren seine Ebenen, welche jetzt als Steinboden bezeichnet werden, voll fetter Erde; auch trug es vieles Gehölz auf den Bergen . . . es ist . . . noch nicht gar lange Zeit her, als noch Dächer, welche aus den Bäumen verfertigt waren, die man dort als Sparrenholz für die größten Gebäude fällte, unversehrt dastanden.«[38]

Was sich erhöht hat, ist das Ausmaß des technischen Eingriffes, der sich auf viele Lebensbereiche erstreckt, der Ausbeutung von Energie und Rohstoffen, der Bedrohung durch bestimmte Formen der Energiegewinnung, aber vor allem der Möglichkeit, im Falle einer kriegerischen Auseinandersetzung, in weiten Bereichen der Erdoberfläche für längere Zeit oder für immer alle menschlichen Lebensmöglichkeiten zu zerstören und darüber hinaus die Erde selbst als Lebenswelt völlig zu vernichten.

So sehr gegenüber einer pauschalen Technik-Kritik darauf zu verweisen ist, daß Unabhängigkeit von Hunger und Wetter wesentliche Voraussetzungen gesellschaftlichen Reichtums bedeuten, so wenig ist es begründet, unbegrenzte Hoffnungen auf ein Fortschreiten der technologischen Entwicklung zu setzen. Ich hatte schon auf Müller-Schwefe verwiesen, der sich von der Kybernetik eine Aufhebung der Klassenverhältnisse verspricht, ein Gedankengang, den vor ihm vor allem H. Schelsky vertreten hat. Nach dessen Meinung wird mit der technischen Zivilisation ein neues Grundverhältnis von Mensch zu Mensch geschaffen. Die alte personale Herrschaft des Menschen über Menschen wird abgelöst durch Sachgesetzlichkeiten, die keiner Rechtfertigung mehr bedürfen.»Damit verliert auch die Idee der Demokratie sozusagen ihre klassische Substanz: an die Stelle eines politischen Volkswillens tritt die Sachgesetzlichkeit, die der Mensch als Wissenschaft und Arbeit selbst produziert.«[39]

Ob damit freilich die alte marxistische Forderung, es gelte die Herrschaft über Menschen durch die über Sachen zu ersetzen, hiermit erfüllt ist, muß zweifelhaft bleiben. Aber auch gerade bei bestimmten marxistischen Gruppen gibt es eine überstarke Hoffnung auf die emanzipierende Kraft der technologischen Entwick-

---

38. Plato, Kritias, 111 B–D.
39. Schelsky, Suche (vgl. Kap. 10, Anm. 26), 453.

12 Technologische Entwicklung

lung. Die kapitalistischen Produktionsverhältnisse erscheinen hier – mit gewissem Recht – als die Hauptvhemmnisse einer vollen technologischen Entwicklung; ist erst das Privateigentum aufgehoben, sind alle gesellschaftlichen Probleme lösbar. Hier wird allerdings das Faktum übersehen, daß die technologische Entwicklung in den sozialistischen Staaten zu ähnlichen Problemen geführt hat, die die westliche Technik-Kritik nennt: Die Überdimensionalität der Technik, Entfremdungserscheinungen, Bürokratisierung und Ausbeutung natürlicher Ressourcen.

Ebenso ist bei H. Marcuse zu fragen, ob er recht hat, wenn er gerade von einer bis an seine Grenzen betriebenen Automation eine Aufsprengung der kapitalistischen Gesellschaftsordnung sich verspricht:

»Einmal zum materiellen Produktionsprozeß schlechthin geworden, würde Automation die ganze Gesellschaft revolutionieren. Zur Perfektion getrieben, würde die Verdinglichung der menschlichen Arbeitskraft die verdinglichte Form dadurch zerstören, daß sie die Kette durchschnitte, die das Individuum an die Maschine bindet – den Mechanismus, wodurch seine eigene Arbeit es versklavt. Vollständige Automation im Reich der Notwendigkeit würde die Dimension freier Zeit als diejenige eröffnen, in der das private *und* gesellschaftliche Dasein sich ausbilden würde. Das wäre die geschichtliche Transzendenz zu einer neuen Zivilisation.«[40]

Es ist jedoch zu bezweifeln, daß gerade eine spezifische technologische Entwicklung solche Wirkungen hervorrufen würde. Mit Arbeitserleichterung und Freizeit ist noch nicht die Lösung der Probleme gewährleistet, die die ungleichmäßige Verteilung des gesellschaftlichen Reichtums stellen.

Statt weiter über Hoffnung und Verhängnis der technologischen Entwicklung zu diskutieren, möchte ich zunächst auf eine Reihe von Faktoren verweisen, die sich in der gegenwärtigen Situation dank der *Eigendynamik des technischen Bereiches* ergeben, die sich aber ohne Zweifel negativ auf die gesamtgesellschaftliche Entwicklung auswirken.

1. Es ist an die Entstehungsgeschichte der modernen Technik zu erinnern, die sich bis heute im Bewußtseinsstand des Technikers auswirkt. Die Technik betrachtet sich als einen Bereich, der im Auftrage arbeitet. Es war stets der Wissenschaftler oder der Kapitaleigentümer, der den Auftrag gab, bestimmte Apparate und später Maschinen herzustellen, wenn auch zunächst an einen Techniker, der noch ganz handwerksmäßig arbeitete. Technische Fertigung wird auch heute noch als Auftragsarbeit empfunden, die von der

---

40. Marcuse, Mensch (vgl. Kap. 2, Anm. 3), 57.

eigenen Verantwortlichkeit befreit. »Der ›spezifische Dienstwert‹ technischer Gegenstände konstituiert eine eigenständige, vom wirtschaftlichen Maßstab verschiedene Wertordnung der Technik.«[41] Es geht darum, die maximalen Bedingungen für einen technologischen Prozeß zu finden, aber die Maschine selbst und damit ihre Zielsetzung ist etwas, was von anderen bestellt wurde und wofür diese verantwortlich sind. Der Ingenieur hat für ihr Funktionieren geradezustehen, nicht aber für die Art und die Verwendung. Er ist für die maximale Ausbeutung einer Ölquelle zuständig, aber nicht für die Verteilung des knappen Rohstoffes Öl über die Länder in Anbetracht künftiger Generationen. Gerade wenn der Begriff der Verantwortlichkeit für den Techniker so hoch angesetzt ist, bleibt die Frage, ob diese Verantwortung eigentlich der Qualität des Produktes und gegenüber dem ihn beauftragenden Wissenschaftler oder Produzenten gilt oder gesamtgesellschaftlich angelegt ist.

2. Gegen eine politische und sozialethische Sensibilisierung spricht auch die vorgebliche »Wertneutralität« der Technologie. Entweder wird stillschweigend angenommen, jede technologische Entwicklung diene dem menschlichen Fortschritt, oder aber, und dies kann damit zusammengehen, wird ebenso stillschweigend davon ausgegangen, das entwickelte und produzierte Gut stelle etwas dar, was sich gegenüber jeder gesellschaftlichen Verfassung unabhängig verhält. Ein Atomkraftwerk wäre demnach wertneutral gegenüber jeder Gesellschaftsform, sei sie kapitalistisch oder sozialistisch, und so auch seine Entwicklung und Produktion.
Letztlich steht hinter einer solchen Auffassung von der Wertneutralität der Technik ein undialektischer Fortschrittsglaube, d. h. ein Glaube, der die negativen Reaktionen auf ihn und die negativen Folgen der Technik nicht mitreflektiert. Er verbindet sich mit der Auffassung, die Humanisierung der Gesellschaft werde nicht von der Gesellschaftsverfassung, sondern von der technologischen Entwicklung vorangetrieben. Es wird also nicht wirklich eine Wertneutralität alles technologischen Handelns vertreten, sondern zur Begründung dienen zwei kaum noch bewußte Wertvorstellungen, der Fortschrittsglaube und die Annahme, daß es die Technik ist, die die Voraussetzung zum Wohlstand schafft.
H. Freyer vermerkt: »Technik reimt sich auf Fortschritt, jedenfalls für uns, während sich früher allerdings Fortschritt auf ganz andre

---

41. Storck, Philosophie (vgl. dieses Kap., Anm. 2), 22.

12 Technologische Entwicklung

Wörter gereimt hat«[42]. Früher habe man unter Fortschritt »an die fortschreitende Aufklärung der Geister, an die Veredlung der Sitten, an die Verfeinerung des Geschmacks und an den Siegeszug der Idee der Freiheit und der Gleichheit gedacht«[43]. Dies sei alles brüchig geworden. »Fortschritt heißt nun: Fortschritt der Industrie und der ihr gemäßen Lebensformen.«[44]
Auch die hier vorgelegte Ethik vertritt den Fortschrittsglauben, aber versteht diesen weder undialektisch noch allein von technischem Fortschritt abhängig[45]. Sicher bildet die bessere Erschließung von Energie- und Rohstoffquellen eine grundlegende Voraussetzung aller Humanisierungsvorstellungen, aber jede technologische Entwicklung und Produktion muß auf eine Zielvorstellung bezogen sein, die jedenfalls technologisch nicht herstellbar ist, weil dies Aufgabe der gesamtgesellschaftlichen Verfassung ist. »Ob ›technischer Fortschritt‹ auch *Fortschritt* ist, wäre erst zu bestimmen über einen bewußten Konsens der Gesellschaft und nicht als Diktat bornierter Interessen.«[46] Wir wissen genug darüber, daß jede technologische Entwicklung auch negative Auswirkungen auf die gesamtgesellschaftliche Entwicklung hat und von daher sehr sorgfältig zu prüfen ist, wieweit diese einer solchen Entwicklung dient. Auch ein bloßes Wachstum von Produktion garantiert noch nicht die Entwicklung einer humaneren Gesellschaft. Die technologische Entwicklung kann, wenn auch nicht notwendig (man denke an die Weltraumfahrt), zum Anwachsen des gesellschaftlichen Reichtums beitragen, aber diese Entwicklung garantiert noch nicht, auf welche Weise dieser gesellschaftliche Reichtum verteilt wird und was überhaupt gesellschaftlichen Reichtum ausmacht.

Für das *Wertbewußtsein und die Ideologie des Technikers* gilt der freilich abgewandelte Konflikt, der die bürgerliche Klasse heute bestimmt: Einerseits erhält sich hier, gefördert durch das sichtbare Anwachsen und die Erfolge technologischer Verfahrensweisen, der bürgerliche Fortschrittsglaube. Das Selbstbewußtsein des Ingenieurs stabilisiert sich an den großen Erfindern des 19. Jahrhunderts und des kühn konstruierenden Einzelingenieurs, der in seiner Tätigkeit Erfolg und Scheitern in religiösen Dimensionen erlebt. Max

---

42. H. Freyer, Über das Dominantwerden technischer Kategorien, in: ders., Gedanken zur Industriegesellschaft, 1970, 131–144, hier 133.
43. Ebd.
44. Ebd.
45. Vgl. Kap. 4, Abschnitt Fortschritt.
46. O. Ullrich, Technik und Herrschaft, 1977, 243.

Eyth, den man als einen wirklichen Ideologen der Technik bezeichnen kann, schildert den Zusammensturz einer großen Brücke über einer Meeresbucht und fährt dann fort:

»Als wir das Ende der Brücke wieder erreicht hatten, war es fast windstill. Hoch über uns war der Himmel blaugrün und von unheimlicher Helle. Hinter uns, wie ein offenes großes Grab, lag die Enno-Bucht. Der Herr des Lebens und des Todes schwebte über den Wassern in stiller Majestät. Wir fühlten ihn, wie man eine Hand fühlt. Und der alte Mann und ich knieten vor dem offenen Grab nieder und vor Ihm«[47].

Dem gegenüber steht die Realität der großen Entwicklungs- und Produktionsbüros, in denen stark arbeitsteilig gearbeitet wird. Der einzelne ist in eine klassische und klassenbestimmte Hierarchie eingeordnet und kann sich nur damit trösten, als kleines Rad an der Maschine auf eine wenn auch undurchsichtige Weise zum Heile der Menschheit beizutragen. Die Hoffnung auf eine selbständige technische Erfindung und die Entwicklung eines neuen Produktionsverfahrens ist weitgehend nicht mehr gegeben; wirtschaftlich nutzbare Patente werden fast ausschließlich von Großkonzernen erarbeitet.

Diese technische Variante der bürgerlichen Ideologie bestimmt, gestärkt durch die Auffassung von Dienstcharakter und Wertneutralität der Technik, von der starken Aufsteigermentalität und von der spezifischen Stellung im Produktionsprozeß (die den weißen Kittel der Kopfarbeit zuweist, auch wenn fremdbestimmte Arbeit ausgeübt wird) das Bewußtsein des Ingenieurs und gibt zur These Anlaß, den Techniker im Bereich der Technologie eher auf die Seite des Kapitals zu stellen als auf die der Lohnabhängigen, denen er faktisch zugehört. Von daher ist anzunehmen, daß aus der unmittelbaren Lebenssituation sich keine bewußtseinsverändernden Momente ergeben, sofern nicht Arbeitslosigkeit und schnelles Veralten des individuellen Wissens treibende Momente sind. Es wird vielmehr Aufgabe der Ausbildung und von antitechnologischen Bewegungen und Bürgerinitiativen sein, hier auf eine Bewußtseinsänderung der im Technologiebereich Tätigen hinzuwirken.

In den privatwirtschaftlich orientierten Staaten bestimmt die Logik des Kapitals, für das das Verwertungsinteresse und die Verkäuflichkeit der produzierten Ware die entscheidenden Momente darstellen, die technologische Entwicklung und hat dies auch getan, seit die Erfindungen des Maschinenalters I auf die Institution eines freien Marktes stießen und verwertet werden konnten. Das eingesetzte Kapital wurde in Ware umgesetzt, die einen Käufermarkt finden

47. M. Eyth, Hinter Pflug und Schraubstock, 1923, 545.

mußte. Zu jenem Zeitpunkt war sie, wenn auch nie völlig gezwungen, sich an den Bedürfnissen der Gesellschaft zu orientieren, wenn auch in diesem Prozeß das Vermögen, das sich in der Hand privater Kapitaleigentümer ansammelte, sehr viel höher war als das Vermögen, was an die Mehrheit der Bevölkerung ging. Mittels Steuer und Abgaben finanzierte der Staat die Rahmenbedingungen kapitalistischer Produktion: Ausbildung, Infrastruktur, Sicherung von Märkten und Rohstoffquellen.

Dieses Verhältnis hat sich mit dem Aufkommen technologischer Großprojekte völlig geändert. Heute handelt es sich um Forschungs- und Entwicklungsprojekte, die sich unter den gegebenen wirtschaftlichen Bedingungen nicht über den einbehaltenen Lohn und den Preis finanzieren lassen, und zwar auch dann nicht, wenn dieses Produkt nur in wenigen oder nur in einem Betrieb produziert wird und damit wegen Wegfall des Konkurrenzmechanismus eine größere Freiheit vom Markt besteht. Diese Projekte nehmen einen solchen finanziellen Umfang an, daß hier nur noch neben wenigen Konzernen der Staat als Käufer auftreten kann. Damit werden jedoch solche technologischen Großprojekte zunehmend unabhängig von einem Markt, in dem sich, wenn auch verzerrt, die alltäglichen Bedürfnisse und Lebensbedingungen der Gesamtgesellschaft widerspiegeln. Diese Unabhängigkeit vom Markt macht sie für die Kapitalseite interessant, da diese damit von dem wechselnden und nur begrenzt steuerbaren Verhältnis von Angebot und Nachfrage sich lösen kann. Solche Produkte fallen an in Bereichen, in denen der Staat in traditioneller Weise wesentliche Funktionen innehat, nämlich den der militärischen Rüstung sowie dem der nationalen Prestigeprojekte, wie der Weltraumfahrt oder Projekten, die als Ausweis gelten können, die Nation zu sein, die über die fortschrittlichsten Technologien verfügt (als Beispiel sei das zivile Überschallflugzeug genannt). Dies führt dazu, daß sich eine enge Kooperation zwischen privatwirtschaftlichen Konzernen und dem Staat entwickelte, in der der Staat nicht nur die Abnahme des Produktes zusichert, sondern auch die Entwicklungsarbeiten und die Produktionsanlagen vielfach mitfinanziert.

Allgemeinmenschliche Bedürfnisse sind dagegen offensichtlich nicht überproportioniert. Sie nehmen nicht die Dimensionen von Atombomben und Überschallflugzeugen an. Wenn auch oberflächlich von Moden als Kaufanreiz gesteuert und beeinflußt, beinhalten sie im allgemeinen eine Warenproduktion, die sicher in vielem vielfältiger und haltbarer sein könnte, aber doch sehr rasch an Grenzen stößt, an die Grenze der inneren Möglichkeiten und äußerlich an die

Begrenztheit des Raumes, der auf dieser Erde zur Verfügung steht, insbesondere dort, wo sich Ballungszentren bilden. Raum ist nur in die Höhe und in die Tiefe erweiterbar, und dies ist wichtig für die Planung von Städten. Hier stellt sich in der Tat ein technologischer Problemkreis, der zu lösen wichtig wäre. Ein zweites technologisch anzugehendes Problem ist das der Energie, um Gebiete bewohnbar zu machen, die wegen übergroßer Kälte oder Hitze nicht nutzbar sind. Hier neue Energiequellen zu erschließen angesichts der Begrenztheit von bisher erschließbaren ist eine notwendige Aufgabe, denn Energiegewinnung ist die Voraussetzung der Entfaltung menschlicher Möglichkeiten. Ein dritter technologisch zu lösender Problemkreis sind solche Möglichkeiten von Kommunikation und Verkehr, die die natürliche Umwelt nicht allzu sehr belasten. Wenn die Arbeitszeit zurückgeht, aber zugleich die Wege zur Arbeitsstätte zunehmen, geht viel verloren, was Befreiung von Arbeitszeit bedeuten könnte. Offenbar ist dies Problem nicht zu lösen, indem mehr Straßen gebaut und Autobahnen angelegt, mehr Autos fabriziert werden und der Luftraum kaum noch zu kontrollieren ist. Hier gibt es vereinzelte großtechnologische Versuche alternativer Lösungen, aber auch hier wäre eine intensive Forschung vonnöten.

Es ließen sich weitere technologische Projekte nennen, die stärker auf die Bedürfnisse der Gesellschaft ausgerichtet sind, verdammterweise sind jedoch die laufenden Projekte dieser Art weitgehend an ganz anderem Ort angesiedelt worden, nämlich bei der Rüstung. Es war zunächst die bessere technische Waffenausrüstung, Gewehre und Kanonen, die der westlichen Welt es ermöglichte, sich zu den Herren der ganzen Welt aufzuschwingen. Nicht der große Abfall vom Glauben im Zeitalter der Aufklärung, sondern die technologische Waffenentwicklung haben den Gott des Christentums abgesetzt und das westliche Christentum zum Herrn dieser Welt gemacht in einer bisher unbekannten Art und Weise. Damit verband sich in der westlichen Welt des 19. Jahrhunderts eine Durchdringung der gesamten Gesellschaft mit militärischem Geist und einer Uniformierung in Gesinnung und Kleidung. Sie stellt ein Pendant zur technischen Revolution dar, die zur Uniformierung des Arbeiters führte.

Trotz ständig steigender Rüstungskosten, trotz vernichtender Kriege, die eine immer höhere Zahl von Menschenleben fordern, ist es nicht gelungen, diesen Wettlauf des Vernichtungspotentials aufzuheben. Die technologische Entwicklung schreitet ununterbrochen fort. Waffensysteme veralten innerhalb weniger Jahre; wenn ein

12 Technologische Entwicklung

Militärflugzeug ausgeliefert wird, ist es bereits nach technologischem Maßstab überholt.
Es ist nicht zu bestreiten, daß es der abendländische Kapitalismus ist, der mit seinem ungeheuren Eroberungs- und Unterwerfungsdrang, angeleitet durch das sich kummulierende Kapital, diese Militarisierung der Gesellschaft in Gang gesetzt hat und auf einen Punkt »of no return« zutreibt. Es ist die Logik des Kapitals, die die Spirale der Rüstung hervorbringt. Sie ist es, die im Interesse einer stetigen und sich ausdehnenden Kapitalverwertung immer neue technologische Waffensysteme entwickelt, die immer raffinierteren Todespotentiale dem einzigen Käufer, dem Staat, anbietet und mit der Unterstützung dieses Staates die nächste Waffengeneration entwickelt, die die eben verkaufte obsolet macht.
Hier liegt die wirkliche Verelendung der westlichen Gesellschaften, daß sie sich unfähig erweisen, bisher jedenfalls, etwas gegen das Potential der Vernichtung zu tun, das ja ihren eigenen Tod, ihre eigene Vernichtung bedeutet. Vielleicht ist dies das wesentliche Moment, das die Völker der Dritten Welt vor den Völkern der Ersten Welt erschaudern läßt; diese Unfähigkeit, ihre eigene tödliche Bedrohung zu erkennen und stattdessen sich wie jemand aufzuspielen, der diesen Völkern mittels technologischer Großanlagen und Waffensystemen Hilfe anzubieten vermag. Die kapitalistischen Staaten scheinen unfähig zu sein, die Bedrohung zu erkennen, der sie wirklich ausgesetzt sind, und die eine Entwicklung enthält, die nicht nur die eigene Existenz, sondern die der ganzen Welt aufs Spiel stellt. Sie willigen in fast zynischer Selbstlosigkeit in diese ungeheure Verschwendung von gesellschaftlichem Reichtum, gesellschaftlicher Kreativität und technischen Fertigkeiten ein.
Wie die Logik des Kapitals in die Rüstung hineintreibt, ist relativ leicht erkennbar, sobald es jemand sehen will. Je weiter großtechnologische Entwicklungen gehen, desto schwieriger ist es dann, ein sinnloses Produkt nicht zu produzieren. Der hohe Kapitaleinsatz schafft vielfach Fakten, die nur unter erheblichen Schwierigkeiten und unter Einsetzung von weitreichender Planung aufzuhalten oder in sinnvollere Projekte umzuleiten sind. Spezifisch ausgebildete Wissenschaftler, Techniker und andere Arbeitskräfte lassen sich nicht beliebig umsetzen, alternative Diskussionen werden durch eine vom Kapital bestimmten Öffentlichkeit verhindert. Das Aggressionspotential, das in dieser Gesellschaftsordnung angesichts der Ungleichheit von Lebenschancen besteht, kann nach traditionellen Mustern auf Feindbilder abgelenkt werden, denn wer eine Pistole hat, dem geht es schon viel besser.

So entscheidend also das Denken darüber ist, wie die den gesellschaftlichen Reichtum verramschenden technologischen Projekte auf dem Rüstungssektor und bei nationalen Prestigeprojekten in Projekte umzuwandeln sind, die gesamtgesellschaftlichen Bedürfnissen stärker entsprechen, so wichtig ist ein gezielter Abbau von Aggressionsbereitschaft, der durch Verwandlung in nicht kompetitive Spiele und Abbau von innerer Unsicherheit angezielt werden sollte.

Theologisch stellt sich die Frage, ob diese technologischen Großprojekte nicht auch Formen kollektiver Allmachtsphantasien darstellen, wie sie sich nur im westlichen Christentum unter dem Aspekt einer zentralistischen Gottesvorstellung entwickeln konnten. Deshalb ist es sehr wichtig, sich zu verdeutlichen, welches Gottesbild eigentlich diese Allmachtsphantasien wirksam bekämpfen kann. Ich glaube nicht, daß dies eine Theologie sein kann, die ständig betont, Gott sei immer noch größer als der Mensch, der ihn nicht mehr nötig zu haben glaubt. Damit können solche Phantasien nur stimuliert werden und laufen als Konkurrenz zwischen zwei Größen ab, von denen jeder behauptet und beweisen muß, daß er der Größte sei. Hier kann nur eine Theologie helfen, die sich an Größe uninteressiert zeigt und das Normalmaß des Menschen betont, ohne den Größenwahn durch einen sündenbesetzten Winzigkeitswahn zu kompensieren.

Zusammenfassend wird man noch einmal in aller Deutlichkeit sagen müssen, daß die großtechnologischen Rüstungs- und Prestigeprojekte durch das Verwertungsinteresse des privaten Kapitals vorangetrieben werden. Sie werden getragen von Konzernen, die sich auf einen Käufer, den Staat, ausrichten, der fast allein in der Lage ist, solche hochspezialisierten Produkte zu erwerben. Damit ersteht eine hohe wirtschaftliche Abhängigkeit vom Staat, die aber durch den Verweis auf mögliche Verschleuderung nationalen Wissens und hochspezialisierter Wissenschaftler sowie allgemein durch den Hinweis auf die Arbeitsmarktlage in Grenzen gehalten wird. Entscheidend ist, daß es gelingt, das staatliche Sicherheitsbedürfnis und die nationalen Prestigevorstellungen immer weiter zu stimulieren. »Diese Motive bringen ein gewaltiges irrationales Potential bei der Schaffung neuer Technologie ins Spiel«[48], so M. Maccoby, der weiter schreibt:

»Im Bereich der Außenpolitik besteht niemals genug Sicherheit oder militärische Überlegenheit gegenüber starken Gegnern – vor allem, wenn jeder Staat die Lei-

---

48. M. Maccoby, Wer schafft die neuen Technologien und warum?, in: Technologie und Politik, Bd. 1, 1975, 12–26, hier 12f.

stungsfähigkeit der anderen nicht kennt. Im Bereich der Innenpolitik kann sich schon der Keim einer Opposition zu einer Bedrohung der Staatssicherheit auswachsen, womit alle Arten der Überwachungs- und Datenverarbeitungstechnologie gerechtfertigt werden können. Die Voreingenommenheit hinsichtlich der inneren und äußeren Sicherheit verstärkt sich natürlich noch, wenn sich ein Staat durch aggressive Politik Feinde schafft ... (Auch) das Streben nach Prestige und Ruhm kann den grenzenlosen Hunger nach neuer Technologie forcieren ... Die Phantasieträume früherer Zeiten, ›den Mond zu erreichen‹, erhielten bei diesen Ruhmsüchtigen hohen Vorrang und verstärkten ihrerseits die Entwicklung neuer Technologie. Extremes Streben des Staates nach Sicherheit und Ruhm führen zu der irrationalen Maxime, daß alles, was die Sicherheit und den Ruhm vermehren *könnte*, gebaut werden *muß*.«[49]

Auffallenderweise verlieren auch Großtechnologien, die stärker auf allgemeine Bedürfnisse der Gesellschaft eingehen, wie die sog. »friedliche Nutzung« der Atomenergie, nicht ihren aggressiven und brutalen Charakter. Obgleich vielfältige Erfahrungen mit einem überdimensionierten Straßensystem in den USA vorliegen, fressen sich die Autobahnen durch die wenigen unberührten Erholungsgebiete der BRD. Dies liegt zum Teil daran, daß diese friedlichen Nutzungen vielfach verbunden sind mit der Möglichkeit, das militärische Potential zu vergrößern; »die weltweite Verbreitung der heute den Reaktorenmarkt beherrschenden Leichtwasserreaktortechnologie ist durch die militärische Entscheidung für diesen Reaktortyp als U-Bootantrieb verursacht und ermöglicht worden«[50]. Vielfach verbinden sich hier auch die Interessen der staatlichen Auftraggeber mit der zivilen Großtechnologie und stellen ihr dann ihr ganzes Machtpotential zur Verfügung. Es werden bei dem Bau neuer Atomkraftwerke die gleichen Techniken der Manipulation benutzt, die bei der Einführung der atomaren Bewaffnung benutzt wurden: die Verharmlosung, die Ausgrenzung der sozialen und der Folgekosten, die Diffamierung der Opposition, der Einsatz staatlicher Gewalt.

Offensichtlich sind solche Anlagen einfach zu groß und in ihrer langfristigen Auswirkung nicht absehbar, als daß es sich erübrigen könnte, über alternative Technologie sorgfältig nachzudenken und mit ihr zu experimentieren, bevor Entwicklungen eingeleitet werden, die nur unter starken gesellschaftlichen Krisen wieder rückgängig gemacht werden können.

---

49. AaO. 13.
50. L. Mez, Der atomindustrielle Komplex in Westeuropa, in: links, Nr. 96, Februar 1978, 21–23; dort weitere Beispiele.

Lebensqualität

Der Wert »Lebensqualität« taucht in der deutschen Diskussion etwa seit 1971 auf[51]. Mit ihm wird offensichtlich der Versuch übernommen, die Wertstruktur der hochindustrialisierten Länder in Frage zu stellen, zugleich aber auch Anhaltspunkte für eine neue veränderte Lebensform zu finden. Wenn man von der »qualitas vitae« des Seneca absieht, so hat der nordamerikanische Ökonom J. K. Galbraith diesen Begriff populär gemacht. Er verwendete in einer Rede im Dezember 1963 diese bildhafte Formulierung, die kurz danach von Präsident Johnson aufgegriffen und als Zielvorstellung in einer Botschaft zur Lage der Nation verwendet wurde – ähnlich wie von Präsident Nixon. Im deutschen Sprachraum ist sie durch die Veröffentlichungen von J. W. Forrester[52] und durch E. Eppler bekannt gemacht worden und gab der vierten internationalen Arbeitstagung der IG-Metall im April 1972 den Titel »Aufgabe der Zukunft: Verbesserung der Lebensqualität«[53].

»Lebensqualität« ist ein Wert, der auf die zunehmend negativen Auswirkungen der fortgeschrittenen Industrialisierung reagiert. Er drückt den Zweifel aus, ob ein weiteres wirtschaftliches Wachstum, zumindest in den derzeitigen Bereichen, überhaupt noch sinnvoll und nicht im Gegenteil lebensbedrohend sei. E. Eppler z. B. stellte auf der obengenannten Tagung die Frage, ob unsere Gesellschaft immer größere Straßen und Kraftwerke, schnellere Flugzeuge, immer aufwendigere Verpackungen und mehr Pestizide brauche, wenn dies bedeute: immer schlechtere Luft, immer widerlichere Schutthalden, immer unerträglicheren Lärm, weniger sauberes Wasser, gereiztere Menschen, mehr Giftstoffe in den Organismen und mehr Tote auf den Straßen[54].

Eine Definition von Lebensqualität findet sich im Dortmunder Wahlprogramm der SPD vom Jahr 1972:

»Lebensqualität ist mehr als höherer Lebensstandard. Lebensqualität setzt Freiheit voraus, auch Freiheit von Angst. Sie ist Sicherheit, durch menschliche Solidarität, die Chance zu Selbstbestimmung und Selbstverwirklichung, zu Mitbestimmung und Mitverantwortung, zum sinnvollen Gebrauch der eigenen Kräfte in Arbeit, zu Spiel und Zusammenleben, zur Teilhabe an der Natur und den Werten der Kultur, die

---

51. H. Swoboda, Die Qualität des Lebens. Vom Wohlstand zum Wohlbefinden, 1973.
52. Z. B. J. W. Forrester, Der teuflische Regelkreis, 1972.
53. Qualität des Lebens, 10 Bde., 1972ff.
54. E. Eppler, Die Qualität des Lebens, in: ders., Maßstäbe für eine humane Gesellschaft. Lebensstandard oder Lebensqualität, 1974, 18–31, hier 18.

12 Technologische Entwicklung

Chance, gesund zu bleiben oder zu werden. Lebensqualität meint Bereicherung unseres Lebens über den materiellen Konsum hinaus.«[55]

»Lebensqualität« wendet sich gegen zwei Wertvorstellungen, die in der BRD lange Zeit unbestrittene Geltung hatten, nämlich »wirtschaftliches Wachstum« und »Lebensstandard«. Eine gewisse Absättigung des Konsummarktes, wirtschaftliche Krisenphänomene, die Ölkrise und ein gewisses Einpendeln der Exporte, die nicht mehr im gleichen Maße sich als steigerungsfähig erwiesen wie bisher, führten zu einer Sensibilisierung gegenüber den Folgen des steten wirtschaftlichen Wachstums. Zugleich wuchs aber auch generell die Ablehnung, durch chemische und technische Mittel in die Nahrungsmittelproduktion einzugreifen, wie überhaupt die Technologisierung in der Alltagswelt, aber auch im Datenbereich und in der Medizin nicht mehr kritiklos hingenommen wurde. »Lebensqualität« beinhaltet beides: Sowohl eine Kritik über die ungesteuerte und unverantwortliche Ausbeutung natürlicher Ressourcen durch die Industrie als auch eine generelle Kritik an einem zu aufwendigen durch die Technik geprägten Lebensstil zugunsten des »einfachen« Lebens. Dies macht eine Beurteilung dieses Wertes nicht immer ganz leicht.

»Leben« ist ein vielverwendeter religiöser Begriff, der auch in die christliche Symbolsprache eingegangen ist. Leben hat in diesem Zusammenhang zwei wesentliche Aspekte, und zwar einen *kosmischen* und einen *alltagspraktischen*. Der *kosmische* Aspekt von Leben sieht den Menschen als Teil eines umfassenden Lebensprozesses. Durch Leben ist er mit allen Pflanzen und allen nichtmenschlichen Lebewesen verbunden. Er kann sich mit der Natur in einer harmonischen Übereinstimmung befinden, wenn er darauf verzichtet, und von den Strahlen der Atombomben. Eine Rückkehr zur ein Teil der Schöpfung zu verstehen. Hierauf beziehen sich die Sehnsüchte nach dem einfachen, unverfälschten Leben.

Diese Auffassung von der Harmonie der Natur überträgt sich auf das Modell von der Selbststabilisierung des ökologischen Systems: Treten in diesem Gleichgewichtsstörungen auf, so entwickelt die Natur gleichsam selbsttätig neue Lebensformen und neue Lebensbedingungen. »Leben« bedeutet dann die Forderung, auf menschliche Eingriffe zu verzichten, die das ökologische System schwer beschädigt haben, soweit dies möglich ist. Es steht ein Lebensbegriff

---

55. Wahlprogramm der SPD. Mit Willy Brandt für Frieden, Sicherheit und eine bessere Qualität des Lebens, beschlossen auf dem Außerordentlichen Parteitag Dortmund, 13. Oktober 1972, o. J., 27.

dahinter, der sehr stark vom Werden und Vergehen alles Natürlichen, von Tod und Wiedergeburt her erlebt wird. Von daher wird vielleicht auch verständlich, warum fernöstliche Lehren von der permanenten Wiedergeburt unter Jugendlichen solchen Widerhall finden. Sie vermitteln religiösen Trost, entgegen und trotz dieser erheblichen Eingriffe in Landschaft und Umwelt zu einer Einheit mit der Natur zu finden, wo nichts vergeht, nichts überflüssig ist, sondern wie im Prozeß des Recycling, der ständigen Wiederverwertung von verbrauchten Gütern, alles wiederkehrt.

So sehr für einzelne die Rückkehr zu einer »natürlichen« Ernährung und zum eigenen Bestellen des Landes eine psychisch stabilisierende Wirkung haben kann, eine verallgemeinerungsfähige Lösung stellt sie nicht dar, denn zu tiefgreifend sind bereits die industriellen Eingriffe in die Natur. Es gibt keinen Ort, wohin Flüchtende nicht von ihnen erreicht würden, von dem abnehmenden Ozon, von der Verschmutzung der Luft, die sich über den ganzen Erdball verbreitet, und von den Strahlen der Atombomben. Eine Rückkehr zu »unberührten«, »jungfräulichen« Mutter Natur ist als allgemein sozialethische Anweisung weder praktikabel noch sinnvoll.

Neben dieser kosmischen Lebenserfahrung, in der der Mensch wieder zum Teil eines unbewußten, sich selbst regulierenden System wird, gibt es die Phantasie von Lebenserfüllung als *Leben in der Stadt*[56], die sich aus den Mythen der großen Städte von Babel bis Rom und New York nährt. In dieser Fassung von Leben bedeutet der städtische Alltag eine Fülle von Möglichkeiten des Zusammenseins und des Warenaustausches, die Erfahrung, dem Zentrum der politischen und religiösen Macht nahezusein und teilzuhaben an den großen kulturellen Schöpfungen. Jenes mythologische Stadtsymbol lebt fort in den architektonischen Entwürfen von utopischen Städten – L. Mumford hat insbesondere ihre Geschichte beschrieben – und wirkt nach auch in den Vorstellungen einer städtischen Lebensqualität. Von hier leiten sich dann Aktivitäten ab, die Stadt und das eigene Wohnviertel am Leben zu erhalten; gegen die Entleerung und Kommerzialisierung zu kämpfen, den Lärm von Verkehr und Fabriken zu bannen, die Natur als Gärten und Bäume in den bebauten Raum mit hineinzunehmen und Anlagen zu fordern, in denen kulturelle und sportliche Aufgaben wahrgenommen werden können.

Dieser interne Konflikt über die Bedeutung von »Leben« zeigt sich, nur als Randbemerkung, auch in den Befragungen: ein Teil der

---

56. L. Mumford, Megalopolis, 1951.

12 Technologische Entwicklung

Stadtbevölkerung möchte aufs Land ziehen, ein anderer lieber in der Stadt bleiben, erwartet dann aber bessere Möglichkeiten, unabhängig zu leben, und wünscht ein größeres Angebot an Sport- und Grünflächen wie von anderen Freizeitmöglichkeiten[57].
Konstatiert man die beiden Bereiche, in denen »Lebensqualität« angesiedelt ist, so sind es die Natur und die belebte Stadt, in denen der Mensch seine Freizeit verbringt. »Lebensqualität« wird fast nicht diskutiert im Zusammenhang mit dem Arbeitsbereich, obgleich doch, wie erwähnt, die IG Metall Vorbildliches für die Entfaltung und Interpretation dieser Wertvorstellung getan hat. Eher findet sich die Forderung nach den verbesserten Arbeitsbedingungen unter dem Stichwort »Humanisierung der Arbeitswelt«. Dies mag darauf hindeuten, daß »Lebensqualität« vor allem bei Mittelschichten verankert ist. Wie Untersuchungen zeigen, sind es in der Tat die höheren Bildungsschichten sowie in besonderem Maße die einfachen, mittleren und höheren Beamten und Angestellten, die sich subjektiv an ihrem Wohnort besonders umweltbeeinträchtigt sehen[58], während sich »gerade die unteren Bildungs- und Berufsschichten – die am Arbeitsplatz und zumeist auch in ihrer Wohngegend besonders umweltgefährdet sind – ... aufgrund ihrer schichtentypischen Werthierarchisierung zumindest subjektiv-psychisch nicht zu den umweltstressbelastetsten Bevölkerungskreisen rechnen«[59]. Es läßt sich also vermuten, daß »Lebensqualität« einen Wert darstellt, der vor allem in den lohnabhängigen Mittelschichten vertreten wird und damit eher die weniger brisanten Probleme der Wohnwelt anspricht als die Konflikte, die sich durch intensivierte, gesundheitsbedrohende und unfallträchtige Arbeitsbedingungen ergeben, aber freilich auch sehr viel stärker politisch-kritischen Charakter tragen.
Wenn E. Eppler selbstkritisch sagt, in der SPD liefen »zwei verschiedene theoretische Ansätze ziemlich unverbunden nebeneinander her – das Programm der Lebensqualität und der Versuch marxistischer Analyse«[60], macht er damit auf diese Diskrepanz aufmerksam. Man mag mit ihm nicht einer Meinung sein, daß eine Entfaltung der Produktivkräfte über das hinaus, was in einer kapita-

---

57. P. Kmieciak, Wertstrukturen und Wertwandel in der Bundesrepublik Deutschland, 1976, Kap. VII.1: Die Bedeutung der Wohnwelt im Zusammenhang mit Wertwandel, 383–398.
58. AaO. 379.
59. AaO. 382.
60. E. Eppler, Qualität des Lebens. Modewort oder Programm?, in: G. Lührs (Hg.), Beiträge zur Theoriediskussion II, 1974, 111–117, hier 112.

listischen Wirtschaftsordnung möglich ist, unsinnig sei, man wird ihm aber sicher zustimmen können, wenn er ausführt:

> »Es geht um die richtige Anwendung, in manchen Fällen auch um die Bändigung der Produktivkräfte. *Marx dachte darüber nach, was alles getan werden könnte, wenn die Produktionsverhältnisse es erlaubten. Heute geht es darum, daß wir nicht mehr alles tun dürfen, wozu die Produktivkräfte vorhanden sind und wohin die Produktionsverhältnisse uns drängen.*«[61]

Das ist sicher präziser als die vorher zitierte wortgleiche Aussage Sachsses, der nur vom Menschen spricht; Epplers Vertrauen auf die realen Möglichkeiten des Staates, solche gesellschaftlichen Umgestaltungen herbeizuführen, ist angesichts der von ihm selbst zitierten »Verflechtungen zwischen Bürokratie und Parlament« auf der einen, Verbänden und Konzernen auf der anderen Seite«[62] mehr als optimistisch.

Alternative Technologie

Wie bereits gesagt, führt die Logik der privaten Kapitalverwertung in einer gewissen Zwangsläufigkeit dazu, den gesellschaftlichen Fortschritt auf die Entwicklung technologischer Großprojekte zu konzentrieren und ihn von daher definieren zu lassen. Konnte im 18. und 19. Jahrhundert die bürgerliche Klasse ihren Anspruch auf wirtschaftliche Erweiterung, technische Erfindung und Fortschritt mit der ethischen und humanitären Gesinnung in Einklang bringen, hat sich die gegenwärtige Fortschrittshoffnung sehr stark auf die wirtschaftliche und damit auf den Fortschritt in der wissenschaftlich-technischen Entwicklung beschränkt, während von einem »Fortschritt in der Gesittung« niemand mehr so recht sprechen mag. Als Fortschritt gilt dann nur noch das, was sich in das »Zentimeter-Gramm-Sekunden-System« einfangen läßt, der Bewertung nach den Kriterien vermehrter Schnelligkeit, Leichtigkeit, Dicke, Höhe, Stärke usw. Eine solche Bewertung schließt gesamtgesellschaftliche Bewertungen über den Fortschritt von vornherein weitgehend aus, und die Frage nach den Bedürfnissen der Gesamtgesellschaft und ihren Zielsetzungen wird in den Bereich des Nichtmeßbaren und damit des sowohl Irrealen wie Irrelevanten verwiesen.

Die Konzeptionen alternativer Technik versuchen die Borniertheit eines Denkens, das von einem bloß wissenschaftlich-technischen

---

61. AaO. 115.
62. Ebd.

Fortschritt unter Mißachtung der gesellschaftlichen Vorgegebenheiten, Bedürfnissen und Werten ausgeht, zu überwinden. Es geht hier nicht um eine grundsätzliche Technik-Kritik, die ohnehin fruchtlos bleiben müßte, weil keine Gesellschaft auf die technischen Errungenschaften verzichten kann, ohne in ein hohes Maß von Abhängigkeit von den Gegebenheiten der natürlichen Umwelt zurückzufallen. Es kann nur darum gehen, die technologische Entwicklung so zu entfalten und zu entwickeln, daß sie die natürliche Umwelt nicht überfordert, aber auch die menschlichen Bedürfnisse nach bestimmten Gesellschaftsformen und liebgewordenen Verhaltens- und Kulturmustern nicht abrupt zerstört.

Vielmehr geht es darum, die bewußtseinsmäßige Entwicklung zu sichern, um mit der technischen Entwicklung Schritt halten zu können. Technische Entwicklung kann dann nicht mehr etwas sein, was auf den einsamen Entschluß weniger Kapitalinteressenten, Techniker und Wissenschaftler einer Gesellschaft den Lohnabhängigen und Konsumenten zugemutet werden darf, sondern bei der alle Betroffenen in eine Diskussion darüber einbeschlossen sind, ob bestimmte Entwicklungen wünschenswert, sinnvoll und nachprüfbar in ihren Auswirkungen sind. Um mit E. F. Schumacher zu sprechen, führt eine Produktion durch die Massen,

»die sich des Besten an modernem Wissen und moderner Erfahrung bedient, zur Dezentralisierung, ist mit den Gesetzen der Ökologie vereinbar, geht sorgsam mit knappen Rohstoffen um und dient dem Menschen, statt ihn Maschinen zu unterjochen..., sie (ist) der primitiven Technologie früherer Zeiten weit überlegen, zugleich aber sehr viel einfacher, billiger und freier als die Supertechnologie der Reichen«[63].

Solche Forderungen klingen zunächst sehr stark idealistisch und gelten sicher zunächst einmal eher für Entwicklungsländer als für die BRD. Dennoch sind auch hier vorindustrielle Arbeits- und Wertformen nicht in dem Ausmaß verdrängt und abgestorben, daß sie nicht den Anstoß dazu geben können, eine Diskussion über die Formen alternativer Technik in Gang zu setzen. Denn sicher ist weiterhin ein Wertbewußtsein etwa dafür vorhanden, verstärkt durch alle Formen der Naturromantik, daß die Natur nicht beliebig unterwerfbar, formbar und bebaubar ist, auch wenn hier viel Konservatives und Faschistisches einfließt. Es bleibt das Bedürfnis nach einem handwerklichen Arbeiten, das die stark durch den Kopf bestimmte technisch-produktive Arbeit zumindest ergänzen möchte; es bleibt das Bewußtsein über das, was eine sinnvolle

63. E. F. Schumacher, Die Rückkehr zum menschlichen Maß (1973), 1977, 140.

Tätigkeit ist, so diffus und ideologisch durchsetzt dies auch sein mag; es bleibt das Bedürfnis, das Zusammenleben von Menschen überschaubar zu halten und sich nicht den Verdinglichungsprozessen der Großtechnik auszuliefern, auch wenn solche Bedürfnisse kaum in einer politisch weiterführenden Form auftreten. Wo dies geschieht, vollzieht sie sich zudem eher als Widerspruch zu einer sozialistischen Vorstellung über den menschlichen Fortschritt[64].

Für eine bedürfnisorientierte Weiterentwicklung der Großtechnologie ist auf eine Reihe von Aspekten aufmerksam zu machen, die Ullrich als Resumee seiner Untersuchung herausgearbeitet hat und mit dem ich den Abschnitt über die Beherrschung der Natur abschließen möchte.

1. Für die Hochtechnik charakteristisch ist die Funktion der »Größe« und damit deren negative Folgen: Unüberschaubarkeit, abhängige, »entfremdete« Arbeit, Notwendigkeit einer Unterordnung unter eine hierarchische Leitung. Hier muß bewußt gemacht werden, daß die Größe eines Projektes vielleicht nur deshalb rational ist, weil eine Fülle von schwer meßbaren Kriterien vernachlässigt wurde. Für viele technische Anlagen läßt sich der Nachweis anführen, daß ihre Rentabilität zunehmend kleiner wird, je größer der Bezugsrahmen der Kostenbeurteilung ist. Es ist also das Ausgrenzen von Sozial- und Folgekosten einerseits, das Interesse an einer privaten Kapitalkonzentration andererseits, die hier Entwicklungen in Gang setzt, deren gesamtgesellschaftliche Rationalität keineswegs sicher ist.

2. verweist Ullrich auf die Bedeutung einer dezentralisierten Technik. In vielen Fällen ist eine dezentralisierte Technik die Voraussetzung dafür, auch eine ökonomische und vor allem politische Dezentralisierung durchzuführen. Es geht um eine »soft technology«, die es auch komfortgewöhnten Menschen erlaubt, in einer Umwelt zu leben, ohne deren Existenz zu zerstören oder auszurauben. Ein Beispiel ist die dezentralisierte Gewinnung von Sonnenenergie[65].

3. Eine weitere Überlegung beschäftigt sich mit dem Verhältnis Mensch–Technik–Natur und kritisiert an der gegenwärtigen Tech-

---

64. 'Vgl. dazu K. Egger/B. Glaeser, Ideologiekritik der grünen Revolution. Wege zur technologischen Alternative, in: Technologie und Politik, Bd. 1, 1975, 135–155.
65. Ullrich, Technik (vgl. dieses Kap., Anm. 46), 405.

nik, daß sie unsensibel und unangepaßt, störend und zerstörend zwischen Mensch und Natur steht. Eine neue »Biotechnik« soll Systeme erforschen und erproben, die in einem sensiblen Zusammenhang zu ihrer Umwelt stehen. Die Ordnung, die wir der Umwelt aufprägen, soll die Ordnung und das Abbild unseres eigenen Organismus sein. Maschinen sollten aufgrund biologischer Entwürfe gebaut werden. Solche Vorstellungen werden insbesondere von Biologen und Neurologen entwickelt, die über die Integrationsdisziplin Kybernetik zusammenfanden[66].

4. Die weiteren Überlegungen über eine Humanisierung der Technik gehen bereits über eine Kritik der privatwirtschaftlich orientierten Großtechnologie und ihrer sie stützenden Faktoren hinaus. Sie beziehen sich einerseits auf den Bereich der gesellschaftlichen Organisation der Arbeit, andererseits auf die Kontrolle von gesellschaftlicher Macht überhaupt.
Ersteres verweist auf eine Kritik einer übertriebenen Arbeitsteilung, wie sie in den Großbetrieben sich findet, die häufig – Stichwort Taylorismus – die Grenzen des sozial Zumutbaren übersteigt und damit zu ökonomischen und sozialen Kosten führt, die ethisch nicht mehr vertretbar sind. Dazu gehört weiter die Befriedigung als ethisches Moment, die in der Arbeit selbst sich finden läßt und die nicht auf Befriedigungsmöglichkeiten jenseits der Arbeit zu verweisen ist.
Das zweite, das sich auf die Kontrolle gesellschaftlicher Macht bezieht, ist die Frage, ob die heutigen Produkte überhaupt den gesellschaftlichen Bedürfnissen entsprechen und überhaupt als sinnvoll angesehen werden können, die zu verbrauchen sich überhaupt lohnt. Denn gerade die Großtechnologien bringen Produkte hervor, die für die Bevölkerung immer weniger einen Gebrauchswert haben. Damit verbunden ist das Problem, wie eine alternative Technologie organisiert werden kann, die nicht eine Widerspiegelung der kapitalistischen Klassenverhältnisse mit ihrer starken Trennung von Entscheidungsbefugnissen und Leistungen ist, sondern einen Demokratisierungsprozeß nicht behindern, vielleicht sogar fördernd zur Seite stehen. Dies wird uns im folgenden Kapitel beschäftigen[67].

Der französische Kulturphilosoph Serge Moscovici schreibt über die »Wiederverzauberung der Welt«:

66. AaO. 406.
67. AaO. 439–450.

Nachdem die Menschen »Millionen von Jahren in einer Pflanzen- und Tierwelt gelebt haben, obliegt es ihnen nun, den Pflanzen und Tieren in einer Welt, die unwiderruflich zu einer Menschenwelt geworden ist, Lebensmöglichkeiten zu schaffen. Ihre authentische Funktion ist weder die, zu erobern, noch die, zu retten oder zu schützen (das wäre wiederum ein Eingriff von außen, eine mildere Form der Eroberung), sondern die, zu *schaffen.* Nur diese Funktion kann, wenn sie richtig verstanden wird, die Bedeutung von Arbeit und Technik verändern, nur sie erzeugt wirklich menschliche Verhältnisse: dann erst werden die Menschen zu Schöpfern in der Natur und zu Schöpfern ihrer Natur.

Die Natur ist Teil unserer Geschichte; die Transformation der Natur geht Hand in Hand mit der Transformation der Geschichte ... Die Rückkehr zu einem früheren Zustand (ist) ebenso unmöglich ... wie die automatische Evolution zu einem künftigen Zustand. Uns umgibt keine vorgefertigte Harmonie zwischen uns und dem Universum, kein Privileg einer wahren, vergangenen Natur ... (Es geht darum), daß zunächst der Spaltung der Natur ein Ende gesetzt wird; der Spaltung in eine nahe gelegene, wahrnehmbare, fühlbare und eine entfernte, abstrakte, indifferente Natur, die einander fremd sind ... Kampf gegen die Umweltverschmutzung? Das greift zu kurz. Zurück zur Natur? Dieser Ruf entspringt einer gewaltigen Illusion. Was wir wollen, ist schlicht und einfach eine *Rückkehr in die Natur.*«[68]

Lesehinweise

Fortlaufend informiert über Wachstumskrise, Ökologie, alternative Technologie das unregelmäßig erscheinende Magazin: Technologie und Politik (TB), seit 1975; s. vor allem Bd. 11, 1978.

Theologisch am einprägsamsten und am tiefgreifendsten finde ich trotz der zuvor angeführten Kritik: H.-R. Müller-Schwefe, Technik und Glaube. Eine permanente Herausforderung, 1971; referierend: H.-H. Schrey, Einführung in die evangelische Soziallehre, 1973, 135–151.

Über die Probleme der *Technologie* und ihren Zusammenhang mit Wissenschaft und Politik vermittelt eine weltweite Übersicht: I. Spiegel-Rösing und D. de Solla Price (Hg.), Science, Technology, and Society. A Cross-Displinary Perspective, 1977. Für die deutsche Situation findet sich eine hervorragende Darstellung und Analyse des Technologie-Problems bei: O. Ullrich, Technik und Herrschaft. Vom Hand-werk zur verdinglichten Blockstruktur industrieller Produktion, 1977; zu dem bedrückenden Problem der militärischen Forschung: R. Rilling, Kriegsforschung und Vernichtungswissenschaft in der BRD, 1970.

Wer sich aus historischem Interesse informieren will, welche gesellschaftlichen Bedingungen die *technische Entwicklung* förderten und wie diese zurückwirkte auf die Lebensformen der Bevölkerung, mag greifen zu: K. Hausen/R. Rürup (Hg.), Moderne Technikgeschichte, 1975, darin vor allem: P. Mathias, Wer entfesselte Prometheus? Naturwissenschaft und technischer Wandel von 1600 bis 1800, 73–95; J. Kocka, Von der Manufaktur zur Fabrik. Technik und Werkstattverhältnisse bei Siemens 1847–1873, 267–290.

Anstoß zur Erörterung über die *ideologische Funktion,* die die moderne Technik für die Legitimierung des organisierten Kapitalismus besitzt, und zur Herrschaft der

---

68. S. Moscovici, Die Wiederverzauberung der Welt, in: A. Touraine u. a., Jenseits der Krise. Wider das politische Defizit der Ökologie, 1976, 94–131, hier 110f.

12 Technologische Entwicklung

Techniker gab: J. Habermas, Technik und Wissenschaft als »Ideologie« (TB) 1968, insbesondere der gleichnamige Aufsatz 48–103; die Diskussion dokumentiert: C. Koch/D. Senghaas, Texte zur Technokratiediskussion, 1970.

Ausgangspunkt der inzwischen in verschiedenste Bereiche ausufernden Diskussion über die Bedrohung der Erde durch ungezügeltes und unkontrolliertes *wirtschaftlich-technologisches Wachstum* ist D. L. Meadows (Hg.), Die Grenzen des Wachstums (TB), 1972; zur Übersicht über die kritischen und positiven Beiträge vor allem: W. L. Oltmans (Hg.), »Die Grenzen des Wachstums« – Pro und Contra, 1974, und besonders: H. v. Nußbaum (Hg.), Die Zukunft des Wachstums. Kritische Antworten zum »Bericht des Club of Rome«, 1973, besonders munter-spritzig und aufklärend der Beitrag des Herausgebers: »Grenzstation« oder: Vom Untergang des Abendlandes, 281–329.

Zum Problem der *alternativen Technologie*: Das bahnbrechende Werk, freilich besonders auf die Entwicklungsprobleme der Länder der Dritten Welt ausgerichtet: E. F. Schumacher, Die Rückkehr zum menschlichen Maß. Alternativen für Wirtschaft und Technik. »Small is beautiful« (1973), 1977. Anregend auch: D. Dickson, Alternative Technologie. Strategien der technischen Veränderung, (1974), 1978. Menschlich sympathisch und informativ über die ökonomisch-politischen Verflechtungen der Atomwissenschaftler K. Traube, der in einen rechtlich unerlaubten Abhörfall verwickelt wurde: Müssen wir umschalten? Von den politischen Grenzen der Technik, 1978.

Zur Bestimmung des Wertes »*Lebensqualität*«: G. Friedrichs (Redaktion): Aufgabe Zukunft. Qualität des Lebens, Bd. 1, 1972; Lebensqualität. Zur inhaltlichen Bestimmung einer aktuellen politischen Forderung. Ein Beitrag des Sozialwissenschaftlichen Instituts der evangelischen Kirche in Deutschland, 1973; W. Elsner/S. Katterle, Was braucht der Mensch? Zum Begriff der Qualität des Lebens, in: Handbuch der christlichen Ethik, Bd. 2, 1978, 397–416.

Das *besondere Buch*: A. Touraine u. a., Jenseits der Krise. Wider das politische Defizit der Ökologie, 1976.

13 Demokratisierung

Problemstellung

In der Einleitung seiner bekannten Schrift über die ihm bedenklichen Tendenzen zur Demokratisierung schreibt der Politologe Wilhelm Hennis:

»Wer sich die Aufgabe stellt herauszufinden, welcher Begriff am bündigsten, prägnant und doch umfassend den Generalanspruch unserer Zeit zum Ausdruck bringt, der muß nicht lange suchen: Es genügt, das tägliche Morgenblatt aufzuschlagen. In jedem Ressort, dem politischen ohnehin, aber auch in allen Sparten des Feuilletons, im Wirtschaftsteil, in allen Berichten aus der Welt der Kirche, Schule, Sport, im Frauenfunk und Kinderfunk, in den Kontroversen um Börsenverein und Kunstverein, Universitätsreform, Theaterreform, Verlagsreform, Reform der Kindergärten, Krankenhäuser und Gefängnisse bis hin zur allgemeinsten Forderung der Gesellschaftsreform – der Generaltenor aller Ansprüche der Zeit auf Veränderung der uns umgebenden gesellschaftlichen Welt findet seine knappste Formel in dem einen Wort ›Demokratisierung‹.«[1]

Wenn wir fragen, was aus der Sicht des Christentums zur *Demokratisierung* zu sagen ist, so ist das zu bedenken, was E. Wolf über dessen *Demokratie*-Verständnis gesagt hat: »Die moderne Demokratie ist gewiß nicht ohne Einwirkung des Christentums – etwa im Freiheitsbegriff, im Begriff des Gewissens usw. –, aber sie ist doch wesentlich am Christentum vorbei entstanden.«[2] Wenn das Christentum bereits Schwierigkeiten hatte, dem Gedanken der Volkssouveränität etwas abzugewinnen, wie noch zu belegen sein wird, dann wird man befürchten müssen, Demokratisierung aller gesellschaftlichen Sektoren werde ihr theologisch und sozialethisch noch mehr Unbehagen bereiten. Denn der Ausdruck Demokratisierung bedeutet ja, daß die demokratische Entwicklung in der BRD zu einem gewissen Stillstand gekommen ist und eines neuen Anstoßes zur Weiterentwicklung bedarf, um – dies zunächst in einem noch zu erläuternden Stichwort gesagt – den Übergang von einer rechtsstaatlichen zu einer sozialen Demokratie zu finden.

Zwar sind in den letzten Jahren die theologischen Stimmen stiller geworden, die ein sehr eingegrenztes Demokratieverständnis vertreten und in der Kontinuität mit einem autoritativen Obrigkeits-

---

1. W. Hennis, Demokratisierung. Zur Problematik eines Begriffs, 1970, 9.
2. Wolf, Sozialethik (vgl. Vorwort, Anm. 1), 255.

und Staatsverständnis stehen (in deren Umkreis auch D. Bonhoeffer anzusiedeln ist). Insbesondere die lutherische Theologie beharrt bis heute auf einer Metaphysik des Staates. Die Obrigkeit ist die Spitze einer der durch Gott geschaffenen und erhaltenen Ordnung und erhält ihren direkten Auftrag, ihr Amt, unmittelbar von Gott. Am prägnantesten hat eine solche Stellungnahme in den Nachkriegsjahren W. Künneth in seiner Studie: »Politik zwischen Dämon und Gott« vertreten, der dort eindeutig die Gedanken der Volkssouveränität ablehnt[3]. Für ihn stellt sie einen zu bekämpfenden Irrtum dar, denn es werde hier übersehen, »daß die staatliche Souveränität an sich ein Faktum ist, welches unabhängig von dem jeweiligen Volke existiert und die Staatsgewalt in sich selbst begründet«. Es ist derselbe Künneth, der nach der Machtübernahme 1933 die Meinung vertrat, der »seelisch-geistige Kampf in Presse, Schrifttum, Film und Radio, das Ringen der Geister, ... (können ... in ihren) verheerende(n) und zersetzende(n) Wirkungen weittragender sein ... als die blutige Kampfhandlung einer Truppe, ja sogar das politische Gespräch«[4]. Demokratie bedeutet für ihn Autoritätsverfall, bedeutet die Abschwächung der Verantwortung, die eine politische Führung hat.

Vielfach galt es bereits als ein gewisses Zugeständnis, wenn die Staatsform insgesamt, und damit auch die Demokratie, als unwesentlich für den christlichen Glauben betrachtet wurde, der sich in einer jeden bewähren kann. Dies galt insbesondere so lange, als es um die Einheit der evangelischen Kirche Deutschlands und damit darum ging, zwei sehr unterschiedlichen Staatsordnungen loyal gegenüberzustehen, so in der »Theologischen Erklärung der Synode der Evangelischen Kirche in Deutschland vom 29. Juni 1956«. Zwar wird hier auf der einen Seite gesagt, das Evangelium lasse nach »gerechten und menschlichen Formen unseres Zusammenlebens auch im gesellschaftlichen und wirtschaftlichen Raum«[5] suchen, aber dies wird nicht näher ausgeführt, statt dessen kommt die »Generalklausel«[6], – wie H. Zillessen sie nennt –: Das Evangelium

---

3. W. Künneth, Politik zwischen Dämon und Gott. Eine christliche Ethik des Politischen, 1954, 175.
4. Ders., Krieg, Völkerfrieden und Evangelium, in: ders./H. Schreiner (Hg.), Die Nation vor Gott, 1933, 194–214, hier 197.
5. Theologische Erklärung der Synode der Evangelischen Kirche in Deutschland vom 29. Juni 1956, in: Kundgebungen, Worte und Erklärungen der Evangelischen Kirche in Deutschland 1945–1959, hg. von Merzyn, o. J., 217f.
6. H. Zillessen, Vorstellungen von Demokratie und Gesellschaft in kirchlichen Verlautbarungen, in: Zeitschrift für Evangelische Ethik 16, 1972, 218–232, hier 223.

rücke den Staat *stets* (!) unter die gnädige Anordnung Gottes, »die wir in Geltung wissen, unabhängig von dem Zustandekommen der staatlichen Gewalt oder ihrer politischen Gestalt«[7]. Über eine solche Formulierung, in der die Frage nach der Verfassungsform als theologisch belanglos erklärt wird, sind die offiziellen Stellungnahmen der Kirche bis 1965 in der Regel nicht hinausgekommen[8]. Es fällt nicht aus der allgemeinen Linie, wenn mancher Lutheraner auch eine tyrannische Herrschaft zu ertragen bereit ist, oder die Unierten häufig vor dem Machtmißbrauch warnen, so angesichts der Notstandsgesetzgebung – die Diskussion dreht sich stets um die Verantwortlichen und nicht um die Form ihrer Beauftragung.

Erst als mit der sichtbaren Trennung der beiden Staaten seit 1961 auch die kirchliche Einheit Deutschlands mehr und mehr zerbricht, wächst in den evangelischen Landeskirchen der BRD die Bereitschaft, die westliche Demokratie zu bejahen. Jetzt wird die Bedrohung eher von der Seite einer radikal-demokratischen Bestrebung gesehen – wir befinden uns in der Zeit der Studentenbewegung –, und es kann der Bürger aufgefordert werden, »ein deutliches Ja zu unserer demokratischen Lebensform in Staat und Gesellschaft zu sprechen«, es geht um »entschlossene Reformen, aber (um) eine klare Absage an revolutionäre Schwärmereien«[9]. Es wird jedoch nicht von einer Demokratisierung gesellschaftlicher Sektoren gesprochen, sondern es geht um die Ausbreitung demokratischer Verhaltensformen in Staat und Gesellschaft, um die »Erziehung zu Demokratie«, um »Demokratie als Kultur und als Lebensform«[10], in denen Jugendliche aufwachsen und denen Erwachsene in ihrer Arbeit wie ihrer Freizeit begegnen sollen.

An dieser Stelle möchte ich nun die Besprechung eines Textes einbringen, der sich mit dem Verhältnis von christlichem Glauben und Demokratie beschäftigt.

Wolf-Dieter Marsch: Demokratie als christlich-ethisches Prinzip

W.-Dieter Marsch, 1928 geboren, übernahm 1969 in Nachfolge von H.-D. Wendland die Leitung des Instituts für Christliche Gesell-

---

7. Erklärung (vgl. dieses Kap., Anm. 5).
8. Zillessen, Vorstellungen (vgl. dieses Kap., Anm. 6), 223.
9. Aufruf des Rates der EKD zur Wahl des Deutschen Bundestages am 25. September 1969, in: Kirchliches Jahrbuch für die Evangelische Kirche in Deutschland, 96, 1969, 102.
10. Vgl. H. Gollwitzer, Bürger und Untertan, in: Libertas Christiana, Festschrift für F. Delekat, 1957, 30–56, hier 56.

13 Demokratisierung

schaftswissenschaften an der Universität Münster. Seine Dissertation »Christlicher Glaube und demokratisches Ethos« (1958) über das Lebenswerk A. Lincolns beschäftigte sich bereits mit der Frage der Demokratie. Untersuchungen zu Hegel und Bloch sowie zur Kirchenreform und zur Religionskritik waren weitere Schwerpunkte seiner wissenschaftlichen Tätigkeit. 1972 starb er an den Folgen eines Verkehrsunfalls. Sein Aufsatz »Demokratie als christlich-ethisches Prinzip« wurde ein Jahr vor seinem Tode veröffentlicht.

Marsch verweist zunächst auf eine gespaltene Haltung innerhalb der Kirchen und der Theologie gegenüber der Demokratie: »Dieser Begriff wurde zur leidenschaftlichen Konfession, zum Schibboleth zwischen ›rechts‹ und ›links‹, zur Unheils- oder Heilsverkündigung.«[11] Das Verlangen nach mehr Demokratie ist eher von außen, »auf Neben- und Seitenwegen in diese christlich geprägte Kultur hineingekommen«[12]; die Teilung der Gewalt, die Rechtssicherheit, die Toleranzpflicht sind eher gegen als mit christlichen Argumenten durchgesetzt worden. Christentum ist nicht von vornherein identisch mit demokratischen Grundprinzipien. Es besteht jedoch eine bestimmte Affinität zwischen beiden, so im Hinblick auf Freiheit des Menschen als Gottes Geschöpf, auf Streben nach Gerechtigkeit und auf Relativierung aller von Menschen gesetzten Ordnung und Macht, »mehr aber läßt sich über das Ineinander von christlichen und demokratischen Überzeugungen nicht ausmachen«[13]. Geschichtlich gesehen steht seit dem 19. Jahrhundert neben einem gegenüber der Demokratie aufgeschlossenen liberalen Protestantismus auch ein theologischer Konservativismus, der, den Gedanken einer Volkssouveränität entschieden ablehnt.

Kommentar: Soweit es um das Ineinander von christlichen Traditionen und Demokratie geht, ist Marsch zuzustimmen; ich habe in Kap. 4 darauf verwiesen, daß dies generell für die in unserer Republik geltenden Wertvorstellungen gilt. Demokratie erscheint bei Marsch als eine geistesgeschichtliche Bewegung. Entsprechend gibt es liberale und konservative Momente innerhalb der christlichen Tradition. Was aber die einen veranlaßt, die Demokratie als ihr unmittelbares Interesse zu vertreten, und warum andere sie ablehnen, bleibt unausgesprochen.

---

11. W.-D. Marsch, Demokratie als christlich-ethisches Prinzip, in: ders. (Hg.), Die Freiheit planen, 1971, 202–227.
12. AaO. 439.
13. AaO. 443.

Marsch geht es in einem nächsten Schritt darum zu belegen, daß demokratische Impulse sich nicht gradlinig entwickeln, sondern jeweils ihre reaktionäre Gegenthese provozieren. Auf den kulturprotestantischen Liberalismus folgt der Konservatismus, auf das Demokratisierungspostulat in der BRD der letzten Jahre eine neue Sehnsucht nach verbindlichen Symbolen. Die demokratisch argumentierende Vernunft ist weder mit der subjektiven (d. h. der persönlich biographischen) noch mit der objektiven Geschichte vermittelt und versöhnt; das Beherrschenwollen der Geschichte schlägt immer wieder auf ein Beherrschtwerden durch sie zurück. Das Aufeinanderfolgen einer solchen Dialektik von Konstruktion, Destruktion und Rekonstruktion auf einer höheren Ebene sieht Marsch in der christlichen Lehre von der Dialektik von Freiheit und Erbsünde vorgebildet. Die selbstgewählte Freiheit des Menschen führt zu seiner Entfremdung, aber Jesus spricht die Menschen in der Hoffnung auf deren mögliche Umkehr an. So schlägt die demokratische Befreiung von unbegriffenen Mächten immer wieder »in eine selbstgewählte und -gemachte Herrschaft von Menschen über Menschen« um[14], wie dies von M. Horkheimer und Th. W. Adorno in ihrer »Dialektik der Aufklärung« (1944)[15] dargestellt wird. Christlicher Glaube muß weder die Gesellschaft als total entfremdete ansehen noch die Flucht in die Normen der Vergangenheit antreten.

Kommentar: Sicher läuft die Demokratisierungsbewegung in der Form von Errungenschaften und Rückschlägen, aber es wäre zu einfach gesehen, wenn es bei Befreiungsbewegung und Reaktion um denselben Menschen ginge. Tatsächlich ergreift die Demokratisierungsbewegung immer weitere Schichten, die die sozial Schwächeren sind, so gegenwärtig Frauen und Jugendliche. Es ist gerade diese Forderung nach Verbreiterung demokratischer Rechte, die den Widerstand der privilegierten Klassen hervorruft. Außerdem, daran müßte auch erinnert werden, ist historisch gesehen die Neuformulierung von der Radikalität der Erbsünde ein Theologoumenon der Gegenaufklärung. Der in sich selbst kreisende und selbstsüchtige Mensch stellt darin das bürgerliche Individuum, der revolutionäre den Arbeiter dar. Die Erbsündelehre hat ihren spezifischen sozialen Ort und ist nicht einfach urchristliches Erbe.

Marsch versucht im folgenden, das demokratische Moment in der Rechtfertigungslehre deutlich zu machen. Tillich hatte Rechtferti-

14. AaO. 450.
15. M. Horkheimer/Th. W. Adorno, Dialektik der Aufklärung, 1944.

13 Demokratisierung

gung verstanden als »Angenommen-Sein trotz der eigenen Unannehmbarkeit«, doch Marsch möchte dies persönliche Befreitsein auch politisch-geschichtsphilosophisch aufgenommen sehen. Er verweist dabei auf Hegel, bei dem Versöhnung aus der Entfremdung christologisch begründet ist. Das Moment der Versöhnung erstreckt sich bei ihm nicht nur auf einzelne Personen, sondern auch auf institutionelle Strukturen; nur der Staat als Rechtsstaat vermag die »substantielle Freiheit« zu sichern. Freilich, so Marsch, hat sich der Staat durch seine Bürokratisierung diskreditiert, aber die vorpolitischen Sozialisations-Agenten wie Familie, Schule, Universität, Kirche und Gruppenbildungen können in die Situation der institutionellen Entfremdung so einüben, daß die substantielle Freiheit für den so Herangebildeten in ihr nicht verloren geht. So kann in diesem vorpolitischen Raum etwa ein sozial-integrativer, demokratischer Führungsstil gelernt werden, der weder starr-autoritär noch in laissez-faire-Manier antiautoritär ist. »Das Moment der Rechtfertigung läge hier darin, die Chancen von gegenwärtigen demokratischen Lebens*formen* zu ergreifen, – auch wenn sie zunächst contra speciem und sub cruce ergriffen werden müssen.«[16] Dies entspräche einem pragmatischen Demokratieverständnis. Da mit einer zunehmend anti-demokratischen Staatspraxis zu rechnen ist (1972!), gewinnen die vorstaatlichen Sozialisations-Agenten erhebliches Gewicht zur sozialen »Einhausung« (Hegel) des autonom gewordenen Individuums in die institutionelle Entfremdung.

Kommentar: Ob die »vorpolitischen Institutionen« generell solche »Einübung in die Demokratie« ermöglichen, sei dahingestellt, gerade die Schule dürfte hier nicht das beste Beispiel sein; sie ist für den Heranwachsenden kaum folgenloser als die Großinstitutionen. Wichtig ist der Hinweis auf die Gruppen zur Selbststabilisierung und -entfaltung des einzelnen. Aber ebenso wichtig sind Gruppen, die sich *innerhalb* der Großinstitutionen bilden müssen, um dem Entfremdungsdruck standzuhalten, denn es ist nur die Chance weniger Menschen, nicht in Institutionen arbeiten zu müssen.

Marsch: Während die Dialektik von Freiheit und Sünde, aber auch Rechtfertigung eher auf eine realistische Haltung im Demokratisierungsprozeß hinweisen, spricht »Demokratie als Hoffnung« den Glauben an eine Überwindung des Widerspruches von Freiheit und Institution aus. Demokratische Hoffnung bleibt Postulat, Auf- und Anforderung. Es gibt vorläufige Realisierungen, aber dennoch

---

16. Marsch, Demokratie (vgl. diesen Abschnitt, Anm. 10), 456.

bleibt diese Hoffnung eine un-endliche Utopie, die alle ideologischen Fixierungen und Machtballungen überholt und es erlaubt, sie als undemokratisch zu bezeichnen. Zwar verlangt der technische Fortschritt eine weitere Versachlichung personaler und fundamentaler Antriebe, aber es ist nicht Schicksal, sich den technischen Apparaten anzupassen, sondern gerade hier kann und muß die Frage gestellt werden, was in diesem vorgeformten Dasein gelten soll und was ich mit Hilfe technischer Mittel erreichen will: »Die Beantwortung dieser Fragen einer Sinnorientierung im technischen Daseinsgehäuse wird dem einzelnen nicht abgenommen.«[17]

Kommentar: Für Marsch ist es offenbar völlig unbestritten, daß es technischen Fortschritt geben wird und dieser eine weitere Bürokratisierung mit sich bringt. Den Sinn des Ganzen, was da in Bewegung gesetzt wird, kann sich der einzelne nur selbst beantworten; die christliche Situation hilft ihm nur dazu, daß er an Rückschlägen nicht verzweifelt, nicht ins Irrationale flüchtet und auf die Hoffnung setzt, und dies entgegen Marschs Feststellung: »Was technische Rationalität, Kalkül eines sachimmanenten Fortschritts und instrumental vermittelte Herrschaft für notwendig erachten, das wird auch gemacht – ohne Rücksicht darauf, ob es demokratiefördernd ist.«[18] Wenn aber die Form des organisierten Kapitalismus wie des mit ihm verbundenen Staates als so festgeschlossen beschrieben wird wie hier, muß es fraglich bleiben, wie die Sinnfrage eigentlich jenes Gehäuse aufbrechen kann. Im übrigen findet sich hier der gleiche Ansatz wie bei H.-D. Wendland und E. Wolf, daß es der besondere Auftrag der Sozialethik ist, das Leben in den Institutionen erträglich zu machen.

Theologisch ist es wichtig, daß Marsch Demokratisierung nicht aus dem christlichen Glauben unmittelbar ableitet, sondern nur von ihrer Affinität zum christlichen Glauben spricht. Damit ist Marsch nicht gezwungen, das demokratische Prinzip in die Christologie hineinzuverlegen, wie dies bei K. Barth in »Christengemeinde und Bürgergemeinde« geschieht. Dort wird aus der Menschwerdung Gottes der Schutz des Menschen abgeleitet, aus der göttlichen Rechtfertigung die Forderung nach rechtlichen Regelungen, aus der Freiheit Gottes die freiheitlichen Grundrechte, aus der Verschiedenheit der vom Hl. Geist gegebenen Gaben die demokratische Gewaltenteilung, aus der Offenbarung die Verpflichtung zur Öf-

17. AaO. 464.
18. AaO. 463f.

fentlichkeit[19]. Dies ist alles sehr sympathisch, aber doch auch sehr zufällig, insbesondere angesichts der Tatsache, daß eine andersgeformte Christologie sich auf Schriftbelege stützen kann, die einen Führerstaat zur sozialethischen Konsequenz haben. Marschs »Dialektik der Demokratie«, die Demokratisierung und Konservatismus, Bedürfnis nach Freiheit und Bedürfnis nach Sicherheit gegenüberstellt, die beide sich auf christliche Traditionen berufen können, erscheint hier realistischer.

Ökonomische Autokratie und Bürokratisierung

Der Begriff der Demokratisierung, der im Verlauf der Studentenbewegung aufkam, drückt ein weitverbreitetes Unbehagen gegenüber der bisherigen Demokratie aus, so wie das mit anderen Begriffen ist, die auf -ierung und -tion enden, wie Humanisierung und Emanzipation. Das Unbehagen verweist auf gesellschaftliche Veränderungen hin, die sich im Lauf der Jahre in bezug auf die bisher realisierte Demokratie ergeben haben.
Zwei gesellschaftlich ungelöste Probleme stoßen hier zusammen: Der ältere, aber in kapitalistischen Gesellschaften fortwährende Konflikt ist der von politischer Demokratie und wirtschaftlicher Autokratie. Dieser wird verstärkt durch einen neueren, nämlich den der Bürokratisierung des Staates, aber auch aller anderen, vor allem der wirtschaftlichen Großorganisationen. Das erste Problem scheint nur so lösbar zu sein, daß der Staat stärker in die Eigentumsrechte des Privatkapitals eingreift. Andererseits besteht gegenüber dem Staat angesichts seiner bürokratischen Tendenzen Zweifel an seiner ökonomischen Fähigkeit und die Befürchtung, Investitionslenkung oder gar Staatswirtschaft führe zu einer weiteren Aufblähung der Bürokratie und verstärkten Ausweitung der Staatstätigkeit, die bereits gegenwärtig kaum zu kontrollieren ist. Wenn man will, so liegt hier der Kernkonflikt unserer Republik; *Demokratisierung aller gesellschaftlicher Sektoren stellt die entscheidende Lösungsmöglichkeit dar.*
Bereits während der der Französischen Revolution von 1789 folgenden Jahren zeichnete sich doppeltes Verständnis von Demokratie ab. Das *formale* geht von der historischen Erfahrung aus, daß für das Großbürgertum die Forderungen der Bauern und ärmeren Stadtbewohner nicht akzeptierbar waren. Es kämpfte zwar gegen

---

19 K. Barth, Christengemeinde und Bürgergemeinde, §§ 15–22.

die Herrschaft und die Vorrechte des damaligen absoluten Königtums, des Adels und der Kirche, und damit um die politische Freiheit und Gleichheit vor dem Gesetz, war aber nicht bereit, die politische und soziale Gleichheit den besitzlosen Massen zuzugestehen. An dieser grundsätzlichen Konstellation hat sich in zweihundert Jahren wenig geändert, auch wenn in harten Kämpfen eine allgemeine Wahlberechtigung und soziale Verbesserungen erkämpft werden konnten. Entscheidend ist dabei die Trennung zwischen dem politischen Bereich des Staates und dem gesellschaftlichen Bereich der Ökonomie. K. O. Hondrich bringt dies auf die prägnante Formel: Die Kombination »›politische Demokratie plus ökonomische Autokratie‹ (hatte) einen zweifachen Nutznießer und einen doppelt Geschädigten ... Die Bourgeoisie genoß die Demokratie in dem Bereich, in dem sie (vormals) – politisch – beherrscht wurde; und sie genoß die Autokratie in dem Bereich, in dem sie selbst – ökonomisch – andere beherrschte. Dem Proletariat aber wurde, von beiden Bereichen, der Verzicht und der Gehorsam aufgebürdet«[20]. Auch wenn theoretisch Wirtschaft und Staat getrennt sind, so bestehen doch im kapitalistischen Staat starke Kräfte, die immer noch in der Lage sind, eine andere als eine privatwirtschaftliche Wirtschaftsordnung zu verhindern.

Dagegen geht das zweite Demokratiemodell, das das inhaltliche, soziale genannt werden kann, vom Begriff der Selbstbestimmung aus. Hier mißt sich Demokratie daran, wieweit nach den objektiv ökonomischen Möglichkeiten, also dem Stand der Produktivkräfte, eine kollektive Selbstbestimmung und die Autonomie aller die gesellschaftliche Entwicklung anleitet. Hier müssen Freiheit und Gleichheit inhaltlich verstanden werden und sind auch in dem ökonomischen und sozialen Bereich durchzusetzen. Die demokratische Realität kann sich nicht auf das formal-rechtliche Gebiet der Staatswillensbildung beschränken. Hier ist die klassische Trennung von Staat und Gesellschaft aufgehoben. Es steht nicht mehr der politische Bürger, der dem Staat verpflichtet ist, jenem anderen Teil seiner selbst gegenüber, der im wirtschaftlichen Bereich innerhalb bestimmter Regeln alles tun und lassen darf, was er will. Es ist das Ziel, die Trennung zwischen dem politisch sich selbst verwirklichenden Menschen und dem im wirtschaftlichen Bereich eigensüchtig seinen Zielen nachjagenden Wirtschaftsbürger aufzuheben.

Ich werde unten an einzelnen Kriterien diskutieren, wie sich formale und inhaltliche Demokratie unterscheiden, möchte jedoch zunächst

---

20. K. O. Hondrich, Demokratisierung und Leistungsgesellschaft, 1972, 89.

13 Demokratisierung

auf die zuvor genannten Bürokratisierungstendenzen im staatlichen, aber auch in anderen wichtigen gesellschaftlichen Sektoren eingehen, weil diese, wie bereits gesagt, einen entscheidenden Anlaß zur Forderung einer Demokratisierung aller gesellschaftlicher Sektoren gegeben haben.

Von H. de Balzac stammt der Satz, die Bürokratie sei »eine gigantische Macht, die von Zwergen in Bewegung gesetzt wird«[21]; er verrät seine Herkunft aus dem polemischen Arsenal des französischen Bürgertums gegen den absolutistischen Staat und meint zunächst die Bürokratie der staatlichen Beamten. Dieser Beamtenapparat ist in Frankreich im Zusammenhang mit der Entwicklung des absolutistischen Staates entstanden und wurde notwendig, um die Einheit des Marktes, des Finanzsystems und des Rechtssystems herzustellen. Die Verallgemeinerung des Bürokratiebegriffes geht auf M. Weber zurück, der als Bürokratie nicht nur die Staatsverwaltung bezeichnet, sondern auch die organisatorischen Strukturen von Großbetrieben und Konzernen, Parteien und Interessenverbänden. Wenn oben unsere Wirtschaftsverfassung als *organisierter* Kapitalismus beschrieben wurde, so ist damit auch ausgesprochen, daß in hohem Maß bestimmend für unsere Produktionsverhältnisse die großen Wirtschaftsbürokratien von Konzernen und Staatsverwaltungen sind.

M. Weber hat auch darauf verwiesen, daß die Bürokratie die »formal *rationalste* Form der Herrschaftsausübung« bedeutet[22]. Hier sind zwei Momente genannt, die Bürokratien bestimmen. Sie erscheinen als eine Form gesellschaftlicher Organisation, in der unter dem Maßstab von Effektivität die besten Ergebnisse erzielt werden. Zwar haben empirische Untersuchungen erhebliche Zweifel gegenüber dieser Aussage geweckt, da Kompetenzgerangel, Undurchlässigkeit von Informationen, Bestehen auf formalen Regeln usw. vielfach zu einer Minderung an Effektivität führen und oft Bürokratien nur dadurch überleben, daß die festgelegten Regeln nicht eingehalten werden, was sich zeigt, wenn der »Dienst nach Vorschrift« durchgeführt wird. Die offensichtlichen Mängel werden jedoch durch das andere Moment ausgeglichen, nämlich ihren Nutzen für die Zentralisierung von Herrschaftsausübung. Sie geschieht im allgemeinen in einer unpersönlichen Form, also anhand von Anweisungen und Vorschriften, Regelungen und Plänen, die den

---

21. H. de Balzac, La Femme supérieure, 1837, zit. nach der dt. Übersetzung: Die Beamten, in: Ein Fürst der Bohème, o. J., 89.
22. M. Weber, Wirtschaft und Gesellschaft, Studienausgabe, Bd. I, 1964, 164.

Eindruck des Unausweichlichen und sachlich Erforderlichen machen, ohne daß die Möglichkeit gegeben ist, sich inhaltlich mit ihnen auseinanderzusetzen. F. Kafka hat wohl am treffendsten z. B. in »Das Schloß«[23] die Erfahrungen mit der Bürokratie sowohl verbalisiert wie symbolisiert, Erfahrungen, die sowohl den betreffen, der innerhalb einer Bürokratie arbeitet, wie den, der mit ihrer Tätigkeit in Berührung kommt.

Die Demokratisierungstendenzen beruhen – wie gesagt – auch auf solchen weitverbreiteten Erfahrungen im Umgang mit der Bürokratie. Kennzeichnend für sie ist die Fesselung schöpferischer Tätigkeit durch die Arbeitszerlegung und durch hierarchische Kontrolle, die Zentralisierung der Entscheidungen und eine Kommunikation, die sich nicht als ein wechselseitiges Informationssystem versteht, sondern als Befehl von oben nach unten strukturiert ist. Damit wird die Entfaltung produktiver Fähigkeiten und der Bedürfnisse von Individuen verhindert. »Wo kollektive Diskussion und Entscheidung, ja Phantasie und befreite Interaktion selbst zu notwendigen Elementen vergesellschafteter Tätigkeiten werden, ... tritt der fesselnde Charakter bürokratischer Organisationen hervor.«[24] Dies müßte sozialpsychologisch konkretisiert werden, z. B. daran, daß »die Individuen zur Ritualisierung ihrer Tätigkeit und Interaktion gezwungen werden, die Ausbildung selbständiger Entscheidungsfähigkeit verhindert und durch die angstbindende Funktion der Identifikation mit einem hierarchischen Apparat das Beziehungsmuster infantiler Abhängigkeit ausgenutzt und reproduziert wird«[25].

Die Forderung nach Demokratisierung beruht also vor allem auf dem *Fortdauern der Trennung von staatlicher Gleichberechtigung und ökonomischer Ungleichheit, die mit einer sich steigernden Bürokratisierung zusammengeht.* Diese beruht auf dem Anwachsen der Staatstätigkeit und der zunehmenden ökonomischen Konzentration. Immer mehr Lohnabhängige werden von der Bürokratisierung erfaßt oder erleben die Ergebnisse von Rationalisierungsvorgängen am eigenen Leibe.

Ich möchte nun im folgenden anhand zweier Kriterien untersuchen, wie formale Demokratie und inhaltliche Demokratisierung unterschieden werden können, und zwar an den Kriterien Beauftragung durch Wahl und Gewaltenteilung.

---

23. F. Kafka, Das Schloß, 1926.
24. K. Heymann, Bürokratisierung der Klassenverhältnisse im Spätkapitalismus, in: K. Meschkat/O. Negt (Hg.), Gesellschaftsstrukturen, 1973, 92–129, hier 111.
25. Ebd.

Beauftragung durch Wahl

Das Kriterium »Beauftragung durch Wahl« kann in zwei Richtungen diskutiert werden: in Hinblick auf die Form der Wahl und in Hinblick auf die Funktion des Beauftragten. Für das instrumentelle Demokratieverständnis wurde und wird eine Beschränkung des Wahlrechts aus der Befürchtung heraus als notwendig angesehen, die unteren Schichten besäßen kein zureichendes Verständnis für die Differenziertheit politischer Prozesse und tendierten dazu, allzu radikale Forderungen zu stellen, die mit der politischen Vernunft nicht vereinbar seien. Die Beschränkungen können sich dann auf die beziehen, die wählen oder wählbar sind, auf die Wahlhäufigkeit und auf eine direkte oder indirekte, durch Wahlmänner vollzogene Wahl. Zudem gilt die »Masse« als in ihren Meinungen oft schwankend; sie weise nicht die Kontinuität des Wollens auf, die für langwierige Gesetzgebungsvorgänge notwendig sei. Nur die, die durch ihre eigene Tätigkeit ausreichende Kenntnisse der politischen Materie erworben haben, sollten am Gesetzgebungsprozeß beteiligt sein.

Daß sich hinter solcher Argumentation Klasseninteressen verbergen, wie sachlich richtig manche Beobachtung ist, ist offensichtlich; das bekannte Argument von der Putzfrau, die doch bei Forschungsprojekten nicht mitbestimmen könne, gehört hierher. Historisch wurde seitens der bürgerlichen Klasse, sobald sie eine Koalition mit Königtum und Adel gegen das Proletariat einging, mit diesen zusammen hartnäckig der Versuch unternommen, die Wahlberechtigung durch verschiedene Verfahren zu begrenzen. Im ganzen 19. Jahrhundert blieb die Wahlberechtigung an ausreichendes Eigentum oder Einkommen gebunden. In England betrug 1832 der Anteil der Wahlberechtigten nur rund 5% der Gesamtbevölkerung[26], diese waren ohnehin nur die Familienväter; Frauen blieben von der Wahl ausgeschlossen.

Über das Recht der politischen Teilnahme schreibt I. Kant: »Die dazu erforderliche Qualität ist, außer der *natürlichen* (daß es kein Kind, kein Weib sei) die einzige: daß er *sein eigener Herr* (sui iuris) sei, mithin irgendein *Eigentum* habe (wozu auch jede Kunst, Handwerk, oder schöne Kunst, oder Wissenschaft gezählt werden kann), welches ihn ernährt; d. i., daß er, in denen Fällen, wo er von andren erwerben muß, um zu leben, nur durch *Veräußerung* dessen, was *sein* ist erwerbe, nicht durch Bewilligung, die er anderen gibt, von

---

26. R. Kühnl, Formen bürgerlicher Herrschaft, 1971, 32.

seinen Kräften Gebrauch zu machen, folglich daß er niemanden als dem gemeinen Wesen im eigentlichen Sinne des Wortes *diene.*«[27] Und in einer Anmerkung heißt es: »Der Hausbediente, der Ladendiener, der Taglöhner, selbst der Friseur sind bloß Operarii, nicht Artifices (in weiterer Bedeutung des Wortes), und nicht Staatsglieder, mithin auch nicht Bürger zu sein qualifiziert.«[28]
Das Dreiklassenwahlrecht in Preußen, das seit 1849 gültig war, stufte die Wahlberechtigten nach der Höhe des Einkommens ein und sicherte durch einen komplizierten Wahlmechanismus, daß von seiner Einführung im Jahre 1849 bis 1908 kein sozialdemokratisches Parteimitglied im Abgeordnetenhaus saß, um die Interessen der 3. Klasse zu vertreten[29]. Wenn der konservative Minister Puttkamer 1883 das preußische Dreiklassenwahlrecht als »ein kostbares Gut, das die Regierung aufzugeben nicht gesonnen ist« bezeichnet, so konnte er der Zustimmung des Großbürgertums gewiß sein. Der nationalliberale Historiker H. v. Treitschke sah im allgemeinen Wahlrecht eine »Begünstigung der Unbildung«, eine »Vergröberung und Verrohung des öffentlichen Lebens«, eine Entfaltungsmöglichkeit für die »Mächte der Dummheit, des Aberglaubens, der Bosheit und Lüge, die Mächte der rohen selbstichen Interessen«, denen die »höheren Stände, die wirklich gebildeten Klassen«, entgegentreten müßten[30].
Selbst nachdem das allgemeine Wahlrecht in Deutschland nach 1918 durch die Arbeiterbewegung durchgesetzt wurde – darauf hatte diese ihr ganzes politisches Engagement ausgerichtet –, gelang es nicht, die Machtverteilung im deutschen Staat grundlegend zu verändern: »Die Revolution über den Stimmzettel fand nie statt.«[31]
Die Summe der politischen, ideologischen und ökonomischen Macht der traditionellen Führungsschichten blieb stets größer als die Gegenmacht des Lohnabhängigen, so daß eine politische Kontrolle der ökonomischen Autokratie bis heute nicht durchführbar war. Über den politischen Weg war es, aus welchen Gründen auch immer, bisher nicht möglich, eine materiale Demokratie zu sichern, wenn man als deren Forderung aktive politische Beteiligung, soziale Gleichheit und gleiche Bedürfnisbefriedigung ansetzt.
Die Zentralisierung in Staat und Wirtschaft hat zusätzlich behindernd auf die Realisierung einer sozialen Demokratie gewirkt.

27. Kant, Gemeinspruch (vgl. Kap. 6, Anm. 1), 151. 28. Ebd.
29. E. Neusüß, Demokratie: Theorie und politische Praxis, in: F. Neumann (Hg.), Politische Theorien und Ideologien, 1974/1975, 81–146, hier 141.
30. Zit. nach Kühnl, Formen (vgl. dieses Kap., Anm. 26), 33.
31. Hondrich, Demokratisierung (vgl. dieses Kap., Anm. 20), 97.

13 Demokratisierung

Parteien, die spezifische Interessen bestimmter Bevölkerungsklassen oder -schichten vertreten, haben sich zunehmend zugunsten einiger weniger Massen- oder Volksparteien aufgelöst. Der Wähler hat von daher keine Möglichkeit mehr, einen Vertreter seiner Belange zu wählen, sondern kann nur über eine allgemeine Tendenz mitentscheiden, wobei wesentliche politische Unterschiede oft kaum noch deutlich werden. Damit wird die Wahl zu einer sehr allgemeinen Willenskundgebung, einem Plebiszit, die einem weitgefächerten Programm und vielfach nur einer eindrucksvollen Kanzlerfigur gilt. In diesem Sog zur Massenpartei haben es kleinere Parteien und Parteineugründungen außerordentlich schwer, sich mit spezifischen Interessen durchzusetzen, zumal die 5%-Klausel hier eine wirksame Barriere errichtet. Dies gilt besonders für Parteien, die die bestehende Wirtschaftsverfassung in Frage stellen oder ökologische Forderungen stellen. Es bleibt dann nur die Wahl, sich nicht an der Wahl zu beteiligen, als Protestwähler aufzutreten oder das kleinere Übel zu wählen, alle keine begeisternden Aussichten, auch wenn letzteres als hohe demokratische Tugend des Kompromisses angepriesen wird.

Auch die zweite Form der politischen Beteiligung, die Mitarbeit in Parteien, ist für Lohnabhängige ohne eine qualifizierte Schul- und Universitätsausbildung schwer möglich. Selbst die SPD als traditionelle Arbeiterpartei hat unter ihren Mitgliedern weniger Arbeiter, als es ihrem Anteil an der Erwerbsbevölkerung entspricht, ganz zu schweigen von anderen Parteien. Bei den aktiven Parteimitgliedern dominiert mittlere und höhere Bildung. Wenigen gelingt der Sprung von der Basis aus, wenn sie sich nicht innerhalb der Parteien, Gewerkschaften oder anderen Interessenverbänden hochgearbeitet haben und die Garantie abgeben, der Führungsschicht loyal gegenüberzustehen. Der unzureichenden Vertretung von Arbeiterinteressen steht die anteilsmäßig hohe Quote von Beamten gegenüber; obgleich die Beamtenschaft nur 7% der Erwerbsbevölkerung ausmacht, sind im Parlament nicht selten mehr als 50% beamtet. Die Stillegung der Demokratie drückt sich auch in einem Fehlen einer innerparteilichen Demokratie, wie U. Lohmar es aufgewiesen hat, und an der Kandidatenaufstellung aus. So beklagte der SPD-Politiker Carlo Schmid, daß beim heutigen Wahl- und Parteienrecht »an dem Tag, an dem die politischen Parteien ihre Kandidatenlisten aufstellen, praktisch schon 80% der Abgeordneten des Bundestages gewählt sind«[32].

---

32. C. Schmid, Politik und Geist, 1961, 76.

Wichtiger als die Neutralisierung von Wahlen und Parlamenten und ihre Verwandlung in Einrichtungen, die statt einer demokratischen Machtveränderung in der Gesellschaft nur zur Rechtfertigung der bestehenden Machtverteilung dienen, ist jedoch die Tatsache, daß es insbesondere den organisierten wirtschaftlichen Interessen stets gelungen ist, ihre politischen Vorstellungen nicht nur durch die ihnen verpflichteten Abgeordneten, sondern vor allem jenseits des Parlaments zu Gehör zu bringen und die Gesetzgebung und Politik einer Regierung in ihrem Sinne entscheidend zu beeinflussen. Dies vollzieht sich durch die direkte Einflußnahme auf Parlamentarier und vor allem auf die staatliche Exekutive in Gestalt von Beiräten, Kontaktbüros und Eingaben der Unternehmensverbände. Im Umkreis der Ministerien, die sich mit wirtschaftlicher Lenkung befassen, bestehen 50 Beiräte, 35 Kommissionen und 20 Ausschüsse, in denen die Vertreter der Unternehmensverbände, gesetzlich abgesichert und institutionalisiert, oft die entscheidenden Persönlichkeiten darstellen. Die Zahl der Kontaktbüros, die Unternehmerorganisationen unterhalten, werden auf 500–1500 geschätzt, mit mehreren zehntausend Mitarbeitern. Im Jahr 1962 reichte der Bundesverband der Deutschen Industrie von insgesamt 100 als »wichtig« bezeichneten Eingaben nur vier beim Bundestag ein, dagegen 96 bei den zuständigen Bundesministerien, in deutlicher Einschätzung der politischen Bedeutung des Parlaments[33]. Das mangelnde Interesse von Abgeordneten, sich an Parlamentsdebatten zu beteiligen, ist das sichtbarste Eingeständnis dieser ihrer Ohnmacht.

Seit seinem Bestehen ist das Grundgesetz bereits etwa zwanzigmal geändert worden, aber es ist betrüblich zu beobachten, daß diese Änderungen meist eine Einschränkung bürgerlicher Rechte mit sich brachten, aber keine Änderung von Wahlbestimmungen, die zu einer größeren Mitentscheidung des Bürgers hätten führen können, wie z. B. die Einführung einer Wahl, in der nicht nur über bestimmte Kandidaten und ihre Parteien, sondern auch über Sachthemen zu entscheiden ist. Dies erst würde die Chance eröffnen, wirklich wichtige Themen öffentlich zu diskutieren.

Gewaltenteilung

Ein zweites wichtiges Kriterium einer Demokratie ist die Gewaltenteilung, die ein Machtgleichgewicht und einen Machtwechsel durch

---

33. Qualität des Lebens, Bd. 8 »Demokratisierung«, 1972, 171.

13 Demokratisierung

wechselnde Koalitionen ermöglicht. Die Theorie der Gewaltenteilung als Form gegenseitiger Machtkontrolle ist insbesondere für den politischen Bereich entwickelt worden. Dabei stützt sich diese Theorie auf reale politische Erfahrung. So teilte sich in der klassischen englischen Demokratie der im Oberhaus vertretene Adel mit dem durch das Unterhaus vertretenen Bürgertum in der gesetzgebenden Gewalt; zusammen mit dem König und dessen Verwaltung als ausführender Gewalt übten beide die Regierungsgewalt aus. In Preußen gab es, aufgrund anderer politischer Konstellationen und historischen Entwicklungen, den König mit einer kaum eingeschränkten Vollmacht über Armee und Verwaltung, daneben das Herrenhaus, in dem der Adel, und das Abgeordnetenhaus, in dem das Besitz- und Bildungsbürgertum seine Interessen vertrat. In der BRD steht ein relativ schwaches Parlament und ein Bundespräsident, der, verglichen mit den umfangreichen Kompetenzen des Reichspräsidenten in der Endphase des Weimarer Staates, politisch relativ einflußlos ist, einem Kanzler mit seinem Kabinett gegenüber, der nur schwer abwählbar ist, zugleich aber den vollen Zugriff über die Staatsverwaltung besitzt. E. Neusüß spricht hier mit Recht von einer »autoritären Kanzlerdemokratie«, die nicht nur als solche durch den ersten Kanzler der BRD geprägt wurde, sondern im Grundgesetz festgelegt ist[34].

Für ein formales Demokratieverständnis ist es ausreichend, wenn es eine stete Konkurrenz verschiedener Führungsgruppen gibt. Die sogenannte Pluralismus-Theorie geht davon aus, daß die Führungsschichten der verschiedenen Verbände versuchen werden, über Abgeordnete, aber auch direkt über die Regierung und vor allem über die Verwaltung Einfluß auf die politische Entscheidung zu nehmen und dabei untereinander in Konkurrenz treten. Wird der Arbeitgeberverband zu stark, wird die Führungsspitze der Gewerkschaften hier Gegendruck ausüben, fühlt die Generalität sich unterbewaffnet, wird sie die Unterstützung der Rüstungsindustrie suchen, ihren Einfluß zu verstärken; sieht sich die Atomindustrie öffentlichen Anfragen ausgesetzt, verbündet sie sich mit den Spitzen der entsprechenden Gewerkschaften. Es ist deutlich, daß eine solche Demokratie-Auffassung keine soziale oder inhaltliche Demokratie verwirklichen kann:

1. nimmt sie nicht zur Kenntnis, daß sich in allen gesellschaftlichen Sektoren im Zuge der verstärkten Bürokratisierung Führungsspit-

---

34. Neusüß, Demokratie (vgl. dieses Kap., Anm. 29), 129.

zen, sogenannte Oligarchien, herausgebildet haben, die dank in ihr kumulierter Macht im hohem Maße Anfragen aus der Basis abweisen und sich gegen sie abschirmen können. Für Sektoren, in denen keine oder nur geringe demokratische Verfahren vorhanden sind, wie in der Wirtschaft, dem Militär, der Staatsverwaltung, ist dies ohnehin selbstverständlich. Aber es gilt auch für Sektoren, die eine formale demokratische Verfassung aufweisen, wie die Gewerkschaften, die Kirchen und, wie gesagt, auch für die Parteien, obgleich es hier zwischen den einzelnen Parteien erhebliche Unterschiede an möglicher demokratischer Beteiligung gibt. Es sind die Führungsspitzen, die um die Verteilung von öffentlichen Mitteln und um eine für sie günstige Gesetzgebung kämpfen, aber es ist damit keineswegs garantiert, daß sie die Erwartungen und Bedürfnisse vertreten, die der Mehrheit der Bevölkerung und der in den Sektoren Tätigen entsprechen.

2. Wie überall, wo von Pluralismus gesprochen wird, ist der Hauptkritikpunkt, daß in einem pluralistischen System die einzelnen Kräfte höchst ungleich verteilt sind und damit auch die Möglichkeiten der Einflußnahme auf eine politische Entscheidung höchst unterschiedlich sind. Es ist sehr viel schwieriger, einen Generalstreik zu organisieren, als über ein Massenblatt zu verfügen, das dafür sorgt, daß Arbeiter (nicht) auf dumme Gedanken kommen. Das schwächt im allgemeinen besonders Führungsspitzen, die ihre Macht nur durch eine Massenmobilisierung demonstrieren können, denn eine ständige Abschirmung gegen die Interessen der Basis macht es schwer, in einem bestimmten Zeitpunkt Demonstrationen und Streiks zu organisieren, um Stärke zu beweisen. Da sind Drohungen, die auf der Basis von Eigentumstiteln beruhen, wie die Drohung mit Entlassungen und Investitionsstopp, sehr viel wirksamer.

3. setzt die Pluralismus-Theorie voraus, daß das Bestreben besteht, miteinander in Konkurrenz zu treten. Dies ist eine ungerechtfertigte Annahme; eher ist das Gegenteil der Fall: Konkurrenz ist kostspielig, nicht nur, wenn sie teuere Maschineninvestitionen verlangt, sondern auch, wenn es um die Verteilung von politischer Macht geht; sinnvoller ist immer noch ein Konsens über die Machtverteilung, auch wenn sie auf Kosten der Mitglieder geht. Gleichberechtigung und Partnerschaft von Kapital und Arbeit bedeutet dann die Gleichberechtigung von weniger als 25 000 Vertretern des Großkapitals und 26 Millionen Lohnabhängigen. In allen wichtigen

13 Demokratisierung

Entscheidungsgremien ist das Verhältnis im Vorstand der der Mitbestimmung unterliegenden Unternehmungen 1 : weniger als 1, und selbst gegen dieses Gesetz hat die Kapitalseite den Bundesgerichtshof angerufen. Diese Verhältniszahl drückt die wahren Machtverhältnisse aus, sie ist nur möglich, weil sie auf dem Konsens der Führungsschichten von Wirtschaft, Gewerkschaften und Staat beruht. Von daher ist sehr zu fragen, wie grundsätzlich Streitigkeiten zwischen Führungsspitzen sein können und ob wirklich eine Konkurrenz um Macht stattfindet; muß nicht eher von einem generellen Konsens gesprochen werden, wobei gewaltiges Bellen von der Seite des Kapitals oder der Gewerkschaften und das sanfte Mahnen des Staates nur dazu dient, die anderen an die abgesprochene Grenzziehung zu erinnern? Gegenüber alternativen Bewegungen von der Basis ergibt sich – jedenfalls nach bisherigen Erfahrungen – sehr rasch eine gemeinsame Abwehrfront.

Es lassen sich neben Wahl und Gewaltenteilung noch weitere Kriterien für Demokratisierung nennen, die in diesem Zusammenhang diskutiert werden könnten. Nur *die Forderung nach der Offenlegung aller Entscheidungsprozesse* würde gewährleisten, daß auch das »zweite Parlament der BRD«, die organisierte Interessenvertretung der Wirtschaft und anderer gesellschaftlicher Sektoren, in voller Schönheit an das Tageslicht der Öffentlichkeit treten würde. Wie könnte die kritische Öffentlichkeit in einem Betrieb aussehen, die nicht allein aus der von der Betriebsleitung herausgegebenen Werkszeitschrift bestünde und in der keine Friedenspflicht für den Betriebsrat existierte? Ist ein weiteres Demokratie-Kriterium eine möglichst *breite Beteiligung an einer Entscheidung,* so wäre zu fragen, was gegenüber einsamen Beschlüssen zu tun ist, aber auch, wieweit es auch in komplexen Organisationen möglich ist, nicht alle Entscheidungen zu zentralisieren, sondern dort zu fällen, wo die Entscheidungen den von ihnen Betroffenen besser zugänglich sind. Wieweit sollen in solche Entscheidungen über Produkte auch die Voten der Käufer eingehen; dies sind Fragen, die in dem Zusammenhang von *Mehrheitsentscheidungen* zu diskutieren wären, die diesen Namen wirklich verdienen.

Die Erfahrung, daß es in zweihundert Jahren trotz des immensen Einsatzes vieler Menschen nicht zum Übergang von einer formalen zu einer sozialen Demokratie gekommen ist, eine Erfahrung, die verstärkt wird durch die wachsende Entfremdung aufgrund der anwachsenden bürokratischen Zentralisation, hat zu den verschiedensten Gegenreaktionen geführt, zur Kultivierung des privaten

Raumes, der freilich immer stärker durch Lärm und zerstörte Natur bedroht ist, zum Rückzug ins Innerliche, zu wilden Streiks und Demonstrationen, zu Initiativgruppen und Bürgerbewegungen, bildet aber auch den Grundstock für eine umfassendere politische Bewegung, die die Demokratisierung aller gesellschaftlichen Sektoren fordert.

Einwände gegen Demokratisierung

Gegen die Demokratisierung gesellschaftlicher Sektoren gibt es eine Reihe ständig wiederkehrender Einwände, von denen die wichtigsten die folgenden sind: 1. Demokratisierung kann es nur für den politischen Bereich geben; 2. Demokratisierung und Effizienz lassen sich nicht miteinander verbinden; 3. das Apathieproblem ist unüberwindbar; 4. Demokratisierung ist zu zeitaufwendig. Gehen wir diesen einzelnen Punkten nach.

1. *»Demokratisierung kann es nur für den politischen Bereich geben«:* Hinter diesem Argument verbirgt sich die liberale Grundannahme, für eine wünschenswerte Gesellschaft sei die Trennung von Staat und Gesellschaft notwendig. So ist es das besondere Anliegen von W. Hennis in seiner Schrift über Demokratisierung, einen politikfreien Raum zu sichern[35], wobei er aber eher die Sicherung einer privaten Sphäre im Auge hat als die Freiheit der Wirtschaft. Hier drückt sich die bereits mehrfach angeführte Konfusion im Freiheitsbegriff aus, bei dem der Schutz der privaten Lebenssphäre gleichgesetzt wird mit der Freiheit der Wirtschaft. Ebenso vertreten die im April 1971 beschlossenen »Neun Thesen gegen die Verfälschung des Begriffs Demokratie und den Mißbrauch der demokratischen Ordnung« des Politischen Beirates des Zentralkomitees der Deutschen Katholiken die Auffassung: »Demokratie ist eine politische Ordnung und findet ihre Grenze dort, wo der Bereich der Politik aufhört und die nichtpolitischen Bezirke der Gesellschaft beginnen«; das gleiche gilt auch für den Begriff der Demokratisierung. Dagegen wird kein Einwand gegen die Forderung nach Mitwirkung, Mitbestimmung und Mitverantwortung erhoben, die unter den Begriff der Partizipation zusammengefaßt werden. Mit allem, was darüber hinausgeht, drohe eine Politisierung der Gesellschaft[36].

35. Hennis, Demokratisierung (vgl. dieses Kap., Anm. 1), 13f.
36. Zentralkomitee der deutschen Katholiken, Beirat für politische Fragen, »Neun

Das wesentliche Unbehagen jedoch, das weder bei Hennis noch bei den ZK-Thesen deutlich ausgesprochen wird, beruht auf der Vermutung, daß hinter Demokratisierung eine »Ideologie« (das ZK-Papier spricht von »Agitation«) steht, die auf eine inhaltliche Demokratie gesamtgesellschaftlicher Natur ausgerichtet ist. Partizipation dagegen bedeutet eine Form der Mitbestimmung, die über die Grenzen des jeweiligen gesellschaftlichen Sektors nicht hinausgreift. Mitbestimmung in der Wirtschaft meint dann eine solche, die innerhalb der Rationalität des kapitalistischen Wirtschaftssystems bleibt, aber nicht Tendenzen zeigt, die auf eine Vergesellschaftung hinauslaufen. Mitbestimmung des vom Betrieb abhängigen Arbeiters ist positiv zu werten, aber die Mitwirkung der Gewerkschaften, denen Systemveränderungswünsche unterstellt werden, erfüllt mit bösem Verdacht. Bleibt es bei einer solchermaßen eingeschränkten Mitbestimmung, dann ist freilich die Frage zu stellen, ob es hier um wirklich mehr als um kosmetische Reparaturen am kapitalistischen System geht. Ähnlich bedenklich erscheint es, wenn eine Mitbestimmung im wirtschaftlichen Bereich damit begründet wird, für jeden demokratischen Bereich gelte die Gleichberechtigung organisierter Interessen, so auch in der Wirtschaft; in diesem Falle sind wir wieder bei der Partnerschaft von Kapital und Arbeit angelangt (so bei R. Löwenthal)[37].

2. *»Demokratisierung und Effizienz lassen sich nicht miteinander verbinden«:* Wäre dies Argument stichhaltig, wäre es nur konsequent, auch die Parlamente abzuschaffen (was ja auch durchaus durch die geschehen ist, die die Parlamente als »Quasselbuden« denunzierten); zumindest bedeutet es eine erhebliche Abwertung parlamentarischer Arbeit. Auch hat die zwanzigjährige Praktizierung von paritätischer Mitbestimmung in der Montanindustrie, wie die Biedenkopf-Kommission nachgewiesen hat[38], gewiß keinen Effizienzverlust der westdeutschen Stahlindustrie bewirkt, sondern hat »dazu beigetragen . . ., in der strukturellen Ineffizienz des Kapitalismus begründete Strukturkrisen bzw. unternehmerische Strukturveränderungen durch bessere mittelfristige Personalplanung und kurzfristige Sozialpläne weniger asozial, damit weniger eruptiv und

---

Thesen gegen die Verfälschung des Begriffs Demokratie und den Mißbrauch der demokratischen Ordnung«, These VI, 19f.
37. R. Löwenthal, Demokratie und Leistung, in: G. Lührs (Hg.), Beiträge zur Theoriediskussion, 1973, 147–170.
38. Sachverständigenkommission zur Auswertung der bisherigen Erfahrungen bei der Mitbestimmung, Mitbestimmung, Mitbestimmung in Unternehmen, 1970.

funktionsstörend sich auswirken zu lassen als etwa in Belgien oder England«[39]. Die Möglichkeit, am Arbeitsplatz mitzubestimmen, erhöht erheblich die Arbeitsmotivation. Wird Effizienz gegen Demokratisierung darüber hinaus auf einer gesamtgesellschaftlichen Ebene verrechnet, dann mindert sich der Konflikt zwischen Mitbestimmung und Leistung erheblich. Überhaupt kann Effizienz nicht das letzte Argument sein, denn der Wert der Selbstentfaltung wie der Schutz der Bürgerrechte sind von grundsätzlicher Bedeutung; der Schutz der individuellen Sphäre gilt nicht nur gegenüber politischer Willkür, sondern auch gegenüber wirtschaftlicher Planungen, die sich auf die Erhaltung oder Veränderung des Arbeitsplatzes auswirken; diese kann der Lohnabhängige bisher wenig beeinflussen, sondern muß sie opferbereit hinnehmen.

3. »*Das Apathie-Problem ist unüberwindbar*«: Der Vorwurf, die meisten Menschen seien an Mitbestimmung nicht interessiert, formuliert in der mehr populären Formel: »Die meisten sind froh, wenn für sie entschieden wird«, wird vielfach gegen eine Erweiterung demokratischer Mitbestimmung gerichtet. Von manchen Theoretikern der Demokratie wird die Apathie der meisten Wähler nicht als Problem empfunden, eher gilt das Gegenteil: »Ein plötzlicher Anstieg der Wahlbeteiligung ... als Folge von Spannungen und ernstlichen Störungen der Staatstätigkeit«, so schließt S. M. Lipset in seiner Studie »Political Man« nicht zuletzt aus der politischen Geschichte Deutschlands, »durchsetzt die aktive Wählerschaft mit Menschen ..., deren soziale Einstellung hinsichtlich der Erfordernisse eines demokratischen Systems ungesund ist«[40], und R. Dahrendorf sekundiert ihm: »Übersetzen wir diese Erkenntnis in ein Werturteil, so können wir auch sagen, Nichtteilnahme sei innerhalb gewisser Grenzen nicht nur tragbar, sondern geradezu wünschenswert.«[41]

Apathieverhalten hat viele Gründe; die wichtigsten sind die mangelnde Ausbildung und fehlende Information, um Entscheidungsprozesse zu durchschauen und sie zu beeinflussen, die Irrelevanz von Entscheidungen, zu denen man zugelassen wird (F. Naschold spricht hier von manipulierter »Pseudo-Beteiligung«[42] – Demokra-

---

39. F. Vilmar, Strategien der Demokratisierung, Bd. 1: Theorie der Praxis, 1973, 332f.
40. S. M. Lipset, Soziologie der Demokratie, (1960), 1962, 241.
41. R. Dahrendorf, Für eine Erneuerung der Demokratie in der Bundesrepublik, 1968, 36f.
42. F. Naschold, Organisation und Demokratie, 1969, 82.

tie wird zur Spielwiese), die Erfahrung andauernder Ohnmacht und Niederlagen in Entscheidungsprozessen, die Langweiligkeit von Routineentscheidungen. All dies macht darauf aufmerksam, daß Apathie stets von zwei Seiten angegangen werden muß: *Einerseits* ist Demokratisierung mit einem ständigen Lernprozeß verbunden: »Aktivierung ... ist unerreichbar, solange nicht in Parteien wie Kommune, in Schulen, Betrieben wie in Familien und Kindergärten, Gewerkschaften und Kirchen den Heranwachsenden und Erwachsenen die Eingriffsmöglichkeiten in die naheliegenden, ihrer sprachlichen und sachlichen Kompetenz gemäßen Mitwirkungsbereiche wesentlich vergrößert werden und sich für sie darin *reale Chancen der Veränderung* ihrer Lage abzeichnen.«[43] Hier liegt die Bedeutung der von W.-D. Marsch genannten Gruppen im vorpolitischen Bereich. Es geht um die Erfahrung einer Demokratie als Lebensform. *Andererseits*, auch darauf weist obiges Zitat hin, müssen die Fähigkeiten der Beteiligten berücksichtigt werden: sie dürfen die Betroffenen nicht unterfordern, aber auch nicht überfordern. Wichtig ist es, um Apathie-Verhalten zu vermindern, daß es ein Wechsel-Verhältnis zwischen dem formellen Einüben demokratischer Regeln und einer schriftlich verbindlichen Festlegung, zwischen informellen Regeln der Mitbestimmung und der Institutionalisierung dieser Regeln als Vorschrift oder Gesetz gibt. Vielfach werden betriebliche Rechte von Betriebsrat und Lohnabhängigen nicht wahrgenommen, weil sie darüber nicht informiert worden sind oder den Betroffenen nicht der Mut gemacht wird, auf ihren Rechten zu bestehen. Oft aber auch haben sich Mitbestimmungsregeln am Arbeitsplatz eingespielt, die aber früher oder später einer vertraglichen und juristisch festgelegten Regelung bedürfen, um nicht in Zeiten der Krise wieder beseitigt zu werden.

4. »*Demokratisierung ist zu zeitaufwendig*«: Dies Argument ist zutreffend. Jede Demokratisierung von Organisationen braucht einen erhöhten Zeitaufwand und eine langfristige Zeitperspektive. »Untersuchungen in Industriebetrieben haben gezeigt, daß selbst unter günstigen Voraussetzungen, wie geringer Betriebsgröße, Übereinstimmung im Management, hohem Ausbildungsstand der Organisationsmitglieder, eine demokratisch orientierte Umstrukturierung der Entscheidungsprozesse fünf und mehr Jahre dauert.«[44] Dies ist verständlich, denn jeder Demokratisierungsprozeß bringt

---

43. Vilmar, Strategien (vgl. dieses Kap., Anm. 39), 140.
44. Naschold, Organisation (vgl. dieses Kap., Anm. 42), 93.

große persönliche Schwierigkeiten für jeden der Beteiligten mit sich, da hier verfestigte Strukturen und Verhaltensweisen neugestaltet werden müssen. Viele Beteiligten müssen ihr Arbeitsverhalten ändern und manche verlieren an Einflußmöglichkeiten. Die Bestimmung der einzelnen Kompetenzen kann nur beschränkt von Anfang an festgelegt werden und bedarf der Erfahrung einer Erprobungszeit.

Demokratisierung ist weder nur die Arbeit von Funktionären noch nur eine Freizeitbeschäftigung: *sie ist gesellschaftliche Arbeit.* Als solche sollte sie auch anerkannt werden. Wir finden eine bezahlte Freistellung von der Arbeit bei einzelnen Arbeitnehmern im Rahmen des Betriebsverfassungsgesetzes, von Beamten und Vertretern von Wirtschaftsverbänden, soweit es sich um direkte politische Arbeit handelt. Wir finden den Bildungsurlaub, in dem die Möglichkeit besteht, sich mit Demokratisierungsmodellen vertraut zu machen. Aber dies sind nur vorsichtige Ansätze, die sich auf einzelne beschränken, wie auch allein auf die gesellschaftlichen Bereiche von Politik und Wirtschaft. Kaum eine dieser Freistellungen überschreitet den Bereich der eigenen Berufstätigkeit; es sei denn in Tätigkeiten, die dem Freizeitbereich zuzurechnen sind und daher nicht als Teil der gesellschaftlichen Arbeit angesehen werden. Ich kenne nur eine bezahlte Freistellung von der Arbeit, die bereichsüberschreitend ist: die Tätigkeit des Schöffen. *Aber alle Arbeit, die der Demokratisierung dient, ist gesellschaftliche Arbeit;* der Lohnausfall sollte vergütet werden, wie das auch bei Parlamentariern der Fall ist. Zudem tut sich gerade angesichts der anstehenden Arbeitszeitverkürzung die Möglichkeit auf, zu einer für die persönliche Entfaltung wichtigen Tätigkeit zu kommen.

Zwei theologische Stellungnahmen zur Demokratisierung

Nachdem Formalisierung der Demokratie und Bürokratisierung als die Veränderungen skizziert wurden, die eine Demokratisierung aller gesellschaftlichen Bereiche unabdingbar machen, und die wesentlichen Gegenargumente genannt und diskutiert wurden, möchte ich nun zwei sozialethische Äußerungen zur Demokratisierung referieren.

In dem »Konzept einer sozialethischen Theorie« von M. Honecker findet sich auch ein Abschnitt, in dem der Autor zunächst auf das historische Verhältnis der evangelischen Kirche zur Demokratie eingeht⁴⁵. Im weiteren erörtert er das gegenwärtige kirchliche Verständnis von Demokratie und kommt dann auf die Demokratisierung aller gesellschaftlichen Bereiche zu sprechen. Diese hält er für berechtigt, weil eine Demokratie in einer im übrigen undemokratischen Gesellschaft sich nicht halten könne. Doch meldet er Bedenken an, die er an J.-J. Rousseau und H. Marcuse exemplifiziert: Beide bestätigen ihm, daß erst mit einem neuen Menschen eine autonome Selbstbestimmung möglich sein wird. Er folgert daraus, »daß Demokratie – zumindest im Ansatz – verwirklicht werden muß und werden kann, auch solange wirtschaftliche und soziale Ungleichheit besteht«⁴⁶. Er ordnet den Gedanken des Rechtsstaats dem der Selbstbestimmung wie dem der vollkommenen Gleichheit über und begründet dies damit, »daß in der Demokratie eben zuerst das Recht des anderen – und nicht das private, vielfach egoistische Interesse bestimmter Gruppen und Individuen – geschützt werden soll«⁴⁷.

Zwei Gedankengänge gehen hier durcheinander: Zum einen werden eine direkte Demokratie, der Gedanke der Volkssouveränität und der Selbstbestimmung auf den zweiten Platz verwiesen und behauptet, dies sei innerhalb einer rechtsstaatlichen Ordnung nicht möglich. Dies verrät geringe Kenntnisse des Grundgesetzes; auch eine Rätedemokratie wäre in seinem Rahmen möglich, wie Peter v. Oertzen⁴⁸ nachgewiesen hat; ob sie durchsetzbar wäre, ist eine ganz andere Frage. Zum anderen wird eine soziale Demokratie abgelehnt zugunsten einer rechtsstaatlichen Ordnung, weil sie das »Recht des anderen« schützt. Aber welches Recht wäre denn zu schützen außer dem, das die wirtschaftliche und soziale Gleichheit verhindert, nämlich das Recht auf den Besitz an Produktionsmitteln? Es ist fatale Strategie, erst den Radikaldemokraten rechtsstaatliches Denken zu bestreiten und die Förderung egoistischen Gruppen- und Individualverhaltens zu unterstellen, wo Radikaldemokratie genau das Gegenteil vertritt, und dann die soziale Ungleichheit zu rechtfertigen, indem es so erscheint, als beträfe eine Einschränkung des Rechts des anderen die sozial Schwachen und nicht das Kapital. Und über diesem seiltänzerischen Verhalten wird das vergessen, worum es anfänglich ging, nämlich die Demokratisierung aller gesellschaftlicher Bereiche. Ein kühner Gedanke, und schon wird

---

45. Honecker, Konzept (vgl. Kap. 1, Anm. 9), 146–168.
46. AaO. 166.
47. Ebd.
48. P. v. Oertzen, Freiheitliche demokratische Grundordnung und Rätesystem, in: U. Bermbach (Hg.), Theorie und Praxis der direkten Demokratie, 1973, 173–185.

Honecker von soviel Angst überfallen, daß er sich ans sichere Ufer des Bestehenden rettet.
Offener gegenüber der Demokratisierung ist R.-P. Callies, ein theologisch engagierter Jurist, in seinem Beitrag zur Mitbestimmung in »Kirche und Demokratie«[49]. Angesichts der Schwerpunktverlagerung der Schwerindustrie von der Montanindustrie auf die Auto-, Elektro- und Chemieindustrie begrüßt er eine Ausweitung der Mitbestimmung auf die letztgenannten Industrien. Er ist der Meinung, daß die Interessen von Arbeitnehmern und der Unternehmensführung nicht identisch sind und daß es gelte, die Gegensätze auszudiskutieren, statt der »Utopie der Eintracht« nachzujagen[50]. Mitbestimmung ist für ihn ein »*Dialog* als *Interaktion(s)-, Kommunikations- und Informationsprozeß*«[51]. Dieser bedeutet Anerkennung des Konflikts, Bereitstellung von Verhaltensmustern für ihren Austrag wie für ihre Kontrolle und erfordert die Vorlage einer Bildungs- und Ausbildungsplanung, die die Intentionen verständlich macht.
Callies hat jedoch Bedenken gegen eine Wirtschaftsdemokratie neben der politischen Demokratie. Es geht ihm um die »dialogisch-demokratische Existenzweise des Menschen«[52], die sich im Betrieb mit seiner materiellen Interessiertheit verbindet. Von daher richtet er an die Gewerkschaften die zweifelnde Anfrage, ob sie vielleicht nicht doch übergreifende machtpolitische Interessen verfolgten. Callies befürchtet einen Wirtschaftsrat nach dem Vorbild des in den zwanziger Jahren gegründeten Reichswirtschaftsrats und damit eine Formierung der Gesellschaft – zu diesen Zeiten war gerade die Erhardsche Formel von der »formierten Gesellschaft« aktuell. Das laufe hinaus »auf die Beseitigung der dialogischen Situation der Gesellschaft, wo einzelne Gruppierungen für das ganze Volk zu sprechen beanspruchen und nicht mehr sehen, daß sie Teilaspekte der einen, ganzen Wirklichkeit ins Spiel zu tragen haben«[53].
Faktisch bleibt Callies bei dem stehen, was wir oben »Partizipation« genannt haben, eine gleichberechtigte Mitbestimmung im Betrieb, aber ohne Tendenz, zu einer sozialen Demokratie zu kommen. Freilich kann eine solche Form der Mitbestimmung im Dialog wenig für eine gesamtgesellschaftliche Entwicklung beitragen. Wesentliche Entscheidungen fallen eine Ebene höher. Tatsächlich hat sich

---

49. R.-P. Callies, Kirche und Demokratie, 1966, 25–37.
50. AaO. 32f.
51. AaO. 32.
52. AaO. 34.
53. AaO. 36f.

13 Demokratisierung

der Vorschlag eines Wirtschaftsrates durchgesetzt, nämlich in dem etwas unverbindlicheren Konzept der »Konzertierten Aktion«, die freilich derzeit (1978) nicht zusammentritt, weil selbst das Mitbestimmungsgesetz von dem einen »Dialogpartner« nicht akzeptiert wird. Wenn überhaupt, stellen gegenwärtig nur die Gewerkschaften die politische Macht dar, die Ansätze sozialer Demokratie durchsetzen könnten. Wenn jedoch bei der Gewerkschaftsspitze, vielleicht mit sichtbarem Unbehagen, die Tendenz bestehen sollte, mit der Spitze der Wirtschaft und der Regierung einen solchen Rat zu institutionalisieren, bedeutet dies eine Form von autoritärer Wirtschaftsführung, die sowohl das Parlament überflüssig macht als auch jede Demokratisierung der Wirtschaft.

Es sollen nicht die Möglichkeiten bestritten werden, die sich mit dem Mitbestimmungsgesetz ergeben. Wenn jedoch, wie insbesondere bei den Jungsozialisten, damit die Hoffnung verbunden wird, hier sei ein Weg gefunden, die Vergesellschaftung der Produktionsmittel auf dem Weg der Demokratisierung der Wirtschaft zu erreichen, so bleibt dies ein Thema einer offenen Diskussion. Es fragt sich, ob sich hier nicht der gleiche Prozeß wiederholt, der sich bei den harten Kämpfen um das allgemeine Wahlrecht abgespielt hat: Als es endlich errungen war, erwies es sich dank der möglichen Neutralisierung als eine stumpfe Waffe. Es ist auch einer Frage wert, ob hier nicht politische Energien auf ein Feld abgeleitet werden, das die Kapitalseite nach den Erfahrungen mit der Montanmitbestimmung glaubt sicher im Griff zu haben. Es ist sicher, daß die Lohnabhängigen diese Chance nützen müssen, aber einen Ersatz für die Vergesellschaftung der Produktionsmittel stellt die Demokratisierung der Wirtschaft in der Form des Mitbestimmungsgesetzes so noch nicht dar[54].

Auffällig ist, um dies zum Abschluß zu sagen, daß bei allen Versuchen und Ansätzen, Demokratisierung zu diskutieren und zu realisieren, ein Bereich bisher völlig ausgespart worden ist, nämlich der immer *stärker anwachsende Bereich der staatlichen Verwaltung,* z. B. der Kultusverwaltung und der Sozialverwaltung. Dies liegt sicher daran, daß diese staatlichen Bereiche als Exekutive aufgefaßt werden, die die vom Parlament beschlossenen Gesetze ausführen. Es muß aber ernsthaft bezweifelt werden, daß durch das Parlament eine wirksame Kontrolle ausgeübt werden kann, gerade wenn man

---

54. Zur sozialethischen Diskussion vgl. A. Rich, Mitbestimmung, 1973; dazu die Kritik von G. Brakelmann, Mitbestimmung in der Industrie, in: Zeitschrift für Evangelische Ethik, 18, 1974, 360–365; Rat der EKD (Hg.), Mitbestimmung in der Wirtschaft, 1973.

die mit vielen unterschiedlichen Aufgaben belasteten Parlamentarier betrachtet. Auch hier müssen demokratische Mechanismen eingebaut werden, die auch die einschließen, die von den jeweiligen staatlichen Regelungen betroffen sind. Anders sind die zunehmenden Entfremdungserscheinungen durch bürokratische Apparate nicht anzugehen, und damit auch nicht das Mißtrauen gegen die Konzentration staatlicher Macht.
Demokratisierung der gesellschaftlichen Sektoren, einschließlich die der staatlichen Bürokratien, erfordert den Aufbau demokratischer Kontrollorgane, die auf die Besetzung von Stellen und ihre Tätigkeit einwirken können. Eine solche Demokratisierung würde die alte in vielen Teilen überholte, weil unwirksame Gewaltenteilung in Parlament und Exekutive ergänzen. Hinzutreten müßte eine größere Offenlegung der anstehenden Konfliktpunkte sowie eine Dezentralisierung und Differenzierung von Entscheidungsprozessen; nicht alles muß an der Spitze entschieden werden. Die Fülle von Vorschriften, die von keiner Seite mehr ausreichend zur Kenntnis genommen werden und werden können, schafft noch keine Sicherheit, daß bei der gleichen Problemlage gleich entschieden wird.

Demokratisierung der Kirche

Während in den letzten Jahren es innerhalb der katholischen Kirche heftige Diskussionen um die Demokratisierung gab, die auch zu sichtbaren Ergebnissen geführt haben, ist diese Frage innerhalb der evangelischen Kirche nicht sonderlich intensiv aufgegriffen worden[55]. Dieser Unterschied ist verständlich angesichts der traditionellen hierarchischen Struktur der katholischen Kirche. Dagegen wurden in den evangelischen Landeskirchen im Laufe des 19. Jahrhunderts aus der Notwendigkeit heraus, an die Stelle der Landesfürsten bei der fortschreitenden Trennung von Kirche und Staat ein neues oberstes Entscheidungsorgan zu setzen, Synoden gebildet. Ihre Aufgabenstellung entsprach in vielen Zügen dem parlamentarischen Prinzip, wenn auch nicht in allem. So ist im allgemeinen, insbesondere nicht in den lutherischen Kirchen, keine Teilung in gesetzgebende und exekutive Funktion herausgebildet worden; der Bischof, selbst Kirchenpräsidenten, werden vielfach als Gegenüber zur Syno-

---

55. Vgl. D. Stoodt, Demokratisierung der Kirche, in: Wissenschaft und Praxis in Kirche und Gesellschaft 59, 1970, 209–219.

13 Demokratisierung

de verstanden, was sich ausdrückt in seiner längeren Amtsdauer und/oder seiner faktisch ständigen Wiederwahl. Die Gewaltenteilung besteht daher eher nach dem Prinzip des Gegenüber von Amt und synodaler Vertretung. Trotz solcher theologisch bedingter Unterschiede ist unter der Hand ein Verständnis von Legislative und Exekutive in Angleichung an das politische System weit verbreitet.

Anders als der hierarchische Aufbau der katholischen Kirche wird deshalb, soweit Kirchenmitglieder über Informationen verfügen und die evangelische Kirche nicht einfach mit der katholischen identifiziert wird, die Verfassung der evangelischen Kirche nicht als autoritärer Fremdkörper innerhalb einer demokratischen Gesellschaft empfunden. Die demokratischen Kriterien der Wahl, der Gewaltenteilung, der Öffentlichkeit sind nach der Maßgabe des parlamentarischen Systems gegeben. Die evangelische Kirche teilt jedoch damit auch die Schwächen der repräsentativen Demokratie. Diese sind dadurch verstärkt, daß man an den Formen einer Honoratioren-Demokratie festgehalten hat oder nach dem 2. Weltkrieg auf sie zurückgefallen ist. Ich möchte hier nicht die Verfassungsordnungen der ev. Landeskirchen detailliert diskutieren, was angesichts ihrer Unterschiedlichkeit ziemlich schwierig ist, sondern möchte auf einige Punkte verweisen, die allen oder fast allen gemeinsam sind.

1. Im Unterschied zu den Direktwahlen für die Parlamente gibt es für die Synoden allgemein nur ein *indirektes Wahlrecht*. Das untere Vertretungsorgan wählt jeweils Synodale aus seinen Reihen für das nächsthöhere Organ. Ein solches Verfahren hilft dazu, daß sich die Zusammensetzung der Landessynode nur langsam ändert, weil eine neue Richtung nicht die Landessynode kurzfristig majorisieren kann, wenn sie die nötigen Stimmen erhält, sondern sich auf dem sehr viel mühsameren Weg über Kirchenvorstand und Dekanatssynode durchsetzen muß (ich wähle die Bezeichnungen der Ev. Kirche in Hessen und Nassau). Ein solcher Umschwung geschah bei der ersten Wahl zur Verfassung der Deutschen Evangelischen Kirche am 23. 7. 1933 – sie war eine Direktwahl –, als die »Glaubensbewegung Deutsche Christen« durchschnittlich rund 70% der Stimmen gewinnen konnte. Obgleich ähnliche Ergebnisse auch bei den politischen Wahlen erzielt wurden, zogen nur die Kirchen nach 1945 die Konsequenz durch die Einführung einer indirekten Wahl. Ihr altes Mißtrauen gegen die Massen hatte sich für sie wieder einmal bestätigt und ließ eine solche Einschränkung der direkten Wahl als sinnvoll erscheinen. Damit wird aber zugleich auch ausgedrückt,

daß man dem Kirchenvolk keine theologische Mündigkeit zutraut. Das Grundproblem wurde freilich damit nicht gelöst, nämlich die Frage, wie man mit der kirchlichen Mitgliedschaft derer umgeht, die an der Kirche kein spezifisch religiöses oder ethisches Interesse, wohl aber den Wunsch haben, ihr weiterhin anzugehören.

2. Die weitere bemerkenswerte Folge des Schocks der Kirchenwahl von 1933 besteht in der *Abschaffung der Kirchenparteien* nach 1945. Eigentlich ist dies ein radikaldemokratisches Prinzip: das Verbot von Parteibildungen, so in der Verfassung der SU, bedeutet, daß der Volkswille nicht durch die Parteien verfälscht werden soll, sondern sich als Wille der Mehrheit durchsetzt. Die Abschaffung wurde in der ev. Kirche begründet mit dem Wunsch, sich als Gemeinschaft zu sehen, die in allen Fragen Einmütigkeit sucht, und nicht, wie in den Parlamenten, als Konkurrenz von kirchlichen Gruppen; den Weg, den die Verfassung der BRD mit dem Parteienprivileg – nur Parteien vertreten den Willen des Volkes im Parlament – gegangen ist, wollten die Kirchen nicht mitvollziehen. Faktisch hat dies jedoch dazu geführt, daß die Willensbildung in den Synoden wenig durchsichtig ist. Der Wähler wählt Personen seines Vertrauens in den Kirchenvorstand, hat aber keine Möglichkeit, mit seiner Stimme auch ein bestimmtes kirchenpolitisches Programm zu wählen; sein Interesse bleibt damit notwendigerweise auf die Art und Weise beschränkt, welche Arbeit im Kirchenvorstand und in der Gemeinde als ganzer geleistet wird.

3. Wenn ich vorhin von einer *Honoratioren-Demokratie* gesprochen habe, ist damit gemeint, daß die evangelische Kirche eine Kirche der Pastoren, der Beamten und der Männer ist. In den Landessynoden machte 1968 die Zahl der Theologen fast 40% aus, und in der EKD-Synode waren es über 50%. Fast 64% in den Landessynoden und über 80% in der EKD-Synode haben einen akademischen Abschluß, und mit Kirchen- und Staatsbeamten zusammengenommen sinkt ihr Anteil an der Gesamtzahl der Synodalen nur in Ausnahmefällen unter die 60%-Marge. Der Anteil der Frauen ist – trotz steigender Tendenz – nicht nennenswert, die Zahl der Arbeiter kann man fast ganz vernachlässigen. Auch hier zeigen sich keine grundlegenden Unterschiede gegenüber den Parlamenten; es besagt nur, daß in beiden ein ähnliches Verhältnis von Demokratie sich breitmacht: In der Kirche verfügen nur Akademiker und unter ihnen vor allem Theologen und Beamte über den notwendigen Theologie- und Rechtsverstand. Auch wenn die evan-

gelische Kirche von ihrem Mitgliederbestand her gesehen eine Volkskirche ist, spiegelt sie doch nur die allgemeine Herrschaftsstruktur der BRD wieder[56].

4. Es lassen sich Überlegungen anstellen, *wie diese Diskriminierungen abgebaut* werden können, um eine breitere Beteiligung der Klassen und Schichten wie der Frauen zu erreichen. Dabei wird es wahrscheinlich schwer sein, eine bessere Beteiligung der Arbeiter, selbst der Facharbeiter, zu erreichen, weil diese in der Kirche keine ihr angemessene Atmosphäre finden und sich eher, wenn sie sich überhaupt organisieren, dies in Vereinen und Gewerkschaften tun. Viel entscheidender ist jedoch der Mechanismus der »kirchlichen Sozialisation per Beteiligung«. Ich meine damit die Beobachtung, daß die meisten Kirchengemeinden ein relativ breites Programm anbieten, für deren Teilnahme eine spezifische religiöse Gesinnung keine Voraussetzung ist. Hier agiert die Kirche als Anbieter, ein Angebot, was meist wenig politischen, oft jedoch einen kulturellen Anstrich trägt. Auch an den von Kirchen organisierten politischen Initiativgruppen kann man sich beteiligen, ohne ein spezifisch biblisches Verständnis vom Glauben zu haben. Sobald jedoch ein Bewerber in den Kirchenvorstand, spätestens sobald er in die Dekanatssynode gewählt wird, erwartet ihn ein anderes Klima. Hier geschieht ein merkwürdiger Umschlag, von dem selbst Pfarrer betroffen werden. Hier ist Christlichkeit und Kirchlichkeit plötzlich eine Selbstverständlichkeit, und über die Existenz oder Nichtexistenz Gottes zu diskutieren, wäre, würde es je versucht, völlig unangemessen. Man ist unter sich, Grundsatzfragen brauchen, aber können auch nicht mehr gestellt werden. Mit den meisten Pfarrern kann man als einzelne noch über alles reden, nicht aber in den höheren Beratungsgremien. Dies schafft jene merkwürdige Ghettoisierung, die auch die evangelische Kirche auszeichnet und zu einer Blindheit über die religiöse Situation der Zeit führt, die so groß ist, daß erst mit Hilfe von Meinungsforschungsinstituten erfragt werden muß, was die Westdeutschen glauben, und wie stabil Kirche und Gottesdienst sind.

Demokratisierung in einer Volkskirche bedeutet, daß jeder, sofern er mag, seine Überzeugungen, seien sie religiöser, seien sie ethischer oder weltanschaulicher Art, in die Kirchenorganisation hereintragen und die Forderung stellen kann, sie kirchlich zu organisieren.

---

56. G. Rau, Die soziale Zusammensetzung evangelischer Kirchenräte und Synoden, in: Y. Spiegel (Hg.), Kirche und Klassenbindung, 1974, 66–83.

Hat eine Kirche nicht diese Flexibilität, besteht die Gefahr, daß wesentliche religiöse und politisch-ethische Entwicklungen sich an ihr vorbei entwickeln. Ein Beispiel sind die verschiedenen Bewegungen der Jugendreligiosität, vor denen die Kirchen vielfach fassungslos stehen, weil sie nie gelernt haben, oberhalb der Gemeinde auf Bedürfnisse zu reagieren. Ein Demokratisierungsprozeß bedeutet, den jetzigen Zustand von einer Kirche mit seiner großen Breite von Aktivitäten an der Basis und mit seiner Sektenmentalität an der Spitze so zu öffnen, daß Bedürfnisse von Kirchenmitgliedern diskutiert, geklärt, gefördert, erfüllt werden können. Die letzten Kirchentage haben gezeigt, was dies faktisch bedeutet; sie werden immer stärker zur Demonstration dessen, was an der Basis geschieht, aber in die kirchliche Organisation nicht integriert werden kann. Freilich ist der »Markt der Möglichkeiten« genau der falsche Begriff; denn hier geht es gerade nicht um vielfältige mögliche Angebote, die seitens der Kirchenorganisation gemacht werden, sondern um das religiöse und moralische Engagement von Gruppen, die auf ihre Ziele aufmerksam machen und Anhänger gewinnen wollen. Wenn die Kirche mit einem Gemisch aus Schauder und unverfrorenem Stolz behauptet, dies sei alles bei ihr »möglich«, so ist das Selbsttäuschung oder Fremdtäuschung, denn kaum einer dieser Gruppen vertritt ein Anliegen, das eine Synode mehrheitlich als das ihrige übernehmen würde.

Hier zeigt sich nur die Fortsetzung des seit dem Ende des 18. Jahrhunderts zu beobachtenden Auseinandergehens von Kirche und Christentum, auf das T. Rendtorff immer wieder hingewiesen hat[57]. Nebeneinander besteht ein Gesellschafts- und ein Kirchenchristentum, von denen das letztere ohne die Bereitschaft des anderen ganz anders und sehr viel ärmlicher existieren müßte, würde das erstere nicht durch die Bereitschaft, Kirchensteuer zu zahlen, und durch das Festhalten an einer allgemeinen Christlichkeit die Kirche alimentieren, während die Kirchenchristen die anderen dazu anhalten, nicht ganz den Kontakt mit der christlichen Symbolik zu verlieren. Diese Aufteilung spiegelt in gewisser Weise die alte Trennung zwischen Gesellschaft und Staat ab, deren Aufhebung sich eine soziale Demokratie erhoffte, indem sie der formalen entgegenwirkt. Lebt das kirchliche Christentum immer noch stark unter der Ägide des Staatschristentums und seiner verbindlichen Formen, ist das Gesellschaftschristentum bedürfnisorientiert und viel vielfältiger, aber kaum organisiert. Von daher bedeutet *Demokratisierung* in der

---

57. Vgl. z. B. Tr. Rendtorff, Christentum außerhalb der Kirche, 1969.

13 Demokratisierung

Kirche, daß das freie Christentum, wie es sich im 19. Jahrhundert nannte, einerseits eine Organisation findet, die ihrem Basischarakter entspricht, andererseits in der Lage ist, die kirchliche Bürokratie und ihre ihnen angehängten Synoden zu durchdringen.

Lesehinweise

Den besten und umfassendsten Überblick über *Demokratietheorien*, über die Engpässe der heutigen Demokratie und die Perspektiven: M. Greiffenhagen (Hg.), Demokratisierung in Staat und Gesellschaft, 1973; selbst über die Demokratisierung in der Kirche gibt es hier einen Artikel.

Über das geschichtliche Verhältnis von *Demokratie und Kirche*: Th. Strohm/H.-D. Wendland (Hg.), Kirche und moderne Demokratie, 1973, eine vorzügliche Zusammenstellung älterer und neuerer Arbeiten zu diesem Thema; daneben: W.-D. Marsch (Hg.), Die Freiheit planen. Christlicher Glaube und demokratisches Bewußtsein, 1971; zum gegenwärtigen Stand: H. Albertz/J. Thomson (Hg.), Christen in der Demokratie, 1978.

Einen ausgezeichneten kritischen Überblick über die verschiedenen *Demokratietheorien* vermittelt der Beitrag von E. Neusüß, Demokratie: Theorien und politische Praxis, in: F. Neumann (Hg.), Politische Theorien und Ideologie, 1974/1975, 81–146; einen Reader über die grundlegenden Texte zur Theorie der Demokratie haben zusammengestellt: F. Grube/G. Richter (Hg.), Demokratietheorien, 1975.

Über die *Bürokratisierungstendenzen* in den Industriegesellschaften gibt eine umfassende Übersicht: H. Jacoby, Die Bürokratisierung der Welt, 1969; gut lesbar ist auch W. Schluchter, Aspekte bürokratischer Herrschaft (TB), 1972; eine vertiefte politökonomische Erklärung in »das Thema der Zeit« (Jacoby) gibt K. Heymann, Bürokratisierung der Klassenverhältnisse im Spätkapitalismus, in: K. Meschkat/O. Negt (Hg.), Gesellschaftsstrukturen (TB), 1973, 92–129; wieweit auch die Kirchen in diesen Prozeß miteinbezogen sind und welche Probleme sich für eine mehr traditionsgeleitete Institution daraus ergeben, versucht zu analysieren: Y. Spiegel, Kirche als bürokratische Organisation, 1969.

Insgesamt versuchen die *demokratischen Verhärtungen* darzustellen: J. Agnoli/P. Brückner, Die Transformation der Demokratie, 1968; P. Bachrach, Die Theorie demokratischer Elitenherrschaft (1967), 1970.

Viele Anregungen, Modelle und Überlegungen bringen: F. Vilmar, Strategien der *Demokratisierung*, Bd. I: Theorie der Praxis; Bd. II: Modelle und Kämpfe der Praxis, 1973; insbesondere aus gewerkschaftlicher Sicht; G. Friedrichs (Redaktion), Demokratisierung, Qualität des Lebens, Bd. 8 (TB), 1972; sehr komprimiert, aber sehr systematisch, verlangt gute Kenntnis von Frankfurter Soziologen-Deutsch: K. O. Hondrich, Demokratisierung und Leistungsgesellschaft. Macht- und Herrschaftswandel als sozio-ökonomischer Prozeß, 1972.

Wesentliche Beiträge zur *Räte-Diskussion*: U. Bermbach (Hg.), Theorie und Praxis der direkten Demokratie (TB), 1973.

Zum sehr vielfältig zu interpretierenden Wert »*Emanzipation*« und seiner geschichtlichen und ökonomischen Hintergründe: G. Hartfiel (Hg.), Emanzipation – Ideologischer Fetisch oder reale Chance?, 1975; M. Greiffenhagen (Hg.), Emanzipation,

1973; das erste Buch ist mehr systematisierend aufgebaut, das zweite breiter angelegt; der Vorschlag einer Präferenz fällt schwer.

Das *besondere Buch*: J. Habermas, Strukturwandel der Öffentlichkeit (auch TB), 1962, ein beeindruckendes Beispiel anschaulicher Historiographie und soziologischer Systematisierung.

14 Verinnerlichung*

Zum Begriff

Verinnerlichung als gesamtgesellschaftliche Tendenz zu bezeichnen, ist sicher ungewöhnlich. Diese Vorstellung fehlt in Soziologien und Sozialethiken. Wo sie Erwähnung findet, nämlich als »Innerlichkeit«, wird sie meistens von den politisch Engagierten als bürgerliche Verklärung der eigenen Ohnmacht und als Rechtfertigung politischer Abstinenz verstanden. Th. Mann, der »in abgerissener Kürze« ihre Geschichte in einem Vortrag zu erzählen versucht, sagt, er wolle damit »uns zu Gemüte führen: daß es nicht zwei Deutschland gibt, ein böses und ein gutes, sondern nur eines, dem sein Bestes (nämlich die Innerlichkeit, Y. S.) durch Teufelslist zum Bösen ausschlug«[1].

Mit Verinnerlichung ist hier jene gesellschaftliche Entwicklung gemeint, bei der es zunehmend zu einer *Trennung zwischen einer äußeren und einer inneren Realität* kommt. Um beide Welten beieinanderzuhalten, bedarf es eines starken Selbst, das fähig ist, zugleich Grenze wie Vermittlung darzustellen. Ich und Über-Ich, zwei strukturelle Momente, seit Freud auch gerne Instanzen genannt, sind insbesondere mit diesem Vermittlungs- und Kontrollprozeß beschäftigt. Dabei gewinnt das Über-Ich als Gewissen und Pflichtbewußtsein eine besondere Bedeutung. Wurde das Über-Ich in der patriarchalischen Kultur des Protestantismus vor allem durch das Vaterbild, sei es das göttliche, sei es das irdische, bestimmt, tritt mit der Veränderung der familiären Autoritätsstrukturen auch die Frage nach der Herausbildung und Funktion des Selbst ein. Es stellte sich in einer vaterlosen Gesellschaft das Problem einer starken Ich-Bildung. Dies bedeutet den Mittelweg zwischen einem rigiden, verhärteten Ich und einem allzu anpassungsbereiten zu finden.

Der Prozeß der Verinnerlichung ist auch für die Theologie von erheblicher Bedeutung. Für die Antike gibt es, von philosophischen Bemühungen abgesehen, noch keine klare Trennung von äußerer und innerer Realität. Die Götter sind anders als die Menschen, aber

---

* Helmut Gollwitzer zum 70. Geburtstag am 29. Dezember 1978.
 1. Th. Mann, Deutschland und die Deutschen (1945), in: Sorgen um Deutschland 1957, 73–93, hier 92.

sie leben in der gleichen einen Welt. Auch in den neutestamentlichen Schriften ist schwer zu unterscheiden, ob das Reich Gottes ein inneres oder ein äußeres Reich ist, und für Paulus ist es kein Widerspruch, zum einen von dem Leib Christi zu reden, an dem wir alle Anteil haben, und zum anderen von dem Christus in uns zu sprechen. Wir aber leben in einer Welt, in der sich die dreifache Differenzierung in Natur, Gesellschaft und innere Welt durchgesetzt hat, auch wenn die Grenzen zwischen den drei Bereichen nicht immer eindeutig zu ziehen sind. Hier wird es zur Frage, in welchem Bereich Gott wirksam ist und von den Menschen erfahren wird, in der Natur und ihren natürlichen Ordnungen, in den geschichtlichen Prozessen und Ereignissen, oder in der Innerlichkeit. Die Frage anders gestellt: Ist er der Grund alles natürlichen Seins, gehört er zu der Objektivierung der gesellschaftlichen Welt oder ist er ein inneres Bild, das den Menschen zu seinesgleichen werden läßt? Oder aber ist Gott in keiner dieser drei Wirklichkeiten zu finden und zu erfahren, sondern umfaßt, in je spezifischer Weise, die Gesamtheit aller menschlichen Erfahrungen und Erkenntnisse dieser drei Welten und setzt zwischen ihnen ebenso Grenze wie Versöhnung? Unsere deutsche religiöse Tradition ist im hohen Maße von der innerlichen Frömmigkeit bestimmt, die der reformatorischen Glaubensspaltung entspringt. H. Plessner hat darauf verwiesen, daß die zwangsstaatliche Organisation des lutherischen Protestantismus die Befreiung religiöser Energien zwar nicht unterbinden, aber doch die Bildung einer freikirchlichen Öffentlichkeit verhindern konnte, so daß sich keine Freikirchen wie in den angelsächsischen Ländern und den Niederlanden bildeten. »Da der Protestant an sich durch seinen Glauben auf diese (i. e. weltlichen) Bezirke als Felder religiöser Tätigkeit und Bewährung verwiesen ist, bekommt die Verweltlichung des ganzen Lebens selber einen religiösen Antrieb und ein religiöses, wenn auch konfessionell nicht gebundenes Gepräge, wird mit Erwartungen, Hoffnungen, Fragen aufgeladen, welche die Kirche nicht erfüllt.«[2] Dies hat eine spezifisch lutherisch-religiöse Weltlichkeit und Weltfrömmigkeit ins Leben gerufen, die in der deutschen politischen und weltanschaulichen Ideologie Gestalt gewann.
Wie Plessner weiter ausführt, vertiefte das Luthertum durch seine staatskirchliche Zwangsorganisation den in ihm angelegten Bruch zwischen Innerlichkeit und Öffentlichkeit. »Er ist der kulturellen Entwicklung Deutschlands besonders in der philosophischen und

---

2. H. Plessner, Die verspätete Nation, 1959, 59.

14 Verinnerlichung

musikalischen Linie ebenso förderlich wie seiner politischen Festigung abträglich gewesen.«[3] Die lutherische Frömmigkeit trat in ein Bündnis mit den politischen Kräften ein und verfiel in Gleichgültigkeit gegenüber der Welt, »bestärkt im Zurückgezogensein auf die eigene Innerlichkeit und das Leben in Haus und Familie, das ihr höher gilt als alle Formen öffentlichen Tuns«[4]. Es bildete sich ein Dualismus zwischen dem Dienst an der Öffentlichkeit und dem Dienst gegen Gott heraus, ein Dualismus zwischen einem areligiösen Staatsleben und einem religiösen, aber außerkirchlichen Berufs- und Privatleben. Es mußte »in dem Verhältnis von Frömmigkeit und Berufsarbeit jene schöpferische, weil selbst auf das Schaffen zurückgreifende und die Verbindung des Zeitlichen mit dem Ewigen stiftende Innigkeit entstehen, welche das Profane durch die Tatgesinnung heiligt. In ihr ist der Funktionswandel des Religiösen vom kirchlichen zum weltlichen Leben angelegt. Deshalb ist seine Vollendung im Dasein und im Begriff der Kultur eine lutherische Kategorie und ein deutsches Schicksal.«[5]

Ich übernehme die Terminologie »Verinnerlichung« von W. Schulz, der ihr in seiner »Philosophie in der veränderten Welt« (1972) einen Hauptabschnitt widmet[6]. Er bezeichnet die Verinnerlichung als einen allgemeinen Grundzug der abendländischen Geistesgeschichte und läßt sie mit der Philosophie Augustins beginnen. Schulz faßt unter Verinnerlichung die Philosophie, die von der Subjektivität her den Bezug zum Seienden deutet; für ihn gehören dazu insbesondere Descartes, die spekulative Philosophie des Deutschen Idealismus und die Existenzphilosophie[7]. Schulz sieht hier eine philosophiegeschichtliche Entwicklung, die bestimmt ist durch die Entfaltung des Subjektbegriffes, die aber durch Vergeistigung, Verkörperlichung und Vergeschichtlichung korrigiert und ergänzt werden muß. Ich dagegen verstehe hierunter einen gesellschaftlichen Prozeß, in dem die Entfaltung des Subjekts zusammengeht mit der Unterscheidung von äußerer und innerer Realität, wobei das vernünftige Ich sowohl die Aufgabe der Trennung wie der Vermittlung besitzt. Diese Trennung von Innen und Außen und die Etablierung der inneren Welt haben es erlaubt, eine weitreichende Erweiterung und Erforschung der inneren Welt zu vollziehen, für die der Name

---

3. AaO. 60.
4. AaO. 61.
5. AaO. 66f.
6. Schulz, Philosophie (vgl. Kap. 11, Anm. 28), 247–334.
7. AaO. 249.

Freud bisher als Kennzeichen dieses wichtigen gesellschaftlichen Fortschrittes steht.
Als Definition der inneren Welt möchte ich auf den Soziologen und philosophischen Anthropologen A. Gehlen zurückgreifen, der unter der Terminologie »Fakteninnenwelt« das hier Gemeinte beschreibt:

»Gibt es auch eine Fakteninnenwelt? Selbstverständlich, natürlicherweise – nämlich in unserer Kultur, ganz analog zur Faktenaußenwelt, und zwar einmal als *Gegenstand* einer analytischen, empirischen Psychologie, und sodann als der unbefangen hingenommene innere Vorgangsbereich, in dem man lebt. Zu dessen soseienden Daten gehören auch moralische, das Schuldgefühl, das Gewissen, die Erlebnisse innerer Konflikte und ihrer Lösungen, die man durchaus als ›données immédiates‹ berücksichtigen kann, auch wenn man ihr Zustandekommen nicht durchschaut – so wenig übrigens, wie die berühmte ›Umsetzung‹ elektromagnetischer Schwingungen in Farbempfindungen. Man kann schwer leugnen, daß zahllose Menschen mit derselben Unbefangenheit in ihrer ›natürlichen‹ Innenwelt leben, wie in der ›natürlichen‹ Außenwelt, und zwar ohne das Bedürfnis, jene Innenwelt einer Deutung oder gar Norm zu unterstellen.«[8]

Ich teile nicht das Urteil A. Gehlens, mit der Erweiterung der inneren Welt würden »die Cerebral-Bachanalien uferlos«[9], weil »die Gesellschaft keine obligatorischen Formen für die Erfahrung eines ›inneren‹ Weges« mehr zur Verfügung habe. Wichtig ist jedoch sein Hinweis auf den antiken Menschen, der so etwas wie die moderne Seele nicht kenne: »Die Schweigsamkeit der antiken Biographen über das Subjektive, ihr alleiniges Interesse an den Ämtern, Taten und Reden, an der Öffentlichkeit des Wirkens ist mehr als zufällig.«[10] Vermutlich habe es subjektive Erlebnisse gegeben, aber in ungleich strengerer Typisierung wie heute, und »sie galten nicht als belangvoll, auch nicht für die Erlebenden selbst, geschweige für Andere, und keineswegs als ›ganze, volle Wirklichkeit‹ eigenen Rechts«[11].

Der geschichtliche Prozeß

Nach W. Schulz tritt das Thema der Innerlichkeit deutlich erst bei Augustin als Thema christlicher Anthropologie hervor. Dieser spricht von dem »homo exterior« und dem »homo interior«, dem äußerlichen und dem inneren Menschen, den er mit dem »homo

---

8. Gehlen, Urmensch (vgl. Kap. 10, Anm. 8), 121.
9. AaO. 131.
10. AaO. 127.
11. Ebd.

vetus« und dem »homo novus« gleichsetzt. Der »homo vetus« ist der äußere Mensch, der einen Körper hat und aufgrund seiner Bindung an das Körperliche zum Weltlichen gehört. Der homo novus ist dagegen der innere Mensch, der durch Enthaltsamkeit und Weisheit bestimmt ist. Der einzelne muß sich in seiner von Gott geschenkten Freiheit vom Natürlichen ablösen und seine eigene Innerlichkeit verwirklichen. Der Weg nach innen ist zugleich ein Aufstieg zu Gott hin: Der gläubige Mensch macht eine innere Wanderung vom Irdisch-Vergänglichen zum Himmlisch-Unvergänglichen und steigt die Stufen der göttlichen Ordnung hinauf. Die innere Ordnung hat freilich Anhaltspunkte an der äußeren Welt. Die ganze ausgedehnte Welt ist mit ihren verschiedenen hierarchisch geordneten Seinsschichten im Inneren des Menschen vorhanden. Der Mensch besitzt eine »memoria« (Erinnerung) an diese äußere Welt und kann deshalb auf einem inneren geistigen Weg in der Erinnerung an die gottgeschaffene äußere Welt zu dem Schöpfer emporsteigen[12].

Für Augustin ist Gott weit eher im Inneren als in der äußeren Welt zu finden. Gott ist aber im Inneren nicht gegenwärtig wie in einem Raum, sondern überragt das Innere. Augustin gelangt auf diese Weise zu einer »Ontologie der Innerlichkeit«: »Nur Gott und die Seele begehre ich zu wissen«. Wenn, so meint er, ein Mensch über sich selbst reflektiert, dann zeigt sich, daß alles Handeln auf eine Vollendung hinstrebt. Da der Mensch sich aber als endlich begreifen muß, drängt alles über ihn hinaus zum göttlichen Ursprung.

Die verschärfte Trennung zwischen äußerer Realität und innerer Welt läßt sich mit dem Beginn des neuzeitlichen Denkens selbst ansetzen; von nun an liegen, mit einem Wort Jakob Burckhardts, nicht mehr wie im Mittelalter »die beiden Seiten des Bewußtseins – nach der Welt hin und nach dem Inneren des Menschen selbst – wie unter einem gemeinsamen Schleier, träumend oder halbwach«[13].

Philosophisch läßt sich dies festmachen an René Descartes und seiner Trennung der res extensa als der äußeren Wirklichkeit von der res interior als dem Ort der durch das Denken zu gewinnenden Selbstgewißheit: »Die Theorie der Fakteninnenwelt trat ... in demselben Augenblick auf wie die der Faktenaußenwelt. Als Cartesius den Weltmechanismus konzipierte, wurde auch seine Mechanik der

---

12. Schulz, Philosophie (vgl. Kap. 11, Anm. 28), 254–256.
13. Zit. nach: W. Dilthey, Einleitung in die Geisteswissenschaften (Ges. Schriften Bd. 1), 1973[7], 354.

Affekte möglich, in der er aus sechs elementaren Leidenschaften ein Heer von sekundären Affekten deduzierte.«[14]

Theologisch wird diese Trennung der beiden Wirklichkeiten vielfach bei Luthers Unterscheidung von Werk und Person angesetzt, die es ausschließt, daß Handeln und Selbstvergewisserung zusammengehen, wie dies in der mittelalterlichen Welt der Fall war, wo auf Gott und an Gott ausgerichtete gute Werke die Heilsgewißheit sicherten. Nun steht äußeres Handeln unter dem Gebot und der Verheißung Gottes, aber Gewißheit über sein ewiges Heil gewinnt der Mensch nur in seinem Inneren. Dies wird unten noch an der Lehre Luthers über das Gewissen zu erörtern sein.

Sicher orientiert sich die innere Auseinandersetzung an dem Christus der biblischen Schriften und an dem äußeren Wort, sicher ist Gott und sein Handeln durch Christus »extra nos« und damit außerhalb der inneren Welt. Aber müßte das »extra nos« nicht so fortwährend betont werden, bestünde nicht die ständige Befürchtung, Gott und Christus könnten allein Elemente der inneren Welt sein und ihre Zugehörigkeit zur äußeren Realität sei höchst zweifelhaft?

Die Bildhaftigkeit, mit der Luther innere Prozesse zu beschreiben vermag, die Lehre vom Heiligen Geist als Kraft der Verinnerlichung, der das Äußere zu innerlichem Leben erweckt, aber auch Wendungen, wie sie sich bei der Interpretation des 1. Gebotes im Großen Katechismus finden (»Alleine das Trauen und Glauben des Herzens machet beide Gott und Abegott ... Worauf Du nu Dein Herz hängest und verlassest, das ist eigentlich Dein Gott«)[15], also die strenge Betonung des Glaubens überhaupt, haben zur Verinnerlichung im Protestantismus Erhebliches beigetragen.

Wie immer man Luthers Beitrag zum Prozeß der Verinnerlichung beurteilt, er steht in einer Linie mit der Gesamtbewegung des Bürgertums, die in Deutschland zur Ausbildung des Deutschen Idealismus und der ihm zugeordneten Romantik sowie zur Ausbildung einer religiös motivierten Sphäre der Innerlichkeit geführt hat. Es sei an das eindrückliche Diktum von K. Marx erinnert, der hier eine Analogie sieht:

»Wie Luther ... die *äußere* Religiosität aufhob, indem er die Religiosität zum *innern* Wesen des Menschen machte, wie er die außer dem Laien vorhandnen Pfaffen negierte, weil er den Pfaffen in das Herz der Laien versetzte, so wird der außer dem Menschen befindliche und von ihm unabhängige – also nur auf eine äußerliche Weise zu erhaltende und zu behauptende – Reichtum aufgehoben, d. h., diese seine

---

14. Gehlen, Urmensch (vgl. Kap. 10, Anm. 8) 123.
15. Bekenntnisschriften (vgl. Kap. 6, Anm. 18), 560.

äußerliche gedankenlose Gegenständlichkeit wird aufgehoben, indem sich das Privateigentum inkorperiert im Menschen selbst und der Mensch selbst als sein Wesen erkannt – aber darum der Mensch selbst in der Bestimmung des Privateigentums wie bei Luther der Religion gesetzt wird.«[16]

Als ein extremes Beispiel einer Absolutsetzung der inneren Welt kann man den Versuch Fichtes ansehen, die Subjektivität (über das Verhältnis von Subjektivität und innerer Welt wird noch zu reden sein) als absolutes Ich vom Gegebenen völlig unabhängig zu machen. Das Ich konstituiert sich durch die Akte freien Handelns und dem dadurch gegebenen Handlungsbewußtsein. Es besteht die moralische Aufforderung, »mich als Identität – in der Identität besteht ja das Wesen des Ich – mit mir zusammenzuschließen. ›Sei ein Ich‹, dies ist der eigentliche Sinn des kategorischen Imperativs«[17]. Auch wenn dies moralische Prinzip nicht in der äußeren Wirklichkeit zu finden ist, so ist es doch nicht weniger real als diese. Fichte ist in der Fortentwicklung seiner Gedanken bestrebt gewesen, das Ich zu einem absoluten zu erheben und damit zu begründen, daß die äußere Welt die Schöpfung eines absoluten Ich darstelle und von daher es auch möglich sei, diese äußere Welt zu gestalten und zu verändern. Die Welt ist Setzung des Ichs. Damit wird Fichte gezwungen, das absolute Ich immer stärker von dem Gegebenen abzugrenzen und schließlich nach dem Vorbild Gottes zu konstruieren, wodurch ein persönlicher Gott, der das Seiende hervorgebracht hat, zunehmend überflüssig wird. Gott wird zum mythologischen Symbol der eigenen Fähigkeit, mich als Mensch zu setzen.
Freud schließlich hat unser Wissen über die innere Welt in hohem Maße vertieft und erweitert, indem er systematische Zugänge zu ihr entwickelt hat, die neue wesentliche Möglichkeiten zu ihrer Erforschung mit sich brachten. Er hat sicher Mechanismen und Strukturen der inneren Welt nicht als erster erkannt, sonst wäre die Remythologisierung seines Schülers C. G. Jung unter Rückgriff auf subversive religiöse Denker und Bewegungen wie Gnosis und Mystik nicht möglich gewesen; zu nennen ist hier die jüdische Mystik, die romantische Naturphilosophie und Schopenhauer. Aber Freud hat den bisher großartigsten Versuch einer wissenschaftlichen Systematisierung der inneren Welt unternommen, die bis heute trotz kritischer Weiterentwicklung immer noch brauchbar und gültig ist, vergleichbar nur mit dem Bemühen Marx und Engels, hinter den Zufälligkeiten des alltäglichen Lebens die Gesetzmäßigkeiten ihrer Veränderung zu entdecken.

16. Marx, Privateigentum (vgl. Kap. 6, Anm. 24), 530.
17. Schulz, Philosophie (vgl. Kap. 11, Anm. 28), 264.

B. Nitzschke hat in seiner Studie »Die reale Innenwelt«[18] die Bestimmungen sehr sorgfältig untersucht, mit denen Freud eine äußere und innere Realität unterscheidet. Die Terminologie ist bei Freud nicht völlig einheitlich. Bald wird das bloß Subjektive von der Realität der Außenwelt unterschieden: »Das Nicht-Reale, bloß Vorgestellte, Subjektive, ist nur innen; das andere, Reale, auch im *Draußen* vorhanden.«[19] An anderen Stellen stellt Freud der psychischen Realität die materielle Realität[20], die faktische Realität[21], die äußere Realität[22] oder die gemeine objektive Realität[23] gegenüber. Positiv gewendet zählen zur psychischen Realität vor allem Wünsche und Phantasien. Weiter gefaßt gehört dazu auch »jene Realität, die den Gefühlen und Affekten zuzuschreiben ist«[24]. Nitzschke zitiert zustimmend die Auffassung der Psychoanalytiker, »daß im gewissen Sinne alle seelischen Funktionen, Tendenzen und Inhalte ›real‹ sind; die Phantasie-tätigkeit ist demnach real, obwohl nicht realistisch. Das heißt, wenn man anerkennt, daß die Phantasie als ein seelischer Akt real ist, bedeutet das nicht, daß ihr Inhalt die Realität reproduziert«[25]. Wesentlich ist die Aussage Freuds, daß die seelischen Vorgänge für uns unbewußt sind und durch das Bewußtsein ebenso unvollständig wiedergegeben werden wie die Außenwelt durch die Angabe unserer Sinnesorgane[26].

So hat Freud, um nur Wesentliches zu nennen, aufgewiesen, daß in dieser inneren Welt unbewußte Prozesse ablaufen, von denen nur Weniges an die Oberfläche des Bewußtseins gelangt. Aber vor allem durch Träume, Fehlleistungen, psychischem Fehlverhalten und durch Religion und Kunst (als Ausdruck mächtiger Verschiebungsprozesse und als Formen der Verobjektivierung dieser inneren Welt) sind sie erkennbar. Freud hat Instanzen benannt, die bei diesen Prozessen so etwas wie Kristallisationspunkte darstellen, das Es, das Ich und das Über-Ich, wobei das Ich einen halbwegs lebbaren Kompromiß zwischen Innenwelt und den aktuellen Anforderungen der äußeren Realität vermittelt. Zwischen diesen Instanzen und ihren Ablegern finden ständige, konfliktgeladene Aus-

18. Nitzschke, Innenwelt (vgl. Kap. 4, Anm. 29).
19. S. Freud, Die Verneinung (1925), GW XIV, 9–16, hier 13.
20. Ders., Die Traumdeutung (1900), GW II/III, 625.
21. Ders., Totem und Tabu (1913), GW IX, 193.
22. AaO. 107.
23. Ders., Massenpsychologie und Ich-Analyse (1921), GW XIII, 71–161, hier 85.
24. Nitzschke, Innenwelt (vgl. Kap. 4, Anm. 29), 25.
25. AaO. 26.
26. S. Freud, Das Unbewußte (1915), GW X, 263–303, hier 270; ders., Traumdeutung (vgl. dieses Kap., Anm. 20), 617f.

tauschprozesse statt: hinter einem allzu starren moralischen Ich steckt eine Fülle ungelöster Spannungen, und auch die Religion deutet in ihren Symbolen auf solche Auseinandersetzungen zwischen psychischen Kräften hin.

Freud hat eine scharfe Trennung zwischen innerer Welt und äußerer Realität vollzogen, auch wenn sein Realitätsprinzip relativ eindimensional ist und wenig von bestehenden gesellschaftlichen Konflikten und ihrer Auswirkung auf die innere Welt verrät. Zugleich hat er aber auch, wenn auch nur fragmentarisch, aufgewiesen, wie sehr sich äußere Welt und innere Welt aufeinander beziehen, wie sehr jedes Objekt seine Außen- und seine Innenseite hat, und zwar unter der Begrifflichkeit von Introjektion und Projektion. Einerseits »begreifen« Kinder ihre Eltern, bilden von ihnen innere Bilder und übernehmen ihre Anweisungen mit in ihre innere Welt auf; Träume verarbeiten Erfahrungen mit der Außenwelt. Andererseits ist der Weg von Außen nach Innen keine Einbahnstraße, wie es manche Psychologen wollen, die allein einen Internalisierungsprozeß kennen. Jede innere Erfahrung projiziert Bilder der Angst wie der Freude auf die äußere Umwelt; die Vorurteilsforschung belegt, wie geringe äußere Analogiepunkte einen fremden Menschen oder eine soziale Gruppe zum Träger von inneren Haß- und Angstgefühlen machen. Ganze Institutionen wie die Kirchen leben davon, daß innere Bilder auf sie projiziert und von ihnen gepflegt werden. Äußere und innere Welt stehen in einem permanenten Austausch, aber jedem Menschen droht innere Verarmung oder eine Überschwemmung von Bildern, wenn es ihm nicht gelingt, das richtige Verhältnis von Nähe und Distanz beider Welten zu finden: Gilt nur die äußere Welt als real, verflüchtigt sich die innere, und der Mensch wird rigide und erstarrt, überflutet die innere Welt die äußere, dann werden alle äußeren Objekte zu Phantasieprodukten des einzelnen.

Innerlichkeit und Subjektivismus

Die durch Freud ausgelösten Bewegungen in ihren verschiedensten Ausprägungen haben wesentliche Kriterien, nach denen die Philosophie des Deutschen Idealismus die innere Welt definierte, hinterfragt, kritisiert und erweitert. Ich möchte hier auf zwei Vorgänge verweisen: Auf den Subjektivismus und auf die Kontrolle von Gefühlen und des Körpers.

Der deutsche Idealismus brachte die Trennung von innerer und äußerer Realität unter den Gegensatz von *Subjekt und Objekt.* Damit ist der gesellschaftliche Trend der Verinnerlichung jedoch nur in einem, freilich sehr wichtigen, Teilaspekt erfaßt. Sicher ist eine der wesentlichen kulturellen Produkte des Bürgertums die Entwicklung eines Sozialcharakters »Individuum«, mit dem die Unverwechselbarkeit und Unaustauschbarkeit jedes einzelnen Menschen herausgestellt wurde. Es war eine revolutionäre Forderung, daß ein Mensch niemals als Sache und als Mittel zu behandeln sei, niemals als Objekt, sondern als Person, die sich letztgültig nur selber vertreten kann (was eine Christologie der Stellvertretung vor schwierige Probleme stellt). Jeder besitzt seine eigenen Gedanken und seine eigene innere Welt, die ihm zugeordnet ist und auf die niemand Anspruch erheben kann. Die Gewißheit von der letzten Unverfügbarkeit des inneren Menschen war eine wichtige Voraussetzung für den »Männerstolz vor Fürstenthronen«.

Aber schon Marx hatte aufgewiesen, daß es kollektive Bewußtseinsformen gibt, die er »Ideologie« nannte, nämlich das, was als Bedürfnis und Interesse einer bestimmten Klasse das Gemeinsame ihres Bewußtseins ausmacht. Dabei bleibt wie im Individuum so auch der Klasse ihr Interessenstandpunkt vielfach verborgen; sie handelt sozusagen mit gutem Gewissen. Allerdings buchstabieren wir immer noch daran herum, wie objektive gesellschaftliche Prozesse sich im Bewußtsein niederschlagen, wieweit und warum ein falsches Bewußtsein es so schwer hat, solche Prozesse zu erkennen, und wie mit den von der inneren Welt produzierten Objektivierungen wie z. B. der Religion umzugehen ist. Freuds Arbeiten zeigen, daß die äußere Realität, so bürgerlich-subjektiv befangen er sie auch darstellt, in der inneren Welt nicht völlig willkürlich verwendet und besetzt ist. Symbole wie die Schlange oder die Spinne, aber auch politische Symbole wie die geballte Faust sind nicht subjektiv auf alle möglichen Bedeutungen hin zu interpretieren. Es gibt ein auswählendes Regelschema; bei jeder subjektiven Verarbeitung bleibt ein objektiver Kern, der kulturspezifisch und schichtenspezifisch determiniert ist. Darauf deuten auch z. B. die in der Psychoanalyse verwandten Fallgeschichten: Die Lebensgeschichte eines fremden Menschen wird in der Interpretation verständlich, weil sich strukturelle Gemeinsamkeiten einstellen. Das heißt: Auch in der inneren Welt gibt es Gesetzmäßigkeiten oder zumindest intersubjektiv verstehbare Prozesse, zu deren Grammatik Freud Erhebliches beigetragen hat. C. G. Jung deutet einen solchen Sachverhalt mit seiner Konzeption von einem kollektiven Unbewußten an, aber wie dies tradiert wird, ist völlig ungeklärt.

14 Verinnerlichung

Gehlen verwendet ebenfalls den Begriff der Subjektivität, um die reale Innenwelt zu beschreiben. Für ihn bleibt die Erschließung der inneren Welt als höchst zwiespältig zu beurteilender Tatbestand. So erkennt er durchaus die Erkenntnisse der Tiefenpsychologie an, aber er ist sich unsicher, ob sie nicht das in die Innenwelt hineinlegt, was sie hinterher wieder hervorholt[27]. Vor allem hat er Sorgen, der »ganzen vollen Wirklichkeit des gestaltlosen Seelenlebens«, so zitiert er einen nicht genannten zeitgenössischen Philosophen, wirkliche Realität anzuerkennen[28]; er befürchtet Flucht in die Phantasie, »die Raffinierung des auf sich selbst zurückgefallenen Seelenlebens«[29], das mit seiner Verfeinerung zugleich einen Zerfall von Idealen und Wertgefühlen mit sich bringt, aber auch den Zerfall eines »inneren Weges«, wie er – man denke an das von mir zitierte Beispiel Augustin – früher gegeben war:

»In sublimierter Form, in die Ebene des Bewußtseins transformiert, werden die Orgien der Subjektivität ins Unbegrenzte kontagiös, es gibt keine Hilfen mehr gegen ihr Selbstverständlicherwerden, weil eben das subjektiv Psychische sich nicht institutionalisieren läßt, ja vielmehr selbst sein öffentliches Anerkanntsein und Hingenommenwerden durchgesetzt hat.«[30]

Was von Gehlen als »Subjektivierung« und »Privatisierung« und damit als negativ beurteilt wird, bedeutet zunächst zum einen, daß sich Menschen durch die Erweiterung der inneren Welt den gesellschaftlichen Herrschaftsmechanismen entziehen. Dies ist für jede Herrschaft, auch für die Kirchen, ein höchst ärgerlicher Zustand, wenn verbindliche Wert- und Anschauungsformen außer Kontrolle geraten. Zum anderen ist aber Gehlens Warnung ernst zu nehmen, denn die Erweiterung des Bewußtseins in den Formen tiefenpsychologischer Schulen, neuer religiöser Bewegungen, Drogenerfahrungen und transkultureller Begegnungen ist stets auch besonderen Bedrohungen ausgesetzt. Meist drückt sich in dem raschen Entschluß, sich einer analytischen Schule, einer bestimmten Meditationstechnik und einer exklusiven Sekte anzuschließen, die Angst vor der Überflutung durch die innere Welt aus, die zu einer erneuten Fixierung und Dogmatisierung des inneren Weges führt.

Ein »Raffinement« des Seelischen, das zum Selbstgenuß wird, ist ebenso nicht selten wie die Unfähigkeit, aus der Welt der Drogen wieder zurückzukehren; auch eine psychoanalytische Kur kann nicht nur zum Gewahrwerden seelischer Konflikte und zu einer

---

27. Gehlen, Urmensch (vgl. Kap. 10, Anm. 8), so etwa 123.
28. AaO. 127.
29. AaO. 129.
30. AaO. 131.

neuen Fähigkeit, auf die Außenwelt einzugehen, führen, sondern auch zur permanenten Problematisierung der problematisierten Probleme. All diese Gefahren, die bestehen, können aber nicht die gesellschaftliche Notwendigkeit einer weiteren, alle sozialen Schichten umfassenden Erforschung aufheben. Denn, so ist meine These, *die Phantasie, die bisher zur Veränderung der gesellschaftlichen Welt zugelassen worden ist, hat sich erschöpft.* Sie ist aber zur Entdeckung neuer gesellschaftlicher Fortschritte erforderlich. Nur wenn abgedrängte Utopien und nichtausgesprochene Wünsche und Bedürfnisse in das Bewußtsein zu heben sind, ist es möglich, über die Sackgasse der gegenwärtigen gesellschaftlichen Gestaltung hinauszukommen.

Die Vorherrschaft der Vernunft

Die entscheidende Zuwendung zur Bearbeitung der Welt in der Neuzeit steht in einem engen Zusammenhang mit der Etablierung der Vernunft als Leitwert aller gesellschaftlichen Entwicklung. Es war die Vernunft, die bestimmte, was in den Bereich des Irrealen und der Phantasie gehört, und welche Vorstellungen und Wünsche zugelassen und als geeignet angesehen werden, eine vernünftige Verbesserung der gesellschaftlichen Umstände zu erreichen. Die Vernunft entschied, was an Wille von Veränderung in die Außenwelt einfließen durfte und was von ihr ausgeschlossen blieb. Es war jedoch nicht die Vernunft als etwas, was von allen einsehbar und für alle gleichermaßen zugänglich war; es war die Vernunft der bürgerlichen Klasse, die auf die Unvernünftigkeit und Irrationalität der Massen der Bauern und der Fabrikarbeiter, hinabsah; ich erinnere an den Bonhoeffer-Text in Kap. 3.

Die Etablierung der Vernunft durch die bürgerliche Klasse hatte eine Fülle von Folgen, an denen wir heute in der westlichen Welt und nicht nur in ihr herumlaborieren. Diese Vernunft erforderte eine scharfe Kontrolle angesichts der geringen Zielgerichtetheit der bisherigen Lebensführung, und das heißt eine strenge Kontrolle über die Triebhaftigkeit und Gefühle des Menschen, aber auch über seinen Körper. Diese asketische Lebensform hat der Bürger zunächst sich selber auferlegt, aber auch von den von ihm Abhängigen verlangt. M. Weber hat diese Formierung einer rationalen Lebensführung beschrieben: Lange, kontinuierliche Arbeitszeit, das unbeirrte Verfolgen eines wirtschaftlich wünschenswerten Zieles, strenge Lebensführung in der Familie, die Zurückdrängung von

14 Verinnerlichung

Sexualität und anderen Gefühlen, die zu besitzen den Frauen zufiel, die aber deshalb gegenüber der vernünftigen Weltgestaltung der Männer als die unwirklicheren Geschöpfe empfunden wurden. Die Tagesgestaltung und die Zeitausnutzung wurden streng geplant, alle Ausscheidungen des Körpers streng unter das Verdikt des Ekels gestellt, Klarheit und Sauberkeit mußten sichtbar herrschen, um den Schmutz der schmutzigen Gedanken aus der bürgerlichen Lebenswelt herauszuhalten. Kunst, Religion und Philosophie waren geduldet wie die Frau, die sie repräsentierte, aber hatten in hohem Maße den Anstrich des Luxuriösen, Irrealen und letztlich auch Überflüssigen. Auch der gesellschaftliche Schmutz wurde verbannt, die Bettler und Arbeitsscheuen, wie sie dann genannt wurden, verschwanden in Arbeitshäusern und Gefängnissen, die dieser neuen Realität und der Vernunft nicht Anpaßbaren im Irrenhaus. Geregelte Arbeit lernten die Lohnabhängigen in den streng geführten Schulen, auf den Kasernenhöfen und an den Maschinen. Die Exaktheit der maschinellen Arbeit wurde zum Maßstab der menschlichen Arbeitsform[31].

Inzwischen wissen wir oder könnten es zumindest wissen, daß diese gewalttätige Kontrolle der Innenwelt durch die Vernunft der bürgerlichen Klasse die Außenwelt zwar in einem erheblichen Ausmaß zum Besseren verändert und viele Lebensrisiken aufgehoben, aber daß dies auch seinen Preis gefordert hat. Diese Lebensformen und Produktionsmittel, die unbestreitbar die materielle Verelendung zumindest für die entwickelten Industriegesellschaften faktisch beseitigt haben, haben zugleich zur Konsequenz eine psychische Verelendung. Die zur technischen Rationalität verkümmerte Vernunft übt ihre Herrschaft immer mehr über Menschen aus, die in ihrer Arbeit keinen Inhalt und Sinn sehen, den psychischen Belastungen kaum oder überhaupt nicht gewachsen sind und einen Ausweg nur in Krankheit, Alkohol und Drogen sehen. Es wird zunehmend deutlich, daß diese Teilung in äußere Realität und innere Realität, die faktisch zu einer Aufteilung in reale Wirklichkeit und gefühlsmäße Subjektivität und Irrealität geriet, in dieser Form nicht mehr aufrechtzuerhalten ist.

Dank der vertieften Erforschung der inneren Welt haben wir bessere Kenntnisse darüber gewonnen, auf welchem Wege Kriminelle und gesellschaftliche Randgruppen geschaffen werden, wir fangen an zu begreifen, wie sehr psychische Erkrankungen durch die Fest-

---

31. B. Nitzschke, Die Zerstörung der Sinnlichkeit, 1974, 2. Teil: Die Vernunft: In der Welt der Arbeit oder Das Prinzip der Realität, 93–144.

legung dessen bestimmt sind, was als Realität herrschaftlich festgestellt und festgehalten wird. Wir beschäftigen ein ständiges Heer von Ärzten und Psychotherapeuten, um das allgemeine psychische und physische Unwohlsein zu bekämpfen, und dennoch wird die Kluft zwischen denen, die zu Charaktermasken des rationalen Kalküls werden, und denen, die eine solche Anpassungsleistung nicht mehr erbringen können, immer größer, eine Kluft, die oft mitten durch einen einzelnen hindurchgeht.

Zur Geschichte des Gewissensbegriffes

In einem zweiten Schritt möchte ich nun auf eine spezifische Struktur der Innenwelt, das Gewissen, eingehen, die innerhalb der ethischen Diskussion stets eine große Rolle gespielt hat. Innerhalb der bürgerlichen protestantischen Tradition schart sich um das Phänomen des Gewissens der Vorstellungskreis von Pflicht, Dienst und Gehorsam; man spricht deshalb auch von einer spezifischen Gewissens- und Pflichtenethik. Das Gewissen, dessen Entwicklungsgeschichte noch zu skizzieren sein wird, hat sehr unterschiedliche Interpretationen erfahren. Zwei Hauptmomente seien kurz angedeutet. Zum einen ist es als etwas verstanden worden, das den einzelnen aus der Gesellschaft herausruft und ihn zu einer je eigenen Person macht, die unverwechselbar sie selbst ist. In dieser Sicht ist das Gewissen eine Gegenmacht gegen gesellschaftliche oder herrschaftliche Forderungen, ein auch juristisch zu respektierender Punkt, worauf die Berufung auf das Gewissen bei dem Recht auf Wehrdienstverweigerung (4,3 GG) und die Gewissensentscheidung des einzelnen Abgeordneten (38 GG) verweisen.
Ein anderer wesentlicher Punkt ist die Frage, welche Instanz das Gewissen repräsentiert. Ist es die internalisierte Stimme der Erziehungsmächte, wie Freud es vertreten hat, spricht der Mensch hier nur mit sich selber, oder vernimmt er hier die Stimme und den Ruf Gottes, wenn auch in einer sehr verdunkelten Weise, die der allgemeinen Gottesferne des Menschen entspricht.
Der Gewissensbegriff kommt in den biblischen Schriften so, wie wir ihn heute verwenden, nicht vor; »aus den Aussagen des Alten und des Neuen Testamentes ist eine ›biblische Lehre vom Gewissen‹ ... nicht zu gewinnen« (E. Wolf)[32]. Das Alte Testament kennt zwar das Phänomen des Gewissens, das vor allem an dem beengten und

---

32. Wolf, Sozialethik (vgl. Vorwort, Anm. 1), 61.

bedrückten Herzen sich bemerkbar macht, aber nicht den Begriff; das Neue Testament greift, ohne dem Gewissen eine besondere theologische Relevanz zuzuweisen, auf Einsichten der hellenistischen Popularphilosophie zurück. Paulus spricht vom Gewissen als ein Wissen um Gut und Böse (Rm 2,15) eher beiläufig. Auch Augustin beschränkt sich weitgehend auf eine psychologische Analyse; er spricht vom angefochtenen und vom guten und schlechten Gewissen, nimmt auch das spätantike Bild vom Gerichtshof auf, bestreitet aber die natürliche Heiligkeit des Gewissens als »Gott in uns«, wie sie in der Stoa und bei den Pelagianern vertreten wurde[33].

Erst die mittelalterliche Entwicklung hat, vor allem dank der Theologie und Praxis mönchischer und halbmönchischer Gruppierungen, zu einer intensiven Erziehung und Verfeinerung des Gewissens bei den europäischen Völkern geführt, wenn auch die Autonomie des Gewissens angesichts seiner starken Bindung an die Absolutionspraxis der Kirche beschränkt blieb. Zur Entwicklung dieser Autonomie hat vor allem die deutsche Mystik mit ihrer Betonung des göttlichen Funkens in der menschlichen Seele und das Schwärmertum mit seiner Lehre beigetragen, der Heilige Geist spreche zu uns aus der Tiefe unserer Seele; beides hat zur Ausbildung des modernen Gewissensbegriffes Entscheidendes beigetragen. »Die Tiefe und Breite des schlechten Gewissens im späten Mittelalter ist das Ergebnis dieser Erziehung und der Boden für neue Deutungen des Sinnes und der Funktion des Gewissens.«[34]

Auf diesem Hintergrund hat Luther eine Gewissenslehre entwickelt, in der das Gewissen nicht moralische Instanz ist, sondern sich durch das Gewissen hindurch die göttliche Verwerfung ebenso ausspricht wie die göttliche Annahme des Menschen. Im Gewissen sind Satan, Gesetz und Tod ebenso internalisiert wie Christus und die Freiheit vom Gesetz. Das Heilsgeschehen konzentriert sich auf die Konflikte zwischen dem erschreckten Gewissen, das von Gott angeklagt wird, und dem beruhigten Gewissen, das sich weit über den moralischen Bereich erhebt, und sich auf die Rechtfertigung beruft, die durch kein moralisches Handeln zu erreichen ist. Im Gewissen realisierte sich die Auseinandersetzung zwischen den Mächten der Anfechtung, die das Gewissen blöde, verzagt, erschrocken, furchtsam und schuldig machen, und Christus, in dem es

---

33. AaO. 59–74.
34. P. Tillich, Das transmoralische Gewissen, in: ders., Der Protestantismus. Prinzip und Wirklichkeit, 181–195, hier 187.

getröstet, friedsam, stille, mutig und sicher ist[35]. Damit ergibt sich aber auch, daß die Innenwelt und die Auseinandersetzung in ihr einen Heilswert bekommen, der der Auseinandersetzung in der Außenwelt abgeht: »Es gibt eine Freiheit vom Gesetz, den Sünden, dem Tod, von der Gewalt des Teufels, vom Zorn Gottes, vom Jüngsten Gericht. Wo? Im Gewissen, daß ich nämlich darum gerecht bin, weil Christus der Befreier ist und in den Stand der Freiheit versetzt, nicht auf fleischliche, nicht auf politische ..., sondern auf theologische Weise, das heißt: lediglich im Gewissen.«[36] Sicher ist für Luther Verurteilung und Freisprechung in Tod und Auferstehung Christi vollzogen, sicher ist das Wort, das darüber mitteilt, ein äußeres Wort, dennoch liegt das Gewicht der Auseinandersetzung in der inneren Welt.

Das Luther-Zitat verweist auf ein Auseinanderfallen zwischen dem Gewissen, das Ort der individuellen Auseinandersetzung zwischen Gott und dem Teufel ist, und der Gewissenhaftigkeit, mit der die politischen Angelegenheiten betrieben werden, dem »guten Gewissen« vor den Leuten als Vollzug des Glaubensgehorsams. Reduziert sich jedoch die Innenwelt und damit das Gewissen auf den unbedingten Charakter der ethischen Forderung, wie dies bei Kant der Fall ist, dann tritt der gegenteilige Effekt auf, daß die Konflikte der inneren Welt bei der Bearbeitung der Konflikte der Außenwelt mitbearbeitet werden müssen. Wer wie Kant gegen allen emotionalen Relativismus und gegen Furcht- und Lustmotive kämpft, wird in einen ethischen Formalismus getrieben, bei dem es dann keine sinnliche Basis mehr gibt, um gegen menschliche und göttliche Autoritäten sein Ich zu behaupten. Bei Kant erscheint das Gewissen als kontrollierende und verurteilende Instanz. Das Gewissen ist Bewußtsein, das für sich selbst Pflicht ist, es fordert, moralische Gebote in der Wirklichkeit durchzusetzen, ohne mögliche Konsequenzen zu bedenken[37]. Dies kann dahin führen, dem Verfolger meines Freundes aus der Pflicht der Ehrlichkeit das Versteck meines Freundes anzugeben. Die Moral wird zur reinen Innerlichkeit, in der sich das Gewissen als eine Art Gerichtshof gibt, eine Vorwegnahme des Jüngsten Gerichtes, in dem die Vernunft sich selbst eine ideale göttliche Instanz schafft, die nach dem Kriterium des kategorischen Imperativs das letztgültige Urteil fällt.

Die geforderte Gewissenhaftigkeit entspricht, so Tillich, »der prote-

---

35. M. Luther, WA 44, 545f.
36. Ders., WA 40 II, 3.
37. Schulz, Philosophie (vgl. Kap. 11, Anm. 28), 263.

stantischen, insbesondere der lutherischen Wertung der Arbeit. Es ist der Ausdruck des aktivistischen Elements des Bürgertums und ist identisch mit der bürgerlichen Anpassung an die technischen und psychologischen Forderungen des ökonomischen Systems. Pflicht ist das, was der bürgerlichen Produktion dient.«[38] Dies hat zu einer Verengung im Glaubensbegriff geführt. Für viele Christen ist *Glaube* eigentlich nur noch Motivation und Anstoß zum Handeln, die innere Welt verkümmert zu einem »Du sollst, denn Du darfst« und versinkt in die protestantische »Nacht der Bildlosigkeit«, von der E. Hirsch einmal sprach[39], womit nur die Trennung des Glaubens vom Gefühl und Körper signalisiert wird. Damit fallen die tröstenden und identitätsstabilisierenden Momente des christlichen Glaubens aus. Er wird zu einem Moralismus, der gern zur eigenen Selbstrechtfertigung verwendet wird, eine Religionsform, die man als »Religion des Über-Ich« bezeichnen kann.

G. Ebeling: Theologische Erwägungen über das Gewissen

Als Vorlage für die Diskussion des Gewissensbegriffs möchte ich den Aufsatz von G. Ebeling, Theologische Erwägungen über das Gewissen (1962^2)[40], verwenden. Wir kommen hier in ein ziemlich anderes Sprachfeld hinein, als das bisher gewohnte, was schwierige Transferprobleme stellt. Aber der Aufsatz ist besonders geeignet, anschaulich zu machen, welches Gewicht der Gewissensbegriff für die lutherische Tradition des Protestantismus und für dessen Bestimmung der inneren Welt auch in der Gegenwart besitzt.

Ebeling: »Dem Gewissensbegriff kommt . . . entscheidende Bedeutung für die Theologie zu«[41], heißt es gleich im ersten Absatz; eine Besinnung auf ihn kann helfen, den Zusammenhang von Theologie und Sprache klarer zu erfassen. »Theologische Sprache redet, in welcher Weise auch immer, von dem, was den Menschen in der ihn angehenden Wirklichkeit unbedingt angeht und letztlich trifft, ist also auf das bezogen, was jeden angeht, weil es mit seiner Existenz gegeben ist.«[42] Es besteht ein enger Zusammenhang zwischen Heil

---

38. Tillich, Gewissen (vgl. dieses Kap., Anm. 34), 189.
39. E. Hirsch, Das Wesen des reformatorischen Christentums, 1963, 174.
40. G. Ebeling, Theologische Erwägungen über das Gewissen, in: ders., Wort und Glaube, 1962^2, 429–446.
41. AaO. 429.
42. AaO. 430.

und Sprache, weil Heilslehre ein Wortgeschehen ist. Hier ordnet sich das Gewissen ein, denn das Phänomen des Gewissens hat mit Sprechen und Hören zu tun, »es geht hier um das Zur-Sprache-Kommen und Zu-Gehör-Kommen dessen, was den Menschen in seinem Selbstsein . . . letztlich und unbedingt angeht«[43]. Nach dem Heilsverständnis der reformatorischen Interpretation sind Wortgeschehen und Heilsgeschehen identisch, weil der Glaube aus der Predigt kommt. Im Gewissen fällt die Entscheidung, ob ein Mensch erledigt, verloren, tot ist oder ob er aufgerichtet, gerettet, lebendig gemacht ist; hier kommen Heil und Unheil zur Sprache.

»Die Besinnung auf den Gewissensbegriff soll in der rechten Weise den *Zusammenhang von Mensch, Welt und Gott* erkennen lassen. Nach landläufiger Auffassung tendiert das Reden vom Gewissen auf individualistische Isolierung des Menschen und auf Rückzug in die Innerlichkeit. Allerdings meint ›Gewissen‹ den Menschen als den mit Eigennamen Gerufenen, in seinem Selbstsein Unvertauschbaren, Einzelnen, und zwar in Hinsicht auf die verborgenen Wurzeln seiner Lebensäußerungen, auf sein ›Innerstes‹, auf sein ›Herz‹ im biblischen Sprachgebrauch.«[44] Aber von einem »Inneren« des Menschen zu reden, bedeutet keine in sich abgeschlossene Innenwelt. Der Mensch wird nicht von innen heraus, sondern von der Außenwelt angesprochen und kann existentiell von daher angesprochen werden, weil »dem Außen der sogenannten Außenwelt ein anderes, radikaleres Außen vorausliegt«[45]. Diese drei Dinge sind eng zusammengefügt; was der Mensch, was die Welt und was Gott ist, kommt nur miteinander zur Begegnung und zur Sprache.

Kommentar: Wird hier als wesentliches Moment das Sprechen, nicht das Handeln oder gar das Arbeiten als das den Menschen Konstituierende angesehen, so zeigt sich hier die bekannte protestantische Tradition, in der Kommunikation von Menschen sich auf das Sprechen und Hören zu konzentrieren und andere Formen der Mitteilung zurücktreten zu lassen, wie das Anschauen und das Berühren. Hier zeigt sich jene zuvor besprochene Unterwerfung des Körpers unter das Primat des vernünftigen Sprechens. Als ein wesentliches Detail ist das Bemühen zu nennen, die Externalität des Heils festzuhalten; es wird die Außenwelt von einem radikalen Außen unterschieden, aber nicht erwogen, ob eine solche Differenzierung nicht auch für die Innenwelt gelten könnte. Dieses Bemühen ent-

---

43. AaO. 431.
44. AaO. 432f.
45. AaO. 433.

14 Verinnerlichung

springt der alten Abwehr gegen jene linken Flügel des Protestantismus, die den heute noch wirksamen Gewissensbegriff schufen, indem sie im Vertrauen auf das innere Wort die Autorität eines äußeren Wortes in seinem theologischen und politischen Gewicht zu vermindern suchten. Man kann an dieser Stelle bei Ebeling schwer entscheiden, ob er mehr befürchtet, einen Menschen in seiner Selbstverstrickung von außen nicht mehr ansprechen zu können oder mehr den Verlust einer weisenden Ansprache bedauert, wenn er neben dem radikalen Außen auch ein radikales Innen zugestehen müßte.

Ebeling: »Der Mensch ist in dem doppelten Sinn Gewissenssache: Er *ist* letztlich Gewissen und geht letztlich das Gewissen an.«[46] Auch Gott ist ein Gewissensphänomen, ebenso wie die Welt als Außenwelt, womit nicht das physikalisch aufgefaßte Weltall, sondern die Welt als Wirklichkeitsganzes gemeint ist. Wo Gott als die Frage im radikalen Sinne, als Frage nach dem Ganzen, dem Ersten und dem Letzten erscheint und als Gewissensfrage begegnet, wird auch der Mensch und die Welt als Gewissensfrage vernommen. Während Mensch und Welt einander auch partiell begegnen können, tritt Gott nur als radikales Gewissensphänomen auf und zwingt Mensch und Welt, sich als Gewissensphänomen zu verstehen. Eine solche Aussage bedeutet keine Anthropologisierung der Theologie, sondern heißt: »den Primat Gottes behaupten«[47].

Kommentar: Es ist darauf zu verweisen, daß sich hier die Außenwelt auflöst. In dem Moment, wo es um die Frage nach dem Weltganzen geht, tritt Gott ein, der ja gerade »in der Frage nach dem Ganzen, dem Ersten und Letzten erscheint«[48]. Es ist jene von Plessner zitierte Weltfrömmigkeit, die in der Bearbeitung der äußeren Welt das zu finden hofft, was – nach dem goetheschen Diktum – die Welt im Innersten zusammenhält. Die Außenwelt entschwindet in ihrer Realität. Sobald sie auf ihren Sinn hin durchsichtig wird, tritt Gott an ihre Stelle, ein Verfahren, das mit dem doppelten Begriff des Außen bereits angelegt ist. Letztlich geht es dann doch um Gott und Seele, über das hinauszufragen kein dringendes Bedürfnis besteht.

Ebeling: Gott begegnet ausschließlich im Gewissen und ist jeder äußerlichen Erfahrung entzogen. Darauf verweist der Wortcharakter des Heils. Mit ihm läßt sich nichts festmachen, sondern die

---

46. AaO. 434.
47. AaO. 435.
48. AaO. 434.

Begegnung mit dem Heil im Wort trägt reinen Verheißungscharakter. Denn das Gewissen hat es mit der Zukünftigkeit und Letztgültigkeit zu tun, mit dem Zuerwartenden, aber schon Angesagten und Zugesagten. Damit steht es freilich auch vor einer möglichen Zukunftslosigkeit, die gleichzusetzen ist mit Tod. Das Gewissen, wenn es sich mit beiden vereint, übt selbst tötende Macht aus.
Ebenso wie Gott ist der Mensch kein Gegenstand der Erfahrung, »nur dann ist das Menschsein als Personsein respektiert, wenn es als unerfahrbares, unverrechenbares, unverfügbares Geheimnis respektiert wird«[49]. Es ist ein Ausstrecken nach dem letztgültigen Wort, das dem Gewissen jetzt schon begegnet als »das Geschehen des Gefragtseins und Zur-Antwort-herausgefordert-Seins, also das Verantwortlichsein im Vollzug«[50].

Kommentar: Ich hatte darauf verwiesen, daß letztlich die Außenwelt ausgeblendet wird. Der enge Bezug Gott-Mensch schafft allerdings nun eine neue Schwierigkeit, die sich in der Formulierung ausdrückt, daß ein Mensch sich sowohl zu seinem Gewissen verhält wie letztlich durch es konstituiert wird. Gewissen ist im weiteren Verlauf der Darstellung doch der Ort, in dem sich Gott festsetzt und von dem aus der Mensch gefragt und zur Antwort und Verantwortung herausgefordert wird. Hier wird etwas von jenem oben zitierten Pathos des fichteschen »Werde, der du bist« in seiner theologischen Form spürbar. Es wird zwar das Bemühen Ebelings deutlich, mit dem Gewissensbegriff kein in die Heteronomie führendes Über-Ich zu etablieren, was aber nur partiell gelingt. Zugleich bestätigt sich der autoritäre Anspruch in diesem theologischen Ansatz: es geht um Fragen und Antworten, nicht um Beraten.

Ebeling: Der Gewissensbegriff, allgemein in seiner Erörterung der Ethik zugewiesen, ist gerade an dem Zusammenhang von Dogmatik und Ethik zu überprüfen. Diese Zweiteilung innerhalb der systematischen Theologie steht in einer nahen Beziehung zur Zweiteilung des Dekalogs und der Unterscheidung zwischen credenda und agenda, zwischen Glaube und Liebe, zwischen einer Lehre vom Handeln Gottes und dem Handeln des Menschen, zudem, wenn auch entfernter, zu der Unterscheidung von Evangelium und Gesetz. Ferner müßte »am Gewissensbegriff ... deutlich werden, inwiefern Person und Werk scharf zu unterscheiden sind und wie sie untrennbar zusammenhängen«[51].

49. AaO. 436.
50. Ebd.
51. AaO. 438.

14 Verinnerlichung

Mit Person und Werk verknüpft sich auch der Zusammenhang von Glaube und Sittlichkeit. Theologisch ist zwischen Glauben und dem Religiösen zu unterscheiden. Das Religiöse gehört in den Bereich des dem Evangelium gegenüberstehenden Gesetzes. Das Religiöse zwingt dazu, entweder alles verchristlichen zu wollen und damit totalitär zu werden oder sich auf das »rein Religiöse« oder »Innerliche« zurückzuziehen. Der Glaube jedoch ist Gnade und damit Werk Gottes, nicht Werk des Menschen, insofern sind Glaube und Sittlichkeit etwas total verschiedenes. Aber er fällt zugleich mit dem Handeln des Menschen zusammen, denn er fordert zu nichts anderem auf als dem, was sittlich geboten ist, so daß »an der Kennzeichnung des Christentums als der ›vollkommenen sittlichen Religion‹ ... durchaus etwas Richtiges« ist[52].

Kommentar: Die Unterscheidung von Sprechen und Handeln in ihrer theologischen Bedeutung tritt nun deutlich hervor. Gott spricht und trifft mit seinem Sprechen die Existenzmitte des Menschen, das Gewissen; es ist der individuelle Mensch, die Person, die hier angeredet wird. Predigen als die Weitergabe des das Gewissen treffenden Wortes wird also als Analogie zum Wort Gottes verstanden. Dagegen tritt beim Handeln ein Gegensatz auf: Gott spricht, der Mensch handelt sittlich. Die Analogie zwischen Gott und Mensch bezieht sich allein auf die Verkündigung, nicht jedoch auf das Handeln. Hierin steckt, als unreflektierte gesellschaftliche Grundannahme, ein Zwei-Klassen-Modell, nach der die oben sich durchs Reden und die anderen durchs Arbeiten auszeichnen. Bezugspunkt aber ist das Gewissen des einzelnen Menschen. Damit kommt Ebeling nun doch jener religiös bestimmten Haltung nahe, die sich auf das Innerliche zurückzieht. Er übernimmt von K. Barth zwar die Unterscheidung von Religion als Werk des Menschen und Glaube als Gabe Gottes, würde aber die gleiche, von Barth vertretene These von der Herrschaft Christi über alle weltlichen Bereiche vermutlich in der Gefahr sehen, in einen »christlichen Radikalismus« abzugleiten.

Ebeling: Nach dieser theologischen Besinnung auf den Gewissens*begriff* folgen Bemerkungen über das Gewissens*phänomen*. Ebeling greift hier zwei Fragen auf, die Frage nach Identität und Gegenüber und die nach der Geschichtlichkeit des Gewissens. Die erste Frage beantwortet er mit dem Satz: »Als Gewissen ist der Mensch Ruf und

---

52. AaO. 439.

Gehör zugleich.«[53] Menschsein bedeutet stets: Sich selbst gegenüberstehen. Das Wort vom »Gewissensbiß« deutet an, daß der Mensch sowohl das bissige Tier im Menschen ist wie der Gebissene selber. Dies bedeutet: »Der Mensch erfährt sich als einen, der mit sich selbst nicht identisch ist, aber wesenhaft gefragt ist nach seiner Identität mit sich selbst. Allein in diesem Gefragtsein ist seine Identität gegeben.«[54] Mit sich selbst zu identifizieren heißt, sich zu verantworten; so ist die Existenz von ihrem Grund her Wortgeschehen und nur im Wortgeschehen zu verantworten. Das Phänomen des Gewissens verschwindet nicht, wenn nicht mehr von Gott gesprochen ist; es ist ontologische Struktur im Zustand des Gefallenseins, in der die Identität des Menschen mit sich selbst nicht mehr gegeben ist. Das Gewissen ist auch nicht von vornherein die Stimme Gottes, wohl aber die Bedingung der Möglichkeit zu verstehen, was mit dem Wort »Gott« gemeint ist. In der ständigen Frage der Identität der Menschen mit sich selber meldet sich die Fraglichkeit Gottes an. »So allein treffen die Ortsangaben ›in conscientia‹ und ›coram Deo‹ zusammen ... Nur dadurch, daß Gott dem Menschen zugesprochen ist, wird beides miteinander ... in Wahrheit verantwortet: das Menschsein des Menschen sowie das Gottsein Gottes.«[55]

Die Frage nach der Geschichtlichkeit des Gewissens stellt sich mit der Frage, welchen Inhalt der Ruf des Gewissens hat. Das Gewissen ist kein in das Herz geschriebenes Gesetz, sondern »ist nichts anderes als der pure Anruf, die Anfrage ..., sozusagen das in den Menschen eingebrannte, nicht zu beseitigende Fragezeichen«[56]. Es bezieht sich auf konkrete Situationen, ist daher geschichtlich bestimmt und kennzeichnet sein Wesen: »Es ist ... unvertretbar und unerforschlich das Gewissen des Einzelnen. Es tritt nur am Einzelnen in Funktion, und nur der Einzelne als solcher kann sich darauf berufen. Es ist geradezu principium individuationis.«[57] Redeweisen vom »Gewissen des Volkes« oder »Weltgewissen« sind darum irreführend. Dies bedeutet kein Relativismus: »Wenn der Ruf des Gewissens das Aufgerufensein des Menschen zum Menschsein ist als Frage nach der Identität seiner selbst, dann ist er der Ruf zur Selbständigkeit und damit zur Verantwortlichkeit – denn nur in Selbständigkeit bin ich verantwortlich und nur als Verantwortlicher

53. AaO. 440.
54. Ebd.
55. AaO. 442.
56. AaO. 443.
57. Ebd.

14 Verinnerlichung

bin ich selbständig – und beides in einem umgreifend: Der Ruf zur Wahrhaftigkeit.«[58]
Freilich: Die individuelle Bestimmtheit des Gewissens schließt nicht das Anteilhaben an gemeinsamer Gewissensprägung aus. Aber diese ist in eine akute Krise geraten, »die als Orientierungslosigkeit und Abgestumpftheit zum Massenmenschen mangelnde Unterweisung der Gewissen verrät ... Die heutige Gewissenskrise und die überall empfundene Sprachnot hängen eng zusammen. Der Hintergrund ist allgemeiner Traditionsverlust und Wirklichkeitsschwund.«[59] Hier sind die Theologen aufgerufen, die Sprache zu lehren, die das Gewissen trifft, sie wissen um die Verheißung, »daß auch in der heutigen Sprachnot rettendes, heilendes Wort bereitsteht«[60].

Kommentar: Auffällig ist das Inhaltsleere im ebelingschen Gewissensbegriff, der die Abstraktheit des kategorischen Imperativs aufnimmt und vermutlich auch von ihm her bestimmt ist. Sie führt zu einer Situationsethik, von der man sich fragt, wo denn dann eigentlich die ethischen Entscheidungskriterien herkommen sollen. Bei der Analyse des Verantwortungsbegriffs habe ich bereits darauf hingewiesen, daß hier formale Herrschaftsstrukturen vorausgesetzt werden, in denen sich Selbständigkeit mit Verantwortlichkeit verbinden, und zwar jeweils eines einzelnen. Was einst den Wirtschaftsbürger des asketischen Protestantismus auszeichnete, seine Betriebsamkeit, seine Gewissenhaftigkeit, seine ständige innere Unruhe, die Geschäfte voranzutreiben, wird hier zum Gewissen einer Führungsfigur, die in einer formalen Organisation mit formalen Arbeitsanweisungen tätig ist.
Ob das Verhältnis von Anruf und Hören ein über das Christentum herausgreifendes Moment darstellt, mag offen bleiben, entscheidend ist nur, daß für die protestantische Kultur jedenfalls der Gewissensbegriff eine entscheidende Bedeutung hatte und bis heute hat. Als »principium individuationis« ist es bestimmend für die individuelle Persönlichkeitsformung, woher auch der individualethische Ansatz verständlich wird. Ebeling weiß, daß es sich hier um eine bestimmte Tradition handelt. Sein eigener theologischer Ansatz ist dieser Tradition verpflichtet, die er von dem modernen Massenmenschen bedroht sieht, aber um des Heiles willen erhalten

---

58. AaO. 444.
59. Ebd.
60. Ebd.

sehen möchte. Es ist jedoch zu fragen, was die Gründe sind, die eine
Gewissensbildung im früheren Sinne zunehmend erschweren.

Vaterbild und Gewissensformung

Wir müssen uns erinnern, daß das Modell dieses bürgerlich-protestantischen Gewissensbegriffes das Verhältnis des Hausvaters zu seinem Sohn war[61]. Die biblische Folie für diesen Hausvater bildeten die biblischen Patriarchen, die spannungsreiche Beziehung zwischen Vater und Sohn wurde dargestellt in Abrahams Opferung seines Sohnes Isaak. Der protestantische Vater sah sich keinen äußeren Instanzen unterworfen, sondern nur der verinnerlichten Autorität Gottes und dem an der Schrift geprüften Gewissen und gab bei der Erziehung seinen Söhnen das äußere Bild für die Internalisierung von Autorität und dem Aufbau einer Gewissensstruktur ab.
Wie E. Troeltsch schreibt, war er »der Rechtsvertreter, der nicht kontrollierte Gewaltinhaber, der Brotherr, der Seelsorger und Priester seines Hauses«[62]. Die viel zitierte Mündigkeit des evangelischen Laien ist ja primär eine Mündigkeit des Hausvaters. Eine vorbildliche Leitung des Hauses (einschließlich der christlichen Erziehung und Lebensführung) ist bis heute eine Leitvorstellung insbesondere für den Pfarrer geblieben (neben der des Gelehrten und Gebildeten). Die protestantische Persönlichkeit[63] bildete sich in der Auseinandersetzung mit dem Vater; nicht umsonst haben die Auseinandersetzungen M. Luthers mit seinem Vater typologischen Charakter gewonnen (wie O. Pfister 1944 und E. H. Erikson in den letzten Jahren belegt haben)[64]. Nicht daß diese väterliche Autorität unumstritten blieb; mit der Vaterautorität Gottes konfrontiert wurde sie nicht selten als heteronom verworfen. Allzuoft wurde die Güte hinter der Strenge des Vaters erst erkannt, wenn sie in der Liebe des vom göttlichen Vater geschundenen Sohnes begegnete. Luther mag wohl warnen: »Man soll die Kinder nitt zu hart steupen; den mein Vater steupt mich einmal also sehr, daß ich im floh und ward im

---

61. Im folgenden greife ich mehrfach zurück auf meinen Aufsatz: Beratung in der vaterlosen Gesellschaft, in: Evangelische Theologie 35, 1975, 15–32.
62. E. Troeltsch, Die Soziallehren der christlichen Kirchen und Gruppen, 1923, 558.
63. Vgl. dazu G. Piers, Die drei Gewissen des Abendlandes, in: Psyche 28, 1974, 157–172, bes. 168ff.
64. O. Pfister, Das Christentum und die Angst, 1944; E. H. Erikson, Der junge Mann Luther (1958), 1966.

14 Verinnerlichung

gram, bis er mich wider zu im gewenet«[65], aber er vermag auch zu sagen: »Ich wolt lieber einen todten, denn einen ungezogenen Sohn haben.«[66] Zwar wurde ausgesprochen, daß Gott die Seinen mit mütterlichen Händen hin und her führt, sicher läßt sich, etwa am Beispiel M. Claudius, auf viele fürsorgliche väterliche Schreiben verweisen, aber vorherrschend blieb doch die verantwortungsbewußte Strenge und Nüchternheit (vielfach verbunden mit irrational-aggressiven Ausbrüchen), die J. Klepper so eindrucksvoll am Bilde des Vaters Friedrichs II. geschildert hat[67].
Es war dieses Vaterbild, das Freud vor Augen stand und Anstoß zu einem wesentlichen Aspekt seiner Religionskritik gab. Freud hat das Vaterbild (den Urvater) als prägend für die menschliche Entwicklung verstanden. Es ist allmächtig, weil es sich nicht nur mit dem für das Kind riesenhaften leiblichen Vater verbindet, sondern auch die Gestalt Gottes annimmt und als Über-Ich und Gewissen von dem einzelnen internalisiert wird. Freud schreibt: »Allein die psychoanalytische Erforschung des einzelnen Menschen lehrt mit einer ganz besonderen Nachdrücklichkeit, daß für jeden der Gott nach dem Vater gebildet ist, daß sein persönliches Verhältnis zu Gott von seinem Verhältnis zum leiblichen Vater abhängt, mit ihm schwankt und sich verwandelt und daß Gott im Grunde nichts anderes ist als ein erhöhter Vater«, wobei Freud dieses »nichts anderes« auf der folgenden Seite einschränkt, indem er von dem (allerdings sehr gewichtigen) »Vateranteil an der Gottesidee« spricht[68].
Das enge Zusammenwirken von menschlichem und göttlichem Vater hat nach Freud für den kulturellen Fortschritt große Bedeutung gehabt. Ein starkes Vaterbild zwingt den heranwachsenden Sohn, seine ödipalen Wünsche zu verdrängen, zu einer Sublimation seiner dissozialen Bedürfnisse zu kommen und sie in Energien für die Zivilisation umzusetzen. Der christliche Glaube hat so durch die religiöse Verstärkung der Vaterfigur der Kultur bedeutende Dienste geleistet, jedoch ist es ihm zunehmend nicht gelungen, »die Mehrzahl der Menschen zu beglücken, zu trösten, mit dem Leben auszusöhnen, sie zu Kulturträgern zu machen«[69]. Die Verbindung zwischen göttlichem Vaterbild und den notwendigen triebverdrängen-

---

65. M. Luther, Tischreden, Bd. 2, 134, 5ff.
66. AaO. Bd. 4, 507, 2ff..
67. J. Klepper, Der Vater, 1936. Vgl. dazu auch R. Thalmann, Jochen Klepper, 1977.
68. Freud, Totem (vgl. dieses Kap., Anm. 21), 177f.
69. Ders., Die Zukunft einer Illusion (1927), GW XIV, 323–380, hier 360.

den kulturellen Normen erweist sich nach Freud in steigendem Maß als bedrohlich, weil das religiöse Vaterbild aus einem übergroßen Ausmaß an Verdrängung besteht und sich in seinem Anspruch als starr und unwandelbar erweist[70]. Er will den religiösen Vater in seiner Strenge durch die wissenschaftliche Rationalität ersetzen, obgleich seine Skepsis bleibt, ob diese stark genug sei, den kulturell notwendigen Triebverzicht zu erzwingen. Freud hat nicht erwogen, ob das Gottesbild sich wandeln könne, noch hat er, worauf Ch. Link hinweist, angenommen, das christliche Gottesbild könne eine kritische Kraft gegen das Realitätsprinzip entfalten[71].

Das Gewissen wird in der Psychoanalyse im allgemeinen als eine Funktion innerhalb der Substruktur des Über-Ichs beschrieben, das wiederum zusammen mit Es und Ich psychische Instanzen darstellt[72]. Im Bewußtsein äußert sich das Über-Ich vor allem als Wert- und Sollensvorstellungen sowie als Schuldgefühle. Freud hat sich nicht eindeutig darüber geäußert, ob das Über-Ich eine Teilfunktion des Ich darstellt oder eine eigene Instanz; letzteres ist zum beherrschenden Modell geworden. Wesentlich ist jenseits der Zuordnung die Aussage, daß das Über-Ich in einem konstruktiven Zusammenhang zum Ich steht; ein pathologischer Befund ist dann vorhanden, wenn Über-Ich-Anteile als völlig losgelöst von den Ich-Funktionen auftreten und vom Ich als ein Fremdes, nicht zu ihm Gehörendes erfahren wird. Tritt das Über-Ich in einer solchen Isolierung auf, verursacht es die Erfahrung der Entfremdung.

Freud hat grundlegend für die Ausbildung der Objektbeziehungen die Phase der Konstituierung der ödipalen Dreiecksbeziehung angesehen und daher auch die Entstehung des Über-Ich ganz in diese Zeit verlegt. Es gibt allerdings auch Vorläufer des Über-Ich, die sich als effektive Einstellung zu Wert- und Sollenfragen bilden und wie die Unterdrückung des Ödipuskomplexes durch das ausgebildete Über-Ich dem Kind das Leben und die Anpassung innerhalb der Familie ermöglichen. Insbesondere die Transaktionale Analyse hat gezeigt, wie früh wesentliche Wertentscheidungen von einem Kind aufgenommen werden und u. U. sein ganzes weiteres Leben bestimmen, auch dann noch, wenn sie für seine Einpassung in die Familiensituation nicht mehr funktional sind.

Für Freud und seine Nachfolger sind der Wunsch, von ihrer Mutter

---

70. AaO. 360f; vgl. auch G. Mendel, Die Revolte gegen den Vater, 1972.
71. Ch. Link, Theologische Perspektiven nach Marx und Freud, 1971, 110.
72. Vgl. zum folgenden vor allem D. Eicke, Das Gewissen und das Über-Ich, in: Wege zum Menschen 16, 1964, 109–126, hier zit. nach: N. Petrilowitsch (Hg.), Das Gewissen als Problem, 1966, 65–91.

und später auch von ihrem Vater geliebt zu werden, und die Angst, ihre Liebe oder wenigstens ihre Aufmerksamkeit zu verlieren, der Grundstock aller Sollens- und Wertvorstellungen. Geliebtzuwerden ist das in der Kindheit angestrebte Ideal des Menschen[73]. Wenn sich das Kind aus der unmittelbaren Einheit von der Mutter und später auch von seinen sexuellen Wünschen in bezug auf sie trennen muß, nimmt er ein Bild der Mutter und des Vaters auf, einen Vorgang, der als Identifikation bezeichnet wird, wobei diese verinnerlichten Eltern sowohl eine drohende wie eine liebende Funktion wahrnehmen können. In Identifikation und Abwehr bildet sich das Über-Ich aus, werden auch andere Liebespersonen und Autoritätsfiguren einschließlich der religiösen und kulturellen Symbole aufgenommen, die dann ebenfalls solche Droh- und Schutzfunktionen übernehmen können.

Die Analytische Psychologie C. G. Jungs vertritt wie Freud, daß das Gewissen nur zum Teil ein bewußter Vorgang ist[74]. Da das Unbewußte aber wirklich unbewußt ist, lassen sich nicht die Grenzen abstecken, an denen die individuelle Innenwelt, die Psyche, anfängt oder aufhört. Unbewußtes ist nicht nur, wie bei Freud, ein Produkt der Verdrängung, sondern es handelt sich um psychische Energien, die individuell nur unter Schwierigkeiten festzumachen sind. Das Unbewußte enthält bei C. G. Jung keine eindeutige moralische Instanz. Es ist ethisch gesehen widersprüchlich und enthält sowohl Verurteilung als auch Verlockung, kann Träger eines guten wie eines schlechten Gewissens sein. Das Gewissen folgt lange Strecken den traditionellen Moralvorschriften und würde nicht existieren, wenn es keine Moralvorschriften gäbe. Solange dies der Fall ist, stellen sich die Gewissensphänomene wie der »Gewissensbiß« ein, sobald von eingeübten Regeln abgewichen wird. An bestimmten Punkten erhebt sich jedoch »das wahre und eigentliche Gewissen«[75] über den Sittenkodex und unterwirft sich nicht seiner Entscheidung.

Gerade dort, wo das Gewissen nicht mit dem traditionellen Sittengesetz zusammenfällt, wird, so C. G. Jung, vom Gewissen als der »vox Dei«, der Stimme Gottes gesprochen. Wo ein solcher Konflikt auftritt, muß dem Gewissen eine unbedingt höhere Autorität eingeräumt werden als der traditionellen Moral. Das Gewissen verpflich-

---

73. S. Freud, Zur Einführung des Narzißmus (1914), GW X, 137–170, hier 168.
74. C. G. Jung, Das Gewissen in psychologischer Sicht, in: Petrilowitsch (Hg.), Das Gewissen als Problem, 1966, 38–58; Nachdruck aus: Jung, Das Gewissen, 1958, 185–207.
75. AaO. 46.

tet den Menschen, ohne Rücksicht auf die »Welt« ihm Folge zu leisten und Gott mehr zu gehorchen als ihr. Ob Gewissen nun in religiösen Kategorien erfaßt wird oder nicht, so ist jedenfalls dieses Gewissensphänomen von fast dämonischer Macht und übt Forderungen aus, die sich gegenüber dem Subjekt entweder überhaupt durchsetzen oder ihm wenigstens erhebliche Schwierigkeiten bereiten. Es bringt die im Menschen vorhandenen Widersprüche und Gegensätze zu einer bewußten Wahrnehmung. Dieser Gegensatz kann auf zweierlei Weise gelöst werden: Entweder unterwirft sich der einzelne dem moralischen Gesetz und trifft eine sittengemäße Entscheidung. Vielfach ist eine solche Lösung nicht möglich, sondern der Konflikt muß zwischen den traditionellen Vorschriften und den unbewußten Grundlagen der Persönlichkeit oder Individualität ausgetragen werden. Dies erfordert eine kreative Lösung, die »jene zwingende Autorität besitzt, welche nicht zu Unrecht als *vox Dei* charakterisiert wird. Die Art der Lösung entspricht den tiefsten Grundlagen der Persönlichkeit sowohl wie deren Ganzheit, die Bewußtes und Unbewußtes umfaßt und sich darum dem Ich als überlegen erweist.«[76]

Fragwürdigkeit und Verlust des Vaterbildes

Die psychoanalytische Betrachtungsweise tendiert bekannterweise dazu, das Wechselverhältnis von Gesellschaft und Familienkonstellation unzureichend zu berücksichtigen. Jedoch zeichnen sich Veränderungen in der gesellschaftlichen Struktur ab, die ihre Auswirkungen auf die Konstituierung des Selbst und damit auch auf die Ausbildung von Über-Ich und Gewissen haben. H. Lincke hat in einem bemerkenswerten Aufsatz über »Das Überich – eine gefährliche Krankheit?«[77] auf zwei Beziehungsfiguren hingewiesen, die für die neuzeitliche Kultur von Bedeutung waren, nämlich, in der psychoanalytischen Symbolik ausgedrückt, die Konkurrenz mit dem Vater, symbolisiert in der Vatertötung, und der Unterwerfung unter den Vater und die Identifikation mit einem fordernden Über-Ich. Der erste Mechanismus führt zu einer starken Initiative des Ich und einem ausgeprägten Leistungsstreben, mit dem Ziel, daß das Ich in der Konkurrenz mit dem Über-Ich sich zu behaupten versucht,

---

76. AaO. 58.
77. H. Lincke, Das Überich – eine gefährliche Krankheit?, in: Psyche 24, 1970, 375–402.

indem es erfolgreicher ist als der »Vater«, die kulturelle Tradition fortwährend in einen Alterungsprozeß hineindrängt und damit auch selbst verdrängt wird, sobald es selbst diesem Alterungsprozeß unterworfen ist. Wie Lincke richtig bemerkt, ist diese Konkurrenz mit dem Leistungsprinzip verbunden, wobei der in Gang gesetzte Mechanismus dazu drängt, immer größere Leistungen hervorzubringen. So wird Veralten zu einem notwendigen gesellschaftlichen Inhalt des Produktionsprozesses und zwingt früher oder später ein so geprägtes Ich dazu, sein Gewicht vom Ich auf das Über-Ich, von der Initiative zur Tradition zu verlagern, weil es seine Bestätigung nur durch die Leistungskonkurrenz mit dem Vater erhält.

Der zweite Mechanismus, in der Psychoanalyse als Identifikation mit dem Aggressor bekannt, führt zu einer Unterwerfung des Ichs unter das Über-Ich; der Vater tötet symbolisch wiederum gesprochen den Sohn. Lincke sieht in dem Versuch, den Konflikt zwischen Ich und Über-Ich durch Identifizierung zu lösen, überhaupt den Kern des christlichen Glaubens. Jedoch bedarf es der besonderen Beachtung, welche theologische Gestalt diese Identifikation mit dem Aggressor in der protestantischen Kultur angenommen hat. Es ist ja gerade eine religiöse Kultur, die zum Triebverzicht auffordert, um sich voll in der Arbeitsleistung zu realisieren. Dies geschieht auf einer Basis, die durch eine Unterwerfung unter den fordernden Vater gelegt ist, wobei eine Teil des Leidens an der Unterwerfung auf Christus verlagert werden konnte. Wird in einer Gesellschaft die Unterwerfung unter den (moralisch fordernden) Aggressor dominant, so ist nach Lincke mit zwei Konsequenzen zu rechnen: »1. Die Verbündung mit dem Überich verleiht dem Ich eine Stärke und Härte, die es im Kampf mit den Trieben unnachgiebig, unangreifbar und für künftige Revisionen und Anpassungsleistungen unzugänglich macht. 2. Das mit dem Überich identifizierte Ich verhält sich der Umwelt gegenüber genauso grausam und selbstherrlich wie das Überich ursprünglich gegenüber dem Ich. Diese beiden Konsequenzen vereinigen sich zu einer machtvollen Resultante, einem zwanghaften und rücksichtslosen Drang, die Umwelt den eigenen Forderungen anzupassen ... Es ist auch leicht zu sehen, wie vortrefflich dieser Modus der Überichabwehr mit Leistung und Initiative harmoniert.«[78] In dieser Tendenz liegt jener aggressive Trieb begründet, die nichteuropäischen Völker auf aggressive und sadistische Weise zu unterwerfen. Zugleich befriedigt der Krieg die Ängste der Väter; indem hier die Söhne geopfert werden, können sie nicht

---

78. AaO. 383.

mehr in die Konkurrenz mit den Vätern treten. Einem »puritanisch eingeengten Ich, das, selber anpassungsfähig, alles, was in seinen Einflußbereich gelangt, sich zu unterwerfen und anzupassen versucht, ... verdankt die westliche Welt den Erfolg, ihm die Verbreitung ihres Glaubens, wie auch die Unterwerfung und Zähmung der Naturkräfte«[79], bis die technisch-wirtschaftliche Entwicklung allmählich eine Eigengesetzlichkeit entwickelte und der Kontrolle entglitt, ein Vorgang, auf den ich in Kap. 12 »Technologische Entwicklung« hingewiesen habe.

Die zweite Anfrage, die sich von den Veränderungen der gesellschaftlichen Struktur her stellt, ist die Frage, welche Konsequenzen das Verblassen des Vaterbildes für die Bildung des Gewissens bzw. des Über-Ichs besitzt.[80]

Von den »zwei Quellen der Moral und der Religion«, wie Freud sie konstatiert, dem Über-Ich und der Fusion von Ich und Umwelt, droht die erste Quelle zunehmend zu versiegen. In unserer Gesellschaft tritt zunehmend die Autorität des Vaters zurück, und zugleich verblaßt und altert die autoritative Vater-Figur Gottes. Sicher sind weder die psychoanalytische Vater-Imago noch der protestantische Gott-Vater in ihrer Wirkung einfach abhängig von dem Status eines Vaters in der Gesellschaft. Das autoritative Vaterbild ist tief im Unbewußten verankert und stützt sich auf weitergeltende biblische Traditionen; man kann dies an dem noch immer gebräuchlichen Symbol des Königs beobachten. Dennoch bleibt es von gesellschaftlichen Veränderungen nicht unbeeinflußt. Wie Luthers Verhältnis zu seinem Vater typologisch für die Erfahrung eines Vaters steht, hinter dessen Strenge sich eine gütige Liebe verbirgt, so hat die Erfahrung Kierkegaards, daß sein Vater trotz seiner Strenge ohnmächtig und schwach war, Symbolcharakter für die gegenwärtige Situation gewonnen. Der holländische Psychiater P. H. Esser hat in einer Studie gezeigt[81], wie sehr das Kind Sören sich mit dem bejahrten, religiösen Vater identifizierte, dann aber in einer Art von seelischem Erdbeben erfuhr, daß sein Vater auch ein schwacher Mensch war, der in Verzweiflung geraten konnte. Esser zitiert ein Stück aus »Salomons Traum«, in dem Kierkegaard von Salomon berichtet, der seinen Vater sehr bewunderte, eines Nachts aber einen verzweifelten David, gebrochen durch Reue, vorfand und

---

79. AaO. 385.
80. Vgl. dazu W. Bitter (Hg.), Vorträge über das Vaterproblem in Psychotherapie, Religion und Gesellschaft, 1954; H.-R. Müller-Schwefe, Welt ohne Väter, 1962.
81. P. H. Esser, Vorwort zu: Uren met Kierkegaard, zit. nach H. Faber, Gott in vaterloser Gesellschaft, 1972, 118f.

14 Verinnerlichung

anschließend träumte, sein Vater sei von Gott verlassen. Von diesem Salomon, mit dem sich Kierkegaard selbst beschreibt, sagt er: »Und Salomon wurde weise, aber kein Held. Er wurde ein Denker, aber kein Mann des Gebets. Er wurde der ›Prediger‹, kam aber nicht zum Glauben ... Man hatte auf den Jüngling eine Last gelegt, die über seine Kräfte ging. Daran hatte sich die Kraft seines Willens verzehrt. Und so taumelte er durch das Leben.«[82]
Dieses »Taumeln durch das Leben«, die Unfähigkeit, ein stabiles Ich aufzubauen, zeigt sich zunehmend bei Patienten und Ratsuchenden, die nicht so sehr einen Über-Ich-Konflikt nicht zu bewältigen vermögen, sondern bei denen es eher nicht zu einer vollen Ausbildung des Über-Ich gekommen ist und die in ihrer psychischen Organisation in einem regressiven und narzißtischen Zustand verharren.
Nicht erst seit A. Mitscherlichs viel diskutiertem Buch über »Die vaterlose Gesellschaft«[83] spricht man davon, daß die Väter in unserer Gesellschaft immer »unsichtbarer« werden. Der protestantische Vater hat längst seine soziale Position, wenn auch nicht das frühere Selbstverständnis und Verhalten verloren. Wenn er heute über etwas verfügen kann, dann nur noch über ein Einkommen und über die Kernfamilie. Wesentlicher ist, daß das »Arbeitsbild des Vaters«[84] verschwindet, da Wohn- und Arbeitsstätte und damit der produktive Teil seiner Lebensführung vom privaten getrennt sind. Daß er etwas leistet und wie sehr er von anderen anerkannt wird, weiß die Familie nur noch vom Hörensagen. Wirtschaftliche Unabhängigkeit ist durch Lohnabhängigkeit ersetzt; die Stellung des Vaters in der Familie ist zunehmend allein bestimmt von den Konsummöglichkeiten, die er ihr ermöglicht. Zugleich schließt sich die Kleinfamilie privatistisch nach außen hin ab und gibt damit der Mutter ein unbestreitbares, aber auch unkontrollierbares Sorgerecht. Das »Unsichtbarwerden« der Väter hat drei wesentliche Konsequenzen für die Sozialisation des Kindes:

1. Ein Kind kann einen Vater bewundern, es kann sich bei ihm geborgen fühlen oder ihn fürchten, d. h. ein Kind kann sich mit einem starken Vater identifizieren und auf diese Weise zu einer eigenen Ich-Stärke kommen. Dies wird jedoch dann nicht mehr möglich, wenn es vom Vater nichts anderes mehr lernen kann als

---

82. AaO. 119.
83. A. Mitscherlich, Auf dem Weg zur vaterlosen Gesellschaft, 1963.
84. AaO. 220.

Freizeitverhalten, wenn nicht mehr »der größte Teil des *kultischen und praktischen Wissens* an die Überlieferung durch die Väter und Vaterfiguren geknüpft« ist.

2. Nach der psychoanalytischen Theorie zwingt, wir wir sahen, der Vater das Kind, seine Triebbedürfnisse nicht zu verdrängen, sondern auch zu sublimieren. In der Auseinandersetzung mit einem starken Vater erlangt das Kind bei einer normalen Lösung des ödipalen Konfliktes die Kontrolle über seine Impulse, lernt, seine Bedürfnisse zurückzustellen, gewinnt seine Autonomie und wird auf diese Weise »kulturfähig«.

3. Identifikation und Auseinandersetzung mit dem Vater ermöglichen es dem Kind, sich dem überwältigenden Einfluß der Mutter zu entziehen und sich von ihr zu lösen. Besteht innerhalb der Familie kein starker Gegenpol, so ist in dem geschlossenen System der Kleinfamilie der Einfluß der Mutter durch nichts begrenzt. Die Allgegenwart der Mutter ist insbesondere durch die verringerte Kinderzahl erheblich gewachsen; ihre sanfte Fürsorglichkeit schafft Abhängigkeit, die sehr viel schwerer zu durchbrechen ist als die harsche Autorität des protestantischen Vaters[85].

Das »Unsichtbarwerden« des Vaters bringt, wie J. Habermas im Anschluß an Mitscherlich gesagt hat, eine »Entstrukturierung des Über-Ich«[86] mit sich. Stand zu Beginn der Psychoanalyse der *Konflikt* mit dem Über-Ich, so muß heute von einem *Defekt* des Über-Ich gesprochen werden[87]. Die Neurotiker, an denen Freud seine theoretischen und therapeutischen Vorstellungen entwickelte, waren Menschen mit starken Über-Ich-Konflikten. Es fanden sich vor allem die klassische hysterische Reaktion, das ritualisierte Zwangsverhalten und die Neurasthenie. Stattdessen finden sich heute in steigendem Maß narzißtische Störungen, die sich als Rückzug von dem Objekt und als andauernde Unfähigkeit beschreiben lassen, sich an diese zu binden. Das Selbst wird zum Mittelpunkt gemacht; zugleich wird die Auflösung des Ich in die Objekte hinein glückhaft und zugleich voller Schrecken erlebt. Angesichts solcher Bedürfnis-

---

85. AaO. 228.
86. Habermas, Wissenschaft (vgl. Kap. 1, Anm. 20), 83.
87. K. Horn, Einleitung: Bemerkungen zur Situation des »subjektiven Faktors« in der hochindustrialisierten Gesellschaft kapitalistischer Struktur, in: ders. (Hg.), Gruppendynamik und der »subjektive Faktor«, 1972, 17–116, hier 58.

14 Verinnerlichung

se werden die Beziehungen zu realen Objekten undeutlich[88]. K. Horn beschreibt diesen Narzißmus als symbiotische Mutterbeziehung (oder den Rückzug auf Ersatzphantasien); das Verhältnis zum Vater bleibt formal; der Umgang mit der Realität ist gekennzeichnet durch einen Wechsel von Omnipotenzphantasien und Minderwertigkeitsgefühl[89]. Wie das Selbst sind auch die Objekte in ihrer Eigenstruktur relativ unbekannt und werden in infantiler Weise danach eingeschätzt, ob sie sich zu eigenen Zwecken nutzen lassen und sich diesem Verlangen fügen. Calogeras und Schupper haben es pointiert formuliert: »Nicht die Verdrängung, sondern was in gewisser Weise als deren genaues Gegenteil betrachtet werden kann, die Regression, wird in steigendem Maße als übliches Abwehrverhalten anzutreffen sein.«[90] Die Symptome dieser narzißtischen Klienten und ihre Klagen lassen sich gleichlautend beschreiben. Nach H. und L. Loewenfeld sind es »Unzufriedenheit, innere Spannung, Selbsthaß, depressive Stimmung, Lebensunlust, Gefühl der Leere, Unfähigkeit zu lieben«[91]. Ähnlich spricht H. E. Richter von einer »rätselhaften seelischen Schwäche«, einer »Art seelischen Leidens«, die nicht Krankheit im üblichen Sinne sei und sich keinem klassischen Krankheitstyp zuordnen lasse[92].

Die »permissive Gesellschaft«, die insbesondere in sexueller Hinsicht freizügig ist, erlaubt, indem sie die Väter entmachtet, den Kindern nicht mehr eine angemessene Über-Ich-Bildung und verhindert damit, eine relative Unabhängigkeit gegenüber den Strebungen des Es und den Forderungen der Gesellschaft zugleich zu erlangen. Es entsteht eine Abhängigkeit, die zusammengeht mit einem ausgeprägten Wunsch nach Sicherheit und nach Befriedigung privatistischer Bedürfnisse. Es entwickelt sich ein Persönlichkeitstyp, der sich, sofern seine Loyalität durch die Erfüllung dieser Bedürfnisse gesichert ist, in politischer Hinsicht mit Leichtigkeit zu manipulieren ist[93].

---

88. S. E. Pulver, Narzißmus: Begriff und metapsychologische Konzeption, in: Psyche 26, 1972, 34–57, hier 52f.
89. Horn, Einleitung (vgl. dieses Kap., Anm. 87), 57.
90. R. C. Calogeras/F. X. Schupper, »Verschiebung« der Abwehrformen und einige ihrer Konsequenzen für die analytische Arbeit, in: Horn (Hg.), Gruppendynamik (vgl. dieses Kap., Anm. 87), 312–348, hier 314.
91. H. und L. Loewenfeld, Die permissive Gesellschaft und das Über-Ich, in: Psyche 24, 1970, 706–720, hier 713.
92. H. E. Richter, Die Gruppe, 1972, 25.
93. R. Reiche, Sexualität und Klassenkampf. Zur Abwehr repressiver Entsublimierung, 1971.

Ich-Erweiterung

Gibt es einen dritten Weg zwischen dem Untergang der protestantischen Persönlichkeit mit ihrer Weltfrömmigkeit und ihrem Welttitanismus und jenem von D. Riesman so farbig oder als so farblos geschilderten »außengeleiteten« Menschen, der unbewußt-willenloses Opfer von manipulierten Informationen und Konsumangeboten ist[94]? Oder präziser gefragt: Zerfällt unsere Gesellschaft in zwei Gruppen, von denen die eine, bei der diese protestantische Persönlichkeit zu einer zwanghaften Charaktermaske geworden ist, über die herrscht, die mit ihrer Mutterbindung auch die Bereitschaft zur Unterwerfung und Nachgiebigkeit erworben haben?

Gehen wir noch einmal auf das Gewissen zurück. Prüfen wir noch einmal seine Struktur, so zeigt sich bei der protestantischen Persönlichkeit ein Ich, dessen innerer Dialog der des Gebietens und Gehorchens ist. Der Dialog hat einen sehr stark einseitigen Charakter; dem Befehl steht der Gehorsam gegenüber. Diese Struktur ist der Beschreibung des inneren Dialoges bei Ebeling und Freud gemeinsam, auch wenn für den einen das Phänomen des Gewissens auf die Analogie zwischen dem göttlichen Verhalten gegenüber dem Menschen und dem inneren Gespräch verweist, während es bei dem anderen die internalisierten Erziehungsmächte, vorab die Figur des Vaters, sind, die hier Weisung erteilen. Wo immer die Ich-Du-Beziehung in der Theologie eingeführt worden ist, um das Verhältnis zwischen Gott und Christus und zwischen Gott und den Menschen zu beschreiben, hat es stets ein autoritatives Gefälle besessen. Dabei hat das Über-Ich eine Tendenz zu einem sadistischen Verhalten, dem eine masochistische Leidensfreude beim Ich entspricht, das aber beim Umgang mit der Außenwelt sehr schnell in den Sadismus umschlagen kann, den das Ich erlitten hat. Angetrieben durch das Über-Ich, steht das Ich vor der ständigen Angst, daß ihm die Anerkennung entzogen wird, wenn es in seinen Aufgaben scheitert. Die Sehnsucht nach dem guten Leben und die immer drohende Rebellion müssen ständig in Schranken gehalten werden, um keine Energien von der Bearbeitung der Welt abzulenken.

Das biblische Modell für eine solche Gewissensstruktur stellte die bürgerlich-theologische Interpretation des Gleichnisses vom verlorenen Sohn dar, der dazu aufbricht, seiner Autonomie und seiner Sinnlichkeit nachzugehen, aber kläglich scheitert und froh sein kann, von dem Vater zur geregelten Arbeit wiederaufgenommen zu

---

94. D. Riesman, Die einsame Masse (1950), 1958, bes. 137–174.

werden. Die Unzufriedenheit, die den zu Hause gebliebenen älteren Bruder angesichts der eigenen beharrlichen Zuverlässigkeit erfaßt, blieb stets ausgeblendet. Was aber geschieht, wenn der Vater stirbt? Endet dann die Parabel in der Form, daß der jüngere Sohn unter schlechten Bedingungen weiterlebt, mit der unausrottbaren Sehnsucht nach einem für immer verlorenen Vater, und der ältere verzweifelt nach einem Vater-Ersatz sucht oder sich recht und schlecht eine Vater-Rolle anmaßt, die er selbst nicht auszufüllen vermag? Das scheinen die unausweichlichen Alternativen einer vaterlosen Gesellschaft zu sein; die Anpassung ans Gegebene mit leichter Sehnsucht nach einer besseren Welt im Herzen oder der Aufbau neuer Autoritäten, die freilich schwächer und unsicherer sind als der alte Vater.

Eine konstruktive Fortentwicklung scheint mir dann möglich zu sein, wenn es gelingt, die Zahl der Personen, die am inneren Dialog beteiligt sind, zu erhöhen, mehr Stimmen zuzulassen, als dies bisher möglich war. Im kategorischen Imperativ sind nur zwei Personen gegenwärtig, der Gebietende und der Gehorchende, und die Grundstruktur wird auch nicht aufgehoben, wenn der Gebietende dank besserer Managementkenntnisse seine Befehle auf eine sanftere Weise durchzusetzen weiß als bisher. Entscheidend ist, daß mehrere Stimmen zur Sprache kommen können, ohne die Integration des Ichs zu bedrohen oder zu überfordern. Man kann ein narzißtisches Verhalten auch so interpretieren, daß bei ihm in der kindlichen Frühzeit noch eine Vielzahl von Stimmen zugelassen sind, die später der Ausschließung verfallen und weggeschoben werden müssen. Die Bestimmung des Menschen liegt dann nicht darin, sich für einen bestimmten Ruf oder Befehl ausschließlich zu engagieren, sondern in der Fähigkeit, die verschiedenen Stimmen zuzulassen und zu integrieren. Die Struktur der inneren Welt besteht dann nicht in dem Einen, dem die vielen sich unterstellen, sondern der vielen, auf die der Eine hört und sich zu handeln entschließt.

Diese innere Dialog-Fähigkeit bedeutet so etwas wie die Demokratisierung der inneren Welt. Es heißt, um in der ebelingschen Diktion zu bleiben, mehrere Stimmen zur Sprache kommenzulassen, ohne daß es einem die Sprache verschlägt oder man in Sprachlosigkeit versinkt. Hier hat auch die habermassche Wendung von der »herrschaftsfreien Kommunikation« einen Ort, die aber gerade keine Kommunikation unter der Herrschaft einer Vernunft sein kann, die von vornherein bestimmte Gesprächspartner, wie die Gefühle und den Körper, ausschließt oder in dienende Funktionen verweist. Es muß schon eine Vernunft sein, die in der Lage ist, ihrer Worther-

kunft getreu zu bleiben, nämlich zu vernehmen. Bestand die Unabhängigkeit der protestantischen Persönlichkeit darin, einem irdischen Herrscher einen göttlichen Herrscher entgegensetzen zu können, so besteht sie heute darin, die Stimme der internalisierten Herrschaftsmächte nur eine unter mehreren Stimmen sein zu lassen. War bisher die Güte der Entscheidung von einem mit Autorität ausgestatteten Richter abhängig, dann geht es im Gewissen heute um die Zulassung unliebsamer Ankläger und unerwünschter Zeugen in einem gemeinsamen Entscheidungsprozeß.
In einem wichtigen Aufsatz über den Gewissensbegriff hat N. Luhmann darauf hingewiesen, daß weder »das psychologische Konzept des Superego noch das sozialpsychologische Konzept der Internalisierung gesellschaftlicher Wertvorstellungen« dafür ausreicht, um die neue Funktion des Gewissens zu beschreiben. Man mag davon ausgehen, daß wir handeln müssen, »etsi non daretur deus«, aber auch der Bezug auf eine alle Menschen bindende Ordnung, der der klassischen Funktion des Richtens vorgegeben war, ist heute nicht mehr generell vorauszusetzen. Die alte Gewissensstruktur ist nicht mehr ausreichend, »um die erforderlichen Konfliktentscheidungen, Richtungswahlen, Lernvorgänge, Reformplanungen anleiten zu können«[95]. Sie muß aber in der Lage sein, auf sehr unterschiedliche Handlungsformen einzugehen und sie zu stimulieren. Dies erfordert ein »pluralistisches« Ich, das gleichsam »Konsens für Gewissen« substituiert[96]. Statt die innere Stimme der Moral darzustellen, versucht das Gewissen vielmehr, zwischen allgemeiner moralischer Forderung und der durch eine bestimmte Situation gerechtfertigten Abweichung von der Moral einen Zusammenhang herzustellen.
Es geht darum, um dies abschließend zu sagen, *um einen Erweiterungsprozeß der inneren Welt, in der mehr Stimmen, Personen und Symbole zugelassen werden,* als dies bisher der Fall ist. Wird das bisherige Interaktionsmuster von Befehl und Gehorsam, Über-Ich und Ich aufrechterhalten, so zwingt es das Ich in starre Verhaltensweisen oder, als Konsequenz einer solchen untragbaren Beschränkung, zu einem privatistischen, regressiven Rückzug auf einen künstlichen Innenraum. Nur wenn sich der Austausch zwischen den verschiedenen inneren Repräsentanten erweitert, bleibt ein handlungsfähiges, nicht außengeleitetes Ich möglich. Dies läßt sich an der

---

95. N. Luhmann, Das Phänomen des Gewissens und die normative Selbstbestimmung der Persönlichkeit, in: H. E. Bahr (Hg.), Religionsgespräche, 1975, 95–113, hier 105.
96. AaO. 106.

14 Verinnerlichung

verinnerlichten Symbolik des Abendmahls verdeutlichen: Man kann das Abendmahl als eine Vergebung individueller Sünden durch Christus verstehen und ist dann ganz im Bereich der protestantischen Persönlichkeit; man kann es aufnehmen als einen regressiven Rückgang auf die Ebene der Oralität und damit als Ausdruck einer narzißtischen Erfüllung. Man kann es aber auch verstehen als ein inneres Bild, bei dem jeder der Jünger zusammen mit Christus jeweils verschiedene Persönlichkeitsanteile vertritt, und auch der Mann mit dem Geldbeutel ist hier zugelassen, selbst auf die Gefahr hin, daß er sich in einer solchen Runde nicht wohlfühlt und sie vorzeitig verläßt. Gewissen verwandelt sich aus einer Zweierbeziehung in den Reichtum einer inneren Kommunikation, die durch eine bestimmte Struktur des Austausches und der Abgrenzung zusammengehalten wird. Das Abendmahl, so verstanden, wäre dann ein Symbol der Demokratisierung des Gewissens, das sich auf mehreren Schultern ausruhen kann.

Dies würde bedeuten, daß die an eine äußere Autorität delegierte Macht durch das Individuum wiedergewonnen und der psychischen Ausbeutung ein Ende angesagt würde. G. Mendel drückt dies so aus: Der Wunsch des Individuums, »sich diesen seinen Teil der Freiheit wiederanzueignen, kommt in der Aktualität von Begriffen wie ›Teilhabe‹, ›Mitbestimmung‹ zum Ausdruck. In diesem Fall wären der Tod Gottes und das Absterben der paternalen Elemente in der sozialen Gewalt die Vorzeichen einer neuen Kulturphase, in der jedes Individuum sich nicht mehr nur – in Konsequenz des Ödipuskonflikts – mit seinem persönlichen Vater identifizieren würde, sondern in gewissem Umfang auch mit der sozialen Gewalt. Dann wäre der Sohn, wenn er als Individuum in psycho-affektiver Hinsicht erwachsen und nach Überwindung des Ödipuskonflikts selber ein Vater geworden ist, auf sozialer Ebene nicht mehr zur Regression gezwungen, die ihn zeitlebens Sohn eines Vaters sein läßt, wobei es keinen Unterschied macht, ob dieser Vater Gott ist oder die in einem Menschen sich verkörpernde soziale Gewalt.«[97]

Lesehinweise

Zum Problem der *Verinnerlichung*: W. Schulz, Philosophie in der veränderten Welt, 1974², 247–334; B. Nitzschke, Die reale Innenwelt, 1978. Als wie real die Innenwelt erlebt wird, kann man am besten aus den Berichten psychisch Gestörter entnehmen; mir ist hier besonders eindrucksvoll: H. Green, Ich hab dir nie einen Rosengarten

97. Mendel, Revolte (vgl. dieses Kap., Anm. 70), 177.

versprochen, 1973. Dies gilt auch hinsichtlich der religiösen Symbolik, wie die Selbstanalyse von T. Moser, Gottesvergiftung, 1976, zeigt.

Zu neuerer Literatur über das Verhältnis von *Religion und Psychoanalyse*: H. Heimbrock, Phantasie und christlicher Glaube, 1977; H. Müller-Pozzi, Psychologie des Glaubens, 1975. Eine wichtige ältere Studie: Th. Reik, Der eigene und der fremde Gott. Zur Psychoanalyse der religiösen Entwicklung (1923), 1972.

Über das Schicksal der *Vater-Sohn-Beziehung und über die Gruppe als Vaterersatz*: G. Mendel, Die Revolte gegen den Vater (1968), 1972; Ph. E. Slater, Mikrokosmos: Ein Studie über Gruppendynamik (1966), 1970.

Zur Geschichte der *Gefühls- und Körperkontrolle*: N. Elias, Der Prozeß der Zivilisation, 2 Bde., 1939 (auch TB); R. zur Lippe, Naturbeherrschung am Menschen, 2 Bde., 1974.

Das *besondere Buch*: D. Bakan, Mensch im Zwiespalt, 1976.

Namenregister

Abendroth, W. 52, 242
Achinger, H. 183, 185
Adenauer, K. 164
Adorno, Th. W. 25, 53, 286
Agnoli, J. 313
Albert, H. 25
Albertz, H. 313
Althaus, P. 190, 194–197, 212
Amery, C. 257f
Apel, H. 164
Aristoteles 62, 247
Augustin(us) 237, 317ff, 325, 329

Babeuf, F. N. 119
Bachmann, A. 256
Bachrach, P. 10, 67, 70, 313
Bacon, F. 107
Badura, B. 142
Bahr, H. E. 25, 350
Bakan, D. 352
Balser, F. 134
Balzac, H. de 291
Balzer, F.-M. 243
Bartelt, M. 107
Barth, K. 19, 34, 88, 97, 105f, 122, 127f, 145f, 191f, 288f, 335
Baur, J. 33
Bayertz, K. 107
Bebel, A. 135
Beethoven, L. van 133
Benjamin, W. 116
Bentham, J. 117
Bermbach, U. 313
Bethge, E. 70
Biedenkopf, K. 301
Binkowski, J. 165
Birch, Ch. 258f
Birkner, H.-J. 17
Bismarck, K. von 138
Bitter, W. 344
Bloch, E. 60, 72f, 77, 107, 111, 250, 256f, 285
Boettcher, E. 137

Bohatec, J. 34
Bonhoeffer, D. 54–65, 67, 70, 116, 190, 283, 326
Bonino, J. M. 53
Bolte, K. M. 220f, 234, 242
Börne, L. 100f
Bourgeois, L. 137
Brakelmann, G. 34, 152, 307
Brandt, W. 132, 273
Braun, H. 19
Brückner, P. 313
Brunner, O. 33
Buhr, M. 33
Bultmann, R. 107
Burckhardt, J. 319
Burke, E. 120

Callies, R.-P. 306
Calogeras, R. C. 347
Calvin, J. 34, 147
Campanella, T. 107
Castillo, F. 53
Claessens, D. und K. 52
Claudius, M. 339
Cobb, J. B. 258
Conze, W. 33
Croner, F. 218

Dahlmann, F. Chr. 102
Dahm, K.-W. 128, 152
Dahrendorf, R. 242, 302
Dann, O. 119, 123
David, J. 182f
Delekat, F. 284
Deppe, F. 242
Descartes, R. 36, 256, 317, 319
Dickson, D. 281
Dilthey, W. 319
Dipper, Chr. 102
Dobb, M. 50
Döbler, M. 142
Dombois, H. 117, 192

Dowe, D. 135
Dreitzel, H. P. 53
Droysen, J. G. 102
Duchrow, U. 210, 212
Durckheim, E. 137

Ebeling, E. 331–337, 348f
Eckert, E. 243
Egger, K. 278
Ehlers, H. 58, 149
Eichler, W. 136
Eicke, D. 340
Elert, W. 34
Elias, N. 352
Elsner, W. 281
Engels, F. 11f, 35, 50f, 69, 88, 130, 134, 242, 321
Eppler, E. 272, 275f
Erhard, L. 306
Erikson, E. H. 24, 338
Erk, W. 170
Esser, P. H. 344f
Eyth, M. 266

Faber, H. 344
Feil, E. 53, 57, 70
Fetscher, J. 77
Feuerbach, L. 19, 45, 127f
Fichte, J. G. 119 f, 321, 334
Forrester, J. W. 272
Forster, J. G. 126, 129
Fourier, Ch. 68, 135
Freud, S. 127, 315, 318, 321–324, 328, 339ff, 344, 346, 348
Frey, Chr. 27
Freyer, H. 55, 157, 264f
Fricke, D. 52
Friedrich II. von Preußen 91
Friedrich, G. 75
Friedrichs, G. 281, 313
Friedrichs, J. 107
Fürstenberg, F. 52

Galbraith, J. K. 272
Gehlen, A. 157, 192, 249, 318, 320, 325
Geissler, H. 229
Gerstenmaier, E. 149
Giddens, A. 243

Glaeser, B. 278
Glatzer, W. 229
Goethe, J. W. von 77, 116, 259, 333
Gogarten, F. 71
Goldmann, L. 70
Gollwitzer, H. 107, 284, 315
Goppelt, L. 33
Gorschenek, G. 107, 164
Green, H. 351
Greiffenhagen, M. 313f
Gremmels, Chr. 28, 60, 78f
Grimm, D. 137
Groethuysen, B. 35
Gronemeyer, R. 25
Groner, J.-F. 165
Grube, F. 313
Gundlach S. J., G. 81, 137, 143, 164–186
Gutiérrez, G. 53

Habermas, J. 25, 28, 83, 212, 217, 258, 281, 314, 346, 349
Hack, L. 233
Hardenberg, K. A. von 100
Harenberg, W. 107
Hartfiel, G. 313
Hartshorne, Ch. 258
Hausen, K. 280
Hegel, G. W. F. 35, 65, 79, 83, 88, 96, 101, 125ff, 285, 287
Heimbrock, H. 352
Heinemann, G. 58
Heinisch. K. J. 107
Heinz, W. R. 70
Heller, A. 131
Hennis, W. 282, 300f
Herkommer, S. 220
Herrmann, W. 60, 78f
Herzog, R. 33
Heymann, K. 292, 313
Hild, H. 107
Hintze, O. 203
Hirsch, E. 331
Hitler, A. 120
Hobbes, Th. 65, 101
Hofmann, W. 35, 217
Holz, H. H. 107
Hondrich, K. O. 124f, 142, 290, 294, 313
Honecker, M. 20, 28, 34, 85, 212f, 304ff

Namenregister

Horkheimer, M. 28, 53, 72, 286
Horn, K. 35, 346f
Hörning, K. H. 229, 242
Huber, W. 107, 118, 121, 212, 217, 239
Humboldt, W. von 35

Jacoby, H. 313
Jaeggi, U. 52
Jenaczek, F. 135
Johannes XXIII., Papst 165
Johnson, L. B. 272
Jones, H. M. 123
Jung, C. G. 321, 324, 341f
Jüngel, E. 65, 73

Kafka, F. 292
Kaiser, G. 34
Kalivoda, R. 141
Kant, J. 35, 80, 117, 230, 238, 260, 293f, 330
Kappe, D. 220f, 234, 242
Karrenberg, F. 33, 184f
Katterle, S. 281
Kehrer, G. 243
Kierkegaard, S. 344f
Kirchberger, St. 223
Kirchheimer, O. 35
Klaus, G. 33
Klepper, J. 339
Klönne, A. 52
Klotzbach, K. 135
Klüber, F. 175
Kmieciak, P. 107, 275
Koch, C. 281
Kocka, J. 280
Kofler, L. 77
Kojève, A. 88
Koselleck, R. 33, 71f
Kraft, W. 100
Krause, W. 233
Kreck, W. 34, 51
Kretschmar, G. 33
Krupp, H.-J. 229
Kuczynski, J. 52, 242
Kühnl, R. 35, 293f
Künneth, W. 283
Kunst, H. 33
Kupisch, K. 53

Lakoff, S. A. 141
Landshut, S. 141
Lassalle, F. 126f, 135, 170
Lautmann, R. 107
Lenski, G. 218
Leo XIII., Papst 164
Lepsius, M. R. 220, 228
Liedke, G. 258f
Lincke, H. 342ff
Lincoln, A. 285
Link, Ch. 340
Lippe, R. zur 352
Lipset, S. M. 302
Locke, J. 65
Loewenfeld, H. und L. 347
Lohmar, U. 295
Löwenthal, R. 52, 209, 301
Ludwig XIV. von Frankreich 120
Luhmann, N. 350
Lührs, G. 136, 275, 301
Luthard, Chr. E. 210
Luther, M. 34, 80, 118f, 123ff, 145ff, 203, 210, 320, 329f, 338f, 344

Maccoby, M. 270f
Machovec, M. 77
Macpherson, C. B. 65
Mahler, H. 116
Maier, H. 34, 209
Mann, Th. 315
Marcuse, H. 40, 127, 255, 263, 305
Marsch, W.-D. 17, 53, 60, 284–289, 303, 313
Marx, K. 11f, 19, 35f, 45f, 50f, 69, 72, 83, 88, 103, 117, 125f, 128, 130f, 134, 155, 157, 159, 224ff, 258, 276, 320f, 324
Mathias, P. 280
Mayer, K. U. 228
Meadows, D. L. 255, 281
Mendel, G. 340, 351f
Meschkat, K. 242, 292, 313
Metz, J. B. 53, 59f
Meyer, O. 153f, 162
Meyer, Th. 136, 139f
Mez, L. 271
Miliband, R. 217
Mill, J. St. 107
Miller, S. 136
Mitscherlich, A. 259, 345f

Moltmann, J. 19, 53, 59f, 62, 91, 96–100, 105, 141
Morus, Th. 75, 107
Moscovici, S. 279f
Moser, T. 352
Müller, E. 197
Müller, J. B. 142
Müller, W. 228
Müller-Pozzi, H. 24, 352
Müller-Schwefe, H.-R. 250–255, 260, 262, 280, 344
Mumford, L. 274

Nahrstedt, W. 217
Napoleon Bonaparte 120
Naschold, F. 302f
Nau, A. 132
Naumann, F. 211
Nedelmann, C. 52
Negt, O. 242, 292, 313
Neidhardt, F. 220f, 234, 242
Nell-Breuning S. J., O. von 137, 164, 170, 182, 184, 186
Neuenzeit, P. 107
Neumann, F. 35, 294, 313
Neusüß, A. 76, 107
Neusüß, E. 294, 297, 313
Newton, I. 259
Nietzsche, F. 30
Nitzschke, B. 88, 322, 327, 351
Nixon, R. 272
Nußbaum, H. von 281
Nygren, A. 92

Oertzen, P. von 305
Oltmans, W. I. 281
Ossowski, St. 242

Pannenberg, W. 34, 61
Parsons, T. 107, 193
Pascal, B. 70
Paul VI., Papst 165
Pesch, H. 137, 168
Petrilowitsch, N. 340f
Peukert, H. 39, 53, 61
Pfister, O. 338
Picht, G. 236f, 240f
Piers, G. 338

Pin S. J., E. 243
Pius XI., Papst 164, 179, 182
Pius XII., Papst 165, 182f
Plato(n) 79, 262
Plessner, H. 52, 316 f, 333
Polak, F. L. 76, 78
Pope, L. 243
Popper, K. 25
Pulver, S. E. 347
Puttkamer, R. von 294

Racine, J. 70
Rahner, K. 165
Rammstedt, O. 70
Rau, G. 311
Redeker, M. 23
Reiche, R. 347
Reik, Th. 352
Reisner, E. 197
Rendtorff, T. 19, 34, 39, 105f, 152, 208, 312
Rich, A. 307
Richter, G. 313
Richter, H. E. 347
Riehl, W. H. 52
Riesman, D. 348
Rilling, R. 280
Ritschl, A. 45
Rolfes, E. 62
Rothe, R. 73
Rousseau, J.-J. 64, 119, 305
Rudé, G. 70
Rürup, R. 280

Sachsse, H. 251–254, 260, 276
Saint-Simon, C. H. 68, 75, 87
Schäfer, G. 52
Schelling, F. W. J. 258
Schelsky H. 66, 157, 212, 222f, 262
Schieder, W. 133ff
Schiller, F. von 133
Schlegel, F. 85
Schlei, M. 136f, 139f
Schleiermacher, F. 17, 23, 34, 64, 101, 113, 122, 127
Schluchter, W. 313
Schlumbohn, J. 107
Schmid, C. 295
Schmidt, H. 164

Schmidt, K. L. 85
Schmidt, W. 33, 217
Schneemelcher, W. 33
Schöber, P. 70
Scholder, K. 259f
Schopenhauer, A. 321
Schreiner, H. 283
Schreuder, O. 243
Schrey, H.-H. 33, 190, 217, 280
Schuffenhauer, W. 128
Schulz, W. 238, 317–321, 330, 351
Schumacher, E. F. 277, 281
Schupper, F. X. 347
Schütte, H.-W. 217
Schwan, A. 136
Schwarte, J. 165, 167, 170f, 182
Schwarz, H.-P. 52, 209
Schweitzer, W. 184, 239
Seeber, O. 140
Seeberg, R. 53
Seneca, L. A. 272
Senghaas, D. 281
Sethe, P. 104
Seume, J. G. 100
Sève, L. 35
Seyfarth, C. 34
Sittler, J. 258
Slater, Ph. E. 352
Solla Price, D. de 280
Sombart, W. 50, 52
Spiegel, Y. (Verweise auf andere Publikationen) 17, 34, 57, 64, 70, 85, 100f, 109, 113, 129, 140, 170, 243, 311, 313, 338
Spiegel-Rösing, I. 280
Sprondel, W. M. 34
Stein, K. vom 100
Stein, L. von 69
Stolleis, M. 80
Stoodt, D. 308
Storch, C. 186
Storck, H. 248, 264
Strauß, F. J. 111
Strohm, Th. 138, 152, 313
Strunk, R. 34
Stürmer, M. 52
Sweezy, P. M. 217
Swoboda, H. 272

Tawney, R. A. 141
Teilhard de Chardin, P. 250

Thalmann, R. 339
Thielicke, H. 34
Thomson, J. 313
Tillich, P. 20, 35, 73, 75, 77, 86, 89, 107, 242, 286f, 329ff
Tjaden, K. H. 224, 242
Tjaden-Steinhauer, M. 224, 242
Tocqueville, A. de 101, 120
Tödt, H. E. 107, 118, 121
Topitsch, E. 25
Touraine, A. 280f
Traub, G. 50
Traube, K. 281
Treitschke, H. von 120, 294
Trillhaas, W. 219
Troeltsch, E. 29, 34, 116, 338
Tschoepe, A. 52
Tuchmann, B. W. 52

Ullrich, O. 265, 278ff
Utz, A.-F. 165

Vercingetorix 120
Vilmar, F. 302f, 313
Vinnai, G. 217
Vorgrimler, H. 165

Wagner, J. 136f, 139f
Wallraff, H. J. 183
Walter, Chr. 45
Weber, M. 34, 211f, 237f, 242, 291, 326
Weischedel, W. 35, 117
Weiß, J. 45
Weitling, W. 134
Weizsäcker, E. von 259
Wendland, H.-D. 21, 26, 33–36, 45–49, 143, 152–163, 181, 197, 249, 284, 288, 313
Weth, R. 53
Wichern, J. H. 20, 139
Wieland, Chr. M. 72
Winckelmann, J. 34
Wolf, E. 9, 18, 27, 34, 39, 121, 138, 143, 145–153, 157, 160f, 190, 217, 249, 282, 288, 328

Zapf, W. 53
Ziegler, Th. 35
Zillessen, H. 283f
Zinzendorf, N. L. 133

Yorick Spiegel
Der Prozeß des Trauerns
Analyse und Beratung. (Gesellschaft und Theologie/Praxis der Kirche 14) 324 Seiten. Kst. In Gemeinschaft mit dem Matthias-Grünewald-Verlag, Mainz

Den Prozeß des Trauerns zu verstehen, zu stützen und zu begleiten ist ein Auftrag, dem sich keiner, der mit diesem Problem konfrontiert wird, entziehen darf. Aus der Verbindung von psychoanalytischer und sozialwissenschaftlicher Kenntnis mit theologischer Reflexion sowie durch praxisnahe Darstellung wird hier ein hohes Maß an Verstehenshilfe geleistet. *Deutsches Allgemeines Sonntagsblatt*

Die Leistungen des Buches sind erheblich. Die Theorie der Trauer wird erschöpfend dargestellt, neu durchdacht und umorganisiert; die betroffene Theologie wird erbarmungslos unter die Lupe genommen und mit konkreten Verbesserungsvorschlägen versehen; die Praxis wird erhellt und bereichert. *Evangelische Kommentare*

Yorick Spiegel (Hg.)
Doppeldeutlich
Tiefendimensionen biblischer Texte. 240 Seiten. 1 Farbtafel. Kt.

Um zu verdeutlichen, wie sich biblische Texte in ihrer bildlichen Kraft und ihrem Bedeutungsreichtum für das alltägliche Leben mit Hilfe psychoanalytischer Methoden neu erschließen lassen, wird ein Text jeweils von einem Theologen und einem Analytiker interpretiert.

Jede dieser Deutungen ist beeindruckend und in ihrer Art überzeugend. Ein neuer, erfolgversprechender Weg der Bibelinterpretation. *Theol.-prakt. Quartalschrift*

CHR. KAISER VERLAG

Günter Altner · Das Kreuz dieser Zeit
Von den Aufgaben des Christen im Streit um die Kernenergie. (Kaiser Traktate 26) 84 Seiten. Kt.

Diese Zusammenstellung von Beiträgen des engagierten und dabei sehr sachkundigen Christen erscheint nicht nur glücklich gelungen, sie ist sehr gut zu lesen, sie ermutigt auch die in der Kernenergiediskussion aufgebrachten Gemüter zu einer sensiblen Vernunft und größeren Sachgemäßheit. *Deutsches Pfarrerblatt*

Günter Altner · Zwischen Natur und Menschengeschichte
Anthropologische, biologische, ethische Perspektiven für eine neue Schöpfungstheologie. 176 Seiten. Kt.

Es tut gut, zur Abwechslung einmal einen Theologen zu vernehmen, der vom naturwissenschaftlichen und nicht nur vom soziologischen Standpunkt aus die akuten Gesellschaftsprobleme analysiert. *Vita Evangelica (Schweiz)*

Ole Jensen · Unter dem Zwang das Wachstums
Ökologie und Religion. Aus dem Dänischen von Rosemary Løgstrup. 172 Seiten. Kt.

»Verdienstvoll ist an diesem lesenswerten Buch der Versuch, die Brücke zu schlagen zu all denen, die sich um ein am Überleben orientiertes Natur- und Menschenverständnis bemühen. Die Lektüre lohnt, zumal sie den Leser zwingt, sich mit Fragen theologisch auseinanderzusetzen, um die heute kein ernsthaft denkender Zeitgenosse und Theologe herumkommt.« *Nachrichten der Evang.-Luth. Kirche in Bayern*

A. M. Klaus Müller · Wende der Wahrnehmung
Erwägungen zur Grundlagenkrise in Physik, Medizin, Pädagogik und Theologie. 272 Seiten. Kt.

A. M. Klaus Müller zeigt auf, daß alle Disziplinen moderner Wissenschaft an der Verstrickung in ein verengtes Wahrnehmungsraster kranken. Eine Wende der Wahrnehmung müßte das Verhältnis von Glaube und Wissen nicht von den bisher für wesentlich erachteten Fächerdifferenzen, sondern von der Überwindung gemeinsamer Abblendungsbarrieren her neu bestimmen.

CHR. KAISER VERLAG